U0603214

何玉海 著

学科教育学通论

上海教育出版社
SHANGHAI EDUCATIONAL

序　言

从发生学的角度看，人类教育起源于人类经验和知识的传递。随着人们对自然、社会和世界认识的不断发展，人类知识不仅为教育注入了日益丰富的质料，也使教育的形式与方法发生了根本变化，这在很大程度上受弗朗西斯·培根（Francis Bacon）的知识分类说以及此后知识论发展的影响。在此基础上，以知识的专门化为表征的"学科"不断分化，使"学科教学"日益成为学校教育的主要任务。

教育学的产生与发展同师生之间直接的教与学的过程紧密相关，而直接的教与学过程又以人类的经验与知识为媒介。随着教育事业的发展，着重考察教育变革与发展过程的"宏观教育学"被纳入教育学研究的视域，着重考察教与学发生发展过程的"微观教育学"依然是教育学研究的重要组成部分。在"微观教育学"的研究范围中，学科教育学又是重中之重。

"学科"是指人们根据一定的规则对人类社会积累的和新创生的知识与学问划分的类别或类型，以及这一知识与学问传播和创生的组织。学校教育意义上的"学科"与科学领域的"学科"紧密相关，但又有区别：学校教育意义上的"学科"需要根据科学领域"学科"的知识体系以及不同年龄阶段学生身心发展特点与认知规律，选择知识加以科学合理编排，并以学生可接受的方式组织教学，这就必然涉及"学科课程"与"学科教学"这两大领域。在教育学科的发展过程中，关乎学科知识选择与组织的"学科课程论"，关乎学科知识教与学的"学科教学论"，作为两个彼此相关的研究领域都受到重视，并得以发展。随着人类教育认识的发展，指向学校教育意义的"学科教育学"，在"学科课程论"与"学科教学论"的基础上，形成了基于学科立场但又超越课程与教学认识的更为全面系统的教育认识，于是便形成了与"学科课程论""学科教学论"紧密相关但又有区别的"学科教育学"。当然，"学科教育学"并不是一门单一的学科，而是指向某一具体"学科"的"教育学",如物理教育学、语文教育学。这种分"学科"的"学科教育学"是从本"学科"的立场出发,重在考察本"学科"教与学的规律,往往需要体现"学科"的独特性与差异性。

作为完整的学科教育领域,不同"学科"的教与学具有相当的共同性,这就需要在凸显不同"学科"差异性的分科教育学之上建构学科教育学的元理论(meta-theory),即一门将学科教学作为一个完整系统加以研究的统整的"学科教育学",以揭示整个学科教育的基本规律,架起教育学和各分科的"学科教育学"之间的桥梁,进而指导各分学科教育的理论与实践。

何玉海教授的《学科教育学通论》是学科教育学研究的元理论探索,全书从系统理论、教育哲学和学科教育的整体视域出发,依据教育学、心理学和全面质量管理原理,系统研究阐述了整个学科教育共性的理论问题,揭示了整个学科教育的基本规律。全书系统而完整地建构了整个学科教育的理论体系,阐释了学科教育的本质属性及其逻辑体系,系统研究了学科教育与人类社会的关系、学科教育的课程属性、学科教育的运行机理、学科教育的教学原理(包括教学设计、教学方式方法、教学模式、教学质量与评价等)、学科教育的课程规划与建设、学科教育的质量与标准、学科教育的质量评价以及学科教育的全面质量管理体系等问题。

《学科教育学通论》作为我国第一部统整的学科教育学基本理论专著,建构了系统而完整的学科教育学理论体系,也为各分科的学科教育学的研究与教学实践提供了有价值的参考。本书是作者多年来的研究与实践成果,也是上海师范大学研究生高端教材建设项目的最终成果,饱含了作者对教育的追求和对教育学理论研究的执着与热爱,承载了作者对我国教育学基本理论的艰辛探索和对建立统整的学科教育理论体系的努力与期望。

范国睿

2024 年 6 月 19 日

目　录

第九章 学科教育的质量标准

第十章 学科教育的质量评价

第十一章 学科教育全面质量管理体系

绪　论

　　学科教育学从学科教育的整体视域出发，系统研究整个学科教育的共性问题，揭示学科教育的基本规律，架起教育学和各分科教育学之间的桥梁，以指导各分科教育的理论与实践。20 世纪 80 年代，学界前辈就开始了这项工作并提出了基本架构。然而，由于种种原因，整体的学科教育学一直未建成，各分科教育学却建立起来了。这些分科教育学，有的是在普通教育学的基础上建构的，有的是在原"教学法"或"课程教材教法"等基础上改造的。建立整体的学科教育理论体系，即建立在教育学基本理论统整下的学科教育学，可以架起学校教育学与各分科教育学或教学法之间的桥梁，完善我国教育学理论体系，弥补普通教育学对分科教育学指导的不足；同时，也能更好地揭示学科教育的基本规律，有效指导各分科教育学或教学法，统筹与协调现行的学科教育理论，提高整个学科教育教学的实效。

第一节　学科教育学的研究对象

　　关于学科教育学的研究对象，陶本一认为：学科教育能使我们系统地把握学科教育的一般规律；能解决具体层次上的分科教育学、课程与教学论难以解决的问题；能明确学科教育中学科教育与非学科教育两大不同性质的领域。[1] 这一对象定位比较科学，逻辑体系清晰，也体现了 20 世纪 80 年代提出建设学科教育学理论体系的初衷。周庆元认为，学科教育学就是研究学科教育现象及其规律的一门科学。所谓"研究学科教育现象及其规律"，不仅研究各科教学现象及其规律，而且研究各门专业学科培养新一代

---

[1] 陶本一.学科教育学［M］.北京：人民教育出版社，2002：1.

1

的教育现象及其规律；不仅研究教授知识、训练能力的教学过程，而且研究陶冶情操、造就人格的教育过程；不仅研究学科教育中的智育，而且研究学科教育中的德育和美育。概而言之，学科教育学要从社会现状及发展需要出发，依据教育科学的基本原理，紧贴专业学科的基本特征，研究专业学科范围内全面培养人、提高人素质的各种现象和基本规律。有的学者则主张学科教育学的研究对象是各个学科的教育与教学。因此，学科教育学是研究学校学科教育中教育现象和教育问题，揭示其基本规律的科学（学问），研究对象包括：一是学科教育与社会发展；二是学科教育中的教育问题；三是学科教育与人的发展问题。

一、学科教育与社会发展

教育属于社会现象，随着社会的产生而发展。一方面，学科教育的发展受社会政治、经济、文化等要素的制约；另一方面，教育对社会发展又具有促进或阻碍作用（良好的教育促进社会的健康发展，反之则阻碍社会的进程）。学科教育发展既要遵循自己的规律，还要根据社会政治、经济、文化的发展需要进行变革、调整与完善。

学科教育与社会政治的关系极为密切，它们相互影响、相互依赖，同时，学科教育具有相对独立性。寻求良好的政治环境，兴办科学的学科教育，发挥社会政治与学科教育的正向促进作用，是人类的不懈追求，同时也是学科教育健康发展，促进社会政治文明的基本保证。

教育与经济的关系是教育经济学研究的最基本问题。教育作为一种社会现象，不可避免地与人类的物质生产生活紧密联系在一起，与人们的经济活动密不可分。当今社会竞争激烈，国与国之间的竞争，实质是人才的竞争，归根结底是教育的竞争。同时，经济的发展也会促进教育的发展与完善，给经济强有力的支撑与扶持。简单来说，教育与经济相辅相成、相互促进。

人类生命既是生物的存在，也是文化的存在，教育是实现人类生命从生物存在转向文化存在的桥梁和纽带。教育是文化传承的手段，需适应文化发展的需求，并随着文化的时代嬗变而进行改变。学科教育是学校教育的主要组成部分，与社会文化的关系十分紧密。

总之，人生存于社会，需要接受学科教育。人是社会成员，社会体系充满着文化、规矩,人生存于社会之中需要学习知识,积累经验,遵守规矩;人服务于社会,需要接受学科教育。人有了知识才能更好地服务社会,促进社会发展。社会成员需要具备生存于社会、服务于社会的核心素养,学科教育承担着培养其社会成员的重任。

关于学科教育学研究的对象,有学者认为:一是研究学科教育"是什么""应该是什么",即学科教育本体论和价值论的哲学的学科教育学;一是研究学科教育"应该做什么"和"怎么做"的实践的学科教育学。陶本一认为,学科教育学是在学科范围内,以全面实现教育目标为目的,以相关学科成果为理论支撑,研究学科教育的目标、课程、学习、教学和评价等全过程及其内在规律的一门科学。对学科教育学的这一界定,表明了学科教育不仅要研究学科的教育理论问题,而且要从培养人的高度,揭示学科教学培养人的规律,这是一次理论上的飞跃。[①]

另有一种观点认为,学科教育学的研究对象是研究学科教育现象,揭示教育规律。学校学科教育中的教育问题有两大类:一类是社会诸要素,特别是社会政治、经济、文化等因素对学科教育的影响与作用而产生的一系列问题。研究这些问题,提出解决方案,并向社会提出完善要求,以确保学科教育有效实施,进而不断培养社会需要的人才和人类文明的推动者。另一类就是学科教育在实施中的一系列问题(包括真实的需要解决的问题、面临的问题、出现的问题;实施的方法与策略问题等),剖析这些问题产生的根源,并寻求解决方案。学科教育中存在着两大基本规律:一是教育与社会发展的规律,即学科教育对社会发展的作用,先进的教育促进社会政治、经济、文化等的发展,反之则阻碍其发展;二是教育本身的规律,即人的学科知识习得与学习发生机制与规律、学生成长与发展规律。

二、学科教育中的教育问题

在研究学科教育时,我们既要看到社会政治、经济、文化等因素对学科教育的影响,还要看到学科教育对社会政治、经济、文化等因素的作用。同时,还必须认识到学科教育的相对独立性和历史继承性。

[①] 李定仁.关于建立我国学科教育学的几个问题[J].教育科学,2004,20(5):24.

教育的相对独立性，是指教育具有自身独特的发展规律和能动性，对政治经济制度和生产力具有能动作用，具有与政治经济制度和生产力发展的不平衡性。承认教育发展的相对独立性，就必然承认教育发展的继承性。教育不能脱离社会物质生产而存在，但又是从以往教育发展而来的，与以往教育有着渊源关系，具有历史继承性，是民族传统的继承与发展。正因为教育具有这种继承性，在政治经济制度和生产力发展水平相当的国家，会有不同特色的教育；不同民族的教育也会表现出不同的传统和特点。教育的继承性表现为教育内容的继承，教育模式的继承，教育理论与教育经验的继承等。

学科教育的独立性与继承性是学科教育的基本属性。学科教育主要研究教育中的问题，即学科教育普遍的教育问题和某一学科教育的基本问题。

学校学科教育中的普遍教育问题主要包括：学科教育的目标与任务；学科教育的内容及其选择；学科教育的课程及其建设；学科教育的方式与方法、途径与手段；学科教育的模式与策略；学科教育的实施体系；等等。

学校学科教育中某一学科的具体问题主要包括：具体的某一学科教育的目标与任务；具体的某一学科教育的内容及其选择；具体的某一学科教育的课程标准、课程建设；具体的某一学科教育的方式与方法、途径与手段；具体的某一学科教育的模式与策略；具体的某一学科教育的实施体系；等等。

学科教育重点研究如下几个基本问题：

第一，学科教育学的属性，包括学科教育学的建立与发展、学科教育学的逻辑体系、学科教育学与相关理论的关系等。

第二，学科教育的产生与发展，包括学科教育及其产生，学科教育及其内涵，学科教育的历史渊源，学科分类的概念与内涵，基于学科分类的学科结构，学科分类的相关理论，以及学科划分标准等。

第三，学科教育与人类社会，包括学科教育与社会政治的关系、学科教育与社会经济的关系、学科教育与社会文化的关系、学科教育的相对独立性与继承性等内容。

第四，学科教育的目的与价值，包括学科教育目的及其历史嬗变、关于学科教育目的的基本观点、对学科教育目的的理性认识、学科教育的基本价值、学科教育与人的发展以及影响人的发展的其他因素等。

第五，学科教育的课程属性，包括课程的概念与内涵、课程的产生与发展、课程的基本理论、课程的基本类型、课程与教学的关系、学科教育课程及其特征、学科教育的课程目标以及科学的学科课程的基本目标等内容。

第六，学科教育的课程建设，包括学科教育的课程规划、学科教育的课程开发设计、学科教育课程标准及其制定、学科教育的教材建设等问题。

第七，学科教育的教学原理，包括学科教学的概念与内涵、学科教学过程的基本环节、学科教学方法及其选择与优化、学科教学模式的要素与结构、教学模式的选择与运用、学科教学的基本原则等。

第八，学科教育的教学设计，包括学科教育的教学设计概念与内涵，学科教学设计的意义，学科教育的教学设计模式，学科教学设计的方法、步骤与原则，学科教育的教学设计基础、模式等。

第九，学科教育的教学评价，包括学科教学评价的本质、学科课堂教学评价、学科教育的学生发展评价、学科教学反思与改进以及教学反思与改进策略等。

第十，学科教育的学科建设，包括学科教育的学科遴选与规划、学科教育的学科配置、学科教育的学科统整、学科建设中的关系协调、学科的整体协作等。

第十一，学科教育的实施保障，包括学科教育的实施主体、学科教育的实施管理、学科教育的质量保障、学科教育全面质量管理体系以及学科教育全面质量管理体系建设等。

三、学科教育与人的发展问题

如何通过兴办良好的学科教育帮助学生获取知识、生成能力、养成品格、学会方法，培养与发展学生的核心素养也是学科教育学重要的研究内容。

"获取知识"既是学科教育的教育目标，也是学科教育的课程目标。学生在教师的指导与帮助下，通过学科教育或学科课程的实施，达到获取学科知识的目的，生成与发展知识层面的基本素质。知识是人的核心素质（或关键能力）的最基本要素，"获取知识"是学科教育或学科课程实施目标的最基本层面，知识的传递与继承是人类社会文明得以延续的基本保证，也是学科教育或学科课程实施的基本任务。

能力，是指完成一项工作或任务时所表现出来的素质与水平。一般而言，基本能力可划分为一般能力、创造能力、特殊能力。所谓一般能力，也称智力，如观察能力（感知能力）、记忆能力、思维能力、想象能力、注意能力等，其中思维能力是核心。所谓创造能力，是指在工作或社会实践活动中所表现出来的具有生产独特、新颖、有更高社会价值产品（有形的、无形的）的能力。所谓特殊能力，也称专门能力，是指顺利完成某种专门工作所必备的能力。通过学科课程实施，教师不仅要帮助与指导学生生成与发展一般能力和专业能力，更重要的是培养与发展学生的创造能力。也就是说，通过学科课程实施，要帮助与指导学生生成与发展一般能力、创造能力和特殊能力，帮助学生生成与发展各方面的素质。

优越品格和道德素质在一个有品格的人身上是以一种融合的、相互依赖的方式互相支持的，两者均可以通过八种品格的力量加以具体阐释：终身学习和批判性思维者；勤奋、能干的人；懂得社交技巧、具有高情绪调节能力的人；尊重的、负责任的道德主体；追求健康生活方式的、自律的人；有贡献的社区成员和民主的公民；伦理思考者；精神上追求高尚的人。据此，学科教育在传授知识、发展能力的同时，要指导学生生成与发展这八种品格，这也是学科教育的重要任务与责任。

"学会方法"是教师指导与帮助学生学会方法，即"学会学习"。联合国教科文组织（UNESCO）早在 1996 年在《教育——财富蕴藏其中》的报告中，就提出了面向社会发展现代教育的四大支柱——学会认知（learning to know）、学会做事（learning to do）、学会共同生活（learning to live together）、学会生存（learning to be）。2003 年，联合国教科文组织教育研究所（UNESCO Institute for Education）又提出了学会改变（learning to change）的主张，并将其视为终身学习的第五大支柱。面对"知识爆炸"的时代，特别是人工智能时代的到来，最明智的做法是教会学生学会学习。正所谓"授人以鱼，不如授人以渔"。现代社会，教师不再是所谓的"工程师"，而是学生自主创新性学习和自我教育的指导者、服务者，把"学会方法"作为学科教育目标，既把握了教育的本质，又抓住了学科课程实施的关键。

第二节　学科教育学的研究意义

分科教育带来的弊端显而易见。我国正从课程改革入手，即革新课程内容，改变课程结构，增设综合课程，加强学科综合，试图诊治"知识分割"的问题。然而，课程改革仅仅关注课程本身的内容和结构，无法从课程之间的关系入手深入考察和梳理学校学科教育，难以完整地实现学校课程的整合。培养全面发展的人，无法通过各个学科教育的简单叠加来实现，当务之急是加强学科教育的整合和协同。由于受到社会制度、教育与文化传统等因素制约，我国的分科教学在较长时期内占据主导地位。培养全面发展的人必须借助整体的学科教育和学科教育体系来实现，必须建构整体的学科教育学，使学校的学科教育成为生态化的有机体。我们必须在学科教育教学层面关注综合与统整，使学科教育与非学科教育协同联动。

一、学科教育学研究的理论意义

（一）完善教育学理论

学校教育是通过实施具体的学科课程教学来实现的，因此根据系统论原理，在此基础上研究建构整体的学科教育学体系，具有逻辑一致性，教育学理论应建立教育学—学科教育学—学科教学法的逻辑体系。

教育理论的研究仅靠专业理论队伍是不够的，还需要广大一线教师的参与。教师有大量的实践经验，掌握着生动的第一手材料，而教育理论的建设必须建立在教育实践的基础上。教师参与教育研究，可以更接近教育实际，切实地指导教育实践，使教育理论富有生命力。

（二）消除学科教育理论中存在的悖论与误区

学校教育中存在着很多误区和悖论，建立统整的学科教育学，有利于解决这些问题。比如，我们普遍认为文科和理科的教学不同，实际上就学习而言，两者的基本原理是一致的，学习的发生机制也一样。只是我们对文科、理科采用的方法策略不同而已，即方法优化的策略和手段不同。方法没有对错之分，只有妥当与否，任何一种学科的学习都没有固定的方法，认为不同学科只能使用不同方法、某些方法只适用于某些学科的观点本就是悖论。正确的做法是根据内容的不同或人的身心发展水平而采用不同的方法策略。

（三）有助于规范和提升学科教育管理水平

学科教育学要对组织教学、教学评价、学科与教材建设、学科教育的实施保障与管理等予以研究，为学科教育管理工作提供理论依据。

二、学科教育学研究的实践意义

第一，学科教育学研究有助于学科整合，实现对学生素质结构的整合优化，促进学科教育内部的良性循环。

第二，学科教育学研究有助于明确各分科教育之间的协作关系，充分发挥全科育人的作用。

第三，学科教育学研究有助于学科间教育结构系统的顺畅运行，促进人的全面和谐发展。

第四，学科教育学研究有助于厘清与非学科教育的关系，实现学科教育与非学科教育的联动。

第五，学科教育学研究有助于有效指导施教与受教，增强教师与学生对全面发展教育意义的认识。

第六，学科教育学研究有助于推动教育改革与发展。教育改革与发展涉及的问题和内容十分广泛，如教育思想、教育体制、教育结构、教育方法等。这些问题都要从理论和实践上予以回答，离不开教育研究和探索，也离不开教育研究方法的熟练运用。

第七，学科教育学研究有助于提高教育教学质量。随着社会的发展，教育也面临着新的挑战，需要不断深化教育教学改革，教育科学研究正是提高教育教学质量的必由之路。

第八，学科教育学研究有助于提升教师自身素质。一方面，广大教师具有丰富的教学实践经验，要把这些经验积累并上升为理论，需要更多地参加教育科学研究；另一方面，科学研究可以提高教师的理论水平，使教师成为有实践经验的学者、专家型教师。

第三节　学科教育的研究过程

研究复杂的教育活动，必须尊重教育规律，根据系统理论、教育哲学原理、管理理论系统的方法进行。教育研究是一种"事理"研究，是探究教育行为、依据等的有效性、合理性的研究。它既要说明是什么，又要解释为什么，还要讲出如何做，包含价值、事实和行为三个方面，以及这三个方面所指向的过去、现在和未来，涉及理念、理论、策略、手段与方法等内容。因而，教育研究方法是综合的，学科教育研究是教育科学研究的一部分，其方法也是综合的。

一、学科教育研究的特点

学科教育研究除了具有一般科学研究的基本特征，如客观性、科学性、系统性和创造性，同时，还具有一些特殊的特征。

（一）实践性

教育科学不能脱离教育改革实践的需要，离不开观察、调查、实验等实践活动，要接受实践的检验。

（二）伦理性

教育研究的最终目的是促进人的发展，所设计的研究必须具有教育意义。不能为了收集某个数据，故意设置情景让学生犯错误，从中得出所谓的因果关系；也不允许任何损害学生身心健康的研究；不允许通过"失败"换得教训。

（三）复杂性

教育研究涉及的因素非常复杂。教育研究的对象是人，而人的发展受多方面因素的影响，周期长，把握的难度也大。因此，教育研究比自然科学研究复杂。

（四）全员性

教育研究主要是为教育教学活动服务的，无论从育人的整合性，还是从教师提高教育质量和自身素质方面都要求教师能够全面参与。

二、学科教育研究的类型

（一）基础研究、应用研究与开发研究

1. 基础研究

基础研究以发现新领域、新规律，提出新观点、新学说、新理论为目的，一般周期比较长，研究成果具有普遍性和概括性，对实际工作具有较强的指导意义，对教育改革起到巨大的引领作用。

2. 应用研究

应用研究就是运用基础理论的研究成果解决教育工作中的具体问题，关注的是具体问题的解决，是基础研究成果的具体化、实用化。

3. 开发研究

开发研究是在基础研究与应用研究的基础上，将研究的成果与经验加以运用、推广和普及。

（二）定性研究与定量研究

1. 定性研究

定性研究，是指在充分调查研究的基础上用语言文字描述研究对象，揭示其本质特征的研究。

2. 定量研究

定量研究，是指用数学的方法，通过数字和量度来描述研究对象的性质，揭示其本质及规律的研究。

在实际学科教育研究过程中，绝对的、纯粹的定性研究或定量研究几乎是没有的，定量研究中经常有定性研究的参与，在定性研究中也可以有部分定量研究，两者往往不可分割。

（三）描述性研究与干预性研究

1. 描述性研究

描述性研究是对客观事物予以考察，努力反映其客观状态，回答是什么、怎么样、为什么的问题。它的出发点不在于对客观事物施加影响，以引起改变。但它的最终目的是要引起改变，并为如何引起改变提供必要的思路。

2. 干预性研究

干预性研究着力于对客观事物施加可能引起改变的影响，通过这种影响达到改变现状、解决问题的目的。同时，通过对影响结果的考察，寻找或证明事物之间的因果关系，掌握事物的内在规律。目前所进行的新课程实验，就是通过"新课程"的干预，达到改进教育教学的目的。

干预性研究必须通过描述性研究，对事物有了深刻认识后再进行。因此，干预性研究与描述性研究是不可分割的。

三、学科教育研究的步骤

学科教育研究的一般程序包括选择研究课题、查阅文献资料、制订研究计划、收集与整理资料、展开教学研究、撰写研究报告、总结与评鉴。

（一）选择研究课题

选题的来源非常广泛，概括起来主要有以下几个方面：来源于教育教学实践；来源于对已有教育理论的质疑；来源于对教育文献信息的分析；来源于教育科学研究规划。

　　一个好的选题必须符合四条准则：问题必须有价值；问题必须有可行性；问题必须有新意；问题必须具体明确。

（二）查阅文献资料

　　文献查阅是教育研究的一项基础性工作，贯穿教育研究的全过程。查阅文献的作用：可以从整体上了解研究的发展动向与成果，把握需要研究的内容；吸取前人研究的经验教训，避免重复研究；可以澄清研究问题并界定变量；可以为如何进行研究提供思路和方法；可以综合前人的研究信息，获得初步结论。

　　一般来说，文献按照信息加工的程度可分为三种等级：一次文献（专著、调查报告、档案材料等）；二次文献（题录、书目、索引、提要和文摘等）；三次文献（动态综述、专题述评、进展报告、数据手册、年度百科大全和专题研究报告等）。

　　文献检索的主要方法有顺查法、逆查法、引文查找法（又称跟踪法）、综合查找法。查阅文献资料后，就要撰写文献综述。文献综述主要包括四个内容：问题的提出，说明查阅文献资料的目的及研究的问题；研究方法，确定文献资料的分析范围、分析维度和分析程序；正文部分，文献综述报告的主体部分；主要文献目录，包括专著及论文。

（三）制订研究计划

　　研究计划是进行教育研究的前提，一般包括：课题依据（理论和现实依据）、研究目标、课题研究内容、课题研究步骤、主要研究方法、预期成果、课题研究保证条件与措施等。

（四）收集与整理资料

　　收集与整理资料是做好研究工作的先决条件。收集资料要认真，查阅范围要全面，要坚持客观、公正的态度和历史唯物主义的观点；要采用简单易行的手段与方法，对手头的问题做出有效的决策。整理资料时，要注意方法得当，根据不同性质的资料，合理选用不同的科学方法，进行理性的加工处理和科学的编目。

（五）展开教学研究

完成以上基本的准备工作后，便进入到正式的研究环节，即根据研究计划开始系统的研究活动。这一环节是整个教育研究过程的核心，是得出结果或结论的关键环节，与下一阶段"撰写研究报告"既有区别，又有联系。"展开教学研究"是教育科研的具体活动与过程；"撰写研究报告"则是教育科学研究成果的文字呈现形态。两个过程绝不能混淆。

（六）撰写研究报告

撰写研究报告是指研究者选择适当的形式将研究过程及研究成果明确地以文字形式呈现出来，是研究成果的书面表达形式。人们通常把表达研究成果的学术性文章称为研究论文。它可以是描述某项科研课题进展的研究报告，也可以是对某一问题进行探讨、分析的学术论文。

一般来说，研究报告中依次包括题目、问题的提出、研究方法和研究对象、研究结果的分析、研究结论、讨论和建议、附录。学术论文的一般结构包括题目、署名、摘要、序言、正文、结论与讨论、引文注释、参考文献。

学科教育科研成果撰写的基本要求：在科学的基础上创新，观点与材料保持一致性，在独立思考的基础上借鉴吸收，书写格式结构合理、完整，符合规范，文字言简意赅，表达准确完整。

（七）总结与评鉴

学科教育研究成果的评鉴是教育科研的最终环节，是整个研究过程的逻辑终点，是教育研究过程的重要阶段。教育研究成果评鉴方式主要有研究者的自我评鉴、同行专家的评鉴、教育行政部门的评审等。

第四节　学科教育的研究方法

学科教育研究是用科学的教育理论研究学科教育中的问题与现象,探索与解释学科教育的活动和过程,其研究方法是综合的。下面介绍学科教育研究中几种常用的研究方法。

一、文献法

文献法,也称文献研究法,是通过对相关文献资料的搜集与检索、鉴别与梳理、整理与分析对事物、观念等予以认识的方法。文献法在人文与社会科学研究中运用广泛,具有悠久的历史。文献法一般包括五个环节:提出课题和假设,进行研究设计,搜集文献,整理文献,进行文献综述。

（一）文献法的优点

第一,文献法超越了时间、空间限制,可以研究极其广泛的社会情况。这一优点是其他调查方法不可能具有的。

第二,文献法主要是书面调查,能获得比口头调查更准确、更可靠的信息,避免了口头调查可能出现的种种记录误差。

第三,文献法是一种间接的、非介入性调查,只对各种文献进行调查和研究,而不与被调查者接触,不介入被调查者的任何反应,避免了直接调查中调查者与被调查者可能产生的种种反应性误差。

第四,文献法是一种非常方便、自由、安全的调查方法。文献调查受外界制约较少,只要找到了必要文献就可以随时随地进行研究;即使出现了错误,还可通过再次研究进行弥补,安全系数较高。

第五,文献法省时、省钱、效率高。文献调查是在前人和他人劳动成果基础上进行的调查,是获取知识的捷径。它不需要大量研究人员,不需要特殊设备,可以用比较少的人力、经费和时间,获得比其他调查方法更多的信息,是一种高效的调查方法。

（二）文献搜集检索的方法

搜集研究文献的渠道多种多样，文献的类别不同，所需的搜集渠道也不同。搜集教育科学研究文献的主要渠道有图书馆、档案馆、博物馆、社会、科学及教育事业单位或机构、学术会议、个人交往和互联网。

搜集研究文献的方式主要有两种：检索工具查找方式和参考文献查找方式。检索工具查找方式指利用现成（或已有）的检索工具查找文献资料。现成的工具可以分为手工检索工具和计算机检索工具两种。手工检索工具主要有目录卡片、目录索引和文摘。参考文献查找方式又称追溯查找方式，即根据作者文章和书后所列的参考文献目录去追踪查找有关文献。

积累文献是另外一种搜集文献的工作形式。每一个研究课题都需要汇集、积累一定的文献资料，而每一个课题的研究过程同时也是一个新文献资料的积累过程。

首先，文献积累内容应努力做到充实和丰富。其次，积累文献应该有明确的指向性，与研究目标或课题假设有关。再次，积累文献应该全面。所谓全面，研究者不仅要搜集课题所涉及的各方面的文献，还应注意搜集由不同人从不同角度对问题的同一方面做出记载、描述或评价的文献。不仅要搜集相同观点的文献，还应搜集不同观点，甚至相反观点的文献。尤其需要防止研究者自己的已有观点或假设对积累指向的影响，不要轻易否定或不自觉地忽视与自己观点相反的材料。

（三）文献积累过程

一般情况下，积累文献可先从那些就近的、容易找到的材料着手，再根据研究的需要，陆续寻找那些分散在各处、不易得到的资料。积累文献是一个较为漫长的过程，可以根据实际情况分为若干阶段进行。每一阶段把手头积累到的文献作一些初步的分门别类，以提高下一阶段文献搜集的指向性和效率。此外，还可以使用现代教育情报系统的检索方法，在具有相应条件的环境中快速查找、获取所需要的文献资料。积累文献，不只是在有了具体的研究任务以后才需要做，更重要的是在平时注意积累和搜集各种文献资料，养成习惯，持之以恒。

积累文献可以通过做卡片、写读书摘要、做笔记等方式，有重点地采集文献中与自己课题研究相关的部分。

常用的卡片有目录卡、内容提要卡、文摘卡三种形式。写读书摘记与读书笔记既是积累文献的方法，又是制作文献的方法。因为在读书摘记和笔记中渗透了更多制作者的思维活动，它有时是第二手文献的构成部分，有时又是新的第一手文献的创造过程。

读书摘记以摘记文献资料的主要观点为任务，不受篇幅限制，比卡片式的内容提要详细得多。研究者在读到一些较有价值的文献，或者读到一些在主要观点和总体结构上很有启发的资料时，就可采用读书摘记的方式，把主要观点和结构框架摘记下来。需要注意的是，摘记的重点在"摘记"，不在于"评价"。与摘记不同，读书笔记的重点在"评"，评论的方式有总评、分章节评和重点选评。写得好的读书笔记，能提出新思想和新观点，本身就是一种科研成果。

（四）文献检索注意事项

1. 检索的文献类别

学科研究检索的文献类别一般包括：学术文章、学术著作、研究报告、学位论文等。

2. 文献检索范围

文献研究要通过"题目检索""关键词检索"或"主题检索"等，检索"直接研究"与"相关研究"的文献。其他文献不属于文献检索的范围。

3. 直接研究文献与相关研究文献

哪些文献属于直接研究文献？哪些属于相关研究文献？两者的区分与研究的问题密切相关。

以论题《小学高年级数学有效教学策略研究》为例：所有研究"小学高年级数学有效教学策略"的都是最直接的研究文献，研究整个"小学数学有效教学策略"和研究"小学低年级数学有效教学策略"的也属于直接研究文献；研究"小学数学教学方法""小学高年级数学教学方法""小学数学教学策略""小学高年级数学教学策略""小学数学有效教学""小学高年级数学有效教学"的文献则属于相关研究文献。

以论题《小学高年级数学"图形与几何"有效教学策略研究》为例：所有研究"小学高年级数学'图形与几何'有效教学策略"的都是最直接的研究文献，研究整个"小学数学'图形与几何'有效教学策略"和研究"小学低年级数学'图形与几何'有效教学策略"的也属于直接研究文献；研究"小学高年级数学'图形与几何'教学方法""小学数学（有效教学）策略""小学高年级数学（有效教学）策略""小学低年级数学（有效教学）策略"的文献则属于相关研究文献。

（五）文献综述

文献综述是文献综合评述的简称，在全面搜集有关文献资料的基础上，经过归纳整理、分析鉴别，对一定时期内某个学科或专题的研究成果和进展进行系统、全面的叙述和评论。综述分为综合性和专题性两种形式。综合性的综述是针对某个学科或专业的，而专题性综述则是针对某个研究问题或研究方法的。

文献综述是依据对历史和当前研究成果的深入分析，指出当前的水平、动态、应当解决的问题和未来的发展方向，提出自己的观点、意见和建议，并依据有关理论、研究条件和实际需要等，对各种研究成果进行评述，为当前研究提供基础或条件。对于具体科研工作而言，一个成功的文献综述能够以其严密的分析评价和有根据的趋势预测，为新课题的确立提供强有力的支持和论证。在某种意义上，它起着总结过去、指导提出新课题、推动理论与实践新发展的作用。

文献综述具有内容浓缩化、集中化和系统化的特点，可以节省科研工作者阅读专业文献资料的时间和精力，帮助他们迅速了解有关专题的历史、进展、存在的问题，做好科研定向工作。

文献综述的内容决定文献的形式和结构。由于课题、材料的占有和资料结构等方面的情况多种多样，很难完全统一或限定各类文献综述的形式和结构。但总体上，文献综述的形式和结构一般可粗略分为五个部分：绪言、历史发展、现状分析、趋向预测和建议、参考文献目录。

一般情况下，文献综述有五个步骤：步骤一，确定综述的选题；步骤二，收集相关的文献资料；步骤三，整理文献资料；步骤四，撰写文献资料；

步骤五，撰写文献综述。

文献综述要注意以下七点：第一，文献搜集要做到恰当、客观、全面；第二，引用材料要翔实、一致；第三，评述要客观、公正、实事求是；第四，分析要有针对性；第五，提纲挈领，突出重点；第六，适当使用图表与附录；第七，文献中的观点和研究者个人的观点与思想不能混淆。

二、调查法

教育科学的调查研究法是在教育理论指导下，通过运用观察、问卷、访谈以及测验等科学方式，搜集教育问题的资料，从而对教育的现状做出科学分析并提出具体工作建议的一整套实践活动。调查研究的方法很多，教育研究中常用的有问卷法、访谈法、观察法等。

（一）问卷法

问卷法是指以书面提出问题的方式搜集资料的一种研究方法。问卷由标题、介绍词和题目三大部分组成。

1. 问卷编制的基本要求

标题要简单明了；介绍词要讲明调查者的身份、调查的目的、填写方式以及保密性问题；问卷题目的表述要通俗易懂，不能因词意理解困难而影响回答质量；措辞具体明确，不用模糊性词语，避免产生歧义；避免双重否定的问题、避免暗示效应和双重目的的问题，不提敏感性或刺激性问题；问题的备选答案应穷尽；拟选答案应相互排斥，避免内容重叠。

2. 问卷形式

一般而言，问卷有三种形式：封闭式、开放式，混合式。

3. 问卷法的优缺点

优点：简便易行，容易控制；所得资料便于整理和统计分析；问卷不记名，减少了回答者的心理压力，有利于收集真实的意见和建议；问卷可以在较大范围内发放。

缺点：问卷资料往往难以核实，调查质量不易保障；有时难以保证问卷回收率，如果回收率太低，资料就失去了代表性。

（二）访谈法

访谈是一种研究性的交谈，是研究者通过口头谈话的方式收集第一手资料的一种研究方法。

1. 访谈的类型

访谈可以分成结构式访谈、非结构式访谈和半结构式访谈三种类型。

结构式访谈：把问题和过程标准化，对所有被访者统一询问事先准备好的问题。结构式访谈容易控制过程，记录简便，收集的资料可以像问卷法那样整理、分析。但这种访谈缺乏灵活性，无法发挥访谈双方的主动性，难以深入所要探究的问题。

非结构式访谈：访谈者事先准备的仅仅是调查的目的和问题的大致内容。访谈者可以自由提问、交谈、灵活掌握、随机应变。非结构式访谈可分为重点访谈和非引导性访谈。重点访谈是围绕某个主题进行，目的明确，重点突出。非引导式访谈对论题不做任何带引导性的提问，不建议、不启发，被访谈者可以自由地表达自己的想法。整体来说，非结构式访谈可以做较深入细致的调查，了解一些调查方案中没有考虑到的新情况和新问题。

半结构式访谈介于结构式访谈和非结构式访谈之间，通常是先问事先准备好的问题，然后比较自由地交谈，可以弥补以上两种访谈类型的不足。教育研究中一般采用结构式和半结构式访谈。非结构式访谈一般适用于自传或生命史研究。

2. 访谈法的优缺点

优点：访谈较为灵活；能深入了解被访者的心理感受；可观察表情、动作等体态语言；在访谈过程中，被访者也是研究的参与者，在双向交流中相互加深理解；有时访谈还能促进问题的解决。

缺点：耗费时间和精力。

（三）观察法

观察法指人们有目的、有计划地通过感官和辅助仪器设备，对处于自然状态下的客观事物进行系统考察，从而获取经验事实的一种科学研究方法。

1. 观察法的类型

自然情境中的观察与实验室中的观察：自然情境中的观察能收集客观真实的材料，但材料往往是观察对象的外部行为表现；实验室中的观察有严密计划，实验条件也被严格控制，有利于探讨事物内在的因果联系。

直接观察与间接观察：直接观察是凭借人的感官，在现场直接对观察对象进行感知和描述，直观具体；间接观察是利用一定的仪器或其他技术手段作为中介对观察对象进行考察。

参与性观察与非参与性观察：参与性观察是指研究者不同程度地参与被观察者的群体、组织中去，共同生活并参与日常活动，从内部观察并记录观察对象的行为表现与活动过程；非参与性观察是指观察者不介入被观察者的活动，不干预其变化发展，以局外人和旁观者的身份从外部了解观察对象。

结构式观察与非结构式观察：结构式观察是有明确目标、问题和范围，有详细的观察计划、步骤和合理设计的可控性观察，能获得翔实的材料；非结构式观察是对研究问题的范围目标采取弹性态度，观察内容项目与观察步骤不预先确定，亦无具体记录要求的非控制性观察。

2. 观察法的步骤

观察法的步骤一般有四步：第一步，界定研究问题，明确观察目的和意义；第二步，编制观察提纲，进入研究情境；第三步，实施观察，收集、记录资料；第四步，分析资料，得出研究结论。

3. 观察研究的记录

观察研究记录一般分为描述记录法、取样记录法和行为核对表。其中，描述记录法最为常用，主要包括日记描述法、轶事记录法和连续记录法。

日记描述法：最早使用这种方法的是瑞士教育家裴斯泰洛齐（Johann Heinrich Pestalozzi）。我国著名的幼儿教育家陈鹤琴以自己的孩子为观察对象研究儿童的一般发展，采用的就是该方法。

轶事记录法：着重记录某种有价值的行为，可以是有主题的，也可以是没有主题的，随时记录感兴趣的问题，不受任何限制，事先也不需要作特别的编码分类。

连续记录法：这是对学生行为作更详细、更完善的记录，要求在较长时间内作持续不断的记录。

4. 观察法的优缺点

观察法的优点：在收集资料数据方面起着其他方法所没有的独特作用；依靠观察法，能够得到研究对象不能直接报告或不肯报告的资料；由于研究人员不干预研究对象的活动，从而能较客观真实地收集第一手材料，不会产生不良后果。

观察法的缺点：观察受到一定的时间和空间的限制，因为研究者不可能在任何时刻和任何情况下都能对研究对象进行观察；由于观察的样本较小，以及观察得到的只是表面性的、感性的材料，因而容易使观察结果带有片面性、偶然性。

三、实验法

教育实验研究方法就是用实验的方法来研究教育问题，是研究者按照研究目的，合理地控制或创设一定条件，从而验证研究假设，探讨教育现象的因果关系，揭示教育工作规律的一种研究方法。

（一）教育实验研究的要求

第一，在理论假设的引导下，有目的、有预见性地操纵实验条件。

第二，从检验假设的需要出发，根据研究的性质任务，适度控制实验条件，采取有效措施，尽可能地避免或减少与实验目的无关的因素的干扰。

第三，坚持以实验事实为依据，公开实验操作过程和操作方法，实事求是地报告实验结果，让不同的研究者进行重复验证，确保假设检验的客观性。

第四，在遵循教育性原则的前提下开展实验，使实验研究控制在社会道德允许的范围内。

（二）教育实验研究的一般程序

教育实验研究的一般程序：建立假设；选取被试并配组；实验前测；引进自变量进行实验处理；后测；比较前后测差异；验证假设。

（三）教育实验研究的变量

自变量：受研究者操纵的原因变量。

因变量：自变量作用于被试后出现的实验效应，是假定的结果变量，也称反应变量。

无关变量：在实验中，除了研究者操纵的自变量和需要测量的因变量之外的一切变量都是无关变量。实验过程中，应尽可能控制无关变量。

（四）教育实验研究的效度

教育实验研究的效度分为两种：内在效度，指实验研究结果能被明确解释的程度；外在效度，指实验研究结果能被推广到其他总体条件、时间和背景中的程度。

（五）教育实验研究的信度

教育实验研究的信度是指实验研究的方法、条件和结果是否可重复，是否具有前后一贯性；信度需要经过检测。

（六）教育实验研究的优点

1. 能主动设置条件

实验法可以通过人为地创设某种情境，从而研究自然条件下遇到的现象，能更加全面、深刻地把握教育现象的因果联系。

2. 能重复验证

实验法在条件上有严密的要求和控制，因此可以在不同地方、不同时间内重复做，从而验证是否产生同样的结果。

3. 能分别考察各种因素的作用

实验法可以通过各种设计手段，把某种特定的因素分离出来，观察其效果。

4. 便于量化统计

实验研究是一种量化研究，通过统计数据对现象做出准确描述，取得可靠的研究结论。

四、经验总结法

教育经验总结是指在不受控制的自然条件下，依据一定的价值取向，按照科学的研究程序，对教育实践中获得的经验事实加以分析、概括，揭示其内在联系和规律，使之上升到教育理论的一种研究方法。

（一）教育经验总结的特点

1. 以已有经验作为研究内容

教育经验总结研究的是教学过程中的事实、经验以及在实践中获得的感性认识。这种感性认识可以是自己的亲身体验，也可以是他人的经验积累。

2. 保持研究过程的自然状态

教育经验总结是对自然的教育教学进程中的客观事实和人们的感性认识进行分析、比较、研究，从中得出某些结论。

3. 注重对教育经验的理性思考

教育经验的研究源于经验又高于经验，目的是把具体经验上升到理论、原则和方法论的高度，更深刻地揭示教育本质。

4. 研究成果具有广泛的实用性

教育经验主要来自广大教师的实践，最终也将指导教师的实践活动。

（二）教育经验总结的类型

教育经验总结有三种类型：具体经验总结，又叫实践性总结，是以具体的教学实践事实为基础，总结某一具体专题活动的经验；一般经验总结是以具体经验为基础，从中概括出经验的一般形式，这种经验具有更大的普遍性，可以为一类教育活动提供参考与借鉴；理论性经验总结是经验总结的最高层次。

（三）教育经验总结的基本要求

总结对象要有代表性，具有典型意义；要以客观事实为依据，定性与定量相结合；要全面考察，注意多方面联系；要正确区分现象与本质，得出规律性的结论；要有创新精神。

（四）教育经验总结的意义

1. 教育经验总结是丰富和发展教育科学理论的重要途径

在教育经验总结过程中，不断认识现实教育存在的新情况、新问题，从而把那些富有创造性的先进教育经验中蕴含的教育规律总结出来，丰富和发展教育科学理论。

2. 教育经验总结是教育管理者提高办学水平和管理水平的可靠保证

通过经验总结，教育管理者将教育理论与教育实践结合起来，提高管理者的素养和科学治校、办学育人的水平，不论在宏观上还是微观上逐步掌握教育管理工作的主动权，成为管理专家。

3. 总结教育经验是增强教师业务素质，促进教育质量提高的有效方法

每个教师结合自己的教学实践活动，有意识、有目的地总结自己的心得体会，不断积累资料、积累经验，逐步掌握教育教学规律，从而取得良好的教学效果。

五、历史研究法

教育科学的历史研究法是通过搜集某种教育现象发生、发展和演变的历史事实，加以系统客观地分析研究，从而揭示其发展规律的一种研究方法。

（一）历史研究法的基本特点

1. 历史性

历史研究法的研究对象是过去发生的教育事件，目的是通过对教育事件的历史发展过程和具体内容的考察，探求教育规律，并对未来的教育发

展趋势做出科学预言。

2. 具体性

历史研究建立在丰富而具体的文献资料基础上,揭示研究对象发展过程中的一切历史形式、内容以及各种相关因素。

3. 逻辑性

历史研究法遵循严密的逻辑分析。

(二)历史研究的一般步骤

第一步,分析研究课题的性质、所要达到的目标以及有关的资料条件;第二步,史料的搜集与鉴别;第三步,对史料的分析。

(三)正确处理历史研究中的几个关系

古与今的关系:古与今的关系,即研究历史与现实的关系。研究教育历史,最终要为现实服务。

史与论的关系:所谓"史",指的是具体的历史史料;所谓"论",是指理论的概括分析。史与论的关系,实质是史料与史学的关系。

批判与继承的关系:批判绝不是破字当头,立在其中的"打倒一切",批判本身也包含着继承,而继承又不是简单的肯定,是包含在否定中的肯定。

六、比较研究法

教育科学的比较研究是对某类教育现象在不同时期、不同地点、不同情况下的不同表现进行比较分析,以揭示教育的普遍规律及其特殊表现,从而得出符合客观实际的结论。

(一)教育比较研究的发展阶段

1. 萌芽阶段

萌芽阶段又称口头描述阶段。19世纪以前,少数杰出人物在教育领域内已运用比较研究法对教育问题进行探索。严格意义上，他们的活动不能被看作是科学意义上的教育比较研究，因为他们在进行比较研究时往往是不自觉的。所以，我们把它称作比较研究的萌芽时期。

2. 形成阶段

19世纪，研究者通过实地考察，搜集不同国家的教育制度和教授法的资料并作简单类比，所以又被称为实地研究阶段。这是一种带有功利与实用目的的教育借鉴活动，还不能解释教育现象的种种内在原因。

3. 发展阶段

20世纪前叶，一些国家显露出人才培养上的不足，同时，也由于社会学的快速发展，一些学者开始分析与探讨社会与教育之间的关系。这一阶段又被称为分析研究阶段。

4. 成熟阶段

20世纪60年代以后，比较研究开始运用社会科学的、准自然科学的方法，用定量定性的资料深入分析认识变革中的教育结构，确定各种因素在教育发展中所起的作用，寻求更科学、更精密的方法。因而这一阶段又被称为多样、综合的系统比较研究阶段。

（二）比较研究法在教育科学研究中的作用

比较研究可以帮助人们更好地认识事物的本质和规律，使人们更好地认识本国、本地的教育状况，能帮助人们获得新的发现，为教育政策的制定提供依据。

（三）比较研究法的种类

按目标的指向，可分为求同比较和求异比较。求同比较是寻求不同事物的共同点以发现事物发展的共同规律；求异比较是比较两个同类事物的不同属性，以发现事物发生发展的特殊性。

按时空的区别，可分为横向比较与纵向比较。横向比较就是对空间上同时并存的既定形态进行比较；纵向比较就是比较同一事物在不同时期的形态，从而认识事物的发展变化过程，揭示事物的发展规律。

按比较的性质，可分为定性比较与定量比较。定性比较是通过事物间本质属性的比较来确定事物的性质；定量比较是对事物属性进行量的分析以准确描述事物的变化。

按属性的数量，可分为单向比较和综合比较。单项比较是按事物的一种属性进行比较；综合比较则是按事物的所有或多种属性进行比较。

（四）比较研究法的步骤

步骤一，确定比较的问题；步骤二，确定比较的标准；步骤三，收集资料并加以分类、解释；步骤四，比较分析；步骤五，得出结论。

（五）比较研究法的基本要求

要保证可比性；保证资料的准确性和可靠性；坚持全面本质的比较。

七、行动研究法

行动研究是教师和研究人员针对实践中的问题，综合运用各种有效方法，以改进教育工作为目的的教育研究活动。

（一）行动研究的特征

1. 为行动而研究（research for action）

传统上，教育研究的目的是获得真理，但是行动研究打破了这种束缚，提出了为行动而研究，研究不是为了理论上的产出，而是为了实践的改进。

2. 对行动的研究（research of action）

对行动的研究表明行动研究是一种"以问题为中心"的研究形式，让教师了解自己的行动"意味着什么"。

3. 在行动中研究（research in action）

行动研究既不是在实验室里进行的，更不是在图书馆中进行的。行动研究的环境就是教师工作的实际环境，从事研究的人员也是应用研究结果的人，研究结果的应用者与产出者是同一主体。

（二）行动研究的基本过程

行动研究没有整齐划一的研究模式，但总体可划分为三个阶段：

阶段一，计划。计划阶段要明确问题、分析问题、制订计划。

阶段二，实施。把计划付诸行动是行动研究的核心步骤。行动研究的根本目的是要解决实践中的问题，改善实践。

阶段三，考察和反思。经过一段时间的试验后，对计划、实施进行考察和反思。

（三）行动研究的优缺点

优点：灵活，能适时进行反馈与调整；能将理论研究与实践问题结合，有利于解决实际问题。

缺点：研究过程松散、随意，缺乏系统性，研究缺乏可靠性；研究样本受具体情境的限制，缺少控制，研究缺少代表性等。

八、个案研究法

个案研究是指研究者对单一的研究对象进行深入而具体的研究，是当今教育研究中运用最广的定性研究方法，也是描述性研究和实地调查相结合的一种具体方法。

（一）个案研究法的一般步骤

第一步，确定要研究的问题；第二步，选择操作方法；第三步，及时记录收集的材料；第四步，整理分析材料，形成研究结论。

（二）个案研究法的要求

选择对象要恰当，要有代表性和典型性；要善于抓住必要的、本质的材料，运用教学理论进行分析和研究；要考虑相关因素，综合加以分析。

（三）个案研究报告的主要内容

个案研究报告的要求：要详细介绍研究背景、研究方法、研究过程和研究结果等；要定性研究与定量研究相结合，以归纳法为主要分析手段，多用第一手资料。

个案研究报告的主要内容：研究报告题目、研究对象、研究背景、研究目的、研究方法、研究手段、研究时限、研究结果、研究结论、问题分析、启示或改进策略等。

第一章　学科教育学的属性

　　学校教育主要是学科教育，学科教育学是研究学校学科教育现象和教育问题，揭示其基本规律的一门学科。把握学科教育学的本质内涵，是研究学科教育学的前提，也是正确认识与揭示学科教育普遍规律，进而研究解决各分学科教育学问题的先决条件。本章从学科教育学的建立与发展入手，理性探讨学科教育学的逻辑体系，在此基础上研究阐述理想的学科教育学体系，并探析学科教育学与相关理论的关系。

第一节　学科教育学的建立与发展

　　教育具有悠久的历史。在我国，教育学的产生与发展大体经历了教育学的萌芽阶段、独立形态的教育学阶段、马克思主义教育学的建立阶段和现代教育理论阶段。我国的学科教育学是在马克思主义教育学基础上的研究探索，由于一系列的客观原因，理论体系尚不完整，统整的学科教育学尚未建立。

一、教育学的产生与发展

（一）教育学的萌芽阶段

　　在教育学的萌芽阶段，教育学还没有从哲学、伦理学、政治等学科中分化出来形成独立的学科体系。古代思想家、教育家们的教育思想，都是作为他们的哲学思想或政治思想的组成部分，其教育经验的论述多是对教育现象的描述和自我经验的概括总结，缺少独立的科学命题和理论范畴。

苏格拉底（Socrates）提出"美德就是知识"的命题，主张教育就是为了发展人的智慧，使人的道德完善。他对教育最大的贡献是倡导问答法，后人称为"产婆术"。

柏拉图（Plato）的主要代表作是《理想国》，教育思想主要有：重视教育的作用，认为教育既是改变人性的手段，又是建立和巩固"理想国"的工具，主张教育由国家管理，由国家规定统一学制；强调早期教育，主张胎教，重视游戏在学前教育中的作用，主张让儿童在做游戏、学唱歌、听故事中受教育；主张德、智、体、美和谐的教育；提倡发展学生"探究事物本质"的能力。

亚里士多德（Aristotle）的代表作是《政治学》。他重视教育的作用，主张教育应由国家负责，受国家控制，但反对女子受教育。在西方教育史上，亚里士多德最早提出教育应适应人的自然发展，是教育史上第一位划分教育年龄分段并提出相应教育主张的教育家。他把人从出生到21岁划分为三个阶段：第一阶段（0—7岁）为家庭教育，主要目的是发展儿童的身体；第二阶段（7—14岁），儿童进入国家办的学校，接受和谐的教育，以情感道德教育为主；第三阶段（14—21岁），以智力教育为主，发展学生的理智灵魂。

昆体良（Marcus Fabius Quintilian）的《雄辩术原理》，奥古斯丁（Augustine）的《忏悔录》，伊拉斯谟（Desiderius Erasmus）的《一个基督教王子的教育》《愚人颂》，拉伯雷（Rabelais）的《巨人传》，蒙田（Michel de Montaigne）的《论儿童的教育》等著作，从不同角度对教育问题进行探讨，提出了一些精辟的见解，其中包含大量科学的成分，为教育科学的诞生奠定了深厚的基础。

在我国，孔子在长期的私学教学实践中，积累了丰富的教育经验，形成了比较完整的教育思想，集中体现在《论语》中。孔子认为"性相近，习相远"，他在中国历史上最早提出人的天赋素质相近，个性差异主要由后天教育与社会环境造成。孔子提倡"有教无类"，创办私学，广招学生，打破了奴隶主贵族对学校教育的垄断，把受教育的范围扩大到平民，顺应了当时社会发展的趋势。孔子主张"学而优则仕"，把"学而优"作为入仕的必备条件。孔子强调学校教育必须将道德教育放在首要地位，其道德教育的主要内容是"礼"（道德规范）和"仁"（最高道德准则）。其中，"礼"是"仁"

的形式，"仁"是"礼"的内容，有了"仁"的精神，"礼"才真正充实。孔子的教学主导思想是"学而知之"，强调学习与思考相结合（"学而不思则罔，思而不学则殆"），强调"学以致用"。孔子最早提出启发式教学（"不愤不启，不悱不发"），在教学实践中最早采用因材施教。

战国时期的教育文献《学记》是世界上最早、最完整的一部教育著作，总结了先秦时期儒家的教育经验，论述了中国奴隶社会的学校制度、教育目的、教学原则、教师作用等。它是《礼记》中的一篇，是儒家思孟学派的作品，被称为"教育学的雏形"，是中国古代教育思想开始从其他学科中独立出来的重要标志。《学记》在中国教育史上第一次明确提出"教学相长"的思想，提出了教育教学过程的四大原则：预防性原则（"禁于未发之谓预"），及时施教原则（"当其可之谓时"），循序渐进原则（"不陵节而施之谓孙"），学习观摩原则（"相观而善之谓摩"）。《学记》主张尊师，认为尊师才能重道，重道后人才会爱学好学（"师严然后道尊，道尊然后民知敬学"）。

此外，还有孟子的《孟子》、老子的《老子》、颜之推的《颜氏家训》、韩愈的《师说》、朱熹的《童蒙须知》《四书集注》等。

（二）独立形态教育学的建立

从欧洲文艺复兴开始，教育学逐渐从哲学、伦理学等学科中分化出来，走向学科独立。在这一过程中，涌现出一批教育家，出现一系列教育著作，提出许多重要的教育理论观点，形成了较为完整而系统的理论体系。

英国哲学家培根（Francis Bacon）在《论科学的价值和发展》中，首次将教学的艺术作为一个独立的研究领域提出，并把它理解为"讲述与传授的艺术"。捷克著名的大教育家夸美纽斯（Johann Amos Comenius）在《大教学论》中第一次论述了班级授课制和学年制，提出了普及教育和统一学制的思想，建立了教学原则体系和庞大的课程体系。《大教学论》中提出"把一切事物教给一切人类的全部艺术"，被认为是独立教育学形成的标志。夸美纽斯提出教育适应自然的原则，即教育要遵循自身规律，依据人的天性和儿童的年龄特征。自《大教学论》后，出现了一系列对后世有影响的资产阶级教育家及代表作。英国教育家洛克（John Locke）的《教育漫话》提出了完整的绅士教育体系。法国教育家卢梭（Jean-Jacques Rousseau）在《爱弥尔》中阐述了自然教育理论。瑞士教育家裴斯泰洛齐（Johann Heinrich Pestalozzi）的《林哈德与葛笃德》明确提出要"使人类教育心理学化"，这为教育学的诞生起到了重要作用。德国哲学家康德（Immanuel kant）对教育学的贡献很大，在哥尼斯堡大学执教期间，他先后四次讲授教育学，其讲稿由学生编纂成《康德论教育》于1803年出版。康德认为，"教育的方法必须成为一种科学"。

在西方，通常把德国教育家赫尔巴特（Johann Friedrich Herbart）建立在心理学研究基础的《普通教育学》视为科学教育学形成的标志。他提倡教师中心、教材中心、课堂中心，并论证了"教学的教育性原则"。他提出了教学过程四个阶段"明了、联想、系统、方法"，及以兴趣为依据的学科课程体系。赫尔巴特，作为传统教育理论的代表，将教学理论建立在心理学基础上，将道德教育理论建立在伦理学基础上，奠定了科学教育学的基础，被誉为"科学教育学的奠基人"。

美国教育家杜威（John Dewey）是现代教育理论的代表。他在《民主主义与教育》中主张"以儿童为中心，以儿童的活动为中心，做中学"的"三中心"说，提出了"教育即生活""学校即社会""教育即生长"的教育本质论。

此外，还有德国教育家福禄倍尔（Friedrich Froebel）的《人的教育》，德国教育家第斯多惠（Friedrich Adolf Wilhelm Diesterweg）的《德国教师培养指南》，英国教育家斯宾塞（Herbert Spencer）的《教育论》，俄国教育家乌申斯基（Konstantin Ushinski）的《人是教育的对象》等，都为独立形态教育学的建立做出了一定贡献。

（三）马克思主义教育学的建立

马克思主义的诞生使教育学进一步走向科学化阶段。马克思主义的辩证唯物主义、历史唯物主义成为科学教育学建立的世界观和方法论基础，使教育的一系列根本问题，诸如教育的本质、作用，教育的目的、任务，教育、环境与人的发展的关系等问题得到了科学解释和论证，使教育学建立在科学的世界观和方法论基础上，推动了教育科学的发展。

苏联的一批教育家运用马克思主义世界观和方法论阐述教育问题，逐渐形成了社会主义教育理论。

克鲁普斯卡娅（Krupskaya）著有《国民教育与民主主义》，她是最早以马克思主义为基础，探讨教育问题的教育家。她根据马克思主义教育与生产劳动相结合的理论，论述了在苏联实施综合技术教育的问题。凯洛夫（N.A.Kaiipob）主编的《教育学》总结了苏联社会主义教育的经验，构建了新的教育学理论体系，论述了全面发展的教育目的。他极其重视智育即教养的地位和作用，提出了一套比较严格和严密的教学理论。马卡连柯（A.C.Makarenko）著有《教育诗》《论共产主义教育》，在流浪儿和违法者的改造方面做出了杰出贡献，其核心教育思想是集体主义教育。

杨贤江是我国最早用马克思主义论述教育问题的教育家，他撰写的《新教育大纲》是我国第一本马克思主义教育学著作。这本著作阐述了教育的本质和作用，批判了教育超政治、超阶级的观点和教育万能论。

（四）现代教育理论的发展

20 世纪中叶以后，由于新科技革命迅猛发展，人才资源开发和智力开发成为世界教育瞩目的重大课题。各国开展了广泛的、深刻的教育改革，形成了大批以教育实验和心理科学为基础的现代教育理论，教育学进入现代发展阶段。

苏联教育家赞科夫（Zankov）著有《教学与发展》，其理论核心是"以最好的教学效果使学生达到最理想的发展水平"。他以学生的一般发展作为教学的出发点，提出了发展性教学理论的五条教学原则，即高难度、高速度、理论指导实际、理解学习过程、使所有学生包括"差生"都得到发展的原则。

苏联教育家苏霍姆林斯基（Sukhomlynsky）著有《给教师的建议》《把整个心灵献给孩子》《帕夫雷什中学》等，其教育理论的核心内容是人的全面和谐发展，对世界教育产生了很大影响。所谓全面和谐的教育，即把德育、智育、体育、劳动教育、美育五个部分有机结合起来，成为相互渗透的统一整体。

美国教育心理学家布鲁纳（J.S.Bruner）著有《教育过程》，提出了结构主义教学理论。他强调必须使学生学习一门学科的基本结构，即一门学科中的定义、原则或法则，强调早期学习的重要性，倡导发现式学习，主张培养学生的直觉思维、科学兴趣和创造能力。

美国教育家布卢姆（Benjamin Bloom）著有《教育目标分类学》《学生学习的形成性和终结性评价分册》等，提出了"为掌握而学，为掌握而教"的掌握学习理论。

德国教育家瓦·根舍因（Wagenschein）的《范例教学原理》创立了范例教学理论。瑞士心理学家教育家皮亚杰（Jean Piaget）的《教育科学与儿童心理学》提出儿童智力发展阶段包括：感知运动阶段、前运算阶段、具体运算阶段、形式运算阶段。他根据儿童认知结构和发展阶段理论，提出了教学原则和方法，即按照儿童各年龄阶段的心理特点进行教学；教育必须大力发展儿童的主动性；儿童的实际活动在教育中占优先地位；儿童的互相协作应在学校教育中起重要作用。

苏联教育家巴班斯基（Babanski）运用辩证系统方法来分析教学过程，提出了教学过程最优化的思想，指教师有目的地选择一套教学过程的最佳方案，保证在规定时间内解决教养和教育学生的任务，并取得最好效果。其核心是建立教学过程的最佳方案，包括教学形式和教学方法等优化方法。

当代美国人本主义心理学家罗杰斯（Carl R. Rogers）认为，教学要提供一种人道主义的、令人愉快的环境气氛，学生是教学的中心，教师只是为学生的学习提供各种条件，让学生自由地选择学习方式，起到顾问、咨询服务的作用，教学是非指导性的。教学所追求的目标不是传递知识，而是"适应变化和学习"，即培养能够适应社会变化和知道如何进行学习、充分发挥作用的人。"充分发挥作用的人"有四个显著特征：有洞察力、有创造性、有建设性、有选择性。

陶行知、陈鹤琴在借鉴实用主义教育理论的同时，根据中国社会和教育的实际情况，创立了生活教育理论，在将外国教育理论本土化的过程中，做出了卓越的贡献。特别是陶行知的"教学做合一"原则，是生活教育理论在教学中的应用，是"生活即教育"在教学方法问题上的具体化，即教的法子根据学的法子，学的法子根据做的法子，教与学都以做为中心。

二、我国学科教育学的建立

我国的现代教育体制根源于近代的新式教育。中国近代的新式教育以语言学堂的创办为开端，接着发展了军事技术学堂和各类实业学堂教育，随后才开始发展基础教育和普通高等教育。从 1862 年创办京师同文馆开始到 1905 年清政府"立停科举以广学校"为止，中国近代新式学堂的开办走过了漫长的岁月，经历了洋务学堂、维新学堂和新政学堂三个历史发展时期，与此同时，科举制度退出历史舞台。随着新式教育制度开始建立，我国的教育逐渐与国际社会接轨。

随着新的教育制度的建立，学校学科教育得到进一步重视。学科教育学的发展与演进呈现这样的基本路线：1904 年清政府颁布《奏定优级师范学堂章程》中正式规定开设教育学，包括"教授法"；1913 年国民政府颁布的《高等师范学校课程标准》中，明确提出要在教育学中讲授"教授法"；1917 年秋，陶行知在南京高等师范学校提出"教授法脱离学生实际，应更名为教学法"，后来一些师范院校采用"教材教法研究"；1939 年颁布的《学院分系必修及选修科目表施行要点》将其正式定名为"分科教材教法研究"；1950 年教育部颁布的《北京师范大学暂行规程》，把"中学教材教法"定为必修课；1952 年颁布的《师范学院教学计划（草案）》中明确提出"教学法"课程；20 世纪 80 年代分科性质的"学科教学论"出现，但因其基本框架并无太大变化，所以出现了和"学科教学法"混同的局面。[①]

进入 20 世纪 80 年代，世界各国开展教育改革，全国加快教育改革的步伐。全国上下普遍感受到了学科教育落后于新时期教育发展的需要，高等师范院校的教学法学科落后于培养合格教师的需要，普通教育学脱离教育教学的实际，无法真正落实素质教育的要求。在这种背景下，随着我国改革开放步伐的加大和国外教育理论的引入与影响，我国高等师范学校的一些学者以高度的历史责任感、使命感提出开展学科教育理论研究，建立学科教育学的任务。1986 年 10 月，在济南召开的全国高师理科教学法建设讨论会，明确提出"要在我国发展学科教育学"的主张。1988 年，在原北京师范学院学科教育学研究中心的筹备和组织下，第一届学科教育学理论研讨会于北京召开了，有 26 所高师院校的有关专家出席了会议。这次会议上，绝大多数与会者认为：学科教育学的建立是科学发展的必然趋势，是教育实践发展的客观需要，符合"突出师范特点，办好师范院校"的要求。此后，数学教育学、语文教育

---

① 于龙. 从实然到应然："学科教育学"的定位与出路 [J]. 当代教育科学, 2006（3）: 11.

学、政治教育学等学科教育学专著、教材等研究成果陆续问世。1989 年《首都师范大学学报（社科版）》（原《北京师范学院学报》）专门开辟了"学科教育学研究"专栏。自此，学科教育学的理论研究广泛开展了起来。

学科教育学的提出和研究的发展，促进了我国高等师范教育课程体系的改革，为提高未来教师理论思维和实践能力提供了更广阔的前景，并拓宽了教育理论研究的领域。从 1988 年到 2000 年，全国学科教育学理论研讨会先后在北京、大连、福州、长沙、烟台、天津、福州、广州等地召开了 9届。其间，相当数量的学科教育学研究成果，包括论文、著作、教材、调查报告等不断问世。学科教育学作为教育科学研究的重要领域，受到广大高师院校教师的普遍关注。从 1988 年在北京召开首届全国学科教育学学术研讨会至今，学科教育学的研究在理论和实践上都有了很大发展，研究成果丰硕。学科教育学的探讨已成为师范院校教育学科发展的新的增长点。学科教育研究的深入开展，既推动了我国教师教育的发展，也提升了学科教育的学术地位，国务院学位委员会将学科教学法列入教育学二级学科课程与教学论。自 20 世纪 80 年代初提出建构学科教育学以来，我国学科教育研究和学科教育学的探索主要呈现出如下特点。

第一，面向基础教育改革实践，深入中小学实际。通过深入基础教育第一线，我国学科教育学研究把调查研究、实践探索与理性思考有机结合起来，摸索新时期学科教育的规律，对基础教育各科教学提供指导，丰富学科教育的理论思考。

第二，努力研究教育理论的新成果，更新教育观念。许多长期从事教学法研究的教师积极主动地吸纳国际先进的教育理论并竭力将理论结合实际，开展了多层面的改革实验，取得了可喜的成就。许多高师院校在这方面积累了丰富的经验。

第三，建立了一支力量雄厚的专业研究机构和队伍。许多师范大学和师范学院都先后建立了学科教育研究中心，或有关研究共同体。这些专业研究机构和学术共同体起到了很好的组织和传播作用。我国一些师范大学多年招收培养学科教育学的硕士研究生，使研究队伍不断注入新生力量。

第四，建立统整的学科教育体系。建立在学校教育学指导下的统整的学科教育学，指导已有的各科教学法（如图 1-1-1 所示）。

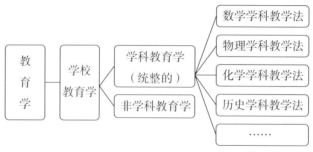

图 1-1-1　最初拟构建的学科教育学体系

三、我国现行的学科教育学体系

20 世纪 80 年代初,我国学者提出以教育学为上位学科,建立统筹一体的学科教育学,即统整的学科教育学,在此基础上研究各学科的教育教学。然而,由于种种原因,统整的学科教育学体系没有建成,但以普通教育学为上位理论的各个分科教育学的研究却取得了一定成果。"普通教育学 + 各个分科教育学"是我国现行的学科教育学体系的基本形式。

(一)我国现行的学校教育学理论体系

中华人民共和国成立后,我国的教育理论研究与实践逐渐形成了教育学研究的"三分边界",即确立了教育原理、教学论、德育论三大研究领域。有学者认为,三大研究领域的确立有利于教育学的自我完善,但也带来许多问题,教育学三分科的边界,已日益背离教育实际,日益背离教育知识的完整性,再这样偏狭地越来越闭锁地走下去,将毁坏教育学。[①] 为了摆脱教育学研究"三分边界"的局面,我国学界进行了广泛的探索。20 世纪 80 年代初,我国学者开始了学科教育学的研究与探索,提出建构学科教育学体系的初衷是以教育学为上位学科,建立统筹一体的学科教育学,在此基础上再研究各个学科的教育教学。我们知道,一个成熟和独立的学科必须有独立的研究内容、成熟的研究方法、规范和学科体制。讲到学科体制或学

---

① 石欧.面临考验的教育学边界——关于教育学三分科的理论思考[J].教育研究,
2000(2):15.

科制度，其成熟的标志与合理性又体现在二级学科的划分、学术评价指标、一定数量的得到承认的学术成果，特别是经典性学术著作以及学科的历史（学术史）等一些规范。对于人文社会科学，本土化也是学科成熟的重要标志之一。[①] 根据这一标准，从现在的结果来看，迄今为止真正意义上的统整的学科教育学尚未建立。40 年来除了《学科教育学》《学科教育学概论》外，检索到的其他研究成果很少，且具有一定的局限性。分科教育学似乎建立起来了，但存在的问题很多。

那么，我国现行教育学理论体系如何？李定仁认为，教育学与学科教育学之间是一般与特殊的关系，教学论与学科教育学之间是平行与交叉的关系，学科教学法与学科教育学之间是局部与整体的关系。[②] 陶本一认为，学科教育学（整体性的）与课程论、教学论、学习论的关系是相互交叉的，是属于同一层次的学科。周玉荣认为，因为学科教育学和课程论的研究对象有所交叉，因此对二者之间关系的精确区分有待进一步研究，而学科教育学是介于教育学和学科教学法之间的学科。[③] 于龙认为：实际上，仅从"亲缘关系"的角度来观察学科教育体系中的概念表达，其中的各节点似乎应该是这样一种族群归类：课程论—教学论—课程与教学论，教学法—分科教学法—学科教学法，教学论—分科教学论—学科教学论，分科教育学—学科教育学—教育学……整体性的学科教育学在学科教育谱系中属于二级学科的层次，它与整体性的学科教学论、学科课程论平行，作为三级层次的分科教育学则是它的下位学科。[④]

我国现行的教育学研究与理论体系实际上已形成教学论（法）的研究与理论、学科教育学的研究与理论、课程教学论的研究与理论、德育的研究与理论等发展路线。教学论（法）的研究与理论历史悠久；统整的学科教育学尚未建立起来，各学科教育学的研究与理论基本形成；课程教学论的研究与理论是 20

---

① 蔡曙山.科学与学科的关系及我国的学科制度建设［J］.中国社会科学，2002（3）：79-80.

② 李定仁.关于建立我国学科教育学的几个问题［J］.教育科学，2004，20（5）：24.

③ 周玉荣.学科教育学探疑［J］.首都师范大学学报，1995（3）：65-73.

④ 于龙.从实然到应然："学科教育学"的定位与出路［J］.当代教育科学，2006（3）：12-13.

世纪末西方课程理论引入我国后，伴随着我国的基础教育改革发展起来的；德育的研究具有悠久的历史，在我国主要是围绕着德育（广义的德育，通常称为"大德育"，包括思想教育、政治教育、道德教育、法纪教育和心理健康教育）和道德教育（狭义的德育，通常称为"小德育"）展开。

（二）整体学科教育学尚未建立的原因

建立在（学校）教育学指导下的统整的学科教育学，用以指导已有的各科教学法，具有重要意义。一是为了架起学校教育学与各分科教学法之间的桥梁，完善我国整个教育学理论体系，同时弥补普通教育学对学科教育指导的不足；二是为了更好地揭示整体学科教育的基本规律，以便更加有效地指导各分科教学，提高教育教学质量。然而，让人遗憾的是，由于种种原因，统整的学科教育学没有建立起来（迄今也尚未建立起来），但各分科教育学却建立起来了，如语文学科教育学、数学学科教育学、物理学科教育学、历史学科教育学、化学学科教育学、英语学科教育学、体育学科教育学等。从各学科名称上来看，有的叫作"××学科教育学"，有的叫作"××学科教学法"，还有的叫作"××学科教学论"。但不管名称如何，它们都是在普通教育学的指导下建立起来的分科教育学。

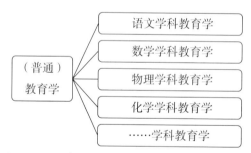

图 1-1-2　我国现行的学科教育学理论体系

从图 1-1-2 可以看出，所谓的学科教育学体系是在普通教育学下面直接建立起来的。这就带来了一系列问题：一方面，由于普通教育学研究的是普遍的教育现象，因此不能直接有效地指导学校学科的具体教学；另一方面，统整的（整体的）学科教育学没有建立起来，违背了初衷。各分科教育缺乏统整的（整体的）学科教育学的指导，迄今仍处于各自为政、一盘散沙的状态,这也是我国目前学科教学问题与误区产生的主要原因之一。

现在看来,再按照当初的设想建构整个学科教育学体系已经不可能了。经过几十年的发展,所谓的各分科教育学已经有了一定的根基,并被人们所熟悉,尽管存在着逻辑混乱、理论混乱、体系不完整、名称不一、概念不清或不严谨等诸多问题,尽管表现在教育实践中让人一头雾水,但谁也无力再将其废弃。一言以蔽之,再想构建当初设想的学科教育学体系已经不可能。因此,只能在现状基础上予以完善。

那么,为什么到现在我们真正意义上的学科教育学体系没有建立起来呢?胡扬洋在《我国"学科教育学"的浮沉与启示》中予以了系统论述:一是研究者知识结构的单一;二是教育界学术生态的局限;三是学科中具体问题的隐匿。[①]王长纯等在《学科教育学概论》中认为:学科教育学的确立存在困难,主要有两个原因:一是学科教育学以根据各个教学科目的内容并设法提高教学效果为目的。因此,既要把握教学科目的有关内容,还必须掌握相关的教材。二是学科教育学必须充分利用与此相关联的教育心理学、教育社会学等学科的成果。[②]

黄伟认为,整体意义上的学科教育学或学科教育学统整的探索时冷时热,且冷多热少。这主要是因为它没有建构自己的话语方式和结构体系,同时它总是处在课程与教学论和分科教育学、分科课程与教学论的夹缝中,难以获得广阔而自由的生长空间。如何从左右为难、前后掣肘的逼压中实现突围,如何寻求左右逢源、前后相续的前进道路,最为关键性、根本性的问题恐怕是要找到属于自己的独特的核心问题域和话语场,也就是说,整体意义上的学科教育学到底要在哪个学理层面发言,发言又是针对和解决怎样的独特问题?尽管这些问题未必是学科教育学的独特发现,但它应该有自己学科视点或学理视角。这是学科教育学得以独立的基础。学科教育学能否找到适合自己的研究方法,能否由此构建自己系统的方法论?这些方法未必是学科教育学独自拥有或独创,它可以拿来,但应该进行本学科的学理过滤(如改组、整合),由自己所研究问题的问题聚焦。

---

① 胡扬洋.我国"学科教育学"的浮沉与启示[J].中国教育科学,2016(1):188-189.
② 王长纯,曹运耕,王晓华.学科教育学概论[M].北京:首都师范大学出版社,2000:
244.

这是学科教育学能够发展的必由之路。学科教育学所研究和探讨的问题到底有什么理论意义和实践价值？这是学科教育学的生命之源和生长空间。① 因此，造成目前学科教育学的研究现状的原因十分复杂，其主要原因有以下几点。

第一，缺乏系统论的视域。一方面，没有理性地从教育理论的逻辑体系出发，没有厘清教育学、学校教育学、学科教育学与各科教学法之间的关系。我国的教育研究喜欢把对教育教学中的现象或问题的研究探索都称作"学"，该行为破坏了整个教育的逻辑体系。另一方面，在教育理论研究与教育实践中，经常会出现内容和形式的混乱。比如把显性课程、隐性课程、研究性课程并列而论，就是典型地没有弄清课程的逻辑体系。显性课程和隐性课程是根据课程的表现形态划分的，而研究性课程是根据课程的实施方法划分的，完全不是同一标准的分类。上海市中小学课程目前分为三类，即研究性课程、基础性课程和拓展性课程。这样的分类就稍欠科学与理性的考虑。有一线教师提出疑虑："有了研究性课程，那么基础性课程和拓展性课程的实施是不是就不需要研究性学习了？"产生这种疑问的根本原因是，这三类课程的划分根本不是同一个标准，基础性课程和拓展性课程的划分，是从课程的作用与范围考虑的，而研究性课程则是从课程的实施方法与策略的角度划分的。基础性课程和拓展性课程的实施同样需要研究性学习。一言以蔽之，在研究或构建学科教育学理论中，如果我们始终秉持系统论的视域，就可以规避逻辑混乱的问题。

第二，没有真正理解学科的真谛。学科教育学是研究学科教育现象与问题，揭示学科教育规律的学问。由于学科的产生与发展历史悠久且涉及问题与领域十分复杂，因此国内外学者对其界定与理解不尽一致，仅国内学者们对学科概念的认识概括起来就有五种：一是，学科是知识和科学的分支，是相对独立的知识体系；二是，学科是学校教学的科目；三是，学科还指学界从事教学与研究的机构；四是，学科是知识者、学术结构和社会沟通的桥梁；五是，学科是规训和协调知识与知识者的制度性机制。可见，角度不同，观点与定义不同，正确理解与把握学科的本质与内涵，是学科教育

---

① 黄伟.试论整合意义上的学科教育学的重建［J］.宁波大学学报（教育科学版），

　2008，30（3）：1-2.

学研究不可回避的问题。总的来说，学科是指人们根据一定的规则，对人类社会积累的和新创生的知识与学问进行的类别划分或归类，是相对独立的知识体系。学科主要由相对独立的知识体系和知识体系的传播与创生者（或组织）两大关键要素构成，其中知识体系是核心。把握学科的真谛是进行学科教育学研究的前提。

第三，教育理念的偏差导致的问题。教育观是教育活动的指南，是统领教育活动的灵魂。毋庸置疑，不同的教育理念会导致不同的教育结果，合理而科学的教育理念是对人和生命价值的最大尊重，是对教育本质及其规律的最大尊重。然而，由于教育理念的偏差，教育变成了"功利教育"和"工具教育"，教育的整体功能被遮蔽。在学科教育的研究中，最为突出的问题就是把学科知识的学习与运用看成是为考试得高分的"应试教育"，致使所阐述的教育原则、教育途径、教育方法，以及教育测量与评价等都出现偏差。同时，一些研究者无视学科教育理论的整体性，遮蔽了统整（整体）的学科教育学建设任务。

第四，受到教育理论混乱现状的影响。我国的教育理论研究存在跟风现象，大量的"夹生理论"致使教育理论研究混乱不堪。世界范围内存在两套话语体系，一套是教学论的话语体系，一套是课程论的话语体系。目前，一些学者没有完全搞清楚两套话语体系的异同，存在诸多混解、混用的现象。

一门学科的真正建立需要有独立的研究对象和方法，具有清晰的、完整的、科学的和系统的概念和基本理论体系，目前的各分科教育学显然不具备以上的这些特点。

另外，按照逻辑来讲，有学科教育学，就应该有非学科教育学。我们之前介绍了学科是什么，那么什么是非学科呢？非学科，与学科相对，不属于学科范围，主要指一些实践活动性课程、隐性课程，或以模块形式或某种组合形式呈现的一些不成体系的知识内容等。通过运作非学科知识内容而实施的教育就是非学科教育。本质而言，学校教育中存在两部分：一是学科教育，二是非学科教育。从课程表现形式来看，学科教育主要是以显性课程呈现并实施的教育；非学科教育，主要是以支离破碎的知识、一些专业（门）知识为主，采用隐形课程呈现并实施的教育。学科教育十分重要，建立学科教育学十分必要。指导非学科教育的实施可以参照学科教育的基本原理。

第二节 学科教育学的逻辑体系

就教育学的学科逻辑而言，整体的学科教育学的上位应该是学校教育学，再上位是教育学；整体的学科教育学的下位才是各分科教育学（或称为教学法）。本节将对学科教育学的概念与内涵、学科教育学的基本性质、学科教育学在教育学体系中的位置予以系统研究与探索。

一、学科教育学的概念与内涵

学科教育学研究的是学校学科、学校学科教育、学校学科教育现象与教育问题，揭示的是学科教育基本规律。整体的学科教育学是连接学校教育学和各个分科教育学的桥梁和纽带，揭示整个学科教育的基本规律。

（一）学科教育学的概念

关于学科教育学的概念，迄今尚无权威且科学的界定。究其原因涉及对三大问题的理解：一是什么是学科，学科如何分类；二是如果能将学科进行分类，究竟是研究整体的学科教育，还是研究分科的学科教育，或兼而有之；三是学科教育学与教育学、教育方法、课程论等是什么关系。当然，除了上述原因外，还有一个重要的原因不能忽略，那就是"学科教育学"本身就是我国的教育话语体系。在中国教育研究的话语体系中，我们习惯将整个教育现象与问题分开进行研究与探讨，建成分科教育学。从教育层级上，我们从幼儿园教育到大学教育都建立了专门的教育学；从专业层面，我们也已经建立了各个学科教育学。我们对整个教育现象与问题分开研究与探讨，使得本来相互联系的问题与现象割裂开来，导致教育研究被肢解得支离破碎。这是我国教育理论的主要问题，也是一系列教育问题产生的主要原因之一。

学科从产生到今天始终有着不同的说法，然而学科最根本、最核心的东西是知识及其体系。知识随着人类社会的产生而产生，随着社会的发展而发展。社会发展到一定程度便出现了学校，学校发展到一定程度就出现了不同层级的学校——小学、中学、大学。学校是学习者学习的场所，在学校里要学习一定的文化与知识，就必然涉及到知识的取舍问题。从历史的角度来看，学校是有选择地选取一部分知识在学校进行教授。学校选择的知识，来源于人类积累与总结的经验。最早没有学科之说，所有知识都聚集在哲学之中（因为当时哲学雄辩术等较为发达）或者根本没考虑分类的问题，但是伴随着社会的不断发展，知识不断增加、不断膨胀，人们为了便于学习、掌握与使用，就人为地将知识进行了分类，如将数学、几何学等从哲学中分离出来，后来其他学科也慢慢分离出来了。被分离出来的学科随着时间的推移与本身知识的不断积累，也在不断细化，又分化出新的学科或下位学科。

随着欧洲中世纪高等教育的发展，英国伦敦大学学院以及法国高等专科学校的产生，高等教育跟社会经济与生产的关系越发紧密，伴随着美国"赠地学院"的出现，催生了大量的应用学科。1862 年美国国会颁布的《莫雷尔法案》（Morrill Act）规定，按各州在国会中参议院和众议院人数的多少分配给各州不同数量的国有土地，各州应将这类土地出售或投资所得收入，用于在 5 年内至少建立一所"讲授与农业和机械工业有关的知识"的学院。后来这类学院被称为"农工学院"或"赠地学院"。政府通过赠予土地鼓励开办大学，而大学需要回馈社会，《莫雷尔法案》使大学从象牙塔走向社会，同时也催生了学科的发展，现在的很多学科都是在"赠地学院"设立之后产生的。有些学科是人为剥离而产生的，而有些是随着学科的发展产生了新的事物而进行命名的，比如管理学学科、计算机学科等。这些学科都是科学学科，是以知识体系为核心的学科。

那么，学科教育学的概念究竟是什么呢？陶本一认为："学科教育学是以学校的学科教育为研究对象的一门学科，具体地说，即以全面实现教育目标为目的，以相关研究成果为理论支撑的研究学科教育目标、课程、学习、教学和评价等全过程及其内在规律的一门学科。"[1] "学科教育学的发展经历了教材教法、分科教学论和分科教育学三个阶段，现在正进入系统化的学科教育学的新阶段。"[2] 从这一定义可以看出：学科教育学的研究对象

---

①② 陶本一. 学科教育学［M］. 北京：人民教育出版社，2002：1.

是学校的学科教育,具体研究学校学科教育目标、课程、学习、教学和评价等全过程及其内在规律。可以看出陶本一心目中的学科教育学是整体学科教育学。陶本一认为:过去有关研究一般都将学科视为彼此分割、相互独立的门类,有关学科教育问题的研究也一般局限于各门分科,因此,先后形成分科的教材教法、分科教学论、分科教育学。而事实上,学科的原生态是统整的,也就是说,学科本质上是一个有机的整体,人们只是为了教与学的方便,才将之切割成不同的块面。

学科教育学是教育科学领域中一门独立的学问,其上位学科是教育学,与教学论、教学法、课程论、学习论既有区别,又有联系。学科教育学是相对非学科教育学而言的,一定程度上也是相对(普通)教育学而言的。据此,可以将学科教育学定义为:学科教育学是研究学校学科教育中有关学科教育现象和教育问题,揭示其基本规律的一门科学(学问),是学校教育学的下位理论学说。

(二)学科教育学的内涵

概念具有内涵和外延两个基本特征。概念的内涵是指概念所反映的事物对象特有的属性。例如"学校是供学生学习的场所"中的"供学生学习的场所"就是"学校"概念的内涵。概念的外延是指概念所反映的事物对象的范围,即具有概念所反映的属性的事物或对象。例如"能力包括一般能力、特殊能力",这就是从外延角度来说明"能力"的概念。一般而言,概念的内涵和外延成反比关系,即一个概念的内涵越多,外延就越小;反之,一个概念的内涵越少,外延就越大。

学科教育学是研究学校学科教育中有关学科教育现象和教育问题,揭示其基本规律的一门科学(学问),包含学校学科、学校学科教育、教育现象、教育问题、教育规律。

学校学科与学校学科教育:在学校教育中必然要学习知识,而知识存在于学科之中,所以学校教育在各学科中选择学校要教授的知识。学校中学习的学科称为教育学科,学校学科即为学校教育的学科。比如说数学学科,选取一部分知识在小学进行学习,又选择一部分知识在中学学习,再选择一部分知识到大学中学习,所以学科教育学是研究学校学科教育的一门科学（学问）。

教育现象与教育问题：教育现象包括教育与社会的关系、教育与人的关系等，教育的问题有很多，比如：教育中如何进行有效教学？如何真正发挥学生的主体作用？所以，学科教育学研究的是学校开设学科的教育现象和教育问题。

教育规律：学科教育学是通过研究教育现象和教育问题来揭示教育规律。学科教育具有两大规律：一是学科教育与社会的规律，也就是学科教育的外部规律。学科教育受社会政治、经济、文化的影响，同时学科教育又具有反作用，能够促进或者阻碍社会政治、经济、文化的发展。二是学科教育与人的规律，即教育的内部规律。

所以，学科教育学就是通过研究学校学科教育现象和教育问题，揭示学校教育规律的一门科学（学问）。

学科教育学由宏观层面的学科教育学和微观层面的学科教育学组成。学校教育主要分为两大部分：一是学科教育，也就是学校开设的各门学科的教育；二是非学科教育，包括零碎的知识，也包括整个隐性课程部分的教育。学校教育是学科教育和非学科教育共同作用的结果，学科教育是学校教育的主流。学科教育学由整体的学科教育学（包括宏观的整个科学学科教育学、整个学校学科教育的教育学）和各分科（或专业）课程的教学方法构成。

20世纪80年代初，有学者提议要建立学科教育学，以建立学校学科的总学问。诸多学者探讨了建设学科教育学的可能性，一些学者还进行了理论、结构、内容等方面的探讨。然而，由于种种原因，整体学科教育学的建设停滞了，迄今尚未建立起来。与此相反，分科教育学的研究与建设却一直在进行，比如语文学科教育学、数学学科教育学、英语学科教育学等。在这些分科教育学建立之前，分科教学法早已存在，所以这些分科的学科教育学都是在教学法的基础上建立的。

80年代末，随着西方课程理论的涌入，一些学者主张建立学科课程论。学科课程论的迅猛发展，又抑制了学科教育学的发展，致使到目前为止真正意义上的学科教育学理论体系依然没有建立起来。

真正意义上的学科教育学尚未建立，各分科教育学蓬勃发展，但并不尽如人意。因为要建立一门学问，首先要有独立的研究对象、研究内容、研究方法,比如语文学科、数学学科都没有独立的研究方法,也没有独立的理论支撑。如果谈及语文和数学学科的差异,那可能是由于知识内容的不同而采取方法优化的策略不同。因此,仅仅建立各学科教育学是不科学的,应该在整体学科教育学下建立分科教学论或教学法。

二、学科教育学的基本性质

学者们对学科教育学性质的理解也不相同。有学者认为,学科教育学应该是一门应用理论学科。学科教育学是在理论上采用教育学、心理学的理论和成果对具体专业学科教育学进行指导;学科教育学来源于学科教育实践,反过来又要指导学科教育实践;学科教育学具有综合性,既有专业学科语数外、理化生、政史地、音体美的成分,又有教育学、心理学和生理学的成分,还要吸收哲学、美学、社会学、测量统计学等相关学科的某些成分,是一门综合性强的新学科。

还有学者认为,学科教育学的学科性质是无法确定的。目前"学科教育"实际上是一个多义概念,它既可以指向有着多个研究方向、包含多种研究层次的学科群,又可以指向同时具有理论和应用两个研究目的的独立学科。在这种情况下,学科的性质是无法确定的。只有对学科教育活动中的基本问题进行重新梳理,按照问题的性质建构问题的集合,在此基础上进一步明确不同问题的研究目的和研究方法,重构学科教育研究的科学体系,才能明确作为一门独立学科的"学科教育学"的性质。那么,究竟该如何认识学科教育学的性质,这关系到整个教育理论建设,直接影响着整个学科教育的实施与成效。因此,学科教育学性质要从如下几个方面来认识。

第一,从研究特性来看,学科教育学是教育理论学科。学科教育学属于教育学的一部分,其上位是(学校)教育学。按照我国的研究分类体系,学科教育学属于基础研究,基础研究主要就是理论研究。

第二,从研究对象来看,学科教育学是关于学校学科教育的学问。学校学科(也称学校教育的学科)是从科学学科中汲取一部分知识,以相同的名称在学校进行教授。学校教育主要是学科教育,因此学科教育学研究的是整个学校学科教育的科学,既包括统整的(整体的)学科教育,也包括各分科的学校教育。

第三，从研究焦点来看，学科教育学是教育科学领域中一门独立的学问。普通教育学研究的是普适的教育原理，而学科教育学研究的是学校学科教育。一定程度上，学科教育学也是相对非学科教育学而言。

第四，从研究领域来看，学科教育学是专门研究学校学科教育的学问。学科教育学上承教育学和学校教育学，下接分科教育学和教学法等。学科教育学重点研究统整的（整体的）学科教育（当然也包括各个分科的学校教育），它与教学论、教学法、课程论、学习论既有区别，又有联系。本质而言，教学论是教与学的基本理论；教学法是教学的方法理论，研究范围小；课程论是从课程运作的视域对课程理论的研究；学习论是关于学习和如何学习的理论。

三、学科教育学在教育学体系中的位置

学科教育学在整个教育学理论体系中占有重要地位。家庭教育学、学校教育学和社会教育学是教育学的分支。学科教育学由各个分科教育学构成，是整个教育学的组成部分，在整个教育理论中居于重要地位。

第三节　理想的学科教育学体系

本节从教育学的基本理论体系入手，系统探索学科教育学的逻辑体系及建立整体学科教育学的意义，在此基础上提出并尝试建构理想的学科教育学体系框架。

一、教育学的基本理论体系

教育科学系研究教育规律的各门教育科学的总称。在教育科学的孕育、形成和发展的过程中，既出现了研究教育一般规律的教育学，又出现了研究教育领域某一方面规律的各门教育学科。[1] 教育学是研究教育现象

---

① 王长纯，曹运耕，王晓华.学科教育学概论［M］.北京：首都师范大学出版社，2000：151.

与教育问题，揭示教育规律的一门学问。在我国的教育话语体系中，教育学通常也用教育原理、教育学原理来表示。教育原理、教育学原理和教育学都是研究教育现象与教育问题，揭示教育规律的一门学问，没有本质区别。如，陈桂生和孙喜亭的《教育原理》本质而言就是教育学。至于许多学者出版的《教育学原理》，实际是对"原理"的一种误用：第一，"原理"本身就是学问；第二，"教育学原理"犯了语言逻辑错误，"教育学原理"应该是研究教育学的学问，但是实际研究的还是教育原理或教育学；第三，犯了词语重复的错误，本质还是"教育学"或"教育原理"，只是多了一个"学"字或多了"原理"二字。至于从科学研究或学科建设角度而言，教育学学科项下可设二级学科"教育学原理"，这里是指研究教育学基本理论的二级学科。

研究学科教育学，要厘清并把握我国的教育理论体系及各个系统之间的逻辑关系。否则，就难以把握学科教育学的真谛，其建设也会误入歧途。

教育学有广义和狭义之分。广义的教育学包括一切关于研究教育的学问；狭义的教育学则指学校教育学。由于人类社会由家庭微型社会、学校小型社会和外部真实社会构成，因此广义的教育应包括这三大方面，研究内容也应包括这三个部分，即社会教育学、家庭教育学和学校教育学。就狭义的学校教育而言，学校教育又包括幼儿园教育、小学教育、中学教育和大学教育。与之相对应，便出现了幼儿园教育学、小学教育学、中学教育学和大学教育学。"幼儿园教育学"包括幼儿教育与幼儿园管理等，不是"幼儿教育学"。"幼儿教育学"与"小学生教育学""中学生教育学""大学生教育学""成人教育学"应该是同一个逻辑层面的学问（如图1-3-1所示）。

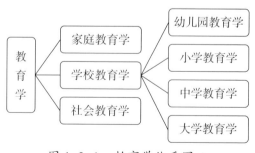

图1-3-1　教育学体系图A

当然，我们也可以从学校教育层级来对整个学校教育予以分类和研究，便出现了学前（阶段）教育、初等（阶段）教育、中等（阶段）教育和高等（阶段）教育。与之相适应，便出现了学前教育学、初等教育学、中等教育学和高等教育学（如图 1-3-2 所示）。

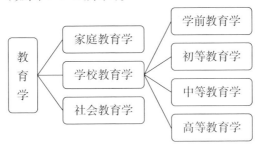

图 1-3-2　教育学体系图 B

前面是从教育等级和学校教育层级来划分的。基于学校教育知识体系来划分，则是学科教育学和非学科教育学。学科教育学是研究学校学科教育中有关学科教育现象和教育问题，揭示其基本规律的一门科学（学问）。其上位是学校教育学，下位是分科教育学（如图 1-3-3 所示）。

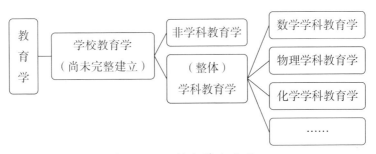

图 1-3-3　教育学体系图 C

二、学科教育学体系整合

学科教育学研究的是针对整个学科的教育学，包括科学学科和学校学科的教育学。我们知道，学科分为两个大类：一是科学学科（也称学术学科）；二是学校学科（也称学校教育的学科）。科学学科是人类社会科学与文化发展的结果，而学校学科则是在学校学习的科目。学校是专门实施教育的场所，需要到科学学科中汲取内容，编入课程教材中。这部分被汲取的科学学科知识就叫学校学科。学校教育正是通过学校学科的实施，以具体的分科（或专业）课程为主要形式，同时在非学科教育（主要是一些零碎的知识和隐性课程教学）的共同参与下实现对学生的教育与影响。因此，必须从系统论的视域理解与建构整体学科教育学。学科教育学与非学科教育学的上位是学校教育学，下位是各个学科教育学和各科教学法（或称课程教学法）构成的学科教育学体系。

目前，我国现行的教育学理论研究客观上存在着教学论（法）的研究与理论、学科教育学的研究与理论、课程教学论的研究与理论等发展路线。教学论（法）的研究与理论历史悠久，主要探讨教学的理论与实践问题；由于统整的学科教育学尚未建立起来，学科教育学的研究与理论，基本是在教育学和教学论的基础上建立起来的，尚未形成完备的体系；课程教学论的研究与理论是伴随着 20 世纪末西方课程理论引入和我国基础教育改革而不断发展起来的。

在这三条路线中，统整的学科教育学应该处于上位，教学论虽然也涉及一定的教育学问题，但其侧重点还是学科教学，而教学法本身研究的就是学科教学。相对学科教学论而言，教学论和教学法归入学科教育学，既符合逻辑，又便于理论的梳理归类，同时对结束我国教育理论研究的混乱局面也有意义。课程论研究走的是一条相对独立的路径，课程论包含许多科学的教育思想且在国际社会、教育界具有广泛的共识，是从课程运作的视域，确切地说是从课程实施的角度研究对学生的教育影响。因此，学科教育学如果借鉴课程论的课程和课程实施的基本思想，使用"课程教学"会更有意义。实际上，我国基础教育在 2001 年课程改革时就将教学大纲改为课程标准。基础教育中的教学，就是课程实施，或称为"课程教学"。据此，教育学理论研究的三条发展路径急需整合与系统化，这是学校教育研究自身发展的需要，也是教育理论科学化发展的必然。

由于学校教育主要是学科教育（包括非学科教育），教学论与教学法主要关注的是教学，而课程论是从课程本质、课程建设、课程运作的视域来研究课程实施，因此，教学论（法）、课程论都是学科教育学应有的部件或要素。将教学论和课程论纳入整个学科教育学的理论建构具有重要意义，可能会给我国的教育学理论研究带来勃勃生机和美好的明天。

三、理想的学科教育学体系构成

学科教育学与学校教育学、教育学以及各个学科教育学和各个学科教学论（或课程教学论或教学法）之间的关系如图 1-3-4 所示。

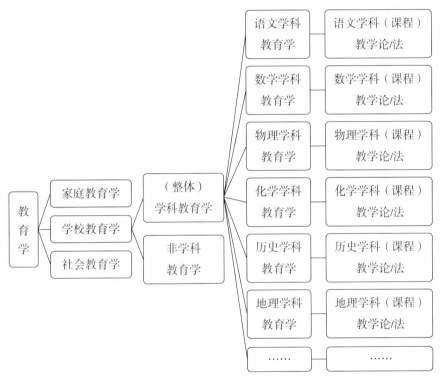

图 1-3-4　理想状态下的学科教育学的地位及其关系

整合后理想的学科教育学体系的合理性与科学性表现在四个方面：

一是，逻辑清晰。由学科教育学、各学科教育学和各学科教学论（或学科课程教学论或教学法）组成的学科教育理论与实施体系，既具有清晰的理论逻辑，又符合系统论原理。

二是，避免了理论混乱。以学科教育学为统领，以各学科教育学和各学科教学论（学科课程教学论或教学法）为具体指导的学科教育理论与实施体系，避免了建构各学科教育学带来的理论逻辑混乱，又有利于学科课程教学论或教学法作用的发挥。

三是，便于操作。学科教育归根结底是要通过学科课程的实施，即主要通过课程的教学来实现的。在教育实践中，有的课程属于学科，有的课程只是一个专业或教学内容，诸如"自然""道德与法治""美术""写作"等。它们作为课程，通过学科课程教学论或教学法予以指导也是恰当的。

四是，符合初衷。20 世纪 80 年代初，我国一些学者提出建构学科教育学的初衷是想建立统整的学科教育学。因为学科是一个有机的整体，人们只是为了教与学的方便，才将之切割成不同的块面。必须将学科教育作为一个整体来探讨，我们才能把握学科教育的实质与规律。既然学科教育学是研究学校学科教育中有关学科教育现象和教育问题，揭示教育规律的学问，那么建立上述的学科教育学体系是一种理想的方案。

总之，必须从整体学科教育的视野来研究和探讨学科教育，仅从单一的学科教育来探讨学生综合素质的形成是远远不够的，不可能达成合理优化与协调发展的目的。而当前的问题恰恰是各学科教育各自为政，互不融通，孤芳自赏，既看不到各自教育的独特个性，也看不到相互之间的关联性，在很大程度上流失和缺损了教育的合力价值，这可能是造成学生片面发展的深层的、内在的根源。学科教育学超越了某一具体学科教育，深入探讨通过学科教育达成学生综合素质的内在因素和协调机制。也只有这样，学生综合素质的形成才成为可能，否则就难以避免因分科教育而造成的知识割裂和人格的结构性缺损。[①]可见，建构科学合理的学科教育学体系十分重要。

第四节　学科教育学与相关理论的关系

一、学科教育学与教育学

教育学是研究教育现象和教育问题，揭示教育规律的一门学问。广义而言，教育学由三个部分组成，即社会教育学、家庭教育学和学校教育学。狭义的教育学指学校教育学，一般也称普通教育学（侧重对基础教育的研究）。学校教育学是研究学校教育现象和教育问题，揭示学校教育规律的一门学

---

① 黄伟.试论整合意义上的学科教育学的重建［J］.宁波大学学报（教育科学版），
　2008，30（3）：1-8.

问。学科教育学则是研究学校学科教育现象和教育问题,揭示学科教育规律的一门学问。教育学是学科教育学的理论基础,学科教育学是教育学赖以发展的重要理论源泉。学校教育主要实施的是学科教育学,包含各个分学科教育学,如数学学科教育学、物理学科教育学、英语学科教育学等。

二、学科教育学与分科教育学

学科教育学与分科教育学的区别在于:学科教育学把所有学科作为整体来考察,把具体学科教育看作是整个学科教育中的一个部件,学科群中的一个子系统,考察子系统在整个学科教育大系统中的地位与作用,以及与其他学科如何共融,形成结构。分科教育学是把自己学科作为一个独立的完整系统来研究。我们知道,部件相加不等于整体,各个具体的分科教育学相加不能等于整体的学科教育学。况且,教育教学是一个非线性、非组装、丰富多样的生态活动与过程,学生的综合素质和健全人格形成绝不是多种学科素质的简单相加与拼凑,而是各种教育因素的有机融合。

三、学科教育学与教学论

教学论,本质而言在我国有两类:一类是传统的教学论,另一类是课程实施中的教学论,即在课程论视域下研究课程实施中的教学问题。就基础教育而言,从基础教育实施课程改革以后,再将"教学大纲"变为"课程标准"以后,基础教育的教学论应该属于后者,即课程实施中的教学论,执行"按照课程标准教,按照课程标准学,按照课程标准评价"的课程实施话语体系。多数学者在涉及学科教育学与教学论的关系时,认为教学论是研究一般教学现象与问题,揭示教学规律的科学,而学科教育学则是研究学科教育现象与问题,揭示学科教育规律的科学。"教学规律"与"学科教育规律"两个概念相互交叉,两门学问的研究对象有所区别。虽然它们在教学部分有某种重合,但从某种意义上说,学科教育学的内容更为广泛和丰富,同时它还具有本学科的特色。教学论是学科教育学部分教育教学理论的依据,反过来,学科教育学的发展又会丰富和完善教学论。教育和教学是分不开的,传统的教学论也是学科教育学实施的方法论,学科教育要通过教学或者课程实施来进行。

学科教育学与教学论也有不同的问题域。教学论研究的是学科教育和非学科教育的"教"与"学"的活动及"教"与"学"之间的互动关系。它并不把学科教育作为自己研究的问题焦点，而把教学作为一种活动形态来加以阐明，探讨教学活动的现象、规律与艺术，而学科教育学所关注的是学科课程对学生的教育作用与价值，并通过与其他非学科课程比较，体现学科教育在教学方法、形态特征、组织结构等方面有何独特的呈现方式与价值追求，即，如何通过学科教育来合理建构我们所期望的学生素质，实现学生全面和谐的发展。[①]

四、学科教育学与教学法

整体的学科教育学尚未建立起来，而分科教育学是在"分科学科教学论（法）"的基础上发展而来。教学法的历史悠久，我国现行的教学法是由"教授法"逐渐发展而来的，先后经历了从"教授法"（1904年）到教学法（1917年），到"教材教法"和"分科教材教法"（1939年），至"中学教材教法"（1950年），再到"教学法"（1952年）的发展历程。学科教育学与教学法的不同点主要表现在三个方面。一是研究对象不同，学科教学法研究的对象是学科教学，探索的是各个学科的教学法则；学科教育学研究的对象是学科教育，探索的是学科教育对人的培养。二是探索任务不同，学科教学法只对学科教学的法则加以阐明；学科教育学则是围绕教师、学生、教学三者矛盾统一的规律研究各自的作用。三是理论境界不同，学科教学法重在教学法则的研究与方法的运用，一般不直接涉及人的培养问题；学科教育学重在人的素养的培养与发展，以及学科教育规律的探讨。

五、学科教育学与学习论

"学习论"即学习理论，是心理学家从不同的观点，采用不同的方法，

---

① 黄伟.试论整合意义上的学科教育学的重建［J］.宁波大学学报（教育科学版），
2008，30（3）：1-8.

根据不同的实验与资料，研究与说明人和动物学习的性质、过程和影响因素的学说。一般分为两大理论体系：一是行为主义学习理论，二是认知理论。行为主义学习理论（也称刺激—反应理论、联结学习理论或联想主义理论）把学习看作刺激与反应之间联结的建立或习惯的形成，认为学习是自发"尝试与错误"（简称试误）的过程。认知学习理论认为，学习不是在外部环境的支配下被动形成刺激—反应联结，而是主动在头脑内部构造认知结构；学习不是通过练习与强化形成反应习惯，而是通过顿悟与理解获得期待；有机体当前的学习依赖于他原有的认知结构和当前的刺激情境，学习受主体的预期所引导，而不受习惯所支配。行为主义学习理论主要包括桑代克（Edward Lee Thorndike）的尝试—错误学说、巴甫洛夫（Pavlov）的经典条件反射、斯金纳（B.F. Skinner）的强化学说等；认知学习理论主要包括加涅（Robert Mills Gagne）的信息加工理论、苛勒（W. Kohler）的完形—顿悟说、布鲁纳（J.S. Bruner）的认知结构学习理论、奥苏伯尔（D.P. Ausubel）的认知同化理论、班杜拉（Bandura）的社会学习理论、建构主义学习理论、人本主义学习理论等。

从学科教育实施来看，教学活动与过程包括两部分：一是教师运用科学的方法进行有效教学，二是教师运用科学的方法指导学生进行有效学习。当然，教学反思也要涉及两个方面：一是教师对于教学进行反思；二是教师指导学生对学习的过程与实效进行反思。

统整的学科教育学研究的是学校学科教育现象和教育问题，揭示学科教育规律的学问；分科教育学研究的是各个分学科教育现象和教育问题，揭示各个分学科教育规律的学问；学习论是研究学生的学习是如何发生的，有哪些规律，学习是以怎样的方式进行的。学科教育学对学习理论具有指导作用，基于学习心理的学习理论及其研究成果对学科教育学具有促进与支撑作用。

六、学科教育学与课程论

有学者在探讨课程论与学科教育学的关系时认为：这是一对联系最密切、区分最困难的学科关系。学科教育学与课程论的研究对象是交叉关系，学科教育学和课程论二者不是同一层面上的区分，也不存在上下位的关系。课程论的研究对象是课程编订的理论和方法。"课程"和"学科"不能混为一谈。我们今天所说的课程论主要是西方（主要是北美）的课程理论，20世纪80年代末随着我国教育改革的不断深入，这一课程理论才逐渐引入我国，我国对其进行系统研究是从上个世纪90年代开始的。西方的课程论对我国教育，特别是基础教育产生了广泛影响。众所周知，我国从2001年就开始了基础教育课程改革，接受了"大课程""小教学"的课程与教学关系。从小学到初中义务教育，包括整个高中的各个学科都进行了实质性课程改革。所有学科均建立了课程标准，取消了教学大纲。20多年来，根据课程论的话语体系来组织与实施学科教育已成为我国基础教育的常态，包括课程决策、课程编制、课程实施、课程评价、课程改进，将教学置于课程实施之中；先合理设计课程，再研究如何教，消除了不管教材和课程科学与否就盲目施教的弊端，将课程理论与学科教育紧密结合。

学科教育学与课程论两者研究的问题各不相同。在课程的开发与研制中，课程论所关注的是"三个来源"和"两把筛子"，即作为课程资源的学生、社会、学科，以及哲学与心理学的筛选。关于课程的目标与运行，泰勒（Ralph W. Tyler）提出了四个基本问题，被称为"永恒的分析范畴"和"主导的课程范式"。这四个基本问题是：学校应该试图达到什么教育目标？提供什么教育经验最有可能达到这些目标？怎样有效组织这些教育经验？我们如何确定这些目标正在得以实现？[①] 从"三个来源""两把筛子""四个基本问题"，我们不难看出，课程论研究是一种纵向的、线性的逻辑结构，是对学校教育目标达成的步步推演，关注的焦点是课程目标、课程内容、课程实施和课程评价。与课程论研究不同，学科教育学则是横向展开的，它关注的是在学校的课程设置中，各个学科组成的学科群配置，以及这种配置所进行的教育的适切性和有效性。课程论研究所关注的是学生、社会、学科（学术学科）如何纳入学校教育的学科课程，而学科教育学则直接把学科课程作为研究对象，关注学科课程在教育中的整体性和均衡性、互动性和互补性、关联性和制约性，等等。[②]

---

① TYLER R. Basic principles of curriculum and instruction［M］. Chicago: The University of Chicago Press, 1949: 1.

② 黄伟. 试论整合意义上的学科教育学的重建［J］. 宁波大学学报（教育科学版），2008, 30（3）：1-8.

　　"学校课程都是以'学科课程'（subject curriculum）为中心分化成各门学科为基本特征的。这种分化并列主义课程在内容与方法上以各自专业领域的科学为背景，以'专业分化'为特征，并不考虑彼此之间的关联性。因此，学科课程的原点在于'分成众多的科目、各自独立授受'的分化课程。这种课程的弊端是'经验片段化'与'知识割裂化'。况且，要把无限发展的人类知识的所有领域均纳入学校的课程原本是不可能的。这样，'课程统整'（integration）便势所必然了。"① 这就是说，本来学校的各门分科课程都是以"学科课程"为中心分化的结果，分化才造成了"经验片段化"与"知识割裂化"。人类知识在不断"爆炸"，要把无限发展的人类知识的所有领域均纳入学校的课程是不可能的。唯一能够解决问题的办法就是进行学科统整，实施统整的学科课程。要想实现这一良好的状态，建立统整的学科教育学就显得尤为重要与紧迫。可见，学科教育学可以有效促进"学科课程"的统整；而在课程论指导下，特别是通过课程运作中的课程实施，即"课程教学"，可有效帮助与促进学科教育目标的实现。

---

① 钟启泉.论"学科"与"学科统整"［J］.教育探究，2006（4）：7.

第二章　学科教育的产生与发展

学科教育是学校教育的重要内容,研究学科教育需要弄清楚学科及学科教育的本质与内涵,学科教育与教育的关系。本章从教育的产生、教育与学科教育的关系入手,探讨学科和学科教育的历史渊源、学科的划分依据、学科的划分标准等问题,旨在通过探索学科教育的发展脉络,把握学科教育的本质特征。

第一节　教育与学科教育

透彻理解与真正把握教育与学科教育的本质与内涵,需要从教育的起源入手,对学科及其产生与发展,学科教育及其本质内涵,学科教育学中的学科所指等问题予以系统研究与认识。

一、教育及其产生

何谓教育? 由于对教育的起源与作用的认识不同,大家的观点并不一致。关于教育的起源,概括起来有五种观点:神话起源说、生物起源说、心理起源说、劳动起源说、生活需要起源说。

教育的神话起源说认为:教育是由人格化的神(即上帝或天)所创造的,教育体现神或上天的意志,即教育是使人皈依于神或顺从于天的一种行为。教育的生物起源说认为:从教育的起源来看,教育是一种生物现象和生物过程,是动物界存在的本能行为。人类教育,是动物行为的提升与发展,是出于动物的遗传与生存本能的一种行为。法国社会学家、哲学家利托尔诺(Charls Letourneau)和英国教育家沛西·能(Thomas Percy

Nunn）都认同该观点。教育的心理起源说认为：应当从心理学的观点解释教育起源与教育问题，教育起源于儿童对成人的无意识模仿。基于这一点，教育就是儿童对成人的无意识模仿行为与活动。美国教育家孟禄（Paul Monroe）、美国心理学家桑代克等都认同该观点。教育的劳动起源说认为：教育起源于人类特有的生产劳动，起源于劳动过程中社会生产需要和人的发展需要的辩证统一；教育是人们在特有的生产劳动过程中，满足社会生产需要和人的发展需要的活动与过程。苏联教育家凯洛夫认同该观点。

教育的神话起源说是非科学的，受到当时人们对人类起源问题认识的局限，从而不能正确提出和认识教育的起源与教育问题。教育的生物起源说较早地把教育的起源问题作为学术问题提出来。它以达尔文生物进化论为指导，是教育史上第一个正式提出有关教育起源的学说，标志着人们对教育起源问题的认识从神话解释向科学解释的转变。但教育的生物起源说没有把握人类教育的目的性和社会性，没能区分人类教育行为与动物类养育行为之间质的差别，仅从外在行为的角度认识教育的起源和教育问题，把教育的起源问题生物学化。教育心理起源说从心理学角度出发，批判教育生物起源说未能区分人类教育与动物本能的观点，认为教育只存在于人类社会，动物界不存在教育行为。但教育的心理起源说没有解释人类本能与动物本能的界限，没有彻底摆脱生物起源说。教育的劳动起源说也称教育的社会起源说，是在直接批判生物起源说和心理起源说的基础上，在马克思历史唯物主义理论的指导下形成的。该学说源自恩格斯劳动创造人以及人类社会起源于劳动的理论，然而劳动是人类生活的第一个基本条件而非所有活动的最充分条件。该观点没有真正把握恩格斯的劳动创造人以及人类社会起源于劳动的思想。

综观已有研究，应该从社会与人类生存两个维度认识教育及其起源，即从社会与生活需要来认识与考量教育。教育起源于社会发展的客观要求和社会成员适应社会生产与生活的需要，是在社会发展与社会生活实践过程中进行和实现的。教育是社会成员在社会生产与生活实践过程中，为适应社会生产与生活需要而进行的一种知识学习、能力发展、品格养成、方法习得的活动与过程。该观点概括起来有五大基本要义。

一是，教育起源于社会发展的客观要求。人类社会是不断发展的，不断创造新的事物、新的环境、新的知识、新的问题等，这也就对其社会成员提出了新的要求,需要社会成员学习与掌握。

二是,教育起源于社会成员适应社会生产与生活的需要。要想生存于不断发生变化的社会之中,成员必须努力学习和认识这些新鲜事物以适应社会发展需求,进而能够驾驭社会,提高生活质量。

三是,教育是在社会发展与社会生活实践过程中进行的。社会成员要在整个社会发展与社会生活实践过程中不断学习,以提升生存于社会、服务于社会的本领。

四是,教育是在社会发展与社会生活实践过程中实现的。面对不断变化的世界,社会成员在社会发展与社会生活的实践过程中实现了素质提升。

五是,教育是社会成员为适应社会生产与生活需要进行的一种知识学习、能力发展、品格养成、方法习得的过程。接受教育、获取知识、生成能力、养成品格、学会方法,这既是社会成员的生存过程,又是社会成员的学习过程。社会是一个不断发展的过程,教育则是一个永无止境的过程。

二、学科教育及其内涵

对学科的理解,角度不同,观点与定义不一。大体来说,学科有两层含义:一是指科学学科;二是指学校学科(即学校教育的学科)。学科教育学研究的是学校学科。

(一)学科的概念与内涵

《教育大辞典》对学科的解释是:一是学术的分类,指一定科学领域或一门科学的分支;二是教学的科目,依据一定的教学理论组织起来的知识和技能的体系。[①]1972 年出版的《苏联大百科全书》对学科的解释是:学校学习所需要的,有教学论基础的,从相应的科学、技术、艺术、生产、活动等相应部门选择出来的知识、技能与能力系统。

从词源学的角度看,有学者认为"学科"是由英文 discipline 翻译而来。

---

① 顾明远.教育大辞典(增订合编本)[M].上海:上海教育出版社,1998:1800.

"学科"（discipline）一词源于拉丁语的动词"学习"（discers），以及它派生出来的名词"学习者（discipulus）"。[①] 也有学者认为"学科"一词最初源自印欧字根，希腊文中的"教"（didasko）和拉丁文中的"学"（disco）相同。[②] 古拉丁文中的 discipline 兼有知识和权力的含义。英文 discipline、法文 discipline、德文 disiziplin、拉丁文 disciplina 的含义相近。"学科"含义主要指知识的分类和学习的科目。据此，不论学科含义如何复杂，我们可以看出，学科的基本意义以知识的分门别类为基点。

那么，学科究竟是什么？"学科"一词含义繁杂，与 discipline 本身的多重含义有关。从其本源来说，学科一方面指知识的分类和学习的科目，另一方面又指对人进行的培育，尤其侧重于指带有强力性质的规范和塑造，即学科规训。现指人们根据一定的规则，对人类社会积累的和新创生的知识与学问进行类别划分或归类，是相对独立的知识体系。《牛津大辞典》对学科的解释是：对门徒或学生实践的教导；教学、学习、教育、求学；特指对门徒教授的课程；教导或教育的一个分支，学习知识的部门，一种教育方面的教学艺术；有目的地形成学生某种行为举止，通过教导，使之按要求做事，智力和道德的训练。《牛津大辞典》的解释进一步深化了我们对学科的理解，特别是体会学科的实践性以及它与课程的联系。

孔寒冰等认为：一般而言，对于"学科"至少应当从三个方面来理解：第一，教学的科目（subjects of instruction），即教的科目和学的科目，是一种传递知识、教育教学的活动；第二，学问的分支（branches of knowledge），即科学的分支和知识的分门别类，是一种发展、改进知识和学问研究的活动；第三，学术的组织（units of institution），即学界的或学术的组织，是从事教学与研究的机构。[③] 杨天平把学科概念的要义概括为四点：其一，一定科学领域或一门科学的分支；其二，按照学问的性质而划分的门类；其三，学校考试或教学的科目；其四，相对独立的知识体系。[④] 这四个要义既包括了

① 薛天祥. 高等教育学 [M]. 桂林：广西师范大学出版社，2001.

② 茱丽·A. 罗宾. 现代大学的形成 [M]. 尚九玉，译. 贵阳：贵州教育出版社，2004：245.

③ 孔寒冰，邹碧金，王沛民. 高等学校学术结构重建的动因探析 [J]. 清华大学教育研究，2001（2）：78-82.

④ 杨天平. 学科概念的沿演与指谓 [J]. 大学教育科学，2004（1）：13-15.

学科的原初义和发展义，亦包括了学科的窄指义与宽指义。孔寒冰和杨天平对学科内涵的揭示很有代表性，在他们看来，学科的内涵主要包括三个层次：第一，学科是知识和科学的分支，是相对独立的知识体系；第二，学科是学校教学的科目；第三，学科还指学界从事教学与研究的机构。

万力维认为学科概念有五个要义：其一，学科是相对独立的知识体系；其二，学科乃达到专门化程度的知识体系；其三，学科乃一定历史时空中以一定的范型建构起来的规范化的知识形式；其四，学科延伸为由专门化知识群体结成的学界的或学术的组织；其五，学科引申为规训和控制人和社会等研究对象的权力技术的组合。[①] 五种含义既包括学科的本体含义和发展含义，也包括了学科的延伸含义和引申含义。"学科本指一定历史时期形成的规范化、专门化的知识体系；延伸指围绕规范化、专门化的知识体系结成的学术组织，它为专门化知识的生产与再生产提供平台；也隐含为实现知识的专门化、规范化，对研究对象与门徒予以规训和控制的权力技术的组合。"[②] 可见，万力维对学科概念理解有三个层次：第一，规范化、专门化的知识体系；第二，知识生产与传播的学术组织；第三，规训与控制知识与知识者的权力技术。

另外，还有研究者从其他角度对学科的含义进行诠释。有学者从主客体互动的视角来论述学科，认为学科"是主体为了教育或发展的需要，通过自身认知结构与客体结构（包括原结构和次级结构）的互动而形成的一种具有一定知识范畴的逻辑体系"，具有创造知识、系统管理和全面育人的功能和价值。[③] 有学者从社会学和知识论的双重维度来审视学科知识。[④] 有学者从"作为知识分类体系"和"作为知识劳动组织"两层语义上甄别学科，把学者们对学科概念的认识概括为五种：教学科目说、创新活动说、知识门类

① 万力维.控制与分等：权力视角下的大学学科制度的理论研究[D].南京：南京师范大学，2005：18.

② 伯顿·R.克拉克.高等教育系统——学术组织的跨国研究[M].王承绪，徐辉，等，译.杭州：杭州大学出版社，1994：6.

③ 孙绵涛.学科论[J].教育研究，2004（6）：49-55.

④ 鲍嵘.高深学问与国家治理——1949—1954中国大学课程政策与学科建制研究[D].厦门：厦门大学，2004：15.

说、科学分支说和双重形态说。① 还有学者认为，学科作为一个发展的概念，随着历史的演进，内涵不断丰富，目前比较典型的观点有知识说、组织说、规训说，② 三种学说是在不同语境下形成的，各有其合理性和局限性。

虽然有学者认为，"就目前的研究而言，学科以及相关概念的明晰度和学科研究的繁荣度并不同步，对学科及其相关概念的界定在一定程度上还缺乏理性的解读和缜密的界定，导致了使用上的模糊和混乱"。③ 但是，我们仍然可以从国内学者们对学科概念和内涵的界定中得出结论，即国内学者从不同的角度研究学科问题，自然也从各自角度为学科下了或宽或窄的定义。综合看来，国内学者们对学科概念的研究主要包括五层含义：第一，学科是知识和科学的分支，是相对独立的知识体系；第二，学科是学校教学的科目；第三，学科是学界从事教学与研究的机构；第四，学科是知识者、学术结构和社会沟通的桥梁；第五，学科是规训和协调知识与知识者的制度性机制。

简言之，学科的内涵有三个：其一，知识分支和教学科目；其二，知识生产与传播的学术组织；其三，知识和知识者遵循的制度性机制。中国国家标准化管理委员会对学科概念的界定是，学科为相对独立的知识体系。

综上所述，学科是指人们根据一定的规则，对人类社会积累和创生的知识与学问进行类别划分或归类，是相对独立的知识体系。一般分为科学领域的学科（简称科学学科或学术学科）和学校教育领域的学科（简称学校学科或学校教育的学科）。学科主要由相对独立的知识体系和知识体系的传播与创生者（或组织）这两大关键要素构成，其中知识体系是核心。

（二）学科的基本要素

既然学科概念蕴含知识分支、教学科目、学术组织和规训技术四层意义，那么学科的基本要素主要包括哪些呢？有研究者认为，研究对象、研究方法及学科体系是构成学科的三个基本要素。④ 鲍嵘更重视学科知识的社会

① 宣勇，凌健 . "学科"考辨［J］. 高等教育研究，2006，27（4）：18–23.

② 翟亚军 . 大学学科建设模式研究［D］. 合肥：中国科学技术大学，2007：7.

③ 同上：19.

④ 孙绵涛 . 学科论［J］. 教育研究，2004（6）：49–55.

学和知识论的双重维度，认为"从知识论的维度看，它有自己独特的研究对象，以及一整套独特的研究方法和问题域；从社会学的维度看，它与社会分工中的具体某一类分工的知识相关；它是两部分人——身处学术圈内的人与学术圈之外的人——的集合，这些人之所以集结，是因为他们共同拥有社会分工中的某一类生产知识"。① 鲍嵘主张学科要有自己的研究对象、研究方法、研究领域，同时还要有身处学术圈内外、围绕知识分工而集合起来的人群。宣勇等提出了学科的双重形态说，即认为："现代大学所强调的学科建设有两种不同语义上的指谓，一是作为知识体系的学科的不断发展和完善，即一门门学科在知识上的增进；一是作为不同学科要素构成的组织的建设，即作为知识劳动组织的学科建设。"② 在宣勇看来，现代大学的学科建设不但包括学科知识的增进，还包括学科组织的发展。由此可见，国内学者多数认为，学科必须具备下列要素：第一，独特的研究对象；第二，独特的研究方法；第三，独特的研究领域或者知识体系；第四，作为物化形态的学术组织。

翟亚军认为：首先，学科是一个历史的范畴，是一个发展的动态的概念，知识的保存、传播和生产贯穿于学科发展的始终，围绕知识的保存、传播和生产，衍生了学科组织和学科制度，其中，知识体系是核心，组织体系是基础，制度规范是保障。其次，学科又是一个社会的范畴，作为社会大系统中的子系统，不可避免地受到社会系统中各种因素的影响，社会需求和价值取向成为主导因素，在一定程度上或直接或间接地左右着学科的发展。再次，学科是一个矛盾的统一体，在个体独立和群体关联的矛盾中寻求动态有序与自然恒稳的统一，在封闭性与开放性的矛盾中实现科学发展的内在逻辑和社会需求的统一；在理论性和实践性的矛盾中昭示社会价值、经济价值和科学价值的统一。③ 他把学科的特征归纳为：知识性、规约性、开放性、生态性、文化性。由此可见，学科的基本要素是独特的研究对象、研究方法和研究领域，这三者展开的物理空间是学术组织，而学科的基本特征是知识性、规约性和开放性等。国内外对学科问题的研究实践，不断丰富

---

① 鲍嵘.高深学问与国家治理——1949—1954 中国大学课程政策与学科建制研究 [D].厦门：厦门大学，2004.

② 宣勇，凌健."学科"考辨[J].高等教育研究，2006，27（4）：18-23.

③ 翟亚军.大学学科建设模式研究[D].合肥：中国科学技术大学，2007.

和完善了我们对学科的认识。

因此，学科是指人们根据一定的规则，对人类社会积累的和新创生的知识与学问进行类别划分或归类，是相对独立的知识体系。主要由四大基本要素构成：其一，知识的类别与分支；其二，知识传播与创生者或组织；其三，知识结构与创生规则；其四，教学的科目。其中，相对独立的知识体系和知识体系的传播与创生者（或组织）是关键，知识体系是核心。

（三）学科与科学的关系

了解学科的产生与发展，必然要涉及对科学的认识。科学的组成部分是知识体系，科学与知识之间是概念包容和具体内容之间的关系。我们今天的学科建设，最终是要创生学科知识，同时也是发展科学。学科与科学之间的界限并不分明，甚至是密切联系的，它们以知识为共同细胞而密切联系。科学的发展水平与程度决定学科发展的水平和程度；科学自身的规律决定学科的规律；科学发展决定学科的建设和发展；各门学科的不断深化和发展推动科学不断向前发展。

学科与科学之间的关系从其基本含义来看，学科与科学以知识为基本细胞；从其源流来看，是知识的不断分化和综合产生了不同的学科与科学体系；由于知识之间的天然联系，虽然科学总体中存在着一个个相互独立的学科，但各学科之间相互联系、相互作用，形成一定的学科结构；科学是学科发展变化的基本指导因素；作为一个研究领域的学科，本身不具有知识传递即教学的含义；学科是科学研究发展成熟或较为成熟的产物；学科是科学研究领域制度化的结果，随着社会的发展而产生，有其自身发展的脉络与规律。

三、学科教育学的学科所指

国内学者一般认为学科必须具备下列要素：第一，独特的研究对象；第二，独特的研究方法；第三，独特的研究领域或者知识体系；第四，作为物化形态的学术组织。我们认为，这里的学科指科学学科，学科教育学的学科指学校学科。

学校学科是在科学学科中选取一部分知识供学生在学校学习。这些知识以课程或教材的形式呈现出来，通过课程教学的形式传授给学生。然而，科学学科和学校学科是不对等的。科学学科内容广泛而复杂，而学校学科则不然。不同层级、不同类别的学校从科学学科中选取知识的广度、深度、难度、侧重点与数量等都不同，但其本质属性是相同的。这些被选取的知识内容都以学科的形式呈现在不同层级与类别的学校中。《辞海》从两个方面对学科进行解释。学科，一是学术的分类，指一定科学领域或一门科学的分支，如自然科学中的物理学、生物学，社会科学中的史学、教育学等；二是教学科目，按一定逻辑顺序和学生接受能力，组织某一科学领域的知识与技能而构成的课程。如中学的物理、化学等。

值得注意的是，有时候我们从科学学科中抽取的知识通常是零散的。如果将这些知识内容以一定的形式教给学生，还不能称为学科教育，因为这些知识还不系统。也就是说，学校实施的教育不都是学科教育。除此之外，还有非学科知识教育，主要是默会知识（或称缄默知识或隐性知识）教育，如活动性课程、模块化课程，或隐性课程内容的教育。

总之，从表现形态来看，学科包括科学领域的学科（简称科学学科或学术学科）和学校教育领域的学科（简称学校学科或学校教育的学科）。学科教育学的学科指的是学校教育领域的学科，学科教育学就是研究学校教育领域的学科教育现象与问题，揭示其基本规律的学问。

对学科教育学的研究还涉及学科建设问题。学科是人们根据一定的规则，对人类社会积累和创生的知识与学问进行类别划分或归类。它主要由四大基本要素构成：其一，知识的类别与分支；其二，知识传播与创生者或组织；其三，知识结构与创生规则；其四，教学的科目。其中，相对独立的知识体系和知识体系的传播与创生者（或组织）这两大要素是关键，知识体系是核心。我国教育研究者通常从三层含义上定义学科：一是学问的分支，二是教学的科目，三是学术的组织。那么，学科建设中的"学科"是指科学领域的学科（简称科学学科或学术学科），还是学校教育领域的学科（简称学校学科或学校教育的学科）？很明显，学科建设（包括"学科排名"）中的学科所指是前者，属于科学学科。因此，在学科建设中，必须处理好知识体系及其创生能力的建设、研究人才队伍的建设、科研组织的建设这三者的关系。我们认为，知识体系及其创生能力的建设应该是核心与终极目的，而研究人才队伍的建设和科研组织的建设只是学科建设的途径或手段。学科建设是通过人才队伍建设和学科组织的建设来提高知识的创生能力和水平，一个是手段，一个是目的，切不可本末倒置。

第二节　学科教育的历史渊源

学科是人类社会发展的产物。随着人类社会的产生与发展出现了生活与劳动，随着生活与劳动产生了知识，随着知识的丰富与发展出现了知识的集聚，随着知识的集聚与膨胀出现了学科，随着知识的"爆炸"创生出了学科的分化，随着学科的分化和学校的产生出现了学校学科。学科产生与学科教育发展大致经历了从古代、中世纪、近现代三个阶段。

一、古代的学科与教育

古巴比伦、古埃及、古代中国、古印度为人类文明最早诞生的四个地区，也是当时较为发达的国家，史称四大文明古国。四大文明古国创造了灿烂的文明，取得了令人瞩目的科学技术成就，在人类文明发展史上做出了重大贡献。考察古代学科，涉及对四大文明古国的考察。

古代科学技术尚不发达，也无学科的概念，但朦胧的科目已经清晰。一些西方学者将该时期的学科称为古典学科。在古希腊，毕达哥拉斯（Pythagoras）学识渊博，富有独创精神，制定了许多数学公式，其中最突出的贡献是提出了毕达哥拉斯定理。在毕达哥拉斯之后，亚里士多德将学科作了分类，创立了物理学、植物学、动物学和逻辑学等学科体系。古罗马科学家普林尼（Gaius Plinius Secundus）写了一部百科全书式的科学巨著《自然史》，全书37卷，包括天文、地理、动植物、矿物、医学、冶金等方面的知识，是当时最广博的知识总汇。赫拉克利特（Heraclitus）认为，世界是一个相互连贯的体系，事物是不断发展变化的，变化的主要原因来源于事物的内部，每个事物内部都存在对立的两面，推动事物的发展变化。古希腊唯物主义哲学家德谟克利特（Democritus）认为：世界不是神建成的，宇宙间的一切物质都是由极小的、不可再分的原子构成的。德谟克利特的原子论观点体现了唯物主义精神,有进步意义。古希腊、罗马的建筑学科也很成熟。无论是雅典卫城、亚历山大港、灯塔、万神殿,还是古罗马的广场、圆形大剧场、高架引水桥,都高大雄伟。这种建筑形式直到现在都被世界各国广泛运用。此外,希腊的雅典娜像、屋大维雕像都非常精美,栩栩如生,达到完美的艺术水平。

公元前 4 世纪是古希腊文明的黄金时代,这时已经建立起更完整广泛的知识类别。亚里士多德将自己认为有用的知识进行分类,并用以解释宇宙的问题。他的著作涉及物理学、天文学、气象学、地理学、动物学、心理学、经济学、政治科学及算术学。亚里士多德提出了许多重要的学科,成为人类认识世界的手段。从学校开设学科来看,欧洲古代学校开设了"三学"(即文法、修辞、辩证法)和"四科"(即算术、几何、天文、音乐),简称"七艺"。

在古代中国,科学与学科的产生、发展与生活紧密相连。造纸、印刷、纺织、陶瓷、冶铸等中国人引以为豪的发明创造无不带有鲜明的实用烙印。此外,天文历法、数学、物理、地理、医学、建筑、农学等也有很大发展。《春秋》记载,鲁文公十四年(公元前 613 年)"秋七月,有星孛入于北斗",是世界公认的关于哈雷彗星的首次记录,比欧洲早六百多年。春秋时期,我国历法已经形成了自己固定的系统,确立 19 年 7 闰的闰周。战国时期的《甘石星经》是世界上最早的天文学著作,有着丰富的天文记载,反映了那时的人们对天文的认识和学科的发展。汉武帝时的《太初历》是中国第一部较完整的历书,开始以正月为岁首。东汉时,张衡依据日、月、地球所处的位置,对月食作了最早的科学解释,并发明了地动仪遥测千里以外地震发生的方向。唐朝天文学家僧一行的《大衍历》比较准确地反映了太阳运行的规律,系统周密,表明中国古代历法体系的成熟。他是世界上用科学方法实测地球子午线长度的创始人。北宋时期的沈括把二十四节气和十二个月完全统一起来的"十二气历"更加简便,有利于农事安排。元朝时期郭守敬主持编定《授时历》,一年的周期与现行公历基本相同,并创制了简仪、仰仪、高表等近二十件天文观测仪器。

第一,天文历法科学与学科。天文历法是中国古代天文学学科的重要内容,不仅包括年、月、日、时、节气的安排,还包括日、月、行星运动,以及交食、晷影、漏刻、恒星出没、天空分区等。因此,中国古代历法有现今天文年历的性质。西汉刘歆的《三统历》是现存最早的一部完整历法，后世历法的基本内容大体都已具备。汉献帝建安时期的《乾象历》对月亮运动的研究有了新进展，首次提出月亮近地点的移动（过周分），从而算出近点月长度，并在一近点月里逐日编出月离表，又首次提出黄白交角是六度（兼数），首次提出交食计算中推算食限的方法，这些都对后代历法影响很大。隋文帝时期的《皇极历》在中国天文学史和数学史上都有重要地位，后代历法计算日月五星运动使用的内插法多继承《皇极历》的方法并继续发展。唐代《大衍历》结构严谨，条理分明，共有历术七篇，讲具体计算方法；另有历议十二篇（其中略例三篇），讲历法的理论问题，是僧一行为《大衍历》写的论文，通称《大衍历议》。他通过实际观测，破除了一千年来流传的"寸差千里"的谬说。在计算方法上，《大衍历》首创不等间距二次差内插法的公式。元代的《授时历》、明代《大统历》前后共使用三百六十多年，是古代历法中运用最久，在天文数据、计算方法等方面发展到高峰的一种历法。

第二，数学科学与学科。两汉时期的《九章算术》是当时世界上最先进的应用数学，标志着中国古代数学形成了完整体系。魏晋时期的数学家刘徽提出了计算圆周率的正确方法。南朝祖冲之精确地计算出圆周率是在 3.1415926—3.1415927 之间，比欧洲早近一千年。他的专著《缀术》对数学发展有杰出的贡献。《周髀算经》《九章算术》《孙子算经》《五曹算经》《夏侯阳算经》《张丘建算经》《海岛算经》《五经算术》《缀术》《缉古算经》等算书被称为"算经十书"。其中，阐明"盖天说"的《周髀算经》被人们认为是流传下来的中国最古老的既谈天体又谈数学的天文历算著作。

第三，物理科学与学科。战国时期物理学有较大发展。《墨经》中有大量物理学知识，包括杠杆原理和浮力理论的叙述，还有声学和光学的记载。其中，光影关系、小孔成像等内容写得很系统，被现代科学家称为"《墨经》光学八条"。

第四，医药科学与学科。扁鹊是战国时期最著名的医生，后代把他奉为"脉学之宗"。他采用望闻问切四诊法，从脉象中诊断病情，成为我国中医的传统诊病法。战国问世、西汉编定的《黄帝内经》是我国现存较早的重要医学文献，它奠定了我国医学的理论基础。东汉的《神农本草经》是我国第一部完整的药物学著作。东汉末年的名医华佗，擅长外科手术，被人誉为"神医"。东汉末年的名医张仲景，被称为"医圣"，其代表作《伤寒杂病论》是后世中医的重要经典。唐朝杰出的医学家孙思邈著有《千金方》，全面总结历代和当时的医药学成果，并有许多创见，在我国医药学历史上占有重要地位。吐蕃名医元丹贡布编著的《四部医典》在国内外有重要影响。唐高宗时期编修的《唐本草》是世界上最早由国家颁行的药典。明朝李时珍《本草纲目》记载了一千八百多种药物，一万多个方剂，全面总结了16世纪以前的中国医药学，被誉为"东方医药巨典"。

第五，地理科学与学科。西晋时期，裴秀绘制出《禹贡地域图》，还提出了绘制地图的原则。北魏时期，郦道元通过为古书《水经》作注写成《水经注》，全面而系统地介绍了水道流经地区的自然风貌和经济文化等方面内容，是一部历史、地理、文学价值很高的综合性地理著作。明朝徐霞客的《徐霞客游记》对石灰岩地貌的观察和记述，早于欧洲约两个世纪，纠正了前代地理学著作中的一些错误。

第六，建筑科学与学科。夏、商、西周的都城是全国政治、交通中心，城内街道整齐宽广。隋朝著名建筑师宇文恺主持修建了大兴城，唐朝在此基础上扩建为长安城。宇文恺的图纸和模型结合的设计方法是我国建筑技术上的一大突破。隋朝工匠李春设计建造的赵州桥，是世界上最早的敞肩石拱桥，在世界桥梁史上占有重要地位。北宋末年李诚编写的《营造法式》，是我国建筑史上的杰出著作。辽代河北蓟县独乐寺、山西应县木塔是我国著名的古代木结构建筑。金代的卢沟桥闻名中外。元大都建筑宏伟，城内有完整的排水系统。明成祖朱棣令人在元大都的基础上营建北京城，约八十万能工巧匠参与其中，其中最有名的是木工蒯祥，被誉为"蒯鲁班"。北京城的主体建筑都布置在中轴线上，中央官署集中在京城南部，钟楼、鼓楼位于城北。宫城的黄色琉璃瓦和红墙相配，充分体现了皇室的威严。

第七，农业科学与学科。北朝时期贾思勰的《齐民要术》，系统总结了6世纪以前黄河中下游地区农牧业生产经验、食品的加工与贮藏、野生植物的利用等，是中国现存最早、最完整的农书。明朝时期，徐光启的《农政全书》综合介绍了我国传统农学成就，建立了比较完整的农学体系。

第八，实用科学技术与相关学科。北宋科学家沈括的《梦溪笔谈》总结了我国古代的许多科技成就，在我国和世界科技史上有重要地位。英国学者李约瑟称沈括是"中国科技史上最卓越的人物"，《梦溪笔谈》是"中国科学史的里程碑"。明代宋应星的《天工开物》总结了明代农业、手工业的生产技术，还收录了一些国外传来的技术，被誉为"中国 17 世纪的工艺百科全书"。战国时期，出现了手工业专著《考工记》，记述了齐国官营手工业各个工种的设计规范和制造工艺，不但在我国工程技术发展史上有重要地位，在当时世界上也是独一无二的。

从学校开设学科来看，中国古代的"六艺"（即礼、乐、射、御、书、数）就是当时学校教育的学科，即学校学科。

二、中世纪的学科与教育

中世纪一般是指 476 年罗马帝国灭亡到 1640 年英国资产阶级革命爆发这一时期。欧洲的中世纪，文化落后、思想愚昧，是历史上的"黑暗时代"。

科学学科的产生与发展，一定程度上源于大学的产生与发展。中世纪（12 世纪）意大利的博洛尼亚大学、萨莱诺大学，法国的巴黎大学等出现了。与欧洲古代学校的"三学""四科"及中国古代的"六艺"培养人的基本知识素养不同，中世纪大学学科的知识已具有高深、专门的特征。一所大学一般同时开设文学、神学、医学及法学中的一科或几科，并以某一学科而闻名。如萨莱诺大学以医学闻名，博洛尼亚大学以法学闻名，巴黎大学以神学闻名。文学、法学、神学、医学遂成为中世纪大学的四大学科，其中，文学是大学的基础学科，带有预科的性质，神学的地位最高。这四大学科也是现代大学学科的起源。此后，虽然社会历经巨变，科技迅速发展，大学的组织、结构与功能也都发生了很大的变化，但大学按学科培养高级专门人才的传统延续至今，只是学科的分化与综合越来越发达，学科的门类愈来愈多。

从 14 世纪到 17 世纪中叶，长达 300 余年的以人文主义运动、宗教改革运动和科学革命为主要内容的文艺复兴运动，在思想史和科技史上都有着继往开来的作用，同样对大学及其学科的发展具有不可忽视的作用。雅各布·布克哈特（Jacob Burckhardt）认为，文艺复兴的成就在于两个重新发现：第一是重新发现了人，第二是重新发现了世界。所谓重新发现了人，是指文艺复兴运动开始了以人代替神、重人轻神的新时代，人从外貌到生活态度及内心世界都得到了重视及歌颂。所谓重新发现了世界，是指人们把对神的爱倾注到自然之中，倾注到人类本身之中，热爱自然，顺应自然，自然美得到发现，自然科学开始兴起。①

随着文艺复兴运动的发展，古典人文主义学科逐渐在大学取得一席之地。随着古典人文主义教育的兴起，包括语言、文学、艺术、伦理、哲学和自然科学等与中世纪基督教神学相对立的广义人文学科在大学的设置挤掉了神学的垄断地位，完成了大学教育内容的世俗化。

到了16世纪末，自然科学从自然哲学中分化出来，逐渐形成较为完整的知识体系。17世纪中叶到18世纪末，零星的科学研究汇成了人类历史上科学研究的高潮，自然科学与技术蓬勃发展。到18世纪，已建立起初步的科学统一体系，力学、天文学、数学、化学等学科迅速发展起来，科学活动日益精细化、高度专业化。② 在法国，从17世纪开始，教授们已经开始在大学课程中介绍、引进并试图运用笛卡儿的二元论、先验论，培根、洛克的机械论等近代科学思想和学说，并以此来考察和研究自然问题。与此同时，在物理学和医学课程中，还不断摒弃不适合于时代潮流发展的古老科学，设置诸如动力学、光学、数学甚至化学等新兴学科。③

但自然科学的革命主要发生在大学之外，大学逐渐沦落为守旧的堡垒。长期以来，大学一直不把工程学科包括在内，只讲授数学等具有浓厚理论色彩的学科，只有荷兰莱顿大学和意大利的一些大学教授一些技术性课程。1810年创办的柏林大学是现代大学的开端，一方面，它适应时代的需要，有目的、有步骤地引入科学知识与科学方法，从而使高等教育活动发生本质的变化；另一方面，柏林大学强调纯科学理论知识的传授，强调纯粹的科学研究。长期以来，应用科学与技术科学被大学拒之门外，一些国家的改革者为了适应科技发展和工业革命的需要，在大学之外建立了一些专门化的技术学院和职业学校。如，1794年法国创办公共工程中心学校，不久

---

① 雅各布·布克哈特.意大利文艺复兴时期的文化［M］.何新，译.北京：商务印书馆，1979：280—340.

② 陶本一.学科教育学［M］.北京：人民教育出版社，2002：40.

③ 黄福涛.欧洲高等教育近代化——法、英、德近代高等教育制度的形成［M］.厦门：厦门大学出版社，1998：32.

更名为巴黎理工学校，在当时培养了军工、交通、采矿、造船和测量等部门急需的技术人才。在德国，1770 年设立了矿冶学院，1790 年设立了兽医学校，1795 年设立了军事学院，1796 年设立了艺术学院，1799 年设立了建筑学院，1806 年设立了农学院。应用科学与技术科学的出现，使得学科发展出现了阳春景象。从 1543 年哥白尼《天体运动论》的问世到 19 世纪，自然科学以垂直分化的形式，在中观层次形成了比较庞大的学科系统。

三、近现代的学科与教育

随着工业革命和经济的迅猛发展，欧洲于 17—18 世纪开始了科学革命，据此，19 世纪末和 20 世纪迎来了学科爆炸。哥白尼（Nikolaj Kopernik）、开普勒（Johannes Kepler）、伽利略（Galileo Galilei）等人通过数学和实验推动了近代伟大的科学革命，特别是牛顿（Isaac Newton）在 1687 年出版《自然哲学的数学原理》，标志着牛顿经典物理学的建立。19 世纪近代学科的涌现，依靠的是 17 和 18 世纪出现的学术制度变化和实践发展，这可以称为第一次科学革命。其间最重要的变革是学术团体的建立，即科学学会的形成。英国皇家学会（British Royal Society）和法国科学学院（French Academic of Science）摆脱了中世纪学科划分的束缚，倾心研究整个自然，不单只是旧范畴下的物理学（或称自然科学），更包括数学。

我们知道，中世纪时期的大学起初基本是由教会控制，都认为学习拉丁语是学习圣父的思想。蕴含许多世俗知识的"三艺"学科和"四艺"学科并没有包含实验科学的内容。牛顿学说被称为新科学或新哲学，并产生了新的机构、学术团体，更加开阔地接纳影响新科学的实验方法。到了 19 世纪，在这些学术团体的影响下，欧洲和美国的大学在学科结构上都发生了显著变化。

19 世纪中期到 20 世纪中叶，工程技术学科纳入大学学科体系，学科不断分化。19 世纪，现代学科不断涌现，在科学革命、公众需求以及启蒙运动对技能重新评价的综合作用下，技术学科在高等教育领域迅速发展，一批工程学校、专门技术学院升格为大学。如，1860 年德国将一批中等工业学校升格为大学；在英国，实用技术在很多城市学院发展起来，1826 年成立的伦敦大学学院设置专攻科学技术的学科；法国则发展出一种多科技术学院的形式，并为许多欧洲国家所采纳；美国建国后，特别致力于实用技术学科的发展，1862 年颁布的《莫雷尔法案》使政府资助的农业学院和工艺学院很快发展起来，1861 年美国最早的私立理工科大学——麻省理工学院成立。这样，新的实用技术学科逐渐在大学取得地位，不同国家都将实用工程学科纳入大学体系。

自然科学研究被吸引到迅速发展的大学学科结构中，一方面促进了自然科学和人文社会科学的发展，另一方面也带来了人文社会学科与自然学科的对峙。从那时起，大学就成了文科（人文社会科学）和理科（自然科学）之间持续紧张的场所；人文社会科学和自然科学现在被界定为两种完全不同，甚至是截然对立的认知方式。从 19 世纪初到 20 世纪中叶，随着生产的发展和社会分工的继续深入，自然科学的专门化趋势进一步加强，微观物理学、生物科学、地质科学、航空科学等各类新学科不断出现；哲学、社会科学领域也发生了深刻变化，新的学科分支不断创立。

20 世纪中叶以来，学科门类剧增，学科体系日益庞杂。现代科学一方面继续分化，比近代科学更精细、更深入；另一方面开始向高度综合化、整体化、社会化的方向发展。新兴学科、综合学科、交叉学科不断涌现，日益深刻地揭示了物质世界和各门学科之间的相互联系、相互转化。科技和社会的发展必然反映到大学中来，与此相应，大学的学科门类日益增多，学科划分愈来愈细，形成了自然科学、社会科学、人文科学、工程技术科学等庞大的学科体系；同时，综合学科、横断学科、交叉学科等也在大学学科体系中受到重视。①

随着知识的组织被归入一种与自然存在物的链条相关的、有秩序的形式，人类开始研究不同的生命形式。当时的学院和大学经常将知识分为三个广泛的学习领域：自然学科、精神学科和道德上的科学或哲学（科学与哲学被换用）。自然学科包括现在被称作物理和生物科学的学科；精神学科是处理与现在社会科学相类似的题目，例如政治科学；道德哲学应用在社会科学或社会研究领域。这三个广泛的知识领域与古典语言、简单的数学和一些外国语言，在 19 世纪后几年成为主要的学科。全部的学科结构在那时发生了剧烈变化。同时，19 世纪的第二次科学革命，使制度化学科兴起和

① 庞青山．大学学科论［M］．广州：广东教育出版社，2006：43.

各个科学学科的专业标准同时建立起来,过去一般性的博学学会走向衰落。近代学校制度和科学教育新发展促进了近代社会革命性的变化,这些社会变化为近代学科的出现打下基础。现在,一门学科通常都会归入三种广义的知识领域中:人文科学、社会科学和自然科学。然而,有些学科却是分跨几个知识领域,例如:历史,有人认为它是人文学科,但另一些人认为它属于社会科学。同样的,学科教育学也属于跨学科的知识领域。

第三节　学科划分依据

学科是人类社会发展的产物,学科如何划分,依据是什么,角度不同,观点不一。然而,随着人类对学科认识的深化,学科分类不断完善与科学化。理解学科分类的概念与内涵,能促进基于学科分类的学科结构的探讨,以及对学科分类的相关理论的研究,能更好地认识与把握学科的本质属性。

一、学科分类的概念与内涵

有学者认为,学科的核心是知识体系,学科分类就是基于知识体系的分类,即将人类社会浩如烟海的知识按照一定标准划分成不同学科,再将学科按照一定的标准细分。据此,学科分类的概念可以界定为:根据一定的归类标准和原则,通过研究分析知识及其体系的内在联系,将知识及其体系根据其性质或代表类型与意义予以类别划分和排列的活动过程。学科分类和其他任何事物一样,也有其发生、发展的历史,各个不同历史时期建立的分类标准、原则和方法都是当时历史发展的产物,它们组成了通向更为科学地揭示学科体系发展的进程。知识及其体系分类不是一种对内容的无原则安排,而是我们观察世界和切分世界知识类别的一种有效方式,从中可以窥见人类文明的不同形态。

有观点认为,学科是依据客观世界不同客观事物的不同运动形式组织人们的认识结果——经验体系。所以,学科分类的依据是客观事物的不同运动形式,学科分类是人们按照客观事物的发展运动形式的不同人为进行的类别划分,所以进行学科分类主要有两种力量:一是学科自身的发展规律和运动形式；二是人们为了理解、学习、使用的便利，进行的人为划分。比如：物理学因为有其自身的发展和运动形式，所以就慢慢远离了社会科学，更加贴近自然科学。

学科分类是知识分类的深化和产物，是指一定科学领域或一门科学的分支。有别于知识分类，学科分类是人们依据客观世界中特定事物对象的本质特征和规律，通过对事物的本质属性以及事物之间联系的认识，来确定知识门类区分和组织的总体性框架。所以，学科分类是人们根据各门学科的研究对象与它们之间的相互关系，对各门学科进行区分和组织，通过确定每门学科在科学中的地位，解释整个科学的内部结构，进而建立起符合科学发展规律的分类体系。

17世纪以后，随着数学方法和实验方法的广泛采用，近代科学的兴起，按照研究对象划分的自然科学，开始从包罗万象的哲学中分离出来，人们的知识结构和思维结构也发生了根本变化，从而为近代的学科分类体系奠定了哲学和科学基础。

近代科学的主流具有还原论倾向，即把宏观整体现象看作是由其构成因素促成的结果。科学把整体看作部分的结合，因而对整体对象的分割，从宏观对象到原子、基本粒子，是一个追根溯源、认识本质的深入过程。例如：古代中医把人体作为整体把握，而近代西医以内、外、妇、儿、五官、皮肤等不同部分作为研究对象。

19世纪中叶，自然科学已经分化成许多各不相同的研究领域，现代意义上的学科诞生了，这是学科发展的第一阶段。19世纪末爆发物理学革命，学科发展分化的步伐大大加快，学科越来越多，专业化程度越来越高。统一的自然科学分化成基础理论科学、技术基础科学和工程应用科学三个层次，每一层次又分成不同门类。各种学科之间出现交叉学科、边缘学科等，这是学科发展的第二阶段。20世纪中叶开始，知识的发展出现高度分化和高度综合的特点：一方面，知识的分门别类比近代科学更精细、更深入；另一方面，横断学科、综合学科、交叉学科的出现使知识综合化、整体化的趋势更加突出。这是学科发展的第三阶段。①

目前对知识分类的研究，主要是在学科层面上进行的。正如恩格斯指

---

① 宣勇，凌健.“学科”考辨［J］.高等教育研究，2006（4）：18—23.

出的，无数杂乱的认识资料得到清理，它们有了头绪，有了分类，彼此间有了因果联系，知识变成了科学。学科分类主要是为了研究、教育、管理的便利，揭示知识的谱系，反映科学的系统、信息的脉络。值得注意的是，分类要以系统论为指导，否则会造成误解和逻辑混乱，给实践带来困难。比如，某市小学实行三类课程：基础课程、拓展课程、研究性课程。其中，基础课程和拓展课程属于同一层面，是从内容涵盖的角度进行的划分，但研究性课程则是从方法的角度进行的划分。设立研究性课程是为了提高学生的探究能力和动手能力，却造成了理解上的误解。很多老师认为，研究性学习是一种科学的方法，拓展课程、基础课程都需要研究性学习，是否有必要再开设研究性课程？基础课程和拓展课程中是不是不需要研究性学习？造成这样的困惑主要有两个原因：一是实行三类课程的科学性有待商榷；二是分类不依据同一个逻辑标准就容易造成误解。可见，学科分类需要尊重学科发展的基本规律。

二、基于学科分类的学科结构 [①]

学科分类使一个学科与另一个学科相互区别。科学中存在着相互独立的学科，由于知识之间存在天然的联系，各学科之间相互联系，相互作用。科学的学科分类应体现既相互独立又相互联系的学科图景，这种作用方式就是学科结构。如果说结构是系统内部诸要素相互联系、相互作用的方式，那么我们可以将学科结构界定为不同学科相互联系、相互作用的方式。学科之间因作用方式的不同，具有不同的学科结构。

关于学科的关系，我们可用"相关"来描述。一般认为，"相关"源自统计学，是英国的弗朗西斯哥尔登（F. Galton）爵士首先提出的。现在，"相关"的概念已不限于统计学，被广泛地运用于很多学科领域，以学科分类为基础的学科结构也表现出相关特征。由于学科分类标准的不同，学科之间的相关呈现出多样性。

一是时间相关。从历时状态来看，很多学科之间有继承和发展的关系，如最早的学科统称为自然哲学，后来从中慢慢分化出力学、天文学、数学、

---

① 庞青山.大学学科论［M］.广州：广东教育出版社，2006：33-37.

逻辑学、语言学和道德伦理学等学科；从共时态上来看，一些学科互相包含、交叉，相互影响，相互结合，彼此渗透，如学科按交叉程度由低到高排列为比较学科、边缘学科、软学科、综合学科、横断学科和超学科。

二是逻辑相关。学科与学科之间有着天然的逻辑关联，这种关联随着人类认识的深化而不断深化。正如德国物理学家、诺贝尔奖获得者普朗克（Max Planck）所说，科学乃内在的统一体。将科学划分成若干不同的领域，与其说是由事物本身的性质决定的，还不如说是由人的认识能力的局限性造成的。其实，从物理学到化学，通过生物学和人类学直到社会科学，中间存在着连续不断的环节，这些环节无论在哪一处都不可能被割裂。孔德（Auguste Comte）的学科结构图清晰地反映了学科之间由简到繁、由先到后，前一学科是后一学科的基础，数学是工具并贯穿始终的学科结构逻辑。

三是层次相关。学科的层次相关是指学科按研究范围的大小和抽象程度而划分为不同层次，且不同层次的学科之间具有相关性。学科发展史表明，学科是一个不断分化的过程，也是学科层次不断增加的过程，这种层次性是人类认识不断深化的体现。哲学家们和科学家们对学科结构的描述很多是根据学科之间的层次关系来进行的。现在人们认为学科体系中有学科门类、一级学科、二级学科等，就是学科层次的体现。

学科结构是学科的知识纤维、理论板块、学科体系发展演进而形成的有机构成，是学科内在逻辑的集中反映，是学科空间分布和时态变换的结合方式的选择。学科结构的要素有学科术语、学科理论、学科方法等。从这种界定来看，学科结构被定义为学科内部结构；但从对学科结构历史的考察、学科结构演进规律的表述来看，不仅有学科内在结构，还包括学科外在结构，即我们所讨论的学科结构。因此，对学科结构的界定不同，学科结构的演进规律表述就有差异。从学科及其产生与发展历史可以看出，人类对学科结构的认识大体上经历了四个阶段。

第一阶段：从古希腊到16世纪近代科学产生以前，是学科结构的朦胧时期。在整个古代，随着农业、航海、战争的发展和需要，本来意义的科学研究只限于天文学、教学、力学这三个部门，"而在后古典时期才有了精确的和系统的研究（亚历山大里亚学派、阿基米德等）"。^① 这一时期，知识的积累尚不丰富，很多学科还没有产生和成形。由于受到社会进步程度和生产力发展水平的限制，人类对学科知识及其相互关系的认识还很模糊，属于自然思辨型，带有主观性，缺乏理性认识高度，但也隐约出现了一定的结构形态。如以柏拉图、亚里士多德为代表的三角形学科划分说。

第二阶段：从 16 世纪近代科学产生到 19 世纪初，是学科结构的形成时期。随着自然科学、社会科学从哲学中分化出来，形成哲学、自然科学、社会科学（含人文科学）三足鼎立之势，各门学科获得了自己的学科地位。这一时期主要有以英国哲学家弗朗西斯·培根为代表的思维特征学科划分说，以康德为代表的依据历史、逻辑和应用的链式关系而提出的链式学科划分说，以法国空想社会主义者圣西门（Claude Henri de Saint-Simon）和西方实证主义的开山鼻祖孔德为代表的依据科研对象不同特性而提出的纵向式学科划分说，以黑格尔（Georg Wilhelm Friedrich Hegel）为代表的知识体系型学科划分说，以斯宾塞等为代表的科学方法型学科划分说，还有恩格斯（Friedrich Engels）的根据物质运动形式的区别和固有次序的辩证唯物主义的学科划分说。培根是近代史上自觉探索学科结构的第一人。

第三阶段：从 19 世纪初到 20 世纪中叶是学科结构的整体发展时期。随着第一次工业革命和资本主义的迅速发展，自然科学的研究工作呈现空前活跃的局面，并取得许多重大突破。自然科学同技术发展有着密切的联系，因此 19 世纪自然科学的重大突破，为资本主义的进一步发展所要求的新技术革命创造了条件。这些科学技术的新成果被迅速、广泛地应用于工业生产，大大促进了资本主义经济的发展。工业革命进入了一个新的发展时期，即第二次工业革命时期。电力的广泛应用、内燃机的创制和使用、化学工业的建立以及伴随"电气时代"而来的"钢铁时代"，使知识迅速积累"爆炸"，自然科学发生了翻天覆地的变化。科学知识对社会的作用日渐增强，出现了基础学科、技术学科和工程学科的结构形式，知识的物化进程加快，学科结构呈现出系统的整体发展状态。

---

① 中共中央马克思、恩格斯、列宁、斯大林著作编译局.马克思恩格斯选集（第三卷）
　　[M].北京：人民出版社，2012：865.

第四阶段：从 20 世纪中叶开始到 21 世纪是学科结构的系统标准化发展时期。自 20 世纪中叶以来，随着人类社会的飞速进步，信息技术的迅猛发展，人工智能技术的到来，一系列的新兴学科、交叉学科、横断学科、边缘学科大批涌现，学科变革的深度和广度前所未有。这一切，特别是全球化的需要迫使人们不断地探寻学科结构系统化和标准化的发展。联合国教科文组织的群体学科划分说、《世界新学科总览》中的特点式学科划分说、综合式学科划分说、全息式学科划分说等应运而生。与此同时，世界各国也加大了对学科，特别是学科分类、学科结构的研究与探讨，加大了学科建设与改革的力度。

三、学科分类的相关理论 ①

随着对知识内涵认识的加深，人类从不同角度对知识进行分类，分类原则体现了人类在不同历史时期、不同社会形态下对知识内涵和知识作用的理解。

柏拉图把知识分为理性、理智、信念和表象四种状态。前两者属于本质的、理性的认识，后两者是派生的、易逝的知识。亚里士多德改造并发展了柏拉图的知识分类法，亚里士多德是第一位明确提出"学科"概念，并进行学科分类的哲学家。他在《物理学》开篇说："任何一门涉及原理、原因和元素的学科，只有认识了这些原理、原因和元素，才算认识或领会了这门学科。" ② 这可谓是学科概念的第一定义。之前，哲学研究的是包罗万象的人类知识。自亚里士多德开始，把人类知识整体划分为三大类：纯粹理性、实践理性和创造。纯粹理性是指为着自身而追求的"理论（思辨）知识"（theoretike），包括物理、数学、形而上学；实践理性则是关于行动的"实践知识"（praktike），包括伦理学、政治学、经济学；创造则是指那些无法或几乎无法用言辞传达的，为创作和制造而被追求的"创制知识"（poietike），主要指艺术和其他有关行业的知识，包括修辞学、论诗等。亚里士多德的

---

① 袁曦临.人文社会科学学科分类体系研究［D］.南京：南京大学，2011：22-25.

② 汪子嵩，范明生，陈村富，姚介厚.希腊哲学史（第 3 卷）［M］.北京：人民出版社，

2003：425.

知识观和学科分类思想成为西方哲学和科学的传统，影响极其深远。

19世纪中叶以前，许多哲学家、科学家如培根、笛卡尔（René Descartes）、洛克、黑格尔、孔德等都提出过知识分类体系，都是以人类的心智能力为标准来划分人类知识的构成。这一出发点本身就具有教育学意义。大学的学科分类体系其实就是把知识分类体系的学科移植到大学教育中。到19世纪中叶，自然科学的分化已经形成了许多各不相同的研究领域，诞生了学科，这是学科发展的第一阶段。

19世纪末学科分化的步伐加快，专业化程度越来越高。作为整体的、统一的自然科学分化为基础理论科学、技术基础科学和工程应用科学三个层次，每一层次又分化成各种不同的门类。接着，各学科之间又产生交叉学科、边缘学科等，这是学科发展的第二阶段。

20世纪中叶知识的发展出现了高度分化和高度综合的有机统一。一方面，知识分门别类的研究比近代科学更精细、更深入；另一方面，横断学科、综合学科、交叉学科的出现使知识综合化、整体化的趋势更加突出，这是学科发展的第三阶段。[①]

20世纪60年代以来，科学技术发展突飞猛进，人们发现了许多新的物质形态和运动形式，因此许多科学家、哲学家对科学分类问题又提出新的见解。1977年，钱学森通过对现代科学体系进行广泛深入的研究，至1990年前后提出了从系统论思想出发的现代科学技术体系，该体系包括纵向九大部类，即数学、自然科学、社会科学、系统科学、人体科学、思维科学、行为科学、文学艺术、军事科学；横向三个层次，即基础理论、技术基础、应用技术，最后通向人类知识的最高概括——以辩证唯物主义为核心的马克思主义哲学。

由此可见，学科分类体系是随着人类认识的深化而不断充实和完善的。不仅如此，如果从不同维度和角度去进行知识分类，可以得到不同的知识划分类型。

从大学学科教育的维度来看，联合国教科文组织（United Nations Educational, Scientific and Cultural Organization，简称 UNESCO）专门编制了《国际教育标准分类法》（International Standard Classification of

---

① 宣勇，凌健."学科"考辨［J］.高等教育研究，2006（4）：18-23.

Education，简称 ISCED），对教育进行分类定位，以此作为各国教育分类的指导和进行教育统计的依据，来促进大学管理的规范化和科学化；教育界以人才培养职能作为划分教育类型的主要依据，而不只是层次的高低与科研规模的大小。因此《国际教育标准分类法》所依据的主要标准是专门人才的类型，其分类符合教育（包括高等教育）最本质、最根本的特征。

美国卡内基教学促进基金会 1970 年提出了"美国高等教育机构分类标准"。根据美国高等教育机构所承担的不同任务，对美国各类大学和学院进行分类，制定了明确的分类标准，并进行了 5 次修订。2005 版的卡内基分类出现了较大幅度的变化，摒弃了使用了三十多年的单一分类方案，提出了一套具有广泛适应性和灵活性的分类体系，按照所授学位的层次及数量，将高等院校分为副学士学位、博士学位、硕士学位、学士学位授予学院以及专业主导机构等基本类型，全面展示了美国高等教育体系的复杂性和多样性。

从学术研究的维度，美国教育学家欧内斯特·博耶（Ernest L.Boyer）于 1995 年发表了《学术反思：教授工作的重点》的报告。他认为，依据大学的职能和学术的使命，学术应该包括四个不同但又相互联系的方面：探究的学术（scholarship of discovery）、整合的学术（scholarship of integration）、应用的学术（scholarship of application）和教学的学术（scholarship of teaching）。博耶认为，各学科并非完全独立的，各种知识之间存在联系。作为学者，不能把学术研究的目光仅仅局限在自己专业的范围内，而放弃从更广阔的知识背景中去分析和理解问题。否则，学术眼光将日益狭窄，不容易发现问题，也不可能开展全面深刻的研究。因此博耶认为学科之间需要整合和交叉。①

从学科关系的角度，英国教育学知名学者托尼·比彻（Tony Becher）对学科文化系统进行了具有前瞻性的研究，在他和保罗·特罗勒尔（Paul R. Trowler）所著的《学术部落及其领地：知识探索与学科文化》中，从学术领域和研究群体的社会特征角度，将学科分为硬学科和软科学、纯科学和应用科学，进一步提出了纯硬科学、纯软科学、应用硬科学和应用软科学的学

① 国家教育发展研究中心．发达国家教育改革的动向和趋势（第五集）——美国、日本、英国、联邦德国、俄罗斯教育改革文件和报告选编［M］.北京：人民教育出版社，1994：9-28.

科分类框架。

严密性的硬知识，学科范围一般比较清晰、明确和狭窄，其知识是逐渐积累起来的，具有普遍性，在提出新见解的过程中往往不需要提供大量解释性的导言，呈线性发展的深井式挖掘特征；非严密性的软知识，研究范围比较宽泛，界限不够清晰，问题的定义也不够严格，在研究中依赖大量资料的辅助，而且往往问题决定了研究方法的选择；而纯科学和应用科学的区别主要取决于对应用的关注，纯科学受知识本身发展逻辑的影响更多，而应用科学则更多受外部实践需求的驱动。

纯硬科学以物理学为代表，该科学领域的知识具有积累性、客观性和线性特征，有明确的正误标准，不受个人价值观的影响，成果表现为某种发现或解释；纯软科学指人文学科（如历史学）和纯社会科学（如人类学），其知识发展具有重复性和特殊性，受个人价值观影响明显，知识的正误标准存在争议，成果的表现形式多为理解和阐释。一般而言，纯度较高的学科体系，其构建按照线性、逻辑的模式进行知识累积，遵循以理论为导向形成知识体系的路线。

应用硬科学指技术科学（如机械工程），其知识发展的目的性强，注重实用性和功能性，成果多以产品或技术的形式呈现；应用软科学指应用社会科学（如法学、教育学和管理学等），其知识的发展同样强调功能性、应用性，成果多以法案、程序、条约及方案等形式呈现。应用度较高的学科，其概念和理论源于实践，学科体系的构建倾向于以实际的需求为导向，由实践推动理论的方式而形成，遵循着"由下至上"的路线。[①]

除了上述哲学、教育、学术研究等认识维度之外，还存在其他分类维度，例如：国际劳动组织从职业应用维度提出的《国际标准职业分类》（ISCO-88），经济合作与发展组织（Organization for Economic Co-operation and Development）从人力资源角度提出的《弗拉斯卡蒂手册》，以及我们熟悉的从文献分类的角度编制的各种文献分类法。

国际经济合作组织将知识分为四类：事实知识（know-what），即理解性知识，是指可通过观察、感知或者数据呈现的知识；原理知识（know-why），

① 托尼·比彻，保罗·特罗勒尔.学术部落及其领地：知识探索与学科文化[M].北京：北京大学出版社，2015：2-3.

即推理性知识，包括自然原理或法则的科学知识；人际知识（know-who），即如何寻求帮助，去解决问题的知识；技能知识（know-how），即技术性知识，是指有关技能的知识或做事的技术。

由此可见，学科分类作为一种人为的认知活动，受到人们认知视角和社会需求的影响，认识维度不同，采取的分类标准不同，必然导致分类体系和结构的不同。可以肯定的是，知识总在不断发展积累，因此各门学科也始终处于动态变化中，学科之间并非互相孤立的，而是存在着各式各样的联系。因此，学科之间才会相互交叉渗透，边缘学科、综合性学科才会不断出现，从而使整个科学体系成为纵横交错的有机统一体。

第四节　学科划分标准

学科如何划分，从理论和实践上来看观点不一。王长纯等认为：一门学科划分的标准可以包括以下几个方面：充足的社会历史条件；有一定规模的研究队伍（学会、研究会等）；有一定规模的相关知识的生产系统；有一定规模的研究生教育；有一定的学术研究成果；有由相当稳定的研究对象、性质、结构、方法等构成的相对稳定的理论体系；如果是边缘学科，则所有的相关学科的关联水平应该是稳定的、成熟的，它们之间的联系应该是内在的、常规性的，而不是外在的或临时性的。①

学科分类是基于一定的标准和原则，揭示学科体系的内在联系，并以严格的符合逻辑的排列形式对这些关系进行表述。目前，国际社会的学科分类标准并不统一，各国的分类标准或采用的标准也不一样。我国的学科分类是根据我国的国情，参考联合国教科文组织、苏联以及欧美等国家和组织的分类而划分的。

通常语境下的学科主要是基于知识的分类，这在全世界已经取得共识。欧洲中世纪基本没有分类规则，后来随着社会的进步，知识的爆炸和科技的发展，便产生了各种划分规则和标准。学科分类总的趋势是求大同，存

---

① 王长纯，曹运耕，王晓华.学科教育学概论［M］.北京：首都师范大学出版社，2000：285.

小异,向着统一的方向发展。

一、国际组织的划分标准

（一）国际教育标准分类

《国际教育标准分类》（International Standard Classification of Education，简称 ISCED）是联合国教科文组织于 1976 年制定的，1997 年又进行了修订，即 ISCED-1997。通过修订，分类中新增了一些学科，同时把相似的学科合并，最终由原来的 21 个学科，增加为 25 个学科，包括自然科学、工程学、农业科学、人文与艺术、社会科学（商业和法律）、教育、卫生和福利、服务学 8 个门类。其中，服务学是新增的学科类别。

在该标准中，对人文学科和社会科学做了比较明确的划分，人文和艺术学科（humanities and arts）是一个门类，但艺术和人文是分开的。人文科学包括：宗教与科学（religion and theology）、外语与文化（foreign languages and cultures）、鲜活的或"逝去的"语言及其文学（living or 'dead' languages and their literature）、区域研究（area studies）、母语（native languages）、当前的或本地的语言及其文学（current or vernacular language and its literature）、其他人文（other humanities）、口译和笔译（interpretation and translation）、语言学（linguistics）、比较文学（comparative literature）、历史（history）、考古学（archaeology）、哲学（philosophy）、伦理学（ethics），语言学、文学、历史、哲学、伦理和考古学是主体。

社会科学与行为科学、新闻学与信息（包括图书馆学）、商业与管理、法律同属一个门类。社会科学又包括经济学（economics）、经济史（economic history）、政治学（political science）、社会学（sociology）、人口学（demography）、人类学（anthropology）、人种学（ethnology）、未来学（futurology）、心理学（psychology）、地理学（geography）、和平与冲突研学（peace and conflict studies）、人权学（human rights）。其中，经济学、历史学、政治学、社会学、心理学、人口学等是主体。需要特别指出的是，新闻、管理、法律虽然和社会科学在同一门类下，但因其现实应用性，而与学术性的社会科学有所区分，例如图书馆学就属应用性社会科学的子分支学科。

《国际教育标准分类》和国际劳工局制定的《国际标准职业分类》相似。《国际教育标准分类》侧重于教育,而《国际标准职业分类》则侧重于人力使用,两者之间存在某种衔接。

(二)弗拉斯卡蒂手册

经济合作与发展组织(OECD)为指导各成员国做好研发统计工作,于1963年制定《弗拉斯卡蒂手册》(Frascati Manual)。许多国家根据这份手册制定了本国的研发统计调查制度与标准。

《弗拉斯卡蒂手册》是经济合作与发展组织制订的对科学与研究活动进行测度与统计的国际标准,其中《科技人力资源手册》是关于职业、产业、教育等分类的国际标准,对科技人力资源的基本定义、分类标准以及数据来源等有详细解释。2002年,经济合作与发展组织修订了《科技人力资源手册》,明确了科技领域及其子领域的分类,以下仅讨论其中涉及人文、社会科学的领域。

其中,社会科学门类包括四大类:心理学、经济学、教育科学和其他社会科学。具体包括人类学(社会与文化)和人种学、人口统计学、地理学(人文的、经济的和社会的)、城镇规划学、管理学、法学、语言学、政治学、社会学、组织学及其方法、其他社会科学及其交叉学科,以及与本领域各主题相关的方法和历史的科学技术活动。人文学科包含三大类:历史学(历史、史前学及史学,以及与历史学相关的考古学、古币学、古文字学、宗谱学等),语言学和文学(古代语言和文学、现代语言和文学),其他人文科学。其他人文科学包括哲学(包括科学技术史)、艺术、艺术史、艺术评论、绘画、雕塑、音乐、戏剧、宗教、神学等。

二、西方国家的划分标准

(一)专业分类目录

《专业分类目录》(Classification of Instructional Programs,简称CIP)由美国国家教育统计中心研制,是反映美国高校学科划分与专业设置基本状况的学科专业目录。该目录最早出现于 1980 年，后于 1985 年、1990 年和 2000 年进行了三次修订，现行目录为 2002 年 4 月定稿的 CIP-2000。《专业分类目录》通用于研究生和本专科等各层次的学科专业，同时包含学术型、专业应用型、职业技术型三种类型迥异的学科专业，在文本形式上，与我国的学科专业目录相似。

美国的《专业分类目录》的编制方式与我国完全不同，以统计、归纳为主，依照一定的标准收集高等教育机构名录、课程表等与学科专业相关的各种数据信息，然后进行分类，赋予代码。它作为"标准的统计工具"，是国家教育信息服务的一种方式。

《专业分类目录》非常尊重高校的办学自主权，而且也十分重视为新兴、交叉学科发展预留空间，它将学科划分为基础学科与职业学科两大部。基础学科包括自然科学、社会科学和人文科学三部分：自然科学的主体是数学、物理、化学、生物等；社会科学的主体是政治、社会、历史、心理学等；人文科学的主体是文学、语言、哲学等；应用学科一般为工学、医学、商学、法学等；职业学科（也称技术学科），包括建筑、教育、新闻、管理等。反映了美国大学学科层次丰富、专业多样的现状和特点。

《专业分类目录》将学科专业分为三个层级，这三个层级包括学科群（门类）、学科（一级学科）、专业（二级学科），分别用两位数代码（如 01）、四位数代码（如 01.01）、六位数代码（如 01.01.01）来表示。两位数代码表示"学科群"，相当于我国的学科门类；四位数代码表示"学科"，即内容与培养目标类似的一组专业，与我国的一级学科类似；六位数代码代表"专业"，相当于我国的二级学科。例如，心理学作为学科门类，其代码是 42，下面的专业方向非常丰富，包括认知心理学和心理语言学（cognitive psychology & psycholinguistics，42.0300）、社区心理学（community psychology，42.0400）、发展和儿童心理学（developmental & child psychology，42.0700）、实验心理学（experimental psychology，42.0800）、工业和组织心理学（industrial & organizational psychology，42.0900）、学校心理学（school psychology，42.1700）、社会心理学（social psychology，42.1600）、生理心理学和生物心理学（physiological psychology/ psychobiology，42.1100）等诸多专业。同时，每个专业下都列有该专业的主干课程和核心科目，充分体现了学科发展的多样性、灵活性和开放性，也体现了美国高等教育所实施的以课程管理为核心的学科管理思路。

除了利用增列或删减措施调控学科专业的变化之外,《专业分类目录》十分重视对学科专业归属的调整,以反映学科专业发展的方向。例如,《专业分类目录》将原属于农业类的部分专业和原属于医学类的基础医学整合到生物与生物医学类,以便能直接反映生命科学与技术迅猛发展的态势。

同时,《专业分类目录》在每一个层次都为"交叉学科"设立了专门标识与代码。如在第一层级专门设了一个"交叉学科"的"学科群";对于难以归入其他专业的学科,同时还没有独立名称的新学科专业,预留了 99 的编码和相应空间,并以"其他"字样标识。例如"教育学(其他)",编码为 13.99。

《专业分类目录》的最大特点,让大学拥有自主设置学科专业的权利,国家对大学的学科专业设置不直接进行干预。因此,大学教育层次分明,特色明显,呈现灵活、多元化学科专业布局。

(二)综合学科编码体系

英国十分重学科分类与高等教育,20 世纪 60 年代先后成立的大学统一招生委员会和全国学位授予委员会开始对各高校的专业进行编码。2002 年开始,英国高等教育统计处(The Higher Education Statistics Agency,简称 HESA)与高等院校招生委员会(The Universities and Colleges Admissions Service,简称 UCAS)协作制定并通过了具有普适性的学科专业分类体系——《综合学科编码体系》(The Joint Academic Classification of Subjects,简称 JACS)。该分类体系同时涵盖本科生和研究生教育。自此开始,该分类体系成为指导政府质量监控、高校学科专业设置和企业雇佣毕业生的普适性学科专业分类体系。

《综合学科编码体系》的学科领域包括医学及牙医、药物、生物科学、兽医学、农学、物理科学、数学科学、计算机科学、工程与技术等大类;每个学科领域中,设置数个学科主题,在每个学科主题下详细描述其学科口径与内容。《综合学科编码体系》是一个等级学科专业分类体系,由一个字母和三个数字组成,字母和第一个数字表示学科群和该学科群的第一级学科,第二、三位数字依次表示更进一步的细分,数字为 0,则表明该编码已无法细分。目前,《综合学科编码体系》共由 20 个学科群组成,下设 159 个一级学科,654 个二级学科。其中,文科类的学科群为 8 个:社会学、法律、商务和管理研究、众传媒和文献领域、语言、历史和哲学研究、创造艺术和设计、教育。文科类的一级学科 80 个,占到总数的一半左右。

2002 年首次发布的《综合学科编码体系》对英国高等教育的专业设置起到了重要指导作用。该学科分类体系由英国高等教育统计处与高等院校招生委员会共同拥有和维护,并且定期进行评估与更新。随着高等教育学科范围的不断变化,该体系在其运行过程中分别经历了两次调整,形成了 JACS 2.0 体系(2007/2008)和 JACS 3.0 体系(2012/2013)。随着高等教育系统的不断发展,特别是科学技术的进步、全球化的不断加深、跨学科研究的推进,该体系存在的一些弊端也逐渐显露。基于此,近年来,英国高等教育统计处与高等院校招生委员会开发了一套新的学科编码系统:《高等教育学科分类系统》(The Higher Education Classification of Subjects,简称 HECoS)。该学科分类系统已经取代《综合学科编码体系》于 2019/2020 学年开始实施。

三、我国的划分标准

(一)学科分类与代码

《中华人民共和国学科分类与代码国家标准》规定了学科分类原则、学科分类依据、编码方法,以及学科的分类体系和代码。该标准适用于基于学科的信息分类、共享与交换,亦适用于国家宏观管理和部门应用。本标准的分类对象是学科,不同于专业和行业,不能代替文献、情报、图书分类及学术上的各种观点。国家技术监督局于 1992 年 11 月 1 日正式在北京发布该标准第一版(GB/T 13745-1992),1993 年 7 月 1 日正式实施。2006 年,第一版国家标准开始修订,并于 2009 年 6 月 26 日由国家质量监督检验检疫总局、国家标准化管理委员会通过《中华人民共和国国家标准批准发布公告 2009 年第 6 号(总第 146 号)》发布第二版,即最新版 GB/T 13745-2009。

《中华人民共和国学科分类与代码国家标准》(GB/T 13745-2009)共设自然科学类、农业科学类、医药科学类、工程与技术科学类、人文与社会科学五个门类,仅对一、二、三级学科进行分类,共设 62 个一级学科,748 个二级学科,近 6000 个三级学科。该标准是科学发展、教育、科技统计、学科建设等方面工作的一个重要依据。

(二)专业目录与学位授予目录

除了《中华人民共和国学科分类与代码国家标准》外,还有专业目录与学位授予目录,都由教育部主导制定,主要针对学校学科专业设置与教学和学位授予,包括《学位授予和人才培养学科目录》和《普通高等学校本科专业目录》。《中华人民共和国学科分类与代码国家标准》与《学位授予和人才培养学科目录》《普通高等学校本科专业目录》并行,是我国学科分类与分类标准的基本特征。

1. 学位授予和人才培养学科目录

《学位授予和人才培养学科目录》根据我国的《学位授予和人才培养学科目录设置与管理办法》制定,是国家进行学位授权审核与学科管理、学位授予单位开展学位授予与人才培养工作的基本依据,是硕士和博士招生与培养、硕士和博士学位授予的指导性文件,也用于学科建设和教育统计分类等工作。自 20 世纪 80 年代开始到 2023 年,我国先后施行过六版。

第一版是 1983 年 3 月国务院学位委员会第四次会议决定并颁布的,名为《高等学校和科研机构授予博士、硕士学位的学科、专业目录(试行草案)》。这一目录确定一级学科 63 个,二级学科(学科、专业)638 个。

第二版是 1990 年 10 月国务院学位委员会第九次会议正式批准实施的《授予博士、硕士学位和培养研究生的学科、专业目录》,该版目录共设 11 个学科门类,72 个一级学科,620 个二级学科。

第三版是 1997 年国务院学位委员会、国家教育委员会联合发布的《授予博士、硕士学位和培养研究生的学科、专业目录(1997)》,该目录将高校学科(专业)划分为包括哲学、经济学、法学、教育学、文学、历史学、理学、工学、农学、医学、军事学、管理学 12 大学科门类,一级学科由原来的 72 个增加到 88 个,二级学科调整为 382 个。

第四版是于 2011 年 2 月国务院学位委员会第二十八次会议审议批准的《学位授予和人才培养学科目录(2011 年)》,它将高校学科(专业)划分为 13 大门类，即哲学、经济学、法学、教育学、文学、历史学、理学、工学、农学、医学、军事学、管理学、艺术学。原属文学门类的艺术学科从文学所属的中国语言文学（0501）、外国语言文学（0502）、新闻传播学（0503）、艺术学（0504）四个并列一级学科中独立出来，成为新的第 13 个学科门类，即艺术学门类。艺术学门类下设五个一级学科，艺术学理论（1301）、音乐与舞蹈学（1302）、戏剧与影视学（1303）、美术学（1304）和设计学（1305，可授艺术学、工学学位）。该目录中一级学科增加到 110 个。

第五版是 2018 年 4 月教育部颁布的《学位授予和人才培养学科目录》，第五版（2018）较第四版（2011）的变化有以下三个方面。

第一，与第四版相比，第五版根据《国务院学位委员会、教育部关于增设网络空间安全一级学科的通知》精神要求，在保持 13 个学科门类体系的基础上，在"工学"门类下，增设了"网络空间安全"一级学科。

第二，根据《国务院学位委员会、教育部关于对工程专业学位类别进行调整的通知》，第五版"专业学位授予和人才培养目录"附录部分进行了相应调整。具体而言，将"工程"（代码 0852）专业学位类别调整为电子信息（代码 0854）、机械（代码 0855）、材料与化工（代码 0856）、资源与环境（代码 0857）、能源动力（代码 0858）、土木水利（代码 0859）、生物与医药（代码 0860）、交通运输（代码 0861）8 个专业学位类别。调整后，"工程"专业学位类别不再保留。

第三，根据《国务院学位委员会、教育部关于将军制学一级学科更名为军事管理学的通知》，第五版将"军事学"门类下的一级学科"军制学"更名为"军事管理学"，学科代码依旧是"1106"，授予"军事学"学位。

第六版是 2022 年 10 月教育部颁布的《研究生教育学科专业目录》（以往称为《学位授予和人才培养学科目录》）。《研究生教育学科专业目录》（2022 年）包括 14 个门类，117 个一级学科，67 个专业学位，所有门类下均设置了专业学位。《研究生教育学科专业目录》（2022 年）新设立了气象、文物、应用伦理、数字经济、知识产权、国际事务、密码、医学技术等一批博士或硕士专业学位类别，将法律、应用心理、出版、风景园林、公共卫生、会计、审计等一批专业学位类别调整到博士层次。

2. 普通高等学校本科专业目录

《普通高等学校本科专业目录》是教育部制定的有关普通高等学校本科

专业的目录,是高等教育工作的指导性文件。它规定了专业划分、名称及所属门类,是设置和调整专业、实施人才培养、实施招生、授予学位、指导就业、进行教育统计和人才需求预测等工作的重要依据。《普通高等学校本科专业目录》经过了多次完善修订。

第一版《普通高等学校本科专业目录》于 1987 年颁布实施,将 1300 多种专业数调减到 671 种,使得专业名称和专业内涵得到了统筹与规范。

第二版于 1993 年 7 月颁布实施,重点解决专业归并和总体优化的问题,形成了体系较规范、科学合理的本科专业目录,分设哲学、经济学、法学、教育学、文学、历史学、理学、工学、农学、医学十大门类,下设二级类 71 个,504 种专业。

第三版于 1998 年颁布实施,按照"科学、规范、拓宽"的原则进行修订,使本科专业目录的学科门类达到 11 个,专业类 71 个,专业种数由 504 种调减到 249 种,改变了过去过分强调"专业对口"的教育观念和模式。

第四版于 2012 年颁布实施,分设哲学、经济学、法学、教育学、文学、历史学、理学、工学、农学、医学、管理学、艺术学 12 个学科门类。新增了艺术学学科门类,未设军事学学科门类,其代码 11 预留。专业类别增加到 92 个;专业种数增至 506 种,其中基本专业 352 种,特设专业 154 种,并确定了 62 种专业为国家控制布点专业。特设专业和国家控制布点专业分别在专业代码后加"T"和"K"表示,以示区分。

第五版于 2020 年颁布实施,在第四版基础上增补了近年来批准增设的目录外新专业。

第六版于 2021 年颁布实施。2021 年,教育部组织开展了普通高等学校本科专业设置和调整工作,对各地各高校向教育部申请备案的专业予以备案并根据高等学校专业设置与教学指导委员会评议结果,确定了同意设置的国家控制布点专业和尚未列入专业目录的新专业名单。2021 年 12 月 10 日,备案和审批结果予以公布,形成了带有补充性质的本科专业目录。

第七版于 2023 年颁布实施。2023 年 4 月,教育部公布了 2022 年度普通高等学校本科专业备案和审批结果,新增备案专业 1641 个、审批专业 176 个(含 150 个国家控制布点专业和 21 种、26 个目录外新专业),调整学位授予门类或修业年限专业点 62 个。本次备案、审批和调整的专业,将列入相关高校 2023 年本科招生计划。另对部分高校申请撤销的 925 个专业点予以备案。此次新增了地球系统科学、生物统计学、未来机器人、安全生产监管、国家公园建设与管理、医工学、乡村治理、家庭教育、无障碍管理等 21 种新专业。专业目录中特设专业是满足经济社会发展特殊需求所设置的专业，在专业代码后加"T"表示；专业目录中涉及国家安全、特殊行业等专业由国家控制布点，称为国家控制布点专业，在专业代码后加"K"表示。

第三章　学科教育与人类社会

　　教育是随着人类社会的产生而产生，发展而发展的。学科教育是学校教育的重要组成部分，学校以学科为单位实施学科教育。学科教育受社会政治、经济、文化的制约，同时对社会具有重要作用，直接影响着社会政治、经济、文化的发展。正确认识和把握学科教育与社会发展的关系，是实施学科教育的关键。

第一节　学科教育与社会政治

　　学科教育与社会政治的关系极为密切。一方面，学科教育受到社会政治的影响和与制约；另一方面，学科教育对社会政治又具有重要作用。寻求良好的政治，兴办科学的学科教育，发挥社会政治与学科教育的正向促进作用，是人类社会追求的目标，同时也是学科教育得以健康发展，促进社会政治文明的基本保证。

一、学科教育与社会政治的辩证关系

　　学科教育与政治有着密切而广泛的关系：一方面，社会政治对学科教育具有重大的影响与作用；另一方面，学科教育也具有一定的反作用。学科教育和政治的关系十分复杂，不能简单笼统地把政治与学科教育的关系理解成决定与反映、决定与从属的关系。

　　第一，学科教育与社会现象之间存在着多样关系。一方面，学科教育与社会生产、经济基础、上层建筑中的政治、法律、道德、文化、宗教等都有关系；另一方面，学科教育的社会作用也很广泛，既可以促进社会生产

96

力，巩固经济制度，促进社会文明，也可以促进一定政治制度的巩固。学科教育受诸多关系的制约，又具有诸多的社会职能。

第二，学科教育与社会政治的关系是复杂的。如果我们把学科教育看作社会上层建筑（实际是具有上层建筑的因素），那么政治与学科教育可同属于上层建筑，它们都由同一经济基础所决定，为同一经济基础服务。如果说政治决定教育，教育从属于政治，是政治的反映，就违背了历史唯物主义基本原理。因为物质的经济基础决定精神的上层建筑，如果说学科教育的社会特性是由经济基础所决定的，当然是正确的。但如果说教育是由上层建筑的政治所决定的，则不符合教育规律。因此，把学科教育与政治的关系，视为决定和被决定、决定与从属的关系，既夸大了政治的地位与作用，又贬低了物质基础的作用。

第三，学科教育和社会政治是间接影响关系。一方面，社会政治一定程度上影响学校教育的规模、组织形式乃至方针政策的制定，而学科教育通过培养不同规格的人才影响社会教育政策的制定；另一方面，社会政治通过一定的政治观点和思想意识影响学科教育和人的培养，学科教育则通过人才培养影响整个社会政治。这就是说，社会政治并不直接干预学科教育，只是在特定的情况下才会影响或干预学科教育；而学科教育只是通过培养出来的人才间接地服务与影响社会政治。社会政治与学科教育之间是间接关系，不能把两者视为从属或服务关系。

二、社会政治制约学科教育的发展

学科教育与社会政治的关系，主要体现为学科教育受到政权性质、政治体制以及政治纲领的制约，同时学科教育又通过人才培养为推进社会政治文明进程服务，进而实现社会的政治目标。考察学科教育与政治体制之间的关系是教育学理论研究的重要方面。

（一）政权性质决定教育的领导权和受教育的权利

掌握国家政权的阶级、政党决定着政权的性质，而政权的性质往往决定教育的领导权及受教育的权利。在阶级社会中，掌握政权的统治阶级、政党为使教育能够服务于本阶级和政党，首先就要把教育的领导权牢牢掌握在手中。他们主要是运用国家政权的力量，颁布法令、规定学校的办学宗旨以规范学校的政治方向；通过任免教育机构的领导人等从组织上保证教育的领导权；通过财政拨款等方式对教育实行有效控制；通过思想意识和文化传统的力量影响教育的发展方向。

掌握政权的统治阶级和政党也决定了谁能够拥有接受教育的权利。在决定教育为谁服务时，人们往往最关注教育公平与公正。政治上的不平等往往决定了教育机会的不平等。在不同的社会历史阶段，不同国家的人拥有受教育的权利是不同的。在我国，国家不仅在法律上规定全体国民享有同等的受教育权，而且也采取了多种措施，以保证适龄儿童和青少年具有同等的入学机会，最大限度地确保每个人享受公平、平等的教育机会。

（二）政治体制决定教育体制

政治体制是指一个国家的统治阶级治理国家的形式及与之相适应的政治、法律制度系统，而教育体制是指国家设立的教育机构体系和教育规范体系的组合，是一个国家教育机构与教育规范的结合体、统一体。国家的政治体制决定了教育体制和整个办学的方针与政策，对学校教育而言，主要表现为政治体制对教育管理体制的影响与制约。例如，实行中央集权制的国家，其教育一般由国家统一管理，而实行联邦制政权管理形式的国家，则多采用地方分权的管理形式。

（三）政治纲领决定教育方针与目的

政治纲领是一个国家或政党为了一定阶级的利益而制定的在一定时期内政治上的奋斗目标和行动方针，具有法律性质。它是一个国家政体的具体行动指南，是政治理想的具体化。教育目的是一个国家特定社会时期对受教育者的总要求，其性质主要是由掌握领导权的统治阶级的政治纲领所决定。政治纲领规定了教育事业的方向与目的。不同政治制度，不同时期，国家教育目的的指向不同。封建社会的教育目的是培养臣民，近代民主社会的教育目的是培养国民，现代社会教育的目的是培养公民。臣民、国民和公民分别具有不同的含义，体现了政治体制对教育目的的影响。一个国家的教育目的一般是由宪法规定的。我国的教育目的就是培养德、智、体、美、劳全面发展的社会主义建设者和接班人。

（四）政治制度决定学科的选择与设置

学科教育与社会政治关系紧密，除了基础学科外，不同政治制度的国家会根据具体的国情设置一些学科。我国将马克思主义理论设为一级学科，其下设置 5 个二级学科，即马克思主义基本原理、马克思主义发展史、马克思主义中国化研究、国外马克思主义研究、思想政治教育。为了加强信息安全，我国设置了网络安全学科。科学技术的飞速发展也促使我们考虑相关新兴学科的设置与建设，尤其是在高科技领域，诸如光刻机、芯片、操作系统、精密机床、航空钢材、高强度不锈钢、人工智能技术等领域。

三、学科教育对社会政治的基本作用

学科教育受到政治的影响和制约，同时它也发挥着巨大的政治功能，主要表现在维护社会政治稳定和促进社会政治变革等方面。

（一）教育具有维护社会政治稳定的功能

教育通过培养政治人才和具有一定政治素质的公民，维护社会政治稳定。

学校教育肩负着培养具有一定政治素养与能力的领导者和管理者的重任。我国古代教育家颜元曾指出："人才为政事之本，而学校尤为人才之本也。"隋唐时期建立的科举选士制度，一定程度上确保了封建传统政治。居于社会领导地位的人，普遍具有较高的学历。如英国历史上大多数首相都毕业于牛津、剑桥大学；在美国，多数高级政治领导人（包括总统、副总统、众议院议长、内阁成员、最高法院法官等）都毕业于哈佛、耶鲁、普林斯顿、麻省理工等名牌大学。

社会统治阶级不仅要为自己培养各级政治人才，而且要培养普通民众具备与其政治制度相符合的政治理想和观念，形成强大的民意基础。学校教育主要通过开设政治理论课、思想教育课，以及在相关学科中渗透有关政治教育、公民教育的内容，促进受教育者的政治化。例如：世界上许多国家的高等教育越来越重视通识教育课程设置，使学生在具备专业知识技能的同时，具有一定的政治、文化和科学素养，培养其较强的政治素质和社会责任感。

（二）教育具有促进社会政治变革的功能

从历史发展的进程来看，随着社会经济的发展与变革，社会政治也会发生相应的变化，而教育则发挥着促进社会政治变革的重要作用，主要表现在两个方面：

其一，教育的普及化与民主化促进社会政治的民主化进程。教育的普及化与民主化表明了社会政治的平等、民主与开放，是社会政治进步的重要标志，同时也是推进社会政治变革的动力。教育的大众化可以为更多的人提供各种发展机会，进而促进经济和社会的平等，推进整个社会民主政治的发展。广大人民群众没有一定的文化教育水平，是难以参与政治活动，行使对国家的管理权的。列宁在强调工农教育问题时曾经说过，"文盲是站在政治之外的"。在我国，要建设社会主义民主政治，真正实现人民当家作主的权利，也必须大力提高广大人民群众的文化教育水平。历史证明，文化和教育的落后正是产生政治上的偏激、盲从和专制的根源之一；而教育的兴旺发达，则是政治民主与进步的基础性条件。

其二，教育通过传播先进文化与弘扬优良道德促进社会政治变革。在现代社会，教育通过传播科学真理和先进文化，弘扬优良道德，形成正确的舆论，同时产生进步的政治观念，以促进社会的发展和进步。学校常常是形成政治舆论的重要场所，尤其是高等学校，是知识分子和青年聚集的地方，政治敏感性很强。从历史上看，许多政治事件常常从高等学校发端。如我国近代的"五四"运动等，最初都是由大学生组织、发起，最终发展成全社会的运动，并对政治产生了重要影响。高等学校是社会政治的晴雨表，对社会政治舆论的形成和传播起着推波助澜的作用，对推动社会政治文明建设具有重要作用。

四、正确处理学科教育与社会政治的关系

社会政治制约着学科教育的实施与发展，然而学科教育对社会政治具有反作用。学校教育必须正确认识与理解学科教育与社会政治的关系。

首先，学科教育为社会政治文明建设服务。学科教育要以促进社会政治文明建设为己任，传播先进的科学、技术、知识，促进科学技术进步；弘扬与传承优秀文化和社会主义核心价值观，不断促进社会的文明、民主、和谐与法治进程。

其次，学科教育要坚持发展学生的学科核心素养。发展与培养学生的学科核心素养，进而促进学生整个核心素养的生成与发展，是学科教育的本质属性。学科教育要在坚持其本质属性的同时，正确处理好社会政治的基本诉求，为社会培养各级各类人才，为实现中华民族伟大复兴的中国梦贡献力量。

还有，社会政治要为学科教育的实施创造宽松的条件。学科教育虽然受到社会政治等因素的制约，但教育具有相对的独立性和自身的规律性。因此，必须尊重教育规律，按教育规律办事。据此，社会政治要为学科教育的实施提供一个健康良好、动态适宜、持续改进的环境和条件，进而促进学科教育的可持续发展，使其不断发挥其应有的人才培养作用。

最后，学科教育要坚持培养"又红又专又博"的世界级人才。学科教育要为社会服务，为社会发展与进步培养人才。一方面，学科教育要坚持社会主义方向，全面贯彻国家的教育方针与政策，使教育有效地为社会主义现代化建设服务；另一方面，学科教育必须具有全球战略和世界眼光，要瞄准科技前沿，传播世界前沿知识，弘扬世界先进文化，培养世界级的一流人才，为推动人类世界文明进程做出应有的贡献。

第二节　学科教育与社会经济

教育作为一种社会现象，从它产生开始就不可避免地与人类的物质生产与生活联系在一起，在促进经济增长过程中起到重要作用。当今社会竞争十分激烈，国与国之间的竞争集中表现为经济实力的竞争，经济

实力的竞争又与人才素质紧密联系在一起，归根结底还是教育的竞争。当然，经济的发展也会促进教育的发展与完善。教育与经济是相辅相成、相互促进的关系。

一、社会经济制度与学科教育的关系

社会经济制度是政治制度和社会意识形态的基础，为政治和法律制度所保护，是划分不同社会形态的主要标准。从教育发展的历史趋势来看，教育的社会性质随着经济基础的变化而变化，在不同的经济制度下，教育的社会性质有所不同。经济基础制约着教育，同时教育又对经济基础具有反作用。

首先，所有制关系决定了教育的支配权。在人类社会中，一般支配了物质资料生产的阶层，也就支配了精神资料的生产。正如马克思所说：思想的历史除了证明精神生产随着物质生产的改造而改造，还证明了什么呢？任何一个时代的统治思想始终都不过是统治阶级的思想。[①]在生产资料和私有制的社会里，剥削阶级支配着物质资料的生产，同时也支配着教育权。而在生产资料公有制的社会里，教育由这个社会的全体成员来管理与支配。在阶级社会里，教育目的的确定、教育政策法令的颁布、教育行政官员任免、管理人员及教师任用，教育经费划拨等，都是统治阶级通过国家政权的力量来实现的。

其次，经济基础决定教育目的，而教育目的又影响其他教育因素。在整个教育体系中，教育目的在教育中居于核心地位，是教育性质的集中体现。教育目的完全体现着经济基础的要求，直接由经济基础所决定，同时也反映着社会生产和科学文化发展的水平。

再次，经济基础决定着受教育的权利。在原始社会，受教育权表现在原始状态上的机会均等。但在私有制的社会里，剥削阶级不仅占有绝大部分的劳动成果，而且也享有受教育的特权，被剥削阶级除了自己的劳动力外，没有或很少有其他财产，而且也没有充分的受教育权利。"权利永远不

---

① 中共中央马克思、恩格斯、列宁、斯大林著作编译局.马克思恩格斯选集(第1卷)
　　[M].北京：人民出版社，1972：270.

能超出社会的经济结构以及由经济结构所制约的社会的文化发展。"① 一定
的社会经济制度决定着一定的社会教育的社会性质，而一定的社会教育又
对一定的经济基础产生影响与作用。人不仅是生产力的主要因素，而且就
其现实意义上说它是社会关系的总和。② 在阶级社会中，统治阶级总是利用
教育为其培养经济制度所需要的人才以巩固和发展其经济基础，通过教育
可影响群众统一思想，统一社会意识，进而巩固经济基础。

总之，经济制度对教育具有制约作用，而教育对经济制度的巩固和发
展又具有反作用。研究与实施学科教育不能否认经济基础对教育的制约作
用，同时也必须重视教育的反作用，大力发展先进的教育以促进经济基础
的健康发展。

二、社会经济发展对学科教育的决定作用

社会经济是教育发展的物质基础，决定着教育的规模、结构、速度，乃
至学科教育的学科设置、教育内容选择、教育方法和技术，决定着整个学科
教育的实效。

（一）经济是学科教育发展的物质基础

首先，物质资料生产是人类社会存在和发展的基础，也是人类一切社
会活动与发展的基础。人类生产以外的社会活动，包括教育、文化、艺术、
体育、医疗卫生、政治等，都是物质资料生产发展到一定水平和阶段的产
物，并随着物质资料生产的发展而不断发展。经济发展可为教育发展提供
保障，诸如校舍、教室、实验室、运动场所、仪器设备、图书等物质资料。

经济是教育的基础，经济的发展为教育提供了条件。教育是培养人的
活动，是社会发展的重要表征。本质而言，教育是为了传递生产和社会生活
经验，属于一定意义的经济活动。从社会历史发展的观点来看，现代经济以

---

① 中共中央马克思、恩格斯、列宁、斯大林著作编译局. 马克思恩格斯选集（第 3 卷）
　　［M］. 北京：人民出版社，1972：12.

② 孙喜亭. 教育原理［M］. 北京：北京师范大学出版社，2003：84.

社会化大生产为基础,而学科教育正是与现代经济相适应的现代学校教育。

(二)经济决定学科教育的制度与体制

经济制度是社会发展到一定阶段的社会生产关系的总和,是一个国家一定历史阶段的基本经济关系或财产关系。教育制度是指一个国家各级各类教育机构与组织的体系及其管理规则,包括相互联系的两个方面:一是各级各类教育机构和组织的体系,二是教育机构与组织体系赖以存在和运行的一整套规则。教育基本制度由经济制度和政治制度决定,表明了教育权由谁掌握和教育为谁服务,体现了教育的社会性质。经济关系是人们各种关系中最基本的关系,教育关系由经济关系所决定。经济制度对教育基本制度的决定关系不是直接的,而是由经济制度所决定的政治制度来直接决定。在阶级社会中,教育制度具有鲜明的阶级性,在政治上掌握政治权力、在经济上掌握生产资料的统治阶级控制着教育的权力,并使教育为其政治和经济统治服务。

(三)经济决定学科教育的整体水平

从现代经济与现代学科教育的关系来看,经济决定教育的整体水平,诸如教育规模、结构与发展速度。教育规模,指各级学校教育的发展程度与水平以及受教育者的人数和义务教育的普及与能力。教育结构,指教育的类别与层级构成状况。教育发展速度,指各级各类教育与受教育者的增长率和发展水平。社会经济总量规模越大,对教育规模的需求越大;社会经济技术发展水平越高,对教育的结构需求也越高。学科教育的整体水平受教育供给制约,其发展结构、速度、规模乃至学科设置,最终还是由教育供给所决定。可见,社会可能为教育提供的资源,是学科教育发展的条件与基础。

(四)经济决定学科教育的内容与方法

现代教育的基本内容是人类不断认识与探索自然界和社会的成果结

晶。这些成果结晶生成了自然科学、技术科学、人文科学和社会科学等知识体系。为了便于学习、把握与运用，人们又将这些科学知识划分成不同学科，进而产生了不同学科知识的教育。然而，学科教育的基本内容体现在课程设置和教材之中。社会经济发展为科学发展提供了必要的资源，科学的内容又是人类社会生产和社会生活经验的理论形态。因而，经济发展决定着教育内容、教育方法等。社会经济和科学处在发展变革之中，教学内容和方法也必须不断调整和革新，以使教育所培养的劳动力能够适应现代和未来社会发展需要。可见，随着经济发展水平的不断提高，教育内容会不断完善，教育方法与技术也会不断提升。

三、学科教育对经济发展的推动作用

教育对经济发展的作用，是教育经济学的重要内容。随着经济的不断发展，经济增长的各种因素也处在不断发展变化之中，新的因素不断产生，教育的作用也不断加强。教育作为一种经济增长的促进因素，特别是以学科教育为主要内容的现代学校教育，会越来越成为不断促进经济增长的基础因素。

（一）学科教育对劳动生产率的作用

劳动生产率，指劳动者在一定时期内创造的劳动成果与其相适应的劳动消耗量的比值。劳动生产率水平可以用同一劳动在单位时间内生产某种产品的数量来表示，单位时间内生产的产品数量越多，劳动生产率就越高；也可以用生产单位产品所耗费的劳动时间来表示，生产单位产品所需要的劳动时间越少，劳动生产率就越高。劳动生产率的提高，意味着活劳动或物化劳动的节约或单位劳动消耗产出的增加，因而是生产发展和经济增长的决定条件。随着科学技术的迅猛发展，特别是人工智能时代的到来，劳动者的层次与类型也在不断发生变化。现代社会的经济生产对劳动者的素质要求不断提高。学科教育正是通过将知识形态的生产力转化成现实的生产力，提高现有劳动者的素质来实现对经济增长的促进作用。学科教育通过传授知识、发展能力、养成品格、学会方法等来提高劳动者的素质，从而缩短社会生产的平均必要劳动时间，实现较大的经济效益。我国在"科教兴国""人才强国"和实现中华民族伟大复兴战略的指引下，经过几十年的努力已发展成为世界第二经济体。

（二）学科教育对科学技术发展的作用

在现代社会中，科学技术是现代经济增长的决定因素。科学技术是人类征服和改造自然的精神力量，当科学技术应用于生产，转化为现实生产力时，便物化为生产工具来扩大劳动对象的范围，改变与提高劳动对象的品质，提升劳动者的知识与技能，从而创造出更高的劳动生产率和社会效益。学科教育作为科学技术进步的基础，在经济增长中的作用也日益凸显。

首先，教育能促进科技大规模而有效的传播。学校教育是有目的、有计划、有组织地指导与帮助学生获取知识、生成能力、养成品格、学会方法的场所，受教育者在教师的指导下可高效、高质、大规模地增长知识与能力。其次，教育是科学技术转化为现实生产力的重要途径。现代教育，特别是学科教育以传授一定技术基础理论和知识技能为主，以应用为目的，使得科学技术更高效地转化为现实的生产力。再次，学科教育是科学技术研究与获取的重要途径。科技的创生、发明是科学技术的生产过程，而科学技术的传递、传播、学习与掌握则是科学技术再生产的过程。学科教育不仅要传递和传播科学技术，而且要从事科学与技术的生产与创造。还有，学科教育培养了大批的科技创造者，他们是科学技术发展的直接决定条件。学科教育的发展能够加速科学技术的发展，通过教育提高劳动者素质和技术水平可以加速生产技术的更新，从而促进经济的持续发展。

（三）学科教育对管理工作的作用

学科教育的发展有利于提高经济治理与管理水平。管理是人类共同劳动、共同活动的产物。现代社会，管理及管理科学得到了空前的重视与发展，国民经济的宏观管理与微观管理，已成为经济增长和发展的重要条件与前提。现代管理、科学技术、教育被认为是推动经济增长的新的三大支柱。管理与决策水平的高低，主要取决于管理思想、管理组织、管理手段与方法，最终取决于管理和决策者的素质和水平。教育通过提高管理队伍的文化教育水平和管理科学水平，进而提高管理与决策水平。由于现代管理已经不是经验型管理，而是科学型管理，管理者除了要具有丰富的管理实践经验外，还必须接受系统的管理科学教育与培训。

（四）学科教育对人口素质的作用

人口的数量和质量，是影响经济增长的重要因素。教育对提高人口质量的作用显而易见，人口文化素质的提升主要是通过教育实现的。一般而言，生产力的发展水平对人所提出的要求必然制约着教育目的的制定。在现代信息社会，随着人工智能时代的到来，教育在经济发展中扮演的角色越来越重要，发挥的作用越来越大。

首先，教育可以控制人口数量。教育可以改变人们的生育观念和生育选择。一方面，人的受教育程度越高，对人口数量的认识越趋于理性；另一方面，女性就业机会增多也对优生优育和人口控制起到一定的作用。

其次，教育可以优化人口结构。通过教育可以使人口的年龄与结构保持相对科学、稳定的状态，可以提高社会人口中熟练劳动力的比重，促进社会阶层间的合理流动。

最后，教育可以提高人口的质量。教育可以使人确立优生优育的生育观、科学的人口发展观和人口战略观。受过教育的父母，会对子女的身体素质、文化素质、道德素养、国际视野等有着较高的要求，进而有助于人口素质质量的提升。

总之，学科教育受社会经济发展制约，同时又对社会发展具有反作用。因此，在处理学科教育与社会发展关系时，既要重视学科教育的外在价值，也要重视其内在价值。

第三节　学科教育与社会文化

教育是文化中的一个要素，是文化传承的手段，是实现人类生命从生物存在向文化存在转化的桥梁和纽带。然而，文化在教育发展中具有重要作用，它必须适应其所处的文化并随着文化的时代嬗变而进行相应的改变。学科教育是教育的主要组成部分，是构成文化的要素，与社会文化的关系十分紧密。

一、文化的基本概念与内涵

关于文化，英国人类学家泰勒（Edward Burnett Tylor）认为："文化，或文明，就其广泛的民族学意义来说，是包括全部的知识、信仰、艺术、道德、法律、风俗以及作为社会成员的人所掌握和接受的任何其他的才能和习惯的复合体。"[①] 该定义把文化解释成了一个无所不包的系统，囊括了人类自身和与人类相关的人化世界的所有方面。《辞海》将"文化"解释为："广义指人类在社会实践过程中所获得的物质、精神的生产能力和创造的物质、精神财富的总和。狭义指精神生产能力和精神产品，包括一切社会意识形式：自然科学、技术科学、社会意识形态。"[②] 显然，《辞海》是从内部构成要素的角度对"文化"进行解释。也有学者认为："文化是人类经历的全部事物。首先，文化是人化的结果，是人类为了满足生存需要，运用了意识、思维和想象去发现、解释和创造的事物，是人为改变了事物的自然状态的结果。动物界和自然界的一切事物不是文化。其次，文化是历史性存在，来自过去，影响现在，指引未来。从人类诞生开始，文化在人类整个生命历程中不断积淀，人是文化的创造者，也是文化的经历者。再次，文化是无所不包的集合，在形态上包括物质的、精神的和情感的，在性质上包括精华的和糟粕的。不同时代、不同社会对精华和糟粕的区分标准有差异。"[③]

关于文化的结构，最具代表性的理论是马林诺夫斯基（Bronislaw

① 泰勒.原始文化：神话、哲学、宗教、语言、艺术和习俗发展之研究[M].连树声，译.桂林：广西师范大学出版社，2005：1.

② 夏征农，陈至立.辞海（第六版彩图本）[Z].上海：上海辞书出版社，2009：2379.

③ 刘冲，巴登尼玛.文化、社会与教育的关系[J].当代教育与文化，2019，11（6）：14-22.

Kasper Malinowski）提出的"文化三因子"说。该学说认为，文化有三个结构事实和八个功能方面。三个事实是物质底层、社会组织和语言（精神生活）；八个方面是经济、教育、政治、法律与秩序、知识、巫术宗教、艺术、娱乐。[①] 受该学说启发，文化常被分为物质文化、制度文化和精神文化三部分。物质文化主要是满足人类生存所需的物质成果，制度文化主要是人与人之间的组织规则和机构，精神文化是文化群体内部共同信奉的观念和思维方式等内容。然而，"三因子"与文化内容之间的对应关系是否能够清楚区分？例如"政治"包含意识形态、政府组织、上层建筑等内容，那么"政治"究竟属于精神文化、制度文化还是物质文化？"三因子"说可以解释文化的主要形态，但在全面把握文化的结构方面却是远远不够的。

理解学科教育与社会文化的关系需要准确揭示文化的结构。把握文化的结构要考虑四个问题：第一，文化是人类特有的，其结构之中一定含有把人类与其他物种区分开来的根本特质；第二，文化是在人类诞生至今数百万年的种种经历中不断积淀的，其结构之中一定含有一种保护机制，确保经历持续不间断；第三，文化包含了与人类生命相关的全部，其结构之中一定有供人类辨别这些东西合理性的标准体系；第四，文化是一系列有迹可循的事件和有形可察的物件，是人类行动的证据。区分人类与其他物种的根本特质是人类的观念与思想，人类文化的保护机制是制度与机构，人类辨别事物合理性的标准是价值与判断，可见的文化事件是符号与行为。概而言之，观念与思想、制度与机构、价值与判断、符号与行为是文化的四大结构要素。文化的完整性首先取决于四大要素层次结构的稳定性。保证文化结构稳定性的关键是牢牢把握文化的原点——生命尊严。文化是以生命尊严为核心，以观念与思想、价值与判断、符号与行为、制度与机构为要素次第展开的层次结构。几个层次犹如大树年轮，可称"文化之轮"，如图 3-3-1 所示。[②]

---

① 马林诺斯基.文化论[M].费孝通，等，译.上海：商务印书馆，1947：80.

② 刘冲，巴登尼玛.文化、社会与教育的关系[J].当代教育与文化，2019，11（6）：14-22.

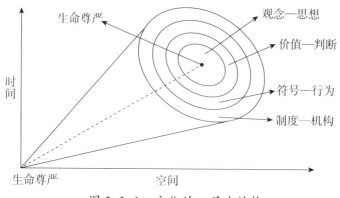

图 3-3-1　文化的四层次结构

二、学科教育与社会文化的关系

学科教育与社会文化是什么关系，美国教育史家伯茨（R. Freeman Butts）在其《西方教育文化史》（*A Culture History of Western Education*）中认为，教育（包括学校教育与非学校教育）是人类文化的一部分，并将教育史界说为教育文化史。教育受文化影响，反过来又影响着文化。所谓文化是人类政治、经济、社会与宗教组织赖以生存的母体；文化还指人们处世所秉持的信仰、思想观念和理想。文化是人类的活动，广义地说，是文化形成了人。一切文化都是"教育"的结果，无论是有意还是无意的。摆在教育史家面前的任务，是如何将学校教育和社会上一切非学校机构的教育予以文化意义上的整合。[①]

社会文化是教育的基本内容，而教育也必须适应其所处的文化并随着文化的时代嬗变而进行相应的改变。现代学科教育如何适应当前文化形态及其嬗变是一个值得所有教育研究者认真关注的课题。某种意义而言，教育是人类社会更替与延续的方式与活动，而文化则是人类社会所特有的现象和表征。正如雷蒙德·威廉姆斯（Raymond Williams）所言："如果说'文化'是语言中最为复杂、最难以把握的一个词汇，那'教育'或许就是另两三个为数不多的最为复杂的词汇之一。如果'文化'在不同的情形下可以将其分别理解为某种"生活方式"、某种精神的教化或某种学得的行为，那

---

① 杜成宪, 邓明言. 教育史学［M］. 北京: 人民教育出版社, 2004: 389—390.

么很明显，'文化'及'教育'这两个词在语义内核上就有诸多共享之处。"①因此，文化的内在本质天然具有教育的意义和功能，二者之间存在相当丰富、极为复杂的作用与反作用关系。

社会文化与学科教育是一种双向关系，不过文化之于教育的影响要超过教育之于文化的影响。无论是从教育者的教育价值的追求、教育目的的抉择、教育政策的制定、教育手段的遴选，教育风格的形成及评价模式的选择与建构来考证，还是从受教育者的学习动机、行为习惯、认知模式、成就意识等来观察，文化都在不同层面施加直接或间接的影响。但文化如何能够更好地发挥其教育效应，其前提则是需要对当前文化形态有清醒的认识和定位。②文化不是总处于一种静止的状态，随着人类社会的变迁，文化模式及形态也会随之变化。一般来说，一个社会的文化根基或文化传统是相对稳定的，但只要社会在发展变化，文化嬗变就不可避免，而作为与文化"在语义内核上具有诸多共享之处"的教育也必须要做出及时的应变以适应或创新现有文化。③

三、学科教育与社会文化的相互作用

影响学科教育的因素很多，有政治的、经济的、文化的、人口的、科学技术的等多种因素，其中文化对教育的影响与作用独具特色：一方面，社会文化制约着学科教育的发展，特别是对教育结构、教育理念、教育过程、教育者与受教育的地位与关系等产生制约作用；另一方面，学科教育对社会文化具有反作用，即科学的学科教育对文化发展具有促进作用，反之具有阻碍作用。

（一）社会文化制约学科教育的发展

一般而言，制约与影响教育的因素，往往都是通过文化发生作用的。文

① SOETAERT R, MOTTART A, VERDOODT I. Culture and pedagogy in teacher education [J].The Review of Education, Pedagogy, and Cultural Studies, 2004 (26): 155-174.
②③ 冯青来.新时期教育与文化的关系之论纲[J].湖北社会科学，2009（5）：163-166.

化对学科教育的影响是直接的。比如，我们可以将某一种思想、观念、认识、科技成果等直接转化为教学内容。教学内容的取舍并不完全受国家经济实力、政治制度等因素制约，但与文化发展却有直接关系。文化本身就具有强大的教育功能，一个人呱呱坠地融入家庭（微型社会），到进入学校（小型社会）接受教育，再到走向工作岗位（大型社会）从事工作，无不被特定的文化所熏陶、浸润。其实，教育的结果特别是品德或人格的形成是与特定的文化直接相关的。在这种意义上，我们才能全面地理解"人的本质并不是单个人的固有的抽象物。在其现实性上，它是一切社会关系的总和"的命题。①譬如，不同国家与地区的人的起居与饮食、言谈与举止、自信与自卑、勇敢与怯弱、喜怒与哀乐等行为方式与情感，为何不同呢？可以说很大程度上是不同的文化使然。

作为社会文化对学科教育的影响，最为直接的就是学校课程内容。自然学科、人文学科等都属于文化，伦理道德等内容的教学也是社会价值的一种界定和追求，本质上也属于文化。我们通常说的"校园文化"，如学校秩序、学习环境、师生关系、师生精神状态、仪表服饰、言谈举止、对学生的感情态度等都是一种潜在的、稳定的、持续的教育因素，对学生的品德或人格形成具有重要影响。社会文化制约学科教育的发展，具体而言主要表现在五个方面。

第一，社会文化影响着学科教育的价值取向。价值观是文化的核心，它决定着人们的价值取向与行为取向，因而影响着教育的价值取向。社会文化对教育价值取向的制约作用非常明显，它影响着教育目的、教育内容、教育方法，以及师生的角色定位与关系等。

第二，社会文化影响学科教育目的的确立。学科教育目的的确立往往受到社会文化的影响。譬如，在中国古代，社会的主流文化以儒学为核心，教育的目的强调"在明明德，在亲民，在止于至善"；而在古希腊时期，人们崇尚知识和理性，教育的目的则是培养哲学王。

第三，社会文化影响学科教育内容的选择。不同时期和不同国家与民族的文化影响着教育内容的选择。譬如，西方国家强调创新教育，强调自由、民主、理性的教育。我国传统教育活动则是以社会道德及伦理规范为蓝本来塑造受教育者的思维模式与行动方式。

---

① 孙喜亭.教育原理[M].北京：北京师范大学出版社，2003：92.

第四，社会文化影响学科教育教学方法的使用。不同的文化影响着人们对知识及其来源与知识的生成机制的认识，也影响着人们对师生角色关系的认识，由此影响着人们对教育教学方法的理解与选择。西方文化突出个人本位，因而在教育中倡导个性张扬，在教育教学上强调自主探索与研究性学习；东方文化突出社会本位，因而在教育中倡导谦虚谨慎，在教育教学上强调循规蹈矩和教师的作用。

第五，社会文化本身也是一种教育力量与元素。在人类社会特定时空中的文化构成了特定的文化环境、文化氛围，对人们会产生潜移默化的作用；一定社会的文化会以不同的方式影响着学校文化，进而对学科教育活动产生影响，发生作用。

（二）学科教育对社会文化具有促进作用

从广义来说，文化是人类在社会发展过程中创造的物质财富和精神财富的总和。从狭义来讲，文化是指社会意识形式以及与之相适应的制度和组织机构等。从整个文化系统来看，教育只不过是文化的一个元素，或者说教育是根据一定社会占统治地位阶级的价值而设计和创建的一种文化形式和文化行为。社会文化对教育的支配与影响是直接的，全方位的。教育对文化的发展也具有一定的反作用，良好的教育具有积极的能动作用，它传递、传播的是先进和科学的文化，弘扬的是正能量，进而促进社会文化的健康发展，反之不良的教育，则阻碍良好社会文化的形成与发展。我们常常以教育发展状况来衡量一个国家或地方的文化水平。因此，要实施科学、健康、良好的教育，推动整个社会文化的发展。

第一，学科教育具有传递与保存文化的功能。一定程度而言，社会文化通过教育的方式得以延续和发展。学科教育通过培养人来传承人类积累的文化，为特定社会服务，实现个体的社会化，这就决定了学校教育必须按照社会需要和人的身心发展需要来选择教育内容，实现文化的保存和延续。

第二，学科教育具有传播与交流文化的功能。学科教育的文化传播是将文化从一个时代向另一个时代延续，从一个区域向另一个区域扩散，是文化在时间与空间上的流动与发展。其方式主要是通过学科教育在国与国、地区与地区、学校与学校，乃至人与人之间进行的时代性或跨时代的交往与传播。

第三，学科教育具有选择与提升文化的功能。学科教育对文化的选择与提升功能主要表现在：一是根据统治阶级的意愿进行文化选择；二是根据培养人的客观规律进行文化选择；三是按照一定的标准进行文化选择；四是通过其他途径进行文化选择，如根据培养目标、课程标准、教材、教育过程、教师群体及学校的各种制度等进行文化选择与传承。

第四，学科教育具有创造与更新文化的功能。教育对于文化的更新和创造作用主要表现在以下三个方面：一是教育为社会文化的更新与发展提供具有创造活力的人才，并通过他们去推动文化，特别是本民族的科学技术、文学、艺术及整个社会意识的发展；二是教育有意识地选择文化并将选择后的文化确定为教育内容，使得文化具有更强的生命力并得以延续；三是教育能够带来广泛的文化交流，使得原生文化与外来文化、本土文化与异族文化得到交融与优化，进而激发文化创新的生机和动力。

总之，学科教育是文化中的一个要素，良好先进的学科教育对社会文化的传承发展具有重要的促进作用。一个国家的教育水平越高，其文化水平和社会文明程度就越高，这确切反映了学科教育对社会文化的正向促进作用。

第四节　学科教育的相对独立性与继承性

在研究学科教育与社会关系时，我们既要看到社会政治、经济、文化等因素对学科教育的影响与制约作用，还要看到学科教育对社会政治、经济、文化等因素的反作用。同时，还必须认识到学科教育的相对独立性和历史继承性。

一、学科教育发展的独立性

首先，学科教育具有自身的规定性。学科教育是有意识地向受教育者传递社会经验以培养人的学科核心素养的社会实践活动，是一种知识转化与能力生成的活动过程。学科教育要解决的问题是把人类积累的生产斗争经验和社会生活经验转化为受教育者个体的精神财富,指导与帮助个体生成与发展与社会相适应的素质,这是学科教育所独有的特点。

学科教育受一定社会的政治经济等因素的制约,但学科教育作为一种培养人的社会活动,又具有相对独立性。作为观念形态的教育一经产生,就以一定的形式表现出来。就是说,某种教育思想一经产生,就具有脱离个人而存在的相对独立性。人们在认识和改造客观世界的过程中,并不倾向于从始点开始,而是以过去认识获得的成功经验为前提,并结合实际以实现认识的连续性。正如恩格斯所言:每一时代的哲学作为分工的一个特定的领域,都具有由它的先驱传给它而它便由此出发的特定的思想材料作为前提。[①] 学科教育的发展和其他意识的形成与发展同样是以先驱者传给的特定的现有资料为前提的。这一前提是教育的思想和在教育过程中长期形成的特定模式(如学制、教学形式、教育经验等)。这些先驱们留下的特定材料,尽管是根据当时社会的需要进行选择或继承的,但终究是一种带有鲜明发展历程烙印的教育形态。这就是为何同一社会政治制度下的教育具有不同的特色,一种教育在经济变革的不同时期内,仍具有许多相同性的原因所在。

其次,学科教育具有与政治经济制度和生产力发展的不平衡性。一般来说,学科教育的发展依存于社会存在的发展,但有时学科教育会超前或落后于社会存在。认识到教育发展与经济发展并不完全同步,我们就可以自觉地去了解社会物质发展的趋势,不断地改革教育中不符合社会发展的内容。学科教育与政治经济制度和生产力的发展不完全同步主要有两种情况:一是人们的思想意识往往落后于社会存在,学科教育的思想和内容也往往落后于政治经济制度和生产力的发展;二是根据社会发展的基本规律和趋势,学科教育的发展要受到政治、经济制度等各种因素的制约,也可能出现新的教育思想、教育内容。这些作为观念形态的教育(包括教育思想、教育科学、教育制度等)并不是社会存在之外的某种独立的实体,而是社会物质生活的反映。认识学科教育的相对独立性,对我们理解学科教育发展及教育的社会作用,具有理论与实践意义。

---

① 中共中央马克思、恩格斯、列宁、斯大林著作编译局. 马克思恩格斯选集(第 4 卷)
　　[M]. 北京: 人民出版社, 2012: 612.

二、学科教育发展的继承性

承认学科教育发展的相对独立性，就必然承认学科教育发展的继承性。任何教育都具有历史继承性，是本民族传统的继承与发展。不同民族的教育会表现出不同的传统和特点。学科教育的继承性表现在学科教育内容的继承上，包括自然科学知识、语言文字等，凡是人类在历史进程中认识客观世界的科学成果，都会根据不同的要求构成教育内容。比如，现代学校教育的模式，不仅反映了当今现实的要求，而且也保留着历史上许多合理的内容。人们在教育实践中所揭示的教育的客观规律，并不受时代和阶级的局限。学科教育的继承性是教育的基本属性。

学科教育具有继承性，否认这一点就会曲解教育。实施学科教育，对旧有的文化不应是摧毁、彻底的否定，而应是实行继承性的改造，是扬弃，是去其糟粕，取其精华。当然我们讲教育的独立性，毕竟是相对的。唯物史观既反对抹杀社会意识相对独立性的形而上学的机械论，又反对无限夸大这种独立性的历史唯心主义。①

---

① 孙喜亭.教育原理[M].北京：北京师范大学出版社，2003：101.

第四章　学科教育的目的与价值

实施学科教育，必须明确学科教育目的，把握学科教育目的的基本观点及其历史嬗变；必须从教育价值与教育价值观入手，正确认识学科教育的基本价值，把握学科教育价值观的多元取向；正确认识学科教育在人的发展中的作用；正确理解与认识遗传素质、环境因素在人的发展中的作用，更好地发挥学科教育中人的主观能动性。

第一节　学科教育的目的

实施学科教育需要从教育目的入手，了解关于教育目的的不同观点、教育目的的内涵及其历史嬗变，有助于形成对学科教育理性、科学的认识。

一、教育目的及其历史嬗变

一般认为教育目的有广义和狭义之分。广义的教育目的是指人们对一切教育要达到的结果的一种期望，即人们对受教育者在接受教育后所产生的结果和所发生的积极变化的期望。狭义的教育目的主要指学校教育目的。《中国大百科全书·教育》中把教育目的界定为，把受教育者培养成为一定社会需要的人的要求。教育目的是根据一定社会的政治、经济、生产、文化科学技术发展的要求和受教育者身心发展的状况确定的。它反映了一定社会对受教育者的要求，是教育工作的出发点和最终目标，也是确定教育内容、选择教育方法、检查和评价教育效果的根据。教育目的是人们在观念上、思想上对教育活动结果的预设，以及借助一定教育手段，通过一定教育途径去达到某种结果的设计。人的活动总是有目的的，人在做某件事情之前，在头脑中会对期待的结果有所预设。正如马克思所说："蜘蛛的活动与织工的活动相似，蜜蜂建筑蜂房的本领使人间许多建筑师感到惭愧。但是，最蹩脚的建筑师从一开始就比最灵巧的蜜蜂高明的地方，是他在用蜂蜡建筑蜂房以前，已经在自己的头脑中把它建成了。劳动过程结束时得到的结果，在这个过程开始时就已经在劳动者的表象中存在着，即已经观念地存在着。"① 所以，教育目的，可以说是对教育活动结果的一种设计，决定着教育实践的方式和手段。教育目的实际是人们对教育对象的要求在意识中的反映，是在思想中对教育对象所作的一种预设。教育目的所研究的是目的的确定以及实现目的的序列化的程序与布局。

教育目的与教育价值观有着密切的联系。教育价值是人们对教育功效及有用性的追求和评价，价值观不同，教育目的往往不同。教育价值观受教育哲学观的影响，因而社会客观需要并不直接决定教育目的，而是通过教育价值取向的选择再确定教育目的。

教育目的随着社会的发展而发展。在中国古代，夏、商、周时期的学校教育皆以"明人伦"为目的。到了封建社会，由于儒家教育思想居于统治地位，学校教育的目的在于"化民成俗"，"在明明德，在亲民，在止于至善"，在于"格物、致知、诚意、正心、修身、齐家、治国、平天下"，培养"建国君民"的统治人才。到了近代，伴随着教育改革，清政府学部于1906年正式规定"忠君、尊孔、尚公、尚武、尚实"的教育目的，这也反映了"中学为体、西学为用"社会思潮。1912年，南京临时政府教育部公布了"注重道德教育，以实利教育、军国民教育辅之，更以美感教育完成其道德"的教育宗旨。1929年，国民政府颁布了"三民主义"教育宗旨。

《中华人民共和国宪法》中规定："国家培养青年、少年、儿童在品德、智力、体质等方面全面发展。"1985年，《中共中央关于教育体制改革的决定》中强调培养"四有新人"。1993年，中共中央、国务院颁布《中国教育改革和发展纲要》，强调培养德、智、体全面发展的建设者和接班人。1999年，《中共中央、国务院关于深化教育改革全面推进素质教育的决定》中强调，以培养学生的创新精神和实践能力为重点，造就有理想、有道德、有文

---

① 中共中央马克思、恩格斯、列宁、斯大林著作编译局.马克思恩格斯选集（第23卷）[M].北京：人民出版社，1972：202.

化、有纪律的德、智、体、美等全面发展的社会主义事业的建设者和接班人。2019年7月，中共中央、国务院颁布《关于深化教育教学改革全面提高义务教育质量的意见》，进一步明确了坚持"五育"并举，全面发展素质教育，培养德智体美劳全面发展的社会主义建设者和接班人。

在西方国家，古代与中世纪的教育目的多种多样。在古代斯巴达，国家至高无上，尊崇教育目的的国家本位论，教育是为了培养无条件效忠国家的武士。在古希腊城邦国家雅典，它所要培养的是身心和谐发展的人，同时也要能献身于国家的人。在古罗马的共和政体时代，他们的教育目的是培养无论在平时还是战争时期都能遵纪守法、安邦保国、坚毅刚强、有实践力的"善人"。到了帝政时代，教育目的反映了安定的社会生活，要求培养的是"辩论家"，也就是学识渊博、人格高雅的有教养的人。中世纪，由于受到基督教的影响，很多西方国家教育的目的是培养虔信上帝、怜悯邻人的宗教人士。在文艺复兴时期，教育的目的是培养掌握丰富的人文古典学问和有教养的富有活力的人。到了十七、十八世纪，专制主义国家期望培养的是顺从的臣民。十八世纪中叶以后，资产阶级的社会地位不断提高，开始强调个人主义和自由主义，培养的是有独立自尊的自由人。从十九世纪后半叶到第一次世界大战期间，英、法、美等国从人格尊严与国家利益需要出发，主张教育的目的应弘扬自由、民主、理性、人权。第二次世界大战前，德、意、日法西斯主义占了上风，这时便出现了极权主义的教育目的，教育实质是培养向外侵略的工具。二战后，英、美等国家在"自由民主主义的原则下"，开始培养"能够使个人的尊严与独立，同国家、社会的稳定与繁荣相互协调、并存的人"。

从教育目的的历史嬗变不难看出，教育目的随着时代与社会的发展而变化，受到社会发展的制约。

二、关于学科教育目的的基本观点

从教育发展的历史来看，教育目的具有多样性，从根本上来说，是由人们的哲学观、价值观的不同而导致的。在众多的教育目的论中，主要有四种基本类型。

（一）人本主义的教育目的论

人本主义的教育目的论强调以人为中心，也有人称为"自由主义教育目的观"，或"人本中心教育目的观"。根据个人发展的需要确定教育目的和进行教育的理论，最早的提倡者是古代希腊的智者派。他们否定一切社会制度的权威，反对社会的束缚，强调个人的自由权利，认为人是万物的尺度，主张教育的根本不在于谋求国家的利益和社会的发展，而在于发展人的个性，个人价值高于社会价值。人本主义的教育目的论，强调尊重和爱护儿童善良的天性，让儿童摆脱社会制度的束缚和社会偏见及恶习的影响，自然地、自由地成长。瑞士教育家裴斯泰洛齐把着眼点放在受教育的个人身上，强调个人的和谐发展。他认为，教育的目的在于依照自然法则全面地、和谐地发展人的一切天赋力量。康德也从人出发，提出教育的目的是把人培养成真正的人。他认为，教育的任务是充分发展人的自然禀赋，使人人都实现自身目的，都得到自我完善。他还认为，所谓未熟，是指无他人的指导便不会使用自己的悟性。若这种未熟的原因并非由于缺乏悟性，而是无他人指导缺乏使用悟性的决心和勇气，那么这种未熟是自己的责任。人本主义教育目的论的主要代表人物有亚里士多德、夸美纽斯、卢梭、裴斯泰洛齐、康德、罗杰斯、马斯洛、加缪、萨特、福禄贝尔、蒙台梭利等。

（二）社会本位的教育目的论

社会本位的教育目的论，也被称为以社会为中心的教育目的论，或社会本体的教育目的论，或社会中心的教育目的论。社会本位的教育目的论认为，个人的发展依赖于社会，受社会制约。真正的个人是不存在的，只有人类才存在；人之所以为人，只因他生活于群体之中，参与社会生活。人的身心发展的各个方面都靠社会提供营养，人的一切都从社会中来。教育的目的就是使个人社会化。个人不过是教育的原料，不具有任何决定教育目的的价值。教育的目的应使个人适应社会生活，成为公民，为社会做贡献。教育过程就是把社会的价值观念或集体意识强加于个人，把儿童从不具有社会特征的人改造成为具有社会品质的人。柏拉图从理想目的构想出发，认为教育是实现理想社会的手段。教育可以促使未来的统治者获得真知，以洞察他所理想的"善的王国"。持该观点的主要代表人物有赫尔巴特、柏拉图、孔德、涂尔干、斯宾塞、凯兴斯泰纳、巴格莱等。社会本位的教育目的论的极端形式是"国家本位的教育论"或"国家主义本位的教育目的论"，代表人物主要有法国唯物主义者拉夏洛泰、德国的费希特、意大利的秦梯利等。

（三）文化本位的教育目的论

文化本位的教育目的论，又称文化中心教育目的论，或"以文化为中心的教育目的论"。文化本位的教育目的论，强调教育应围绕文化的范畴来进行，要用文化来统筹教育、社会、人三者之间的关系，唤醒人的意识，使其具有自动追求理想目标价值的意志，并使文化有所创造，形成与发展新的文化。德国哲学家、教育学家、心理学家斯普朗格（Eduard Spranger）认为，教育的最终目的不是传授已有的东西，而是要把人的创造的力量诱导出来，将生命感、价值感唤醒。这种教育目的是培养有丰富教养，能在大变革的时代中，不失本质因素和永恒因素的人，主要代表人物有德国哲学家、历史学家、心理学家与社会学家威廉·狄尔泰（Wilhelm Dilthey）等。不同的目的论源于不同的哲学观及社会利益的追求，应遵循历史发展的辩证法，做出科学评价，不可简单化。

（四）教育无目的论

教育无目的论认为教育无目的，否认教育是人们根据一定的价值追求，对教育对象进行的有目的的培养活动。杜威认为，生活、生长和经验改造是循序渐进的积极发展过程，教育目的就存在于过程中。他认为，生长的目的是获得更多和更好的生长，教育的目的就是获得更多和更好的教育。教育并不在其本身之外附加什么目的，真正的目的乃是儿童所能预见的奋斗目标，它能使他们尽心竭力地观察形势，耐心细致地寻求成功，专心致志地钻研学习。儿童一步步向前迈进，便一步步获得进步，做到"教育随时都是自己的报酬"。当然，这种令人全力以赴的目的，是受教育的儿童在实际活动中切实感受到的，并对儿童的行动起着引导作用。否则，硬要天真活泼的儿童依附或屈从各种遥远的、渺茫的外加目的，等于将儿童置于毫无实际意义的链条上去折磨他们。他认为，生长和生活是无止境的，因而也无最后目的；儿童和青少年在扩充、提高、更新、重组的过程中逐步成长为社会的合格成员。其实，在杜威心目中教育并非无目的，教育的目的是"民主的生活方式"和"科学的思想方法"。在他看来，个人经验的不断扩大、不断积累是教育过程，同时又是教育目的，他认为，教育过程在它本身以外无目的，主张教育是发展，不服从于任何目的，它就是目的本身。

三、学科教育目的的理性认识

教育伴随着人类社会的产生而产生，发展而发展。人类社会发展到一定程度产生了学校，便有了学校教育。我们今天提出的实施核心素养教育，就要求教育既要满足社会发展的需要，又要满足个人的需要。在学生离开学校走上社会之后，所学的内容同时满足个人和社会的需要，这样的教育目的体现了个人本位的教育目的论和社会本位的教育目的论的有机统一。

"目的"是对行为结果的预设。不同时代、不同国度、不同阶层对教育目的的理解与认识不同。我国把教育目的作为指令性的教育工作方针，认为教育目的一经权力机构确立，在相当长的时期里就成了基本宗旨，对"教育目的"的研究也变成了对成文的解释。[①] 统一规定的教育目的多数是对外在教育目的的规定，而实际的教育情境千差万别，每一个置身于具体教育情境中的教师各有其价值取向，所要解决的问题不同，而如何理解与贯彻统一的教育目的便成了问题。

陈桂生认为，即使是"集权制"下的教育目的，也不能只是一次性的成文表述。它除了统一人们的"教育目的"价值观念以外，还应被化为各级各类学校较为具体的培养目标，直到各门课程、各种课业的更加具体的目标，以便使"应然的"目的转化为"实然的"目的。问题是外在的目的果

---

① 陈桂生 ."教育目的"的逻辑［J］.当代教育科学，2006（2）：61–62.

真能够转化为教师内在的目的吗？自然，除了这种"集权制"的教育目的思路以外，也还有把"应然的"教育目的转化为"实然的"教育目的的其他尝试。①

因此，实施学科教育，要坚持将个人本位的教育目的论和社会本位的教育目的论相结合，最大限度地实现内在目的与外在目的的统一，探讨实现"应然的"教育目的向"实然的"教育目的的转化。

第二节　学科教育的基本价值

实现学科教育的基本价值，需要正确认识教育价值的本质，确立科学的价值追求目标。从认识与把握教育价值观本质入手，理解学科教育价值观的多元取向，进而确立科学的学科教育价值观，提高学科教育实效。

一、教育价值与教育价值观

正确理解与认识学科教育的基本价值，首先要从认识教育价值和教育价值观开始。

（一）教育价值

价值同人的需要有关，但它不是由人的需要决定的。价值有其客观基础，这种客观基础就是各种物质的、精神的现象所固有的属性，但价值不单纯是这种属性的反映，而是标志着这种属性对个人、阶级和社会的一定的积极意义，即满足人们对某种属性的需要，成为人们的兴趣、目的所追求的对象。这就是说，价值既是客体属性的人化、主体化，又是主体需要的对象化、客体化。价值不是反映实在对象的实体属性的范畴，即不同于物质、运动、静止、时间、空间等物质属性的范围，而是反映主体与客体之间的关系。马克思称价值"是从人们对待满足他们需要的外界物的关系中产生

---

① 陈桂生."教育目的"的逻辑［J］.当代教育科学，2006（2）：61-62.

的"。^①价值"表示物的对人有用或使人愉快等等的属性"。^②简单地说，价值就是客体的某种属性对人、社会所具有的积极意义，是客体的某些属性能满足主体的需要，成为主体的所追求的目的。^③

孙喜亭认为：教育价值就是教育对人与社会的功效。首先，它取决于它本身固有的有用性，教育具有发展人的素质和改变人的状态的作用。这种作用是教育的本质属性，它是客观的。其次，教育具有价值，不仅由教育对人的发展的作用显示出来，而且还由这种职能满足一定的社会需要。这种需要从个人来讲，就是自身的发展、自身的修养、适应社会生活、谋取社会职业等，从社会来讲，就是促进生产、发展经济、巩固政治统治、传播文化等。^④"需要"呈现出对客体的摄取状态，有需要才能使主体产生能动作用。正是这种需要才是教育存在和发展的基础，才使教育有了价值。

孙喜亭认为，教育价值表明一种社会关系，即教育活动这一实体与人和社会需要之间的关系。单从教育活动实体来说，它是一个认识范畴，只说明它是一种什么样的活动，这里还不是价值范畴。只有当这种实体活动与人、社会的需要发生关系时，能满足主体某种需要时，才谈得上教育的价值。一方面，教育价值离不开教育的实体职能，教育的实体是教育价值的承担者、载体；另一方面，教育价值始终离不开人和社会的需要，只有在满足人和社会的某种需要时，才认为它有价值，否则，也构不成价值关系。

教育价值是客观的，但绝不意味着教育不依赖于人而存在，不依赖于社会和人的需要而存在。教育是人们有意识活动的产物，是人们按照自身发展的需要，将自身的需求对象化。但是，教育活动一旦固定化、稳定化，取得了独立的形态，将不随人的意愿而转移，而按照自身的法则运动。教育价值的客体性同样也有赖于主体需要，这不仅源于主体需要的变化不断

---

① 中共中央马克思、恩格斯、列宁、斯大林著作编译局.马克思恩格斯选集（第14卷）
  [M].北京：人民出版社，1972：406.

② 中共中央马克思、恩格斯、列宁、斯大林著作编译局.马克思恩格斯选集（第26卷）
  [M].北京：人民出版社，1974：326.

③④ 孙喜亭.教育原理[M].北京：北京师范大学出版社，2003：174.

地改变着客体对主体的价值关系,而且源于教育价值形成是通过人们的积极活动实现的。价值可以说是主体的客体化,或者是客体的人化。只有通过积极的教育实践,才能使教育价值体现出来。教育具有多种社会职能,人和社会又有多种需要,所以教育和人的需要之间的价值关系也具有多样性。正因如此,在教育发展的历史进程中,出现了多种价值类型的教育,如伦理型的教育、政治型的教育、人格型的教育、文化型的教育、经济型的教育等。为满足社会道德的、政治的、经济的、文化的需要,教育出现了道德价值、政治价值、经济价值、文化价值等。价值是客体与主体之间的实践关系,价值评价则是这种关系在意识中的反映,受社会的、阶级的、认识的以及个体状态的制约。例如,一种特定形态的教育,在不同人看来,就有不同的评价。人们往往从不同角度出发,做出有无价值或者价值大小的判断,形成不同的价值观。[①]

(二)教育价值观

价值观是基于人的一定的思维感官而作出的认知、理解、判断或抉择,也就是人认定事物、辨定是非的一种思维或取向,从而体现出人、事、物一定的价值或作用。价值观具有稳定性和持久性、历史性与选择性、主观性的特点。教育价值观,是基于人的一定的思维感官对教育作出的认知、理解、判断或抉择。教育价值观的客观性存在于实践中,凡是对社会发展起到推动作用的教育就有价值。教育价值观是对教育有用性的根本看法及其形成的观念体系,是评价教育功效的一种思维框架或标准。

人类劳动与社会生活的需求产生了教育,同时教育也是社会再生产与人类自身再生产的需要,因为教育可以改变人的状态,提高人的素质。然而,教育问题又不单是指人的发展的客观事实,而是依据一定价值而做出的不同选择的有目的行为。教育的实质是对素质发展的一种价值限定,是为了维持在社会中占统治地位的价值而设计和被创设的文化形态。

不同的价值取向对教育实践的发展具有直接影响,在一定时期内,它可以驱使教育向着一定方向发展。价值取向是人类实践活动的一般目的

---

① 孙喜亭.教育原理[M].北京:北京师范大学出版社,2003:175.

和最终动因,人们按照自己的价值观,通过实践直接影响受教育者。甚至可以说,教育是人们按照一定的教育价值取向,通过主体的能动作用,以特定价值模式影响受教育者。人们要创建什么类型的教育和培养什么类型的人,这些教育的根本问题,无不由教育价值观所决定。所以教育价值观,教育价值的取向,是教育思想的核心,是教育工作的出发点和落脚点。

孙喜亭认为:"影响人们价值取向的因素有三:一是取决于对客观事物认识的正确性与程度;二是取决于人们对自己认识对象的需求——即满足自己什么需要;三是实现客观事物满足自己需要的条件。"[①]如果主体没有认识某一事物对自己的真正利益,就构不成价值取向。同样,如果不具备实现自己价值取向的条件,也不能使价值成为现实。这当中,人的需要表现为人的主观欲求,表现为主观性。然而,人的需要又具有历史性和客观性。任何时代的教育价值取向都是历史地、客观地反映社会存在。在教育问题上求真知很不容易,因为影响教育发展的因素很复杂,教育过程又有诸多的矛盾;认识它的价值更不易,因为教育的社会功效具有潜在性、长期性、多元性等。[②]不能真正正视教育问题,采用急功近利的教育行为,定将损害教育事业,损害学科教育的有效实施。

可见,教育的价值取向问题,决定着教育的决策水平,影响着教育实践的发展趋势。研究教育不仅要研究教育与诸社会现象之间的关系,更要研究教育价值和教育价值取向问题。当前,我国把教育改革的根本目的指向提高国民素质,发展学生核心素养,这也充分反映了我国教育价值的基本取向。

二、教育价值观的两种出发点

教育价值观的出发点和教育目的紧密相连。从教育发展史来看,存在两种不同的教育价值观出发点:一是从人的完善与发展来看教育价值;二是从社会需要来看教育价值。

从人的完善与发展来看教育价值的观点认为,教育应该是人的教育,

---

①② 孙喜亭. 教育原理[M].北京:北京师范大学出版社,2003:177.

教育追求唤醒人的天性，培养人的智慧，发扬仁性，使人成为仁人。这种出发点认为，从社会需要来看教育价值是反人道的，压抑了人性发展，使人非人化。"人"的教育才应该是教育的理想价值追求。从社会需要来看教育价值的出发点认为，教育是培养"人力"，教育的目的在于培养国民、商人、工人或士兵等。从人的完善与发展来看教育价值是将教育抽象化、理性化、人本化，认为人是教育的物质价值、社会政治价值、精神价值的承担者和创造者，实际上，"人力"教育才应该是教育的理想价值追求。

在古希腊，有些哲学家认为人是理性的动物，因而把教育看成是逐渐实现人的本质规定和使自身和谐发展的最有效手段。教育的价值在于使人的本质规定和人的和谐发展得以实现。到了中世纪，一些教会认为人的本性具有灵魂和躯体的双重性，人是带着"原罪"来到人间的，"肉体是灵魂的监狱"，实行禁欲以调整灵魂，达到超自然的境界，实现救赎，教育的功能和价值在于拯救灵魂。这是一种典型的蒙昧主义的教育价值观。到文艺复兴时期，人被理解为宇宙的中心，认为人是各种力量和才能的、有生命的统一体，强调人的灵魂和躯体的和谐，反对"禁欲"，提出了"向生命索取一切它所能提供的东西"，主张人的生活乐趣和享受。因而人文主义教育家认为，教育的价值在于使人的天赋能力得到和谐发展，要求新一代具有热情和开朗的性格，渊博的知识，聪颖的智慧，健美的体魄和风貌等。这是一种以人为中心的，以完善人格为目的的教育价值观。

进入近代社会，启蒙思想家卢梭认为，人的禀赋都是善良的，只要顺应天性发展，罪恶就可以消灭，社会就可以得救；同时认为私有制使善良的天性无从保持，邪恶才笼罩人间。因此，他主张社会和个人都应"归顺于自然"，并提出了"回到自然"，顺应儿童自然本性的教育主张。卢梭痛击当时残害人性，使人成为社会"文明"牺牲品的教育。他主张，"要以天为师，而不以人为师"。卢梭反对社会对人发展的腐蚀，反对把培养公民作为教育目标，主张不施加任何影响的"自然教育"，属于以人性解放为目的的教育价值观。欧洲产业革命以后，资本主义得到发展，广大工人却处于十分贫困的境地，人成了生产剩余价值的工具。鉴于此，空想社会主义者把教育看作是实现人性全面发展，进而消灭私有制和社会不平等的工具。他们追求建立一个使人得到全面发展的理性王国。现在仍有不少教育家抨击教育的工具价值（或外在价值），倡导教育的本体价值（或内在价值），认为教育应使人完善和谐地发展,强调教育的内在价值。

教育的价值观在不同的历史时期有不同的含义。反对社会对人的摧残,反对把人降为生产剩余价值的工具,反对把人训练成生产和侵略的工具,这有其社会进步意义。但若认为教育可以不受社会制约,教育可以摆脱外在价值(工具价值),事实上也是不可能的。而且,关于"人"的教育的主张本身,又都有它的社会制约性和它的"社会人"的标准。评判教育价值的标准,不在教育本身和抽象的完人观念中,而在社会的需要与对社会发展的作用中。一定程度而言,教育价值是在满足社会需要中产生的。

从教育发展史来看,任何历史时期的人们都不是从抽象的完人出发来确定教育目的的,而是按照社会的需要办教育,并以能否培养满足社会需要的人作为判断教育价值的尺度。古希腊斯巴达的武士,雅典的商人,中世纪的僧侣和骑士,资本主义社会的官吏和工人、技术人员,或者是普鲁士的士兵,英国的绅士,德国的国民,美国的公民,日本的武士和士兵,或者现代社会的工人、技术人员、科学家等都是一定历史条件下的产物,是具体的"社会人"。社会制约性是教育发展的普遍规律,也是衡量教育价值的尺度。当然,只有那些符合社会发展并推动社会发展的教育,才称得上是真正有价值的教育,而那些违背历史发展规律,只满足一时一事或一些人需要的教育,不是真正有价值的教育。

在社会主义制度下,社会对人的需要与人的身心健康的发展要求是一致的。教育的外在价值与内在价值具有统一性。人的价值可以分为社会价值和自我价值,人的社会价值取决于行为的客观效果满足社会需要的程度;人的自我价值,则取决于行为的客观效果满足自我需要的程度。恩格斯认为:"人类的生产在一定的阶段上会达到这样的高度:能够不仅生产生活必需品,而且生产奢侈品,即便最初只为少数人生产。这样,生存斗争——假定我们暂时认为这个范畴在这里仍然有效——就变成为享受而斗争,不再是单纯为生存资料斗争,而是也为发展资料,为社会地生产发展资料而斗争,到了这个阶段,从动物界来的范畴就不再适用了。"[①] 这充分说明了社会主义生产的目的,不仅应保证人民必要的生活资料,而且应生产享受和发

---

① 中共中央马克思、恩格斯、列宁、斯大林著作编译局. 马克思恩格斯选集(第34卷)

[M].北京:人民出版社,1972:163.

展资料，以保证人的幸福生活和全面发展。所以，在社会主义社会，一切有损社会主义公民权利、自由、人格、生产必要的生活资料及发展资料的行为都是违背社会主义建设的根本目的和价值的。

人不能成为手段或者工具，也不能脱离具体的社会条件，得到所谓的绝对充分自由的发展。如此理解，就把人的发展与社会需要在社会主义条件下统一起来了。我国宪法明确规定，公民有受教育的权利和义务，国家培养青少年、儿童在品德、智力、体质等方面全面发展。

总之，两个不同的教育价值观出发点，导致了不同的教育价值观。要研究与借鉴历史，寻求与确立较为科学的教育价值观的立足点与出发点，以确立较为科学合理的教育价值观。

三、学科教育价值观的多元取向

各个学科有自己的价值和作用，但学科到底对谁有用？对谁有价值？是考虑对社会建设的有用性，还是考虑对人的有用性呢？比如某门学科的开设，是因为其对社会建设有价值，但个人可能并不喜欢该学科，觉得该学科对自己没有用。

有人认为教育具有普世的教育价值，即每个学科担负着不同的责任，但都有一个共同的目标，即培养合格的公民，学科价值必须首先满足人的需要。由此可见，学科教育价值的多元价值取向也要考虑个人和社会的需要，二者缺一不可。不讲生产的教育不是现代教育，仅仅讲生产的教育也不是完备的现代教育。同样，不讲经济功效的教育价值观，不是我们所确定的价值取向，而仅仅讲教育的经济功效，关注劳动力的教育价值观，也不是我们赞成的。整体而言，学科教育价值观的多元取向主要有唯经济价值取向、巩固社会制度价值取向、弘扬文化价值取向。

（一）唯经济价值取向 [1]

本质而言，教育是发展人的身心，使人社会化，以便适应社会，驾驭社

---

[1] 孙喜亭.教育原理［M］.北京：北京师范大学出版社，2003：177.

会，进而促进社会发展。人固然需要劳动，没有社会生产，人就无法生存，人类社会也就不能延续与发展。然而，劳动的目的是什么？回答该问题就必须回到人本身。人正是为了自身的生存和发展而劳动，因而人的劳动是生存和发展的手段。若把教育仅看作是劳动力的教育，仅追求它的经济功效，就窄化了教育的价值。人是劳动力，也是一切社会关系的总和。人不仅是生产者，还是消费者、享受者。人不仅是生产力的承担者，还是社会关系和社会生活的主体；人不仅受环境的制约，同时又在能动地改造环境。人力教育是必要的，但又不能简单地把教育的本质看作生产力，或单纯从生产力或经济建设的角度评价教育的功效。教育具有多种社会功能，社会对它的需求也是多方面的。

现代社会生产以科学技术为基础，是人认识自然、改造自然的体现，是人的本质力量与主体价值的体现，是人的聪明才智的物化过程。从整个生产过程来看，生产越现代化，对文化科学的要求越高，知识、科学在生产中的作用随着现代化发展不断扩大范围，提高层次。然而，一旦这种人类的认识成果以固定的物的形态应用于生产时，就要求人们屈从于它，顺应它，它就变得"权威""专制"了。从个人看，每个人所承担的操作只不过是整个机器运转中一个微小的部分。这种劳动对个体来说，缩小了知识、科学的范围。

如果从现代生产对劳动力需求的角度来看，现代生产需要少数的工程技术人员，需要大量的掌握一般文化和操作技术的生产工人。尽管现代生产的特点是革命性的，由此引发生产过程的不断更新，但我们不是从历史的角度理解生产的更新过程，而是从个体一生有限的劳动时间理解生产。虽然现代生产的职业培训具有简单、速成的特点，但并不等于说现代生产对劳动力文化素质的要求较手工生产对劳动力文化素质的要求更低。文化素质具有宽泛的含义，比如，现代生产对人的灵活性、判断力、操作的准确度、信息技术能力、适应力的要求越来越高。这些素养与一个人受教育的程度紧密相关。

总之，若仅从生产所需要的角度来谈人的发展和对人的培养是不够的。何况，从经济效益来讲，同样的生产，投资（包括智力开发的投入）越少，经济效益就越高。资本运行与商品生产的规律所追求的是，对生产工人知识的要求降低在生产所需要的最低范围内。然而，学校教育包括教育目标、人的知识结构、课程及课程标准等，并不仅仅由生产的要求决定。

（二）巩固社会制度价值取向

巩固与发展一定的社会经济制度与政治制度仍是各国教育发展与改革的价值取向。长期以来，我们是从社会存在决定社会意识的角度阐明教育运行的规律，评鉴教育功效的。也就是说，从经济制度与政治制度的要求方面来谋划教育发展，以是否对经济政治制度的发展起到促进作用对教育发展做出价值判断。这样的理解存在绝对化和简单化的特点。从世界各国的情况来看，无不是从社会制度的根本需求出发，评价教育的功效。如，1983 年美国高质量教育委员会的《国家处在危险之中：教育改革势在必行》报告，就是立足"国家处于险境""整个国家和人民未来"的角度谈教育的治理。该报告认为："我们的关心超出了工业范围……为了建立一个自由民主的社会和促进共同的文化，特别是对一个以多元性和个人自由民主而自豪的国家来讲，公共教育尤为重要。"日本在确立 21 世纪教育目标时，首先肯定了自明治维新后两次教育改革的成功，第一次教育改革提出了富国强兵、振兴国家的目标，第二次教育改革的目的是排除极端国家主义的教育，建设和平文明的国家，实现民主、自由、平等。日本教育改革的重点是塑造国民的国民性。现在的日本则把陶冶人格，培养人的独立自主精神、民主精神，作为教育的出发点。英美法等西方国家都将巩固民主制度与培养合格的公民作为教育及教育改革的基本价值追求。

从上述国家的教育决策来看，教育的目的都是为了巩固与发展社会制度。不可否认，我们可以把教育竞争理解为知识竞争、技术竞争、智力竞争，但从深层次来看，全面的国民素质竞争实乃国民性的竞争。

（三）弘扬文化价值取向

文化传承是教育的根本任务，文化可以统筹教育、社会、人三者之间的关系，唤醒人们的意识，使其具有自动追求理想目标价值的意志，创新文化，形成与发展新的文化。20 世纪以来，文化教育学派力图从文化、教育、人三者的关系中把握教育的本质。斯普朗格认为,"教育的秘诀在于它能够加强受教育者的想象力,同时能帮助受教育者认识有关人性和人生的种种价值""教育的本质是陶冶人性,陶冶不仅要传递文化,更要培养创造文化的能力""所谓教育,是将一人的爱移渡于他人心中的意志,而这意志则在使人的价值受纳性与价值创造性的全体从其自身内部得到发展"。[①] 可见,斯普朗格所说的教育的最终目的不是传授已有的知识,而是要把人的创造力量诱导出来,将生命感、价值感唤醒。这种教育目的,与其说是培养善于处理当前问题的人,不如说是培养有丰富教养,能在大变革的时代中不失本质因素和有教养的人。

然而,在追求教育弘扬文化价值功能时,不能窄化教育价值的整体功能。斯普朗格认为,价值问题本质上是文化问题,价值是人的本质,亦是人的文化活动。从这一基本思想出发,斯普朗格根据文化类型把价值分为不同的种类:经济价值、道德价值、宗教价值、理论价值、审美价值等。这些价值都来源于一定的生活方式:经济价值来源于经济的生活方式,道德价值来源于道德的生活方式,宗教价值来源于宗教的生活方式,理论价值来源于理论的生活方式,审美价值来源于审美的生活方式,等等。这就是说,价值根源于人的生活方式,价值的发展规律即是生活方式的发展规律。然而,斯普朗格并不否认不同生活方式之间的相互联系性,它们所创造的价值规范也可以适用于其他生活形式。价值与生活方式处于多重复杂的联系之中。

进入 21 世纪,随着科学技术的迅猛发展和人工智能时代的来临,教育在实现追求整体价值的前提下,要努力实现文化传承价值,将弘扬与传承中华优秀传统文化与促进国家现代化建设结合起来,在先进的科学技术和传统文化之间寻找一条适合的发展道路。文化是一个民族的灵魂和血脉,是一个民族的集体记忆和精神家园,是一个民族走向国际社会进程中的名片,体现了民族的认同感与归属感,反映了民族的生命力与凝聚力。弘扬民族传统文化,并结合社会的发展需要加以创新,是一个国家的历史责任,更是学校教育的义务和根本任务。

[①] 邹进. 现代德国文化教育学[M].太原:山西教育出版社,1992:62-70.

第三节　学科教育与人的发展

学校教育主要是学科教育，学科教育在人的发展中起主导与促进作用。然而，教育是人的教育，人的发展对教育具有制约性，即人的发展具有顺序性、阶段性、不平衡性、互补性和差异性。这些特性决定了教育必须遵循人的发展的基本规律。

一、学科教育在人的发展中的作用

学科教育对人和国家的发展具有重要作用，因此只要我们精力允许，不管喜欢与否都应该学习它，这是生存于社会，服务于社会的需要。比如说，义务教育阶段，数学学科知识的学习是公民素质的一部分，每个社会成员必须学习，这是责任与义务。义务教育具有强制性的特点，接受义务教育是每个人的权利、责任与义务。基础教育中的数学学科与高等教育中的数学学科的区别只是层级不同，培养与发展的都是学生的数理逻辑思维。在义务教育阶段之后，个人就有自由选择的权利，可根据个人喜好和需要来选择自己要学习的学科。

叶澜指出："任何一门学科的教学，都要认真分析本学科对于学生而言独特的发展价值，它除了指该学科领域所涉及的知识对学生的发展价值外，还应该包括服务于学生丰富对所处的变化着的世界的认识；为他们在这个世界中形成、实现自己的意愿，提供不同的路径和独特的视角；学习该学科发现问题的方法和思维的策略、特有的运算符号和逻辑；提供一种唯有在这个学科的学习中才可能获得的经历和体验；提升独特的学科美的发现、欣赏和表现能力。"[1] 学科教育这些"独特"的育人价值是其本身固有的，并通过学习与实践体现出来的，如语文、数学学科中就蕴含着丰富的育人价值（见表4-3-1）。

---

[1] 叶澜. "新基础教育"发展性研究报告集［M］. 北京：中国轻工业出版社，2004：21.

表4-3-1　语文与数学学科蕴含的育人价值

育人层次	语文的育人价值	数学的育人价值
工具层	字、词、段、篇等	数字、公式
意义层	精神生活世界	逻辑世界
生命层	宽柔精神	严苛精神

学科育人价值是一个体系：从纵向来看，学科育人价值体现于工具层、意义层和生命层三个由浅入深的层面上；从横向来看，不同学科的育人价值各有侧重，各具特征。各分科教育学研究探讨各学科的育人价值，而整体教育学则从宏观视域探讨学科教育育人价值的共同特征与普适性规律。

学科教育对人的发展具有重要作用，但在学科教学实践中，却经常出现一些偏差。例如，把培养具体的某一方面的学科能力视为全部，而忽视了对学生综合素养和良好品格的培养。语文学科教育是要培养学生的听说读写等综合的语言运用能力，而不能仅仅培养某一方面的具体能力。同时，还要发挥语文学科的教育作用，培养学生良好的道德素养，塑造良好的品格。否则，既不符合社会对语文学科教育的要求，也不符合马克思提出的促进人的全面和谐发展的基本思想，更不符合学科教育规律。

学科教育既是一种专门的教育活动，又是一种具体的教育实践过程，在人的发展中起主导作用。

第一，能确保学生获得系统教育。学校实施的学科教育具有明确的学科性、目的性、计划性、组织性和系统性。通过学科教育的实施能排除和控制一些不良因素的影响，给人以正面教育，使人按照一定的方向发展，健康成长。学校实施的学科教育是一种有目的、有计划地培养人的活动，各级各类学校都有自己明确的人才培养目标。为了保证人才培养目标的实现，学校把人的发展所需要的一切时间与空间全部纳入到可控的状态之下，并按照一定的规章制度，有计划地开展教育教学工作。学校实施的学科教育具有系统性，教育内容的选择既考虑社会发展的需求，又考虑了个人的发展需求，既考虑了知识的逻辑顺序，又考虑了学生的年龄特点与接受能力，能有效保证人才培养的效率和质量。

第二，能提高学生学习的实效性。学科教育由经过专业培训的专职教师进行组织与实施。教师是经过专门的职业培训，具有比较扎实的基础理论和专业知识功底，熟悉教学工作，熟悉教学大纲或课程标准的基本要求，掌握教育技术与教学方法，懂得如何有效发挥与调动学生的积极性、主动性和创造性，可以确保学科教育工作的效果与效率，确保学生的有效学习。

第三，能有效指导学生获取知识。学生在教师的指导与帮助下，通过学科教育或学科课程的实施，有效获取学科知识。知识是人的核心素质（或关键能力）的最基本要素，知识的传递与继承是人类社会文明得以延续的基本保证，获取知识也是学科教育或学科课程实施的基本任务。

第四，能高效帮助学生生成能力。能力是指在完成一项工作或任务时所表现出来的素质与水平。一般而言，基本能力可分为一般能力、创造能力、特殊能力。所谓一般能力，也称智力，如观察能力（感知能力）、记忆能力、思维能力、想象能力、注意能力等，其中思维能力是核心。所谓创造能力，是指在工作或社会实践活动中所表现出来的具有生产独特、新颖、有更高社会价值产品（有形的、无形的）的能力。所谓特殊能力（也称专门能力），是指顺利完成某种专门工作所必备的能力。通过学科课程实施，教师除帮助与指导学生生成与发展一般能力和专业能力外，更重要的是培养与发展学生的创造能力。也就是说，通过学科课程实施，要帮助与指导学生生成与发展一般能力、创造能力和特殊能力，进而帮助学生生成与发展各方面的素质。

第五，能促进学生养成良好品格。优越的品格和道德素质在一个人身上是以一种融合的、相互依赖的方式互相支持的，两者均可以通过八种品格的力量加以具体阐释：终身学习和批判性思维者；勤奋、能干的人；懂得社交技巧、具有高情绪调节能力的人；尊重的、负责任的道德主体；追求健康生活方式的、自律的人；有贡献的社区成员和民主的公民；伦理思考者；精神上追求高尚的人。据此，学科教育在传授知识、发展能力的同时，要指导学生生成与发展这八种品格，这八大品格正是作为一个合格公民应备的"优越品格与道德品格"，也是学科教育的重要任务与责任。

第六，能教会学生"学会方法"。"学会方法"是教师指导与帮助学生学会方法，即"学会学习"。联合国教科文组织早在1996年的《教育——财富蕴藏其中》报告中，就提出了面向社会发展的现代教育的四大支柱："学会认知（learning to know）、学会做事（learning to do）、学会共同生活（learning to live together)、学会生存(learning to be)。"[①]2003 年，联合国教科文组织教育研究所又提出了学会改变(learning to change)的主张，并将其视为终身学习的第五大支柱。面对"知识爆炸"的时代，特别是人工智能时代的到来，只教给学生知识不行，教给学生知识结构也不够，最明智之举是教会学生如何学习。现代社会，教师不再是所谓的"工程师"，而是学生自主创新性学习和自我教育的指导者、服务者，把"学会方法"作为学科教育目标，既把握了教育的本质，又抓住了学科课程实施的关键。

总之，学科教育与人的发展息息相关，人想要更好地发展就必须接受学科教育。承认学校教育在人的发展中的作用，并不意味着单凭学校教育就能解决人的发展问题。教育对人的发展起主导作用是相对的、有条件的：第一，只有遵循人的发展规律，教育才能促进人的发展；第二，只有正确处理好内因和外因的关系，充分激发学生的主观能动性，教育才能产生积极的成效；第三，要正确处理教育与遗传素质、环境因素的关系，发挥各自的作用。因此，我们不能过分夸大学科教育的作用，否则就会陷入"教育万能论"的错误之中。

二、学科教育遵循人的发展规律

教育是社会活动，是人的教育，以人的发展为关注焦点。同时，人的发展对教育具有一定的制约性，即人的发展具有顺序性、阶段性、不平衡性、互补性和差异性，教育必须遵循人的发展的基本规律。

（一）遵循人的发展的顺序性

教育需要遵循人的发展的顺序性，循序渐进地促进人的发展。人的发展具有一定的顺序性，发展有先有后。例如，身体发展是按照首尾方向（即从头部到躯干再到下肢）和中心外围方向（即从中间部位到边缘部位）进行的。心理的发展也有一定的顺序。例如，儿童思维的发展总是遵循从

[①] 联合国教科文组织.教育——财富蕴藏其中[M].联合国教科文组织中文科，译.北京：教育科学出版社，1996：76-82.

具体动作思维到形象思维，再从形象思维到抽象思维的顺序；记忆发展的顺序是从机械记忆到有意义记忆；注意发展的顺序是从无意注意到有意注意；等等。

人的发展的顺序性是客观的，不以人的意志为转移，教育工作要遵循人的身心发展的顺序性，循序渐进地促进人的发展，不能"拔苗助长""陵节而施之"。

（二）顺应人的发展的阶段性

人的发展又具有阶段性。在一定的年龄阶段，人的生理与心理会出现某些典型的特征，即年龄特征。身心发展的阶段性表现为前后相邻的两个阶段可以进行有规律的更替，前后相邻的两个阶段彼此衔接，有序过渡。个体身心发展前后两个阶段之间有很大差异，如儿童期的思维具有形象性和具体性，抽象性相对较差；少年期的抽象思维有很大发展。教育工作必须从学生的具体实际出发，针对不同年龄阶段的学生特点，采用不同的教育内容和方法，提出不同的教育任务。同时，还应看到前后两个相邻阶段是相互衔接的。如，对刚刚入学的儿童，要考虑到他们还具有学前期的特征；对处在儿童后期的学生，要考虑他们已经初步具有少年期的某些特征；对成年学生，要特别关注他们的自主性，培养与发展他们的独立性。

（三）适应人的发展的不平衡性

教育需要适应人的发展的不平衡性，实施有针对性的教育。人的身心发展不是匀速进行的，具有不平衡性。这种不平衡性表现在两方面：一是指同一方面在不同年龄阶段中的发展是不平衡的；二是指不同方面在不同发展时期是不平衡的。有的发展领域在较早的年龄阶段已经达到较高的发展水平，有的发展领域则要到较晚的年龄阶段才能达到较为成熟的发展水平。因此，教育应适应人的发展的不平衡性，在某方面发展的关键期内，施以相应的教育，往往事半功倍，能促进其相应素质的生成与发展。

（四）重视人的发展的互补性

教育需要遵循人的发展的互补性，长善救失予以教育。人的发展的互补性首先是身体机能的互补，当机体某一方面的机能受损甚至缺失后，可以通过其他方面机能的超常发展而得到补偿；其次是心理机能与生理机能的互补，人的精神力量、意志、情绪状态对整个机体起到调节作用，能帮助人战胜身体方面的残缺与不足，使身心得到发展。相反，如果一个人的心理承受能力极差，缺乏自我调节能力和坚强的意志，即使身体健康，也可能失去信心。根据人的发展的互补性，教育者首先要让全体学生，特别是让生理或心理机能有障碍和学业成绩落后的学生树立坚定的信心，相信他们可以通过其他方面的补偿发展达到正常的发展水平；其次，教育者应掌握科学的教育方法，特别是要善于发现学生的优势，长善救失，激发他们自我发展的信心和积极性，通过精神力量来达成身心的协调发展。

（五）尊重人的发展的差异性

教育需要适应人的发展的差异性，因材施教。由于个体受遗传、环境、教育等方面的影响不同，其身心发展的实际情况也会表现出个体差异。具体表现为以下三方面。一是，不同学生在同一方面的发展具有差异性，其速度和水平各不相同。例如，两个同为6岁的儿童，一个儿童的抽象思维能力较强，已经掌握数的概念，可以利用概念进行运算；另一个儿童还不能脱离实物进行运算。二是，不同学生在不同方面的发展速度与水平也不同。例如，有的学生数学能力强，有的学生语言能力强；有的学生抽象思维能力强，有的学生形象思维能力强。三是，不同的学生所具有的个性倾向性也不同。例如，有的学生热情，有的则表现冷漠；有的学生乐群，有的则孤僻；有的学生果断坚强，有的则优柔寡断；等等。根据人的发展的差异性，教育必须因材施教，充分发挥每个学生的潜能和积极因素，采用科学、适宜、有效的教育途径、方法和手段，使每个学生都能得到最大限度的发展。

三、全面发展教育的构成

全面发展教育指能够促进人的身心，即知识、能力、品格、身体等都能得到发展的教育。从教育内容来说，全面发展教育就是实施促进人们德、智、体、美、劳都得到和谐发展的教育。

（一）马克思关于人的全面发展观点 [①]

理解马克思关于人的全面发展学说，首先应该弄清楚马克思关于人的基本观点。教育以人为研究对象，教育科学是研究人的科学。怎样理解人的本质，这是马克思学说的一个基本问题，也是教育科学的一个基本问题。马克思对人的本质的理解有一个发展过程：从黑格尔的"绝对观念"的外化来理解人的本质，到费尔巴哈的"人是人的最高本质"的人本主义立场来理解人的转变。直到 1845 年才确立了历史唯物主义，奠定了对人的本质说明的科学基础，这就是他在《关于费尔巴哈的提纲》中以明晰的语句说明人的本质："人的本质不是单个人所固有的抽象物，在其现实性上，它是一切社会关系的总和。" [②]

马克思讲的现实性，就是人的现实性，或现实性的人，是人的世界，是国家和社会。考察人的本质与发展，必须要从人们所处的生产方式和所从事的社会实践来进行。马克思认为人具有多种属性，而它的本质属性是社会性，是社会意识和思想方式。马克思说，人是社会的存在物，是社会关系的总和。所谓社会关系的总和，主要是指社会物质关系。除此之外，还有各种思想关系、精神关系、血缘关系等。人在社会实践中实现主体与客体的统一，实现人的发展，实现人的社会化过程。总之，人的本质不在"人自身"，而是"一切社会关系的总和"，这既是人的本质主体的规定，又是人的本质的客观对象化的结果。

马克思主义关于人的发展的基本观点认为，人的本质与人的发展并不

① 孙喜亭 . 教育原理［M］. 北京：北京师范大学出版社，2003：164-165.

② 中共中央马克思、恩格斯、列宁、斯大林著作编译局 . 马克思恩格斯选集（第 1 卷）
　　［M］. 北京：人民出版社，2012：139.

等同。人的本质主要是指人的社会特质，人的发展则是个体身心的全部发展过程。人的本质是人的发展中最主要的因素，而人的发展则含有广泛的内容。抛开人的本质来谈人的发展则失去根本，而把人的发展等同于人的本质的发展也不全面、不科学。人的发展问题，可以从两个角度考察：一是从人类起源、进化及人类发展的历史进程来考察；二是从个体发展的不同阶段来考察。前者是历史唯物主义的范畴，后者是教育学的范畴。人们在社会物质生产过程中，实现着自己的发展，而社会物质生产实践的方式、发展水平，决定着人的发展水平。人类社会由低级阶段向高级阶段发展，人的发展也由野蛮向文明、由蒙昧向开化、由片面向全面、由低水平向高水平发展。它的历史总趋势是向前的，是进步的。

根据马克思主义唯物辩证法观点，个体的身心发展，从生理角度看是细胞与组织的分化过程，是细胞与组织的构造与机能的变化过程。从心理角度看，是人对客观世界反映活动的扩大、改善和提高的过程。辩证法不把发展看作是量的增长，而看作是由旧质到新质的变化完善过程。所谓个体发展就是新生个体的成熟过程。因此说，研究人的全面发展学说，要兼顾历史的角度和个体的角度。

不管是从人类历史进程考察，或是从个体身心发展阶段考察，马克思、恩格斯在人的发展上的基本观点是：人的发展与生产的发展相一致——既和他们生产什么相一致，又和他们怎样生产相一致。个人发展到什么水平和程度，取决于他们所处的生活条件和他们进行生产的物质条件。因此，考察人的发展，不能停留在思辨中，而应从社会物质生产中寻找根据，不能使人的发展抽象化、观念化。

（二）我国的全面发展教育的构成

全面发展教育旨在指导与帮助学生生成与发展各方面的素质，由多种相互联系又各具特点的教育组成。不同国家、不同时期的全面发展教育的具体内容并不相同，但一般都把德育、智育和体育视为核心内容。我国现阶段全面发展教育的内容包括德、智、体、美、劳五个方面，培养学生五个方面的素质，使其全面、平衡、和谐发展。

1. 德育

德育是指教育者根据一定社会的道德要求和受教育者的个体需要及品德形成规律，有目的、有计划、有系统地对受教育者施加影响，并通过受教育者积极主动地内化与外化，促进其养成一定思想道德品质的教育活动过程。德育有广义与狭义之分。广义的德育也称"大德育"，包括政治教育、思想教育、道德教育、法纪教育和心理教育五大方面的内容；狭义的德育，仅仅指道德教育。我国说的德育是包含五大内容的广义的德育，即"大德育"。

德育是学校教育的重要组成部分，具有重要的意义。首先，德育是进行社会主义精神文明建设和物质文明建设的重要条件。我国的社会主义现代化建设包括社会主义物质文明建设和精神文明建设两个方面，在建设社会主义物质文明的同时，必须努力建设社会主义精神文明。因为精神文明建设往往左右着物质文明建设的发展方向。其次，德育对青少年思想道德素质的形成起主导作用，是培养社会主义新人的条件。青少年的思想道德素质是在教育的影响下，在教育者的指导和个人实践活动中逐步形成和发展起来的。青少年正处在身心发展时期，尚缺乏政治经验和社会生活经验，容易接受正确思想的影响，也容易受到不良思想的影响，具有很大的可塑性，是形成科学的世界观、人生观、价值观的关键时期，需要在思想道德上得到关怀、指导与帮助。因此，加强对青少年的思想道德教育，对其人生具有重要意义，也是培养社会主义建设者与接班人的需要。

此外，德育是学校全面发展教育的基本组成部分，是实现教育目的的重要保证。我国的教育目的是培养德、智、体、美、劳全面发展的社会主义建设者和接班人。为实现教育目的，必须对受教育者实施全面发展的教育。德育作为全面发展教育的重要组成部分，起着灵魂和核心的作用，可以确保其他各育沿着正确的方向发展。只有抓好德育，才能有效促进青少年一代全面健康发展，才能保证教育目的的实现。

2. 智育

智育是向学生传授知识、发展能力、培养智力的教育。智育与教学是不同的概念，智育是全面教育的重要组成部分，而教学是实施教育的途径与手段。教学不仅要完成智育的任务，也要完成其他各育的任务。社会文明包括物质文明和精神文明，二者体现了人类的知识、智力和思想水平，而这些正是通过智育获得的，智育是社会文明进步不可缺少的因素。新知识的创生，科学技术的进步、推广与应用都依赖于智育。智育在全面发展教育中占有十分重要的地位，其他各育素质的养成，诸如道德素质、身体素质、审美素质、劳动技能素质等的发展与养成，都要以一定的知识和能力作为基础。

3. 体育

体育是指向学生传授健身知识，训练其体育技能，培养与发展其肌体素质和运动能力，进而增强其体质的活动过程。促进学生身体健康发展，增强学生体质是体育的本体意义和直接作用：一是促进人体形态的正常发育和各器官的功能；二是提高大脑神经系统的功能，促进脑力和智力的发展；三是提高人体适应环境的能力；四是对其他各育都有直接或间接的促进作用，因为人的全面发展是需要有健康的身体作为基础，身体是其他各育素质生成与发展的载体。青少年一代的身心健康是非常重要的，因此要加强体质锻炼，保持稳定和良好的情绪状态，使人心情开朗，精力充沛。青少年的身心健康直接关系到整个国家民族的强弱盛衰，关系到国家与民族的前途与命运。

体育具有四大基本任务：一是增强学生的体质，包括促使学生正常发育和身体各器官机能的发展，全面发展学生的身体素质（速度、灵敏、力量、耐力、柔韧等）和基本活动能力（走、跑、跳、投、攀登），提高学生适应环境的能力；二是向学生传授体育和卫生的基本知识和基本技能，帮助学生掌握体育锻炼的科学方法，养成坚持锻炼的良好习惯；三是通过体育活动，培养学生关心集体、团结协作、遵守纪律、顽强拼搏的精神和品德；四是向国家输送优秀体育运动员，促进我国体育水平的提高。

4. 美育

美育，又称审美教育或美感教育，是培养学生正确的审美观点以及感受美、鉴赏美、创造美和表现美的能力的活动过程。美育是通过现实美和艺术美打动学生感情，使学生在心灵深处受到感染和感化，从而形成正确的审美观点，具有感受美、鉴赏美、表现美和创造美的能力。美育是全面发展教育的重要组成部分，渗透在全面发展教育的各个方面。在我国，首次把美育作为教育方针提出来的是近代著名教育家蔡元培先生。中华人民共和国成立之后，我国政府提出并实施了德、智、体、美、劳"五育"并举的全面发展教育。

第一，美育能够促进学生智力的发展，扩大和加深他们对客观世界的认识。美育的特点是形象性、情感性，在人们认识世界的过程中具有独特作用。首先，人们通过表象认识世界可以增加其生动性、丰富性、情感性。其次，人们的智力活动需要有动力来推动，而艺术所蕴含的情感提供了这种动力。第二，美育能够促进学生科学的世界观和良好道德品质的形成。只有当学生的思想观点变成一种信念，道德认识变成一种道德行为习惯时，我们才能说学生的世界观和道德品质已经形成。但是，要实现上述两种转变，必须有情感因素的参与。情感因素是不可缺少的重要条件，可以从优秀的文学艺术作品所创造的艺术形象中获得。第三，美育具有健身怡情的作用。学生有一定的审美观点和能力后，就能够促使他们在进行体育锻炼时，注意动作的美观、大方、协调。此外，学生在大自然中感受美，可以陶冶情操，使心情愉悦、心胸豁达，有利于身心健康。

美育的主要任务：一是使学生具有正确的审美观点和感受美、鉴赏美的知识和能力。用马克思主义的美学观点和美学理论武装学生，教给他们一定的审美知识，使他们能正确地鉴赏自然美，正确理解和评价社会美和艺术美。二是培养学生表现美、创造美的能力。美育不仅要让学生会欣赏美，还要培养他们表现和创造美的能力，比如用书法作品、绘画作品、摄影作品、舞蹈动作、唱歌等表现美。三是培养学生的心灵美、行为美。美育可以让学生在平时的学习、生活、交往的活动过程中，陶冶情操，具有文明的举止，端庄的仪表，开朗的性格，进而达到语言美、心灵美、行为美。

5. 劳动教育

劳动教育是向学生传授现代生产劳动的基础知识和基本生产技能，培养学生正确的劳动观点，养成良好的劳动习惯的活动过程。劳动技术教育是促进学生全面发展的不可或缺的重要组成部分；能促进学生优良品德的发展，有利于学生掌握知识，形成技能，发展智力，增强体质；有利于学生完成升学和就业的双重任务，适应社会主义现代化建设的需要；有利于学生确立劳动观念，形成热爱劳动、尊重劳动人民、珍惜劳动成果、懂得感恩图报的良好品德。

劳动教育的任务主要包括两大方面：一是，培养学生的劳动观念，让学生形成正确的劳动态度和习惯，认识到劳动是人类社会存在与发展的动力和基本条件，是人类文明的基础，只有劳动才能创造一切。培养学生养成热爱劳动、热爱劳动人民、珍惜劳动成果、认真对待工作和劳动的基本态度和习惯。二是，帮助学生初步掌握一些基本生产知识和劳动技能，学会劳动，具有从事社会生产劳动的初步本领。有关生产知识和劳动技能的具体内容，要根据社会与时代的变化与发展不断调整完善。

（三）全面发展教育中"五育"的关系

德育、智育、体育、美育、劳动教育各有其相对独立性，又具有内在联系，共同构成我国全面发展教育的内容。

首先，各"育"针对的都是人身心素质发展的某一方面，有自己独特的任务、作用和特殊的教育方法、手段，不能相互取代。德育，针对的是学生思想道德的培养，关注的重点是政治思想、人生价值、行为方式、为人处世等；智育，针对的是学生的智能提升，关注的重点是知识、能力等；体育，针对的是学生的体质增强，关注的重点是身体素质、卫生、安全习惯等；美育，针对的是学生的美感养成，关注的重点是欣赏能力、生活情趣、精神境界等；劳动教育，针对的是学生的劳动锻炼，关注的重点是劳动意识、劳动技能、生活本领与劳动品质的养成等。"五育"中的各育都有独特的功能和作用，教育实践中应坚持"五育并举"。

其次，各"育"相互依存、相互渗透、相互促进，共同构成一个整体。德育，为人的发展提供方向和动力，保证各"育"性质与效果；智育，为各"育"目标的实现提供必要的科学知识基础和智力支撑；体育，为各"育"实施提供身体条件与载体；美育，为各"育"的实施提供审美保证，是全面发展教育的升华；劳动教育，为各"育"的实施提供手段，可以促进脑力劳动与体力劳动结合，使学生手脑并用、理论联系实际，是全面发展的手段。在实践中，各"育"都不可能相互孤立地对学生发生作用，教师必须树立整体教育观念，把各"育"作为整体的一部分来认识、理解与实施。如此，才能发挥教育的整体功能，提高教育的整体实效。

总之，德育、智育、体育、美育和劳动教育都是全面发展的有机组成部分，各自承担相应的基本任务，不能相互代替，但又相互联系、相互促进。

第四节　影响人的发展的其他因素

影响人的发展的因素很多，除了教育以外，还有遗传、环境和人的主观能动性。遗传、环境对人的发展具有重要作用，人的主观能动性的作用也不可小觑。

一、遗传素质在人的发展中的作用

遗传素质是指人们从父母先代身上继承下来的生理学上的特点，如肤色、体态、相貌等。遗传素质是人的发展的生理前提或物质前提。

第一，遗传素质为人的发展提供了生理基础与可能性。人的发展要以遗传所获得的生理组织和最初的生命能力为前提，没有这种遗传素质，或者遗传素质有缺陷，身心的发展水平就会受到不可弥补的影响，某种发展可能永远也不能实现。例如，一个先天色盲的人，很难成为一个优秀的画家。

第二，遗传素质的成熟过程制约着人的发展进程。个体的遗传素质是逐步发展成熟的。遗传素质的成熟程度，为一定年龄阶段的人的身心发展提供了限制与可能，制约着年轻一代身心发展的过程及其阶段。如婴儿的发展遵循"三翻、六坐、八爬"的规律，就反映了人的遗传素质的发展过程。教育必须遵循遗传素质的发展水平，超越或落后于遗传素质成熟水平的教育都不利于人的发展。

第三，遗传素质的差异性影响人身心发展的差异性，这种差异不仅表现在体态的胖瘦、肤色的黑白上，也表现在神经活动的类型上。刚出生的婴儿有的比较安静，容易入睡；有的则手脚乱动，大哭大闹。人的聪颖程度，甚至脾气性格等都与遗传因素有关。一个神经活动灵敏的儿童比较容易教育成才；一个天生智力低下的儿童，成才的概率就会很低。

遗传素质是人发展的物质前提，但是对人的发展不起决定作用。第一，遗传素质为人的发展提供了可能性，这种可能性必须在一定的环境和教育的影响下才能变为现实；第二，遗传素质随着环境和人类实践活动的改变而改变，即使有好的遗传素质，如果没有好的环境与教育，或者个人主观上不努力,也很难得到较好发展。

由此可知,遗传素质是人发展的生理前提,但对人的发展不起决定作用。因此,片面夸大遗传的作用,认为人的发展是由遗传素质决定的,就会陷入"遗传决定论"的误区。

二、环境在人的发展中的作用

环境是指人赖以生存并影响人发展的一切外部条件的总和。按照环境的性质可分成自然环境和社会环境。自然环境(包括自然条件与地理位置)对人的发展也有一定的影响。但对人的发展影响较大的是社会环境(包括政治、经济、文化以及与个体相关的其他社会关系),它是人的发展的外部条件。社会环境对人的发展的作用主要表现在如下三个方面。

一是,环境是人的发展的现实基础。社会环境是人发展的外部现实条件,对人的发展起着制约作用,离开社会环境,再好的遗传素质也难以发挥作用。"狼孩的故事"充分说明了人的发展受后天环境的制约,遗传素质仅仅为人的发展提供可能性,没有一定的环境,这种可能性不会转化为现实。"与善人居,如入芝兰之室,久而不闻其香,即与之化矣;与恶人居,如入鲍鱼之肆,久而不闻其臭,亦与之化矣""近朱者赤,近墨者黑""蓬生麻中,不扶而直",还有"孟母三迁"的故事,都说明了社会环境对人的发展的作用很大,是人的发展的现实基础。二是,环境为人的发展提供对象、手段、资源、机遇等。社会环境对人的发展的作用很大,人从他所处社会的科技环境、宗教环境、政治环境、经济环境中寻求发展的内容、手段、资源与机遇。三是,人在与环境的相互作用中得到发展。通过社会实践活动,人积极利用环境所提供的资源与机遇,促进自身发展。

环境具有自发性、随机性、复杂性的特点,对人的发展影响是广泛的、潜移默化的,也是自发的、零星的、无目的的、不系统的,有些甚至是自相矛盾的。

环境不能决定人的发展,环境对人的发展的影响要通过主观努力和社会实践活动才能实现。有的人虽然有良好的环境,但他却不能正确对待,个人不努力,意志力薄弱,贪图享乐,结果平平庸庸,没有什么成就,甚至走向与环境所要求的相反的道路。有的人在恶劣的环境中却能"出淤泥而不染",刻苦努力,顽强拼搏,成为很有作为的人。例如,司马迁遭宫刑而作《史记》,屈原被放逐而赋《离骚》等。

三、主观能动性在人的发展中的作用

教育、遗传、环境是影响人发展的三大因素,然而,这些因素又要通过个体的实践活动和主观能动性来实现。所谓主观能动性,是指人的主观意识对客观世界的反映和能动作用。从意识方面来说,体现为人的需要、动机、目的等;从外部表现来说,体现为人作用于客观事物的自觉活动。主观能动性是人发展的直接动力,是人发展的内因,而环境与教育是人发展的外因。正如《矛盾论》中指出的那样:"唯物辩证法认为外因是变化的条件,内因是变化的根据,外因通过内因而起作用。"[1] 如果学生没有学习的愿望,讨厌学习,那么,再好的环境与教育也不会对他产生积极的影响。但是,从另一个侧面也说明了学校和教师的重要性。一个好的教师除了能够指导学生获取知识,帮助学生生成能力,指导学生"学会方法",教育学生养成品格外,还能最大限度地调动学生的学习积极性,通过科学的方法与策略培养学生的学习兴趣和积极性。

---

[1] 毛泽东.毛泽东选集(第 1 卷)[M].北京:人民出版社,1991:302.

第五章 学科教育的课程属性

从课程的本质内涵与基本类型入手，正确认识学科教育课程及其基本特征，正确把握课程与教学的关系，了解学科课程的发展趋势，才能科学地认识和确定学科教育的目标，进而提升学科教学质量，有效促进学生学科核心素养的发展。

第一节 课程内涵及其基本类型

实施学科教育需要确切把握课程的概念、本质与内涵，正确理解课程产生与发展的脉络，了解不同课程理论流派的主要观点。

一、课程的概念与内涵

由于课程的概念所指称的事实处在变化之中，而不同学者又按照各自不同的价值观念解说"课程"，从而使"课程"概念扑朔迷离。课程一词，在有关的辞书和著作中的界定不同。《辞海》的界定：课程是指功课的进程，教学的科目。[①]《辞源》中的界定：课程是指按规定数量和内容的工作或学习进程。[②]《中国大百科全书·教育》将课程释义为："课业及其进程。""课程有广义、狭义两种。广义指所有学科（教育科目）的总和，或学生在教师指导

[①] 辞海编辑委员会.《辞海》(缩印本)[Z].上海：上海辞书出版社，1985：394.

[②] 商务印书馆编辑部.《辞源》(第四册)[Z].北京：商务印书馆，1983：2904.

下各种活动的总和；狭义指一门学科。"①《教育大辞典》的解释是："课程是为实现学校教育目标而选择的教育内容的总和。"或"泛指课业的进程"或"学科同义语，如语文课程，数学课程等。"② 王策三认为："第一，课程是教学内容和进程的总和；第二，'课程'和'教学计划''教学大纲''教科书'等称谓，可以并行不悖，互相补充，结合起来。"③ 李秉德认为："课程是有计划的系统的教学内容，是一系列教学科目的集合。具体讲，就是指'教学计划''教学大纲'和'教科书'所规定和表述的那些教学内容。"④ 陈霞认为："课程一词为我国所固有。课，指课业，就是现在说的教育内容；程，有程度、程序、程限、进程的意思。课程就是指课业的进程。"⑤

英国教育家斯宾塞把经过组织的教育内容叫作"课程"。美国经验主义者艾伯蒂（H. Alberty）认为："学校为学生所准备的一切活动，构成它的课程。"⑥ 日本教育界认为"课程"是实现教育目标的手段，它将教育目标加以具体化，多层次地设定多样的亚目标，并且选择、组织实现这些目标的手段——内容。⑦

综上所述，课程的含义大体可以概括为：学生在校学习期间所学内容（学科、活动等）的总和及进程安排。具体来说，课程是各级各类学校为了实现培养目标而规定的学习科目及其目的、内容、范围、分量和进程的总和。

一是，课程包含学生在校期间学习的全部内容，既有知识、技能、技巧的内容，又有思想品德的内容；既有提高学生身体素质的内容，又有促进学生心理发展的内容。二是，课程不限于所规定的课堂内要学习的各门学科，也包括课外各项活动的内容，诸如劳动、实习、参观等。三是，课程规定着

---

① 中国大百科全书总编辑委员会《教育》编辑委员会.中国大百科全书·教育［Z］.北京：中国大百科全书出版社，1985：207.

② 教育大辞典编纂委员会.教育大辞典（第1卷）［Z］.上海：上海教育出版社，1990：257.

③ 王策三.教学论稿［M］.北京：人民教育出版社，1985：202.

④ 李秉德.教学论［M］.北京：人民教育出版社，1991：158.

⑤ 陈霞.课程论［M］.北京：人民教育出版社，1989：12.

⑥ 筑波大学教育学研究会.现代教育学基础［M］.钟启泉，译.上海：上海教育出版社，1986：246.

⑦ 同上：245.

各门学科的教学目的、任务、要点和范围，规定着各门学科在学科体系中的地位和作用。四是，课程规定了某一层级某类学校各门学科设置的顺序。五是，课程规定了学年编制、学周安排、课时的分配等。六是，从课程的表现形态来看，课程既包括显性课程，又包括隐性课程。

概而言之，课程主要包括以下内容：一是指学科知识与活动，二是进行知识学习与活动的时间分配和顺序，三是学年和学周的编排。在教学论的话语体系中，课程主要是通过教学计划、教学大纲和教科书内容反映出来；在课程论的话语体系中，课程主要体现在课程方案、课程标准和教材等内容中。

关于课程的制定、颁布与实施的职责权限，各国规定有所不同。法国、日本等国课程的编订、颁布与实行均由国家的教育行政部门统一管理，统编课程国家统一规划，地方和学校无权改变。美国、英国、加拿大等国家不规定统一的课程，授权由地方政府负责，但国家通过拨款，提出有关课程的建议，举行统一的测试、评价等控制与影响学校课程的设置与实施。我国的课程由中央教育行政管理部门统一组织编订，执行统一的教学计划（或课程规划方案）、教学大纲（或课程标准）和教材（主要是教科书），各个地区可以根据实际情况编制一定的地方课程，学校可编制一定的校本课程。但地方课程、校本课程要与国家统编课程在课程政策和基本原则上保持一致。

二、课程的产生与发展

在我国，"课程"一词源于唐代孔颖达在《五经正义》中为《诗经·小雅·巧言》里的"奕奕寝庙，君子作之"句作疏，注为："维护课程，必君子监之，乃依法制。"这是迄今所知的"课程"一词最早的使用，但含义与现在"课程"的含义不同。宋代的朱熹在《朱子全书·论学》中多次使用"课程"一词，如"宽著期限，紧著课程""小立课程，大作功夫"等。这里的"课程"一词就是课业和进程的意思，具有今天"课程"一词的含义。

在西方，"课程"的英语为 curriculum，最早见于 19 世纪中叶英国哲学家、教育思想家斯宾塞的《什么知识最有价值》。据学者考证，课程（curriculum）一词源于拉丁语"currere"，动词词性为"跑""奔跑"，而名词词性为"跑道"。从词源学来考察，curriculum 意指提供给学生的跑道和指导学生奔跑以引导、激励和促进其发展。像运动员一样，要有运动跑道并沿着一定的运动跑道赛跑与训练。在学校教育中学生们也要有学习的"跑道"，学生沿着学习的"跑道"赛跑以获得素质的发展。

19 世纪中叶，"课程"一词主要在英语国家使用，后来欧洲大陆国家和世界各国也开始使用。然而，在不同国家，"课程"一词的含义也不同。美国学者蔡斯（Zais）和麦克尼尔（McNeil）分别列举了 6 种和 7 种"课程"定义（见表 5-1-1）。在胡森（T. Husen）和波斯特乐斯威特（T. N. Postlethwaite）主编的《简明国际教育百科全书》中罗列的"课程"定义多达 9 种。①

表 5-1-1　蔡斯和麦克尼尔的"课程"定义

蔡斯列举的"课程"定义	麦克尼尔列举的"课程"定义
① 课程是学习方案； ② 课程是学习内容； ③ 课程是有计划的学习经验； ④ 课程是在学校的领导下"已经获得的经验"； ⑤ 课程是预期的学习结果的构造系列； ⑥ 课程是书面的活动计划。	① 用来编制学习时所凭借的作品、书籍和材料的一套指南； ② 一种活动方案，一张列有课程、单元、课题和内容的表； ③ 学校指导的所有学习活动； ④ 人们决定教什么的过程； ⑤ 用于课程编制的过程研究； ⑥ 学习者在学校实际学习的内容； ⑦ 人们为学习者规划的学习内容。

随着课程价值观念的变化和实然课程的革新，"课程"概念已经获得新的内涵。进入 20 世纪 70 年代以来，课程内涵发生了重要变化，其中最突出的三个变化：从强调学科内容到强调学习者的经验和体验；从强调目标、计划到强调过程本身的价值；从强调显性课程，到强调显性课程和隐性课程相结合。

现代课程演变的趋势是把"课程"的重心从外在的规范转移到以"课业"为主体的现实的活动，即把"课程链"从"正式的课程"延伸到教师与

---

① 瞿葆奎 . 课程与教材（上册）［M］. 北京：人民教育出版社，1988：250-254.

学生共同参与的"课业",并关注"学生经验的课程",从而形成活生生的"课程系统"(见表 5-1-2)。

表 5-1-2　现代课程演变的趋势

课程链	课程系统分析
① 课程改革方案	理想的课程层面
② 课程计划	正式的课程层面
③ 课程标准	
④ 教材	
⑤ 课程表	
⑥ 备课—教案	教师理解的课程层面
⑦ 上课—课业	师—生运作的课程层面
⑧ 考查、考试、课程评价	学生经验的课程层面

随着人类社会的不断发展,在教学论的话语体系中,有"课"才有了"教材";要使"教材"合乎规范,就形成了"教学大纲"("教学大纲"是选编教材的依据);再进一步地发展,就出现了"教学计划"(因为"教学大纲"只是某一学科的依据,而所有课的安排就需要"教学计划")。这样就形成一个"教程链","教程链"形成之后,就作为一种制度自上而下地起到了规范作用。大约到 19 世纪,这种自上而下的课程运作体制便逐渐形成,成为最初的"课程"运作路线图。在课程论的话语体系中,课程(规划)方案—课程标准—教材,是其话语形态的表征。

传统课程是在学校以外设计,并作为外在于学校和教师的规范,使教师照章办事、照本宣科。这种"教程"支配教师、教师支配学生的"课程"体制,使教师和学生缺乏参与"课业"的内在动力。这是传统课程的缺陷,因此传统课程的变革势在必行。

现代课程理念中,"课程"不再只是一种规范,而成为一种现实的活动。这个过程使"课程"的概念,逐步从"轨道"转化为"在轨道上运作"。只是

"在轨道上运作"意义上的"课程"，虽然已经进行了很多实践尝试，积累了一定的实际经验，但是迄今为止，主要是作为一种"课程价值观念"和潜在的趋势存在。①

如果说作为"轨道"的课程，基本上是"教程"，那么作为"在轨道上运作"的课程，应是"学程"。但这不意味着"课程系统"是把"教程"简单地延伸为"学程"。因为课程系统并非简单的"教程＋学程"，而是把"教程"变为"学程"，这个系统中的各个要素都已经或将要发生变化。这里容易产生一个错觉，以为原先的"课程链"就是"课（业）—教材—教学大纲—教学计划"这样的环节，以后就是把它进行简单延伸，延伸到关注学生的经验，好像就是变成了"教程＋学程＝课程系统"。其实不是那么简单的事，应该系统地认识这一问题。

陈桂生认为，作为"课业"规范的"课程"（教程），是应有的有待实践的"课业"的规定性；而以"课业"为主体的"课程"（学程）则是现实的实践活动，是教师与学生参与其中的活动。这种"课业"虽然也须加以规范，而这种自主性"课业"的可能性、可行性，取决于"正式的课程"给予学校、教师与学生自主活动的时间与空间，即"正式的课程"的变化。总之，使有关"课业"的外在规定性，限于"必要的规定"，也就是非规定不可的规定。规定是必要的，但不是把教师的空间和时间都占满，规定的多少也不一样。所以，现代"课程系统"中"正式的课程"的属性在变化中。②

课程管理和领导重心也在转移。传统的"教程"着眼于对"课业"运作过程的控制，包括控制内容和手段，在"正式的课程"弹性增加以后，固然使学校和教师自主活动的时间与空间增加，却也可能使课业的随意性增大。所以不是说给教师和学生的自由越多越好，自由在不会使用自由的人们手里，便可能成为一种祸害。故课程管理与领导的重心将相应地从对"课业"运作过程的控制，转移到依照教育目标对这种活动结果的评价，以限制"课业"的随意性。这就是"目标管理"模式，不控制过程，注重结果。当然，"目标管理"也只是探索中的一种，不可能解决所有的问题。③

另外，正由于传统的"教程"旨在对"课业"运作过程进行指导与控制，

①②③ 陈桂生、王建军、黄向阳.再谈课程系统的形成和演变问题［J］.上海教育科研，2014（8）：27-30.

从而使教师"眼光向上"，按"上面"的规定办事，似乎成为"课业"运作过程的"中心人物"，其实所谓"教师中心"，说到底不过是"傀儡中心"。现代课程中心逐步下移，趋向于"把课程还给教师"。简单的道理是，最接近学生的教师才更有理由参与课程的选择。不过，其前提又在于教师职能的转变，即从"教程中的教师"变成"学程中的教师"。否则"把课程还给教师"的起码理由便不能成立。这就是说，在缺乏规范的情况下，教师的权力越大，就越专制。

所谓"学程中的教师"，是指教师从相当于"运动员"（或"演员"）的角色变成相当于"教练员"（或"导演"）的角色，而把"运动员"（或"演员"）的角色还给学生，使"课业"成为学生自己的学习活动。原来的"教程"中，就是教师的表演，教师都按照一套规范去做，是主角，学生是配角。现在要把学生变成"运动员"，"教练"只是在旁边指导。相应地，使备课（或教学设计）从一成不变的设计安排，变成动态的选择。现在如果教师相当于"教练员"指导学生学习或训练，就必须从"运动"出发，关注动态的过程，"教练"的培养方案不会是一成不变的。[①]

在我国，以课程改革为主导的基础教育改革取得了巨大成效。众所周知，2001年我国基础教育课程改革放弃了教学论的话语体系而开始采用课程论的话语系统，这对深受凯洛夫教育思想影响的我国基础教育具有重要意义。课程论的话语系统及其基本原理和课程实施（即教学）主张，较好、较有效地解决了我国教育中的问题。随着2022年3月《义务教育课程方案和课程标准（2022年版）》的颁布，我国的基础教育课程改革又迎来了新的春天，具有划时代的意义。新修订的课程标准，摒弃了"三维课程目标"，确立了发展学生学科核心素养的目标，这标志着我国基础教育与国际社会实现了真正意义上的接轨。新课标确立的坚持全面发展，育人为本；面向全体学生，因材施教；聚焦核心素养，面向未来；加强课程综合，注重关联；变革育人方式，突出实践五大基本原则，为我国的教育改革进一步指明了方向。

---

① 陈桂生，王建军，黄向阳.再谈课程系统的形成和演变问题［J］.上海教育科研，
　2014（8）：28.

三、课程的基本理论

如前所述，课程的确定最终取决于社会需要的价值取向，但由于人们所持的哲学观、社会观、教育观、知识观等的不同，因而对课程及其理论存在不同的理解与认识，出现了不同的课程理论流派。

（一）学科中心课程理论

学科中心论也称科目中心论或知识中心论。所谓学科中心课程，就是以科学（即科学学科）为基础，从科学学科中遴选一定的知识内容，按照科学的逻辑顺序，在学校以同名学科（同名学科，被称为学校学科或学校教育的学科）予以编排后，供学生学习的学科课程。学科中心课程，有时又称为分科课程，或百科课程。学科中心论（或知识中心论）主要探讨课程应该包含哪些学科，各学科中包含哪些科目，为什么要包含这些学科和科目，这些学科和科目怎样适当安排，内容如何选择，前后的次序与安排怎样才适宜，需占用多少教学时间，等等。

可以说从学校产生后，学科课程就逐渐形成。中国古代学校的"六艺"（礼、乐、射、御、书、数），"五经"（《诗经》《尚书》《礼记》《周易》《春秋》），"四书"（《大学》《中庸》《论语》《孟子》）等就是学科课程。在西方国家，古希腊和古罗马的"七艺"（文法、修辞、辩证法／逻辑、算术、几何学、天文、音乐）也是学科课程。学科课程具有悠久的历史和广泛的影响。欧洲中世纪基本沿用了"七艺"，世俗封建主教育除了封建道德礼节教育内容以外，还有"七技"（骑马、游泳、投枪、击剑、打猎、下棋、吟诗）课程。文艺复兴以后，欧洲学校曾经重视古典语文的教学，后来随着生产、自然科学的发展，自然科学课程逐渐进入学校。在课程理论上，具有代表性的就是捷克教育家夸美纽斯的"泛智论"，"泛智"即"全面的智慧"或"全知"的意思。夸美纽斯主张"把一切知识教给一切人"，由此出发，他提出了"百科全书式"的课程。他在《大教学论》中竟列出 20 门学科的课程。到了 18世纪末和 19 世纪初，德国哲学家、心理学家、教育家赫尔巴特在课程方面主张以人的多方面的兴趣（经验的、思辨的、审美的、同情的、社会的、宗教的兴趣）为基础，设置多方面的课程以培养"完美德性"的人。到了 19

世纪末,英国哲学家斯宾塞从"准备生活"和"知识价值"论出发,提出了个人功利主义的课程体系。他认为,为我们的完满生活做准备是教育应尽的职责,而评判一门教学科目唯一合理的办法就是看它对这个职责尽到什么程度。

到了20世纪,又出现了要素主义与永恒主义的课程类型。要素主义教育是本世纪30年代在美国为反对进步主义教育而形成的一个影响较大的资产阶级教育流派。作为要素主义教育的主要代表巴格莱(William Chandler Bagley)极力反对实用主义教育和进步主义教育的主张,认为以儿童为中心,强调儿童的兴趣、需要和个人经验,忽视了学习的系统性和稳定性。他认为,人类文化遗产里有永恒不变的、共同的要素,是所有人都应当学习的;经过历史考验的种族经验比个人的知识和儿童的任何未经考验的经验更有意义;教育过程中的主动权在教师而不在学生,长远的努力和目标比眼前的兴趣和需要更重要;强调学习的系统性,要严格按照逻辑体系编写教材,教给学生整个社会所必需的基本知识和工具;教育的最高目的在于训练人的智慧,使教育成为稳定现存秩序的一种方法。要素主义强调教师的作用,认为教师是"教育体系的中心",学生"学习的兴趣和目的要由教师加以改造",反对教学中的兴趣主义,主张教学活动的严肃性。

永恒主义教育也是现代资产阶级教育思想的一个流派,产生于20世纪30年代,主要代表人物是美国芝加哥大学校长赫钦斯(Robert Maynard Hutchins)和他的盟友艾德勒(Mortimer J. Adler)。永恒主义者认为,人的本质和理性是不变的,主张应把包括有关人类理性的永恒价值的理念、原理作为教育内容;为了摆脱现代社会病态文化影响下的病态教育,就必须确立永恒价值的观念在教育上的主导地位;认为"自然科学"不能指出社会应有的方向、目的和拯救病态的文化之道,要求救于永恒的秩序——人类伟大的知识遗产,即古典文化知识(如柏拉图的《斐多篇》、亚里士多德的《尼可玛可斯伦理学》、达尔文的《物种起源》等);主张永恒学科的传接,排斥实利主义的内容;主张系统的教材,反对设计教学;主张系统学习代替儿童兴趣主义。永恒主义教育认为课程应由文法、修辞、逻辑、数学、古典组成。

苏联教育家凯洛夫等人,基于"使学生获得全面发展,形成学生辩证唯物主义世界观、共产主义观点和相应行为"的价值追求,根据马克思列宁主义认识论和教育学说,在总结苏联教育经验的基础上,提出了"教养内容"

要求的课程体系。第一，从人类积累起来的各门科学的全部知识中，遴选最基本的知识供儿童学习。所谓最基本的知识，是指那些不管从事哪一种职业，没有它就不可能成为现代有教养的人的知识。凯洛夫认为构成这些知识的学科有语言、数学、物理、化学、生物、历史、地理、文学、心理、艺术、体育等。第二，普通教育的教养内容不仅要掌握一般文化的基础知识，而且还应掌握现代生产的基本原理和运用最简单的生产工具的最基本的技能。这些内容除了渗透在文化基础课中以外，学校还要开设农业、机械学、电工学等课程，组织实习和参观。第三，将普通文化科学知识的教育与学生参加现代生产劳动结合起来。第四，在文化知识的学习和劳动实践中，重视学生智力发展和各种能力的培养。

我国自 1902 年"壬寅学制"和 1904 年 1 月公布的"癸卯学制"以后，随着新学制和班级授课制的实施，也采用了学科课程进行分科教学。各级学校都规定了统一的课程。如小学教育课程有修身、读经讲经、中国文学、算术、历史、地理、格致（物理）、图画、体操等。中学课程设修身、读经讲经、中国文学、外国语、历史、地理、算学、博物、物理、化学、法制及理财、图画、体操等。到 1922 年"壬戌学制"确立后，"课程标准纲要"规定，小学课程为国语（包括语言、读文、作文、写字）、算术、历史、地理、自然、园艺、工艺、音乐、体育等学科。中学也规定了公民、历史、地理、国语、数学、物理、化学、外国语等若干基本学科。中华人民共和国成立以后，对课程进行改革。2001 年，我国开始了基于课程论话语体系的基础教育课程改革，但仍然采用学科课程。

（二）活动中心课程理论

活动中心课程，或称为经验课程，或儿童中心课程，是以儿童从事某种活动的动机为出发点，以各种不同形式的作业为核心所组成的课程。活动中心课程同学科课程相对。活动课程理论虽然是 19 世纪末 20 世纪初由美国实用主义教育家杜威提出来的，但这种思想的萌芽很早。如人文主义课程论在反对封建主义的斗争中就提出过重视儿童、重视学习者、重视发展儿童个性的主张。夸美纽斯提出的适应自然的原则、卢梭的自然教育论，都反映了课程要适应儿童身心发展的教育规律。但是，儿童中心论却把这条规律的要求推向极端，主张课程、教材和教学都要以儿童为中心，要围绕着儿童来运转。[①] 活动课程的理论，虽然可以追溯到启蒙思想家卢梭的自然主义教育理论，但活动课程的理论体系则是以杜威的实用主义教育思想为基础，实证于芝加哥实验学校。

杜威的哲学与他的教育理论完全融为一体。杜威认为，哲学是教育的一般理论，同时，教育乃是使哲学上的各种观点具体化并受到检验的实验室。杜威哲学的中心概念是"经验"。实用主义者认为世界上最根本的东西是纯粹的经验。从经验这个中心概念出发，杜威认为一切学习来自经验，教育是以经验为基础的，教育就是经验。

第一，教育即生活。杜威认为，儿童教育决不单纯是为了向成人生活的过渡做准备，而是儿童生活本身。学校、家庭、社会及其他任何场所的生活都是教育，要指导孩子们能够解决生活中所面临的问题。第二，教育即生长。儿童的生长过程也就是个人经验的改造过程，儿童凭借自己的经验，产生新的发展愿望，发挥自己的能力去实现自身的发展。第三，教育即经验改造。教育就是在理解的基础上对经验的重新组合。第四，学校即社会，即教育就是社会过程。儿童生活于社会生活之中，实际就是教育过程。个体被社会生活同化、社会化的过程也就是获得经验的过程。这四点是杜威对他所信奉的经验的、实验的哲学应用于教育理论的基本概括。

活动课程的心理学基础是儿童的兴趣和动机。以活动的动机为教学组织的出发点可以将学习者动机分为四类：第一类，社会动机，即同其他儿童一起活动的欲望；第二类，建设动机，即对原料进行加工和建造的愿望；第三类，探索研究的动机，即好奇和实验的愿望；第四类，表演动机，即爱好创作和欣赏各种艺术的心理倾向。活动课程的范围和教材的选择，应围绕儿童的动机来进行。杜威认为赫尔巴特的心理学是教师心理学，而不是儿童心理学；教育不是以外部的力量去规范儿童，而是使人类与生俱有的能力得以生长。

据此，他认为学校课程的中心，不是科学、文学、历史、地理，而是儿童本身的社会活动。他反对教材是固定的和现成的东西，认为传统教材呆板、枯燥、远离儿童的生活经验，缺乏有吸引力的知识。他主张教材的基本

---

① 陈侠.再谈课程理论的流派[J].课程·教材·教法，1990（5）：14.

源泉是儿童的直接经验，学校课程由各种不同形式的作业组成，如纺织、烹饪、木工、缝纫等。

杜威以"经验"为基础的活动课程是学习内容与学习方法的统一，将探索问题的科学方法分为五个步骤。第一步，设置问题，产生疑难情境。儿童遇到问题，感到不知所措，又不知怎样活动时，教师可提出进行活动的要求。第二步，调查和分析问题何在。研究问题的性质，仔细调查，弄清问题的要点。第三步，提出解决问题的各种假设。设想采用怎样的活动使问题得到解决。第四步，推断每一步骤所有的结果，看四个假设能否解决所提出的问题。第五步，在活动中检验假设，按假设进行实验活动，以行动改变现状解决问题，并对假设进行检验。他认为教师应当提供"经验的情境"，引导学生在活动中提出问题和解决问题，并发展创造性思维，养成独立工作的能力。

杜威的学生克伯屈（William Heard Kilpatrick）提出了"设计教学法"，对活动课程的理论和实践进行发展和完善。设计教学法既是一种课程理论，又是一种教学组织形式。设计教学主张由学生自发地决定学习的目的和内容，在学生自己设计、实施的单元活动中获得知识和解决实际问题的能力。它废除班级授课制，打破学科界限，摒弃教科书。教师的责任不在于传授知识，而在于利用环境引发学生的学习动机，帮助学生选择活动所需要的材料等。设计教学由于目的不同，分为创作、欣赏、问题研究、技能练习等活动类型，包含以下四步程序：第一步，引起动机，从实际生活环境中提出学习的目的；第二步，制订达到目的的计划；第三步，通过实际活动完成工作计划；第四步，评价，即检查活动的结果。

从上述的活动课程的理论和实践来看，活动课程的特点非常明显。第一，活动课程是基于儿童兴趣设计的，所以学生在学习过程中是积极的、主动的、活泼的，学习的效果也好。第二，使学习与生活环境紧密联系。教育即生活，而不是生活的准备。第三，由于在活动中进行学习，学生不仅积累了知识经验，而且发展了智力，人格、民主意识等都得到了发展。活动课程能全面提高教育的价值。第四，活动内容重视儿童的心理逻辑，儿童年龄越低，教学效果越好。幼儿教育的主题游戏，小学教育中的主题活动、作业、劳动等，有利于儿童身心的全面发展。然而，活动课程的问题与缺点也很明显。以儿童的活动动机为立足点，如何组织活动和选择教材是很困难的。活动课程忽视理性知识的价值，忽视科学知识的逻辑体系，忽视教师在传递知识方面的作用。

（三）社会中心课程理论 [1]

社会中心课程又叫社会改造主义课程论，一般以问题为核心，因此也有人称其为核心课程，或问题中心课程。它在实施时往往采用活动课程的一套方法，如师生共同研究学习的方案，从事实验、制作、调查、研究等活动。问题中心课程的实施，需要采取问题解决的过程：发现问题，分析问题，提出假设，检验假设，得出结论。社会中心课程学习的问题是由国家或课程工作者或者教师预先确定的。

社会对教育的要求，体现在不同时代、社会与国家或地区的教育目标上。知识中心课程都是从教育目标出发编制的。要素主义课程论要求传递人类文化遗产中的精华部分，与加强普通学校的自然科学教育的教育目标相符合。因此，从制约学校课程的因素来分析，社会中心论与知识中心论有着密不可分的关系。

改造主义的社会中心论是为了克服儿童中心论的片面性而提出的。但考虑课程的社会功能，并不是从改造主义者开始的。功利主义课程论分析人类社会生活，作为确定课程设置的依据，未尝不可以说它是社会中心论。从改造主义社会中心论指导下编制的课程，就可窥见它同功利主义课程的联系，因为它们都是通过分析人类社会生活的需要来考虑教学内容。

英国学者丹尼斯·劳顿（Denis Lawton）提出了情境中心论，是以培养儿童适应未来情境为中心来编制课程的理论。从制约课程的三大因素来观察，情境中心论侧重于社会因素，主张教育要发展儿童的自主能力，使他们学会适应将来步入社会后面临的各种情境。因此学校课程要培养学生适应未来社会的能力，既要求他们获得各种必要的知识，也重视他们自身获得某种经验的价值，使他们不受环境支配，能对环境施加某些积极的影响。依据情境中心论编制的综合课程，在保证学生获得丰富、广博知识的同时，了解国际政治经济的形势，以及自然科学和社会科学发展的趋势，认识当

---

① 陈侠.再谈课程理论的流派［J］.课程·教材·教法，1990（5）：14-16.

前世界存在的问题。

研究课程理论，并不局限于一隅，而应该致力于探寻课程编制的共同规律。泰勒（Ralph W. Tyler）在 1949 年出版的《课程和教学的基本原理》中，提出课程编制的共同规律，认为学校课程编订必须解决四个根本问题。

一是，课程的教育目标必须是什么？二是，为了实现教育目标必须规定哪些教育内容？三是，应当怎样组织教学内容来提高它们的效果？四是，课程的效果应当怎样评价？后来泰勒又对以上根本问题作了补充：学习者因素对课程编订有什么意义？对学习者在校外的学习生活是否有充分的了解？事实上，在确定教育目标，选择和组织教学内容时，都应当考虑学习者因素。至于要充分了解儿童的校外学习活动是希望把学生在学校、家庭和社会的学习构成一个完整的教育体系，学校课程要帮助学生同社会环境相接触，并发挥社会对学生的积极教育影响，克服社会的消极作用。

比彻姆（G. A. Beauchamp）的《课程理论》把课程规划、课程实施和课程评价看作一项系统工程，即课程工程。他认为课程规划的结果应产生规定课程标准和教学内容的文件，这些文件是课程实施和评价的依据。他主张教育学是一门应用科学，理论要受一系列下位理论的支持。他主张，课程理论和教学理论都应当是教育学的下位理论，都应当是教育学的分支学科。

四、课程的基本类型

从对课程认识与研究的角度审视，不同的课程类型多是人们出于不同目的分类的结果。不同类型的课程有不同的特征，也有不同的功能和作用。在实际教育工作中，通常需要把不同类型的课程加以组合，以促进学生的全面和谐发展。

（一）根据课程性质分类

根据课程的性质与内容，我们可以把课程分为分科课程、活动课程和综合课程。

1. 分科课程

分科课程是根据学科（即科学学科）发展水平与类型，同时结合学校培养目标，从各门学科中选择适合一定年龄阶段学生发展水平的知识，并根据科学的逻辑进行编排，然后组成各种不同的学校教育学科，即教学科目。分科课程有着悠久的历史，我国古代的"六艺"（礼、乐、射、御、书、数），古希腊的"七艺"（文法、修辞、辩证法、算术、几何、天文、音乐）和"七技"（骑马、游泳、投枪、击剑、打猎、下棋、吟诗）都可以说是最早的分科课程。分科课程至今仍是世界上绝大多数国家学校中最主要、最常用的一种课程类型，具有如下特点。

（1）科目性

分科课程强调科学知识的分门别类，要根据不同的科目编制不同的教学内容。

（2）结构性

分科课程的内容编排强调根据学科逻辑，强调某学科的基本概念、原理与结构序列，不太考虑教学逻辑以及学生的心理发展。

（3）学问性

分科课程强调课程的内容应该是学问，学问中包含的知识才是课程的恰当内容。

（4）专业性

分科课程强调独立的专门的学问，因为学科都有着不同的结构，因而不可能将各种学科进行整合，只能采取专业化的形式。

（5）系统性

分科课程强调某种学科知识的系统性与完整性。

（6）预设性

所有的分科课程内容都是经过精心选择的，是预先设计的，以保证科学知识的严密性与教学内容的完整性。

2. 活动课程

活动课程，又称为经验课程或儿童中心课程，认为课程应从儿童的社会生活出发，以活动作业作为基本形式，遵循儿童的身心发展规律加以组织。活动课程既可以作为课堂教学的一部分，又可以作为课堂教学的补充。活动课程种类繁多，如探索学习、实地考察、社会实践、社会服务、户外教育、消费教育、健康教育等，具有如下特点。

（1）活动性

活动课程的活动性表现为身心愉悦、思维活跃、活动灵活而富有弹性、多种感官协调行动。

（2）经验性

注重学生现有经验，注重让学生通过经验的获得与重构进行学习。

（3）主体性

尊重学生的主动性与积极性，并以此作为教学的出发点与目标。

（4）综合性

打破传统的学科框架，以生活或现实题材为学习单元。

（5）开放性

活动内容、活动时间、活动空间以及师生关系等都是开放的。

（6）心理学化

强调将教材恢复到它被抽象出来的经验，变为直接和个人的体验。

3. 综合课程

综合课程，又称为广域课程、统合课程或整合课程。综合课程是为了克服分科课程分科过细的缺点，通过合并相邻领域学科，把若干门学科组织在一门综合的学科中而形成的。

综合课程具有五大特点：第一，整体性。个人、社会、自然是一个有机的整体，科学、艺术、道德彼此交融，个性的发展是通过对知识的综合而不断探究世界与自我的结果。综合课程试图把课程内容整合在一个学习项目下，具有综合性的特点。第二，实践性。综合课程以实践为导向，从问题解决中寻求知识的掌握。其内容构成源于社会现实生活，让学生在操作、考察、探究中发现和解决问题。第三，开放性。综合课程面向每一个学生的发展，尊重每一个学生的需求，课程目标具有开放性，评价标准具有多元性。第四，生成性。任何一种综合都没有固定的模式，学校、教师都可以根据自身的实际情况开发教育资源，并结合学生的实际生成课程。第五，自主性。综合课程尊重学生的学习兴趣与爱好，学生可以自主学习。

整合建构综合课程应该遵守如下规则：

第一，相邻知识系列的整合。比如：代数、几何等知识系列的整合；植物、动物、生理卫生、生态环境等知识系列的整合。以上是最直观、最基础、最容易实现的整合。

第二，性质相近学科的整合。比如：物理、化学、生物整合形成"科学"；历史、地理、道德等整合形成"社会"；音乐、美术、舞蹈等整合形成"艺术"。这是基于相邻知识系列有机联系起来的、比较容易实现的整合。

第三，人文、自然和社会学科的整合。这是当代为解决环境污染、核威胁、"精神家园丢失"等社会问题而逐步发展起来的整合层面。

第四，文化的整合。构建学校教育内容与社会文化发展之间的桥梁，保证新知识能及时进入课程，与已有知识形成有机整体，实现教育内容变化与文化发展之间的整合。

第五，儿童与文化的整合。整合课程的最高理想是实现儿童与文化的整合，让教育内容成为儿童自由和谐全面发展的环境、土壤和养料。

（二）根据课程管理分类

根据课程的管理权限归属，我们可以把课程分为国家课程、地方课程和校本课程。

1. 国家课程

国家课程是由国家教育行政部门规定的课程，一般由中央政府授权教育部门自上而下统一编制、实施和评价，是国家根据自身利益和对公民的基本素质要求而开发设计的课程，是国家意志的体现。

国家课程一般具有强制性、统一性、公共性、基础性等特点：第一，强制性，国家课程往往是根据国家的意志设计与开设的课程，目的是培养合乎国家要求的公民，因而要求无条件执行；第二，统一性，国家课程一般面向全国，其课程目标、课程内容、教学方式、评估方式都有统一的规定；第三，公共性，国家课程追求共同性，而不是差异性；第四，基础性，国家课程是对公民最基本的要求，目的是保证每个公民都要具备最基本的素质。

2. 地方课程

地方课程，又称地方本位课程，是指在国家规定的课程计划内，由省一级政府或由其指定的相关部门根据当地的政治、经济、文化、民族发展需要而开发的课程。地方课程是由地方根据国家课程标准及各地发展需要而开发的课程，一般具有地方性、多样性、特色化、自主性等特点。

3. 校本课程

校本课程是以学校教师为主体，在保证国家课程和地方课程实施的前提下，根据对自身学校学生需求的科学分析与评估，充分利用社区资源和学校资源，根据学校教育哲学观与办学理念而开发的多样化的、可供学生选择的课程。其目的是促进学生个性成长，促进教师专业成长，形成学校特色。

（1）校本性

校本课程是基于学校的实际情况，为了促进学校的发展，在学校中由本校师生共同开发的课程，只考虑本校是否有用，而不考虑其他学校，具有明显的学校本位的性质。

（2）多样性

校本课程的类型多种多样，在开发类型上有改编、选编、新编等；在内容上有兴趣类、生活类、技能类、学术类等。

（3）灵活性

校本课程与国家课程相比具有更大的灵活性。课程目标、课程内容、课程实施、课程评价上都可以根据实际情况进行确定，没有统一的标准。

（4）个性化

国家课程、地方课程追求共性，而校本课程追求个性，是国家课程和地方课程的补充。

（5）特色化

开发校本课程的最终目的是形成学校特色，进而以特色求生存、促发展。

（6）自主性

学生可以自主选择学校提供的课程，教师可以自主选择开发自己感兴趣的课程，学校可以根据自身需要开设相应的适合本校学生的课程。

（7）动态性

校本课程不追求统一而固定的教材，而是根据社会与学生发展的需要不断调整与完善课程内容。

（三）根据课程修习要求分类

根据课程的修习要求，我们可以将课程分为必修课程与选修课程。

1. 必修课程

必修课程指根据学生学业要求和课程计划的规定，所有学生必须修习的科目。相对于选修课而言，必修课是强制性的，是社会与行政权威在课程中的体现。在基础教育中，必修课课程分为国家必修课、地方必修课和学校必修课等。

2. 选修课程

选修课程指根据学业要求和学校的课程规划，依据不同学生的特点，允许个人选择需修习的科目。选修课程根据不同的标准又可以分为不同类型：第一，根据开设形式的不同，可分为单科性选修课和分科性选修课。单科性选修课是指对某门课的选修；分科性选修课，又称多科性选修，是指侧重于文科课程或侧重于理科课程的选修。第二，按照学习要求的不同，选修课程可分为限定性选修课和随意性选修课。

（四）根据课程表现形态分类

根据课程的表现形态，我们可以把课程分为显性课程和隐性课程。

1. 显性课程

显性课程，即通常所说的正式课程，是指为实现一定的教育目标而正式列入学校计划的各门学科课程和有目的、有组织的课外实践活动课程以及一些模块化课程。显性课程一般有固定的教材，有规定的教学内容，有明确的教学目标，同时易于进行测量与评价。

（1）显露性

显性课程都是通过公开的方式明确地列入学校的各项教育活动中。如通过课程表、教学计划等。

（2）计划性

显性课程都是预先制定好的，经过严格审查的课程。所有的内容与实施方式都有详细的计划，不能随意改变。

（3）规范性

显性课程的内容选择、编排方式、教学安排、评价手段等都有严格的规范，既要符合学科的逻辑，又要适应学生的学习。

（4）易评价性

显性课程的所有内容都有特定的评价指标与评价手段，其结果是可预期的和可评价的。

2. 隐性课程

隐性课程，又称为非正式课程、潜在课程或隐蔽课程，是学校通过教育环境（物质的、文化的、制度的、社会关系结构的等），有意无意地传递给学生的非公开性的教育影响。它伴随着正规教学内容，或不自觉地随机出现，对学生起着潜移默化的教育影响，通常包括渗透在教材和教学活动中的被人忽视的各种因素，包括校容校貌、班风学风、礼仪习惯、人际关系、信仰偏见、教师的言行举止以及学校制度等。隐性课程对学生来说可能是有意识的，也可能是无意识的；既可能是计划的课程，也可能是非计划的课程；既可能是一种教育活动，也可能是一种学生自发的活动。

从存在范围来看，隐性课程具有普遍性。

从存在方式来看，隐性课程具有隐蔽性，是以间接的、内隐的方式呈现并发挥作用。

从传授方法来看，隐性课程具有非计划性，通过学校的自然环境和社会环境等具体情景，对学生产生影响，让学生在自由的情境下，间接地、不知不觉地受到教育。

从作用特性来看，隐性课程具有渗透性，渗透并存在于学校的环境中，学校的观念和文化氛围中，人与人和人与物的关系中，学生的课外活动中，等等。

从影响结果来看，隐性课程具有感染性，主要通过学校的自然环境和社会环境等具体情景，对学生产生影响。

从作用效果来看，隐性课程具有长效性。学生自踏入学校起，便在学校和教师有目的、有计划的指导下开始了显性课程的学习。显性课程教育效果明显；但隐性课程则需要经过长期的日积月累、潜移默化，才能形成学生的思想意识、品德等。思想意识、品德等一经形成，就不易改变，其效果是长期而深远的。

从存在形式来看，隐性课程具有动态性。隐性课程的动态性具有两个方面的含义：一是一些隐性课程在适当的条件下，可以转化为显性课程；二是隐性课程易受政治、经济、道德习惯和价值取向等因素的影响。

从标准判定来看，隐性课程具有不确定性。隐性课程品质的标准判定，受人的经验、动机、道德准则、价值取向等因素的制约，无绝对的客观标准。

五、课程与教学的关系

课程与教学的关系十分复杂，存在着多种不同的看法。美国教育学家奥利瓦（Peter F. Oliva）等学者对课程与教学的关系予以了系统研究，概括了四种观点，分别是二元论、同中心论、循环论、连锁论。

（一）二元论

二元论认为，课程与教学处于两个相互独立的领域，各自在相互独立的领域内运行、发展与变化，二者相互独立，互不交叉，互不包含。"课程与教学是两个独立的领域，这种观点已获得广泛的认可。"[①] 二元论也是我国主流的课程与教学的关系理论（见图 5-1-1）。

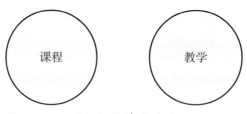

图 5-1-1　课程与教学的关系——二元论

（二）同中心论

同中心论认为，课程与教学相互依赖，彼此互为上下位关系，即课程处于教学的上位，教学处于课程的下位；教学处于课程的上位，课程处于教学的下位。课程大，教学是课程的一个亚系统，课程占优势，教学从属于课

① TANNER D, TANNER L. Curriculum development: Theory into practice (2nd Edition.) ［M］. New York: Pearson, 1980: 30.

程；教学大，课程是教学的一个亚系统，教学占优势，课程从属于教学。课程与教学相互依赖（见图 5-1-2 ）。

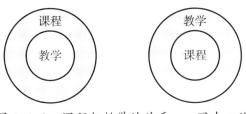

图 5-1-2　课程与教学的关系——同中心论

（三）循环论

循环论认为，课程与教学两者虽然相对独立，但存在互为反馈的延续关系。课程不断对教学产生影响，反之亦然。教学决定在课程决定之后，且在教学决定付诸实施与评价之后，根据成效修正课程决定，调整课程。课程与教学相互影响、相互决定、相互反馈，形成一种循环的关系（见图 5-1-3 ）。

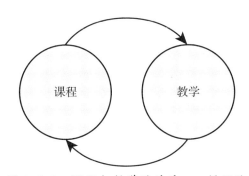

图 5-1-3　课程与教学的关系——循环论

（四）连锁论 [①]

连锁论认为，课程与教学之间密不可分，课程中有教学，教学中有课程。如果把教学同课程分离开来，对两者都会构成严重损害。同时，两者

---

① OLIVA P. Developing the curriculum［M］. New York: Priscilla Mc-Geehon, 2001: 9.

之间没有上下位关系，也不存在包含关系（见图 5-1-4）。

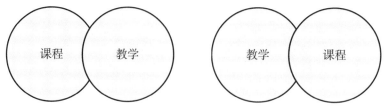

图 5-1-4 课程与教学的关系——连锁论

尽管课程与教学的关系十分复杂，但对其予以准确把握十分必要。那么该如何认识与把握课程与教学的关系，丁念金经过系统研究认为应该注意以下几个要点。[①]

第一，课程与教学是两个不同的概念。虽然课程与教学之间有着密切的联系，两者不是截然分开的，但是并不能将两者混为一谈，不能抹杀两者之间的界限。了解这一点，既有利于理论研究中领域的相对清晰地划分，从而促进整个教育研究的深化和丰富化，促进学科发展，也有利于厘清相关实践思路。需要注意的是，将课程与教学分开，在认知和行动上都必须避免将两者绝对割裂甚至对立起来。

第二，课程与教学都以学习为根本。课程从本质上讲，是提供给学习者学习的东西，是为学习者的学习而设计的，而教学也是教师引导学习者积极学习的过程。结合与课程的关系来看，教学过程包括两个基本的逻辑层面：学习者的学习活动和教师对学习者学习活动的引导。

第三，课程与教学作为两个不同的概念，两者之间相互联系，相互影响。一方面，课程相对在先，课程的编制在一定程度上影响着实际教学的过程，或者说教学过程在一定程度上是按照课程的设计而进行的；另一方面，实际的教学过程又影响着课程，对课程有着反馈、调整、改革的作用。这种关系就是上述"循环论"中所阐述的关系。

第四，在存在范围上，课程与教学并不是包含关系，不能认为课程包含教学，也不能认为教学包含课程，课程与教学存在着相互交叉的关系，两者部分重叠在一起。课程的编制过程与实际的教学过程有时是部分重叠在一起的，如果课程的编制采取过程模式，那么课程与教学的部分重叠就比较

---

① 丁念金.课程论［M］.福州：福建教育出版社，2007：35-36.

明显。因为在过程模式中，课程决策和课程设计有很大一部分是在教学过程中进行的。

第五，在功能上，课程与教学是彼此依赖的。一方面，课程设计完成之后，要通过教学实现其功能，促进学习者的身心发展和社会发展。课程的改进也要依靠教学实践，通过教学实践，从根本上判断课程的优劣，发现课程中存在的问题，寻求解决问题和改进课程的措施。另一方面，教学的功能在一定意义上说是因课程而获得的，教学在一定范围内是课程实施的活动过程。

第六，课程与教学的相互依赖并不意味着两者是正好相对应的。一方面，教学并不完全是实施课程的过程。课程强调计划性，教学强调情境性，实际情境在一定程度上遵循计划，但又往往不局限于计划。教学在一定程度上遵循课程，但有部分超出课程之外，在教学过程中，教师既遵循课程规划为学生提供学习经验，又根据实际情境为学生提供一些课程之外的学习经验。另一方面，课程也并不仅仅是通过教学来实施，其他教育活动也具有实施课程的职能。

因此，要从课程论和教学论两套不同的话语体系入手，认识、理解与把握课程与教学的关系。

第二节　学科教育课程及其特征

实施学科教育，需要在把握学科本质内涵的基础上，确切理解课程的本质。在此基础上，系统理解学科课程的概念与内涵、学科课程的基本特征和学科课程的发展趋势，才能设计好、建设好、实施好学科课程，培养与发展学生的学科核心素养。

一、学科课程的概念与内涵

学科课程是指按照学科知识门类分科设置的课程形态，是由一定数量的不同学科门类遵循各自固有的逻辑组成的课程系列。近代以来，夸美纽斯所倡导的"泛智课程"，赫尔巴特根据人的"六种兴趣"设置的课程，斯宾塞根据功利主义原则设置的课程，都属于学科课程。正如赫尔巴特指出的，这种"从易到难"排列教材的方式，符合儿童的发展阶段特征，而且注重科学的体系，具有如下特点：学科课程依据知识的门类分科设置；学科课程是将人类活动经验加以抽象、概括、分类整理的结果；学科课程往往相对独立、自成体系；学科课程通常按特定知识领域内在的逻辑体系来加以组织；学科课程具有简约性和较为严密的系统性。

由于学科课程是按照不同学科知识的逻辑建立起来的课程，因此通常又称为分科课程。学科课程历史悠久，是整个学校教育课程体系的核心，已经形成基本的理论基础。进入20世纪，学科课程及其实施的理论研究空前发展。20世纪60年代以来，最具影响的学科课程的理论主要有美国教育心理学家布鲁纳的结构主义课程论、德国教育家瓦根舍因（Martin Wagenschein）的范例方式课程论、苏联教育家赞可夫（Zankov）的发展主义课程论。

美国教育心理学家布鲁纳的结构主义课程论，主张课程内容以各门学科的基本结构为中心，学科的基本结构由科学知识的基本概念、基本原理构成。在课程设计上，他主张根据儿童智力发展阶段的特点安排学科的基本结构，提倡发现法学习。布鲁纳的很多思想体现了很强的时代精神，对当前学校教育仍具有很强的现实意义。但是，结构主义课程论片面强调内容的学术性，致使教学内容过于抽象；将学生定位太高，同时在处理知识、技能和智力的关系上也不成功。

德国教育家瓦根舍因的范例方式课程论强调课程的基本性、基础性、范例性，主张应教给学生基本知识、概念和基本科学规律，教学内容应适合学生智力发展水平和已有的生活经验，教材应精选具有典型性和范例性的内容。该理论具有以下基本特征：一是以范例性的知识结构理论进行取材，其内容既精练又具体，易于举一反三，触类旁通；二是理论同实际自然地结合；三是能解决实际问题的内容都是综合的，不是单一的；四是范例教学能更典型、具体、实际地培养学生分析问题和解决问题的能力。

苏联教育家赞可夫的发展主义课程论把"一般发展"作为其课程论的出发点和归宿，称为"发展主义课程论"。所谓"一般发展"，是指智力、情感、意志、品质、性格的发展，即整个个性的发展。主要观点：第一，课程内容应有必要的难度；第二，要重视理论知识在教材中的作用，把规律性的知识教给学生；第三，课程教学的进行要有必要的速度；第四，教材的组织要能使学生理解学习过程，即让学生掌握知识之间的相互联系，成为自觉的学习者；第五，课程教材要面向全体学生，特别要促进差生的发展。

学科课程与非学科课程是相对的，不应把"学科课程"同"综合课程"对立起来。因为，"综合课程"也是在学科课程基础上的"综合"，或是几门学科知识的拼凑或组合，就知识而言仍旧属于学科课程。学科课程具有重要意义。首先，学科课程是每门学科知识体系的科学安排，易于使各级学校相同或相近学科领域的知识连接起来，成为体系。如，初中数学到高中数学再到大学的数学，初中物理到高中物理再到大学物理，就是一个逐步递进而连续的学科课程系列。其次，学科课程易于保证所授知识与能力培养的完整性、连续性和严密性。还有，学科课程也给教学或课程的实施带来便利，教师面对系统性的学科课程知识，借助规划、编制好的教材可以有的放矢地施教，学生也很清楚自己的学习任务。有了系统的学科课程，加之非学科课程（主要是隐性课程、实践活动性课程）的辅助，学生才能在教师的指导与帮助下，生成与发展各方面的素质。

二、学科课程的基本特征

学科课程是依据学科知识的门类分科设置的课程形态的总称，是由一定数量的不同学科门类遵循各自固有的逻辑组成的课程系列。学科课程呈现出系统性、逻辑性、完整性、衔接性、独立性和发展性的特征。

（一）学科课程的系统性

学科课程的系统性，是指某一学科课程的内容或某一学科课程的不同层级是以一定逻辑与结构形式链接构成的有机整体，是一系列课程系统。学科课程的系统性主要表现在两个方面：一是，学科课程的内容是以一定逻辑与结构形式构成的课程系统。如数学、物理、化学、地理、历史等学科课程，都是根据不同的层级、逻辑，由浅入深、由易到难地选择、组织与编排自己的内容。二是，某一学科课程自身是由不同层级以一定逻辑与结构形式链接构成的课程系统。如，数学学科课程有小学、初中、高中、大学不同层级的课程并自成系统。数学课程的每一个层级又都是根据层级要求水平，按照一定的逻辑，由浅入深、由易到难地选择和组织内容，每一层级间都有相互衔接的逻辑链，同时又规定了具体的实施要求。

（二）学科课程的逻辑性

学科课程的逻辑性，是指学科课程的要素构成、内容、结构以及运行要求等都有自己独特的规律并自成系统。学科课程由一定数量的不同学科课程组成，各门学科课程各具固有的独特规律和系统，通过在特定知识领域内按照一定的逻辑体系来加以组织。近代学校的学科课程是文艺复兴后逐步形成的百科全书式的课程，为各国学校广泛采用。学科课程符合儿童的发展阶段特征，而且有自己独特的规律并自成科学体系。学校学科课程是从科学学科中分门别类汲取知识，依据课程建设规律和约定俗成的惯例建构而成。课程建设规律和约定俗成的惯例，便成了学科课程的逻辑基础。学科课程的逻辑性是学科课程的基本特征。

（三）学科课程的完整性

学科课程的完整性，是指学科课程的课程结构完好，课程要素齐备，课程内容完整，处于良好的功能状态。近代以来，如夸美纽斯所倡导的"泛智课程"，赫尔巴特根据人的"六种兴趣"设置的课程，斯宾塞根据功利主义原则设置的课程，也都属于学科课程。这些学科课程，从课程内容到结构，从课程整体到层级，都是相对完整的体系。现代学科课程体系，从课程规划到课程建设，从内容的遴选到课程的结构，从课程的逻辑到课程编排，都更加注重课程的完整性。近年来，对课程完整性的认识更加深化，如从宏观层面关注各级学校学科课程一体化建设问题。

（四）学科课程的衔接性

除了系统性、逻辑性、完整性外，衔接性也是学科课程重要特征。学科课程的衔接性表现在两个方面：一是，学科课程的内容是以一定逻辑形式或规则相互衔接构成的课程系统。如，某一层级的数学学科课程的内容都是根据这一层级的要求，按照一定的逻辑，由浅入深、由易到难地进行组织、编排的。二是，某一学科课程不同层级之间是以一定的逻辑形式或规则相互链接构成的课程系统。如小学数学课程、初中数学课程、高中数学课程，以及大学数学课程，层级间都有着相互衔接的逻辑链，同时又规定了具体的实施要求。

重视学科课程内容的衔接性，同时规划、设计并处理好学科课程不同层级之间的衔接性，乃是今后学科课程改革的重点。

（五）学科课程的独立性

学科课程的独立性，是指学科课程的要素、内容、结构以及运行要求等都有自己的独特性并自成系统。一般而言，学科课程的自成体系、独立性是相对的，它通常按特定知识领域内在的逻辑体系进行组织。学科课程的独立性是学科课程与其他学科课程没有依从关系，自成系统。然而，学科与学科之间又不是绝对独立的，有些学科之间本身就有联系，如数学学科与物理学科、哲学学科与历史学科、政治学科与法学学科，等等。

学科课程的独立性，使得各个学科课程具有独特性，当然也使得学科课程的作用凸显，进而说明学科课程的不可替代性。做好学科课程规划，加强基础学科课程教学，发挥优势学科课程作用，注重尖端学科与课程培育，应该成为今后学科课程改革的重点工作。

（六）学科课程的发展性

学科课程的发展性，指学科课程不断完善、创新、与时俱进。发展性是学科课程的基本属性，由学科课程性质所决定。首先，学科课程的发展是社会发展的基本诉求。培养适应社会发展的人才，首要的问题是实施课程改革，丰富与不断完善学科课程。其次，知识的更新换代需要学科课程的发展与完善。随着科学技术的迅猛发展，知识的不断"爆炸"和人工智能时代的到来，学科知识更新发展步伐加快，这就要求学科课程要不断改革，吐故纳新。学科课程的稳定性是相对的，发展性是绝对的。随着人类对教育本质与教育规律认识的加深，学科课程也必然要随之改进与完善。20世纪以来，教育学理论、课程与教学理论、学习理论空前发展，特别是心理学和脑科学的发展，使得人们对教育本质与规律的认识不断深化，特别是对课程本质与作用的认识更加趋于理性化，学科课程必然要随之完善与发展，（见表5-2-1）。

表5-2-1 知识中心课程、社会中心课程、儿童中心课程的关键因素比较①

	知识中心课程	社会中心课程	学习者中心课程
重点	教学内容来自学术性学科 有组织的范围和顺序	寻求与社会的相关性 公民意识的教育	聚焦个体 个人成长和发展 学习者兴趣 强调情感
教学	教师是学者、学习者 教师主导的课程 多样化的教学策略	问题解决单元 学科科目作为工具 社区中的人力资源 小队设计、小队教学、小队学习	教师作为促进者
学习	掌握教材 学生是被统治的学习者	团体项目 协作努力 做领导的机会	随机教育
环境	明确关注学术性 传统学科 学校即学习场所	课堂、学校是民主的 跨年龄、跨年级 真实世界是学习的实验室	培养创造力 激励性的 游戏化环境 活动的自由 信任的气氛

---

① 亚瑟·K.埃利斯.课程理论及其实践范例[M].张文军，译.北京：教育科学出版社，2005.

（续表）

	知识中心课程	社会中心课程	学习者中心课程
评价	正规考试 标准化评价	在真实世界中的成效 公民意识和领导能力 的发展 知识和技能的应用 集体反思 社会性方面的发展	学习者自发 面向发展 强调形成性 轶事的、经验的 非竞争性的

总之，学科课程具有系统性、逻辑性、完整性、衔接性、独立性和发展性的特征，有利于学生学习和巩固知识，同时也便于教学设计和教学质量管理。学科课程也暴露出了一些弱点，如学科课程缺乏内在整合性，一定程度上忽视了知识的联系性，割裂了学生的理解力；学科课程容易忽视学生的动机和已有经验，脱离学生的兴趣和生活实际。我们需要通过学科课程的优化与改革，通过非学科课程（综合课程、活动课程和隐性课程）的教学予以弥补。

三、学科课程的发展趋势

（一）关注每个学生的发展

为了每个学生的发展，是学科教育课程改革的核心理念，也是未来课程改革的基本趋势。课程改革将越来越重视以脑科学研究、心理学研究和教育学研究为基础，关注学生发展与学科体系建设；关注社会需求的动态平衡关系；注重学生发展的主体性、主动性；注重学生智能发展与知识传授的关系；关注智能发展与人格发展的关系；强调为学生提供合适的课程。学生是学习的主人，教师是学生学习的指导者、服务者。面向学习者的学科课程设计与建设已成为课程改革的基本基调与方向。

（二）重视道德与人文教育

随着信息技术的迅猛发展，特别是随着人工智能时代的到来，学校教育面临着越来越多的新挑战。学科课程如何才能在学校教育中更好地发挥教学与立德树人的作用,提高德育实效? 如何发挥隐性课程潜移默化的作用? 如何形成学校、社会、家庭三位一体的教育局面? 这些都是未来课程改革需要深入探讨的问题。

科学技术是一把双刃剑,它在造福人类的同时也给我们带来难以预料的问题和灾难。科技发展越是迅速,就越是需要人文精神的引领。如何平衡科学技术课程与人文学科课程的比例是我国深化教育课程改革必须面对的问题。

(三)课程趋于综合化

我国的基础教育课程改革提倡在小学阶段以综合课程为主,初中阶段则是分科课程与综合课程相结合,高中阶段以分科为主。但同时规定,在小学到高中阶段设置综合实践活动课程,旨在弥补分科课程的缺陷。但现实中,更多采用的还是分科教学,综合课程的实施缺乏观念、技术、时间及评价等方面的支持,探索一套行之有效的综合模式和方法是未来课程改革的重要命题。根据学生身心发展状况和不同阶段学校教育的基本目标,不同阶段的课程综合具有不同的意义。一般而言,年级越低,综合的程度应该越高。义务教育阶段课程综合化的程度应该更高;到了高年级阶段,要在坚持分科课程为主的同时,探讨课程的综合化;普通高中的综合课程应建立在分科基础上。课程综合化能最大限度地避免分科教育造成的偏科现象,是培养与发展学生核心素养的有效手段,是实现全面发展教育的基本保证。

(四)课程社会化和生活化

学科教育课程建设一直过于追求学科体系结构的完整性和纯洁性,这使得我国课程建设脱离社会实践,脱离学生生活。我国学科教育课程的出发点是为学科后备人才的培养打基础,因而强调课程的学科逻辑,忽视课程的实践与生活教育价值。课程社会化和生活化是世界课程改革的主要发展趋势,也是我国学校教育课程改革的基本方向。课程改革旨在加强课程与学生生活和现实社会实际之间的联系,但如何把中小学的通识教育、劳动教育、职业技术教育等适度融合起来，成效仍不显著。将核心课程、拓展课程、通识教育课程有机融合且结构设置科学合理，能够满足个人与社会发展需要，是未来课程改革的重要命题。

（五）课程个性化和多样化

为了满足每个学生的不同需要，更有效地实施因材施教，就必须给学生提供个性化的课程。个性化是未来课程改革所坚持追求的目标。学科课程既要体现共同性，又要体现差异性、层次性与个性。随着信息技术的发展，计算机和网络技术在学科教育中被普遍运用，为课程个性化和教学过程的因材施教提供了技术支持。如何利用新技术带来的可能和机遇，为各种不同特色的学校和不同程度、不同层次的学生，开发和提供适合的课程和教材，促进教学过程的因材施教，是现代社会的教育命题。个性化的课程必然带来课程的多样化，是我国未来课程改革所倡导的统一性前提下的多样化，与特色化、层次性、可选择性有机结合在一起。

（六）课程与现代信息技术进一步结合

随着科学技术的迅猛发展，人工智能社会已经来临。信息技术日新月异，每个学生都在一定程度上利用网络获得学习资源，而学校教育中的信息技术教育也得到了广泛运用，这为学校课程的实施提供了良好机遇。但同时学校教育教学方式也在改变，例如，学生在课程和教学中的主体地位将日益凸显，主动学习、终身学习将成为重要的学习方式。学校课程将不再是学生学习的唯一资源，学校教育也不是正规教育的唯一渠道。因此，如何开发利用课程和教学资源，特别是如何开发与利用基于现代科学技术、人工智能的教育资源，已成为未来课程建设与教材编制面临的重大课题。有助于学生学会学习、学会思考、学会创新、学会发展、学会改变的课程资源将逐步占据主要地位。

（七）课程建设法治化

随着我国法治建设日益完善，学科教育课程改革与建设必然沿着法治化的轨道进行。2001 年以来，我国制定了一系列课程开发与建设的法律法规。2019 年，国家教材委员会印发《全国大中小学教材建设规划（2019—2022 年）》，教育部印发《中小学教材管理办法》《职业院校教材管理办法》《普通高等学校教材管理办法》《学校选用境外教材管理办法》四个教材管理办法。2022 年 3 月，《义务教育课程方案和课程标准（2022 年版）》颁布。一系列关于课程与教材建设的政策和法规，使得学科教育课程建设有法可依，有章可循，为依法处理好继承、改革、创新、发展等关系提供了依据。

第三节　学科教育的课程目标

课程实施要达到的目标称为课程目标，通常课程目标在课程标准中由权威机构制定与发布。在实施学科教育时，我们需要厘清课程目标的概念与内涵，课程目标的类型与确定，课程目标与教学目标、学科核心素养目标的关系。

一、课程目标的概念与类型

何谓课程目标？课程是否需要设定目标？课程目标有哪些类型？应该确立一个什么样的课程目标价值取向？这些是实施学科教育必须弄明白的问题。它关系到学科教育实施的成效。

（一）课程目标的概念与内涵

关于课程目标的定义，迄今尚未统一。布卢姆在"大课程观"的基础上，从目标的构成与结构视域对其进行了界定；施良方从课程编制出发认为，"课程目标是指导整个课程编制过程的最为关键的准则"。[①] 白月桥认为，"课程目标是指通过具体的教学内容和教学活动使学生在某一时间内将发

---

① 施良方.课程理论——课程的基础、原理与问题［M］.北京：教育科学出版社，1996：92.

生的性质不同和程度不同的变化结果"。[1]王本陆认为,课程目标是根据教育宗旨和教育规律而提出的课程的具体价值和任务目标,每一门课程既有一般性的总体目标,又有具体化的学段目标。[2]王牧华、靳玉乐认为,课程目标是教育目的的细化、具体化,为教育目的的最终实现奠定了基础;课程目标规定了教学任务的性质和方向,为教学的顺利实施提供了保障,它具有重要的导向、调控、中介和评价功能。[3]陆建身认为,课程目标是教育目标和培养目标的下位概念,是一定教育价值观在课程领域的具体化,体现了在课程开发与教学设计中的教育价值,如不同学科的课程目标。[4]高孝传等人认为,"课程目标是具体课程编制的指导目标,是课程编制的起点和终点,因此,它必须具有可操作性和可检测性,它对课程内容、课程结构、课程实施、课程评价都具有指导意义和实践意义"。[5]课程目标在课程规划与课程实施过程中设定或形成。通过课程实施,学生在一定教育阶段内的知识、能力、品格、身心素质以及解决问题的方法等达到一定的程度与水平,是教育目的与学校培养目标在课程及其实施过程中的具体体现。可见,角度不同,对课程目标的理解与认识不同。

对课程目标的探索,始于课程编制科学化的倡导者博比特(Franklin Bobbitt)。他认为,20世纪已进入科学时代,而"科学的时代要求精确性和具体性",因此,课程目标必须具体化、标准化。博比特明确提出了课程目标的来源问题。从事课程编制工作的特殊经历,促使他对这一问题进行反思:我们不知道,我们首先应该根据对社会需要的研究来确定目标。我们以为教育仅仅是由教一些熟悉的学科组成的。我们还没有认识到,教育实质上是一种显露人的潜在能力的过程,它同社会条件有特殊的联系。我们还没有意识到,学习是手段而不是目的。我们没有认识到,在这种显露过

[1] 白月桥.课程标准实验稿课程目标订定的探讨[J].课程·教材·教法,2004,24(9):3-10.
[2] 王本陆.课程与教学论[M].北京:高等教育出版社,2004:60.
[3] 王牧华,靳玉乐.课程目标研究的生态主义解读[J].河北师范大学学报(教育科学版),2003,5(3):32.
[4] 陆建身.生物教育展望[M].上海:华东师范大学出版社,2001:31.
[5] 高孝传,杨宝山,刘明才.课程目标研究[M].北京:教育科学出版社,2001:5.

程中，有效的所有工具或经验是正确的工具和经验；在这过程中，无效的任何东西，无论它在当时如何神圣、如何广泛地被使用，都是错误的。[①] 在他看来，教育是为学生将来的成人生活做准备，因此，课程目标应来自广泛的人类经验和对现有社会职业的分析。在 1924 年出版的《怎样编制课程》一书中，他曾基于对人类经验和职业的分析，提出了十个领域中的八百多个目标。他明确提出了目标问题，试图给目标确定一种实践性或某种形式的科学客观性，从而使课程目标的确定成为应该进行批判、探究的问题。这样，对课程目标的探究随着课程探究的科学化而走上了科学化的路程。

今天，随着课程改革与教育改革的深入，我们倡导"大课程观"，由此对课程目标的理解与把握就显得尤为重要。在我们今天的教育基本概念语境下，课程目标的实现是教育目标（培养目标）乃至教育目的实现的基本保证要素与条件。要想实现教育（总）目的就要实现教育（总）目标，而教育（总）目标的实现要以各阶段性教育目标的实现为前提，而各阶段性教育目标的实现又仰仗课程目标（包括课程总目标、单科课程目标等）的实现。从课程运作的视角来看，课程实施的主要形式是教学，因此教学目标的实现又是课程目标实现的主要手段与形式。对学科教育而言，课程是连接教师与学生的桥梁与纽带，是学校教育得以实现和学生素养发展的介质。可见，课程目标在培养学生核心素养中有着重要意义。

（二）课程目标的类型

课程目标指明了课程本身要实现的具体目标和意图，规定了某一学校教育层级与阶段的学生通过课程学习以后，在品德、智力、体质等方面应该达到的程度，是确定课程内容、教学目标和教学方法的基础。课程目标的确定，是整个课程编制过程的关键。目前，学界对课程目标形式的认识与理解主要有四种观点：一是朴素性课程目标；二是行为取向的课程目标，即行为目标；三是生长性目标，也称过程取向的课程目标；四是表现性目标。朴素性课程目标理论和行为取向的课程目标理论主张课程目标是预设的，而生长性目标理论和表现性目标理论则认为课程目标产生于教育活动的过

---

① 麦克尼尔.课程导论［M］.施良方，等，译.沈阳：辽宁教育出版社，1990：353–355.

程之中。上述四种理论观点都承认课程有目标，但课程目标是提前预设的，还是课程实施过程中形成的，观点也不同。

1. 朴素性目标

朴素性目标也称普遍性目标，是根据一定的哲学或伦理观、意识形态、社会政治需要而制定的对课程予以总括性和原则性规范与指导的目标，一般表现为对课程有较大影响的教育宗旨或教育目的。朴素性目标对各门学科都有普遍的指导价值。我国古代的《大学》提出"格物、致知、诚意、正心、修身、齐家、治国、平天下"以及"大学之道，在明明德，在亲民，在止于至善"的教育宗旨，即为典型的普遍性目标取向。在古代西方，采用普遍性目标取向的也相当普遍，如：柏拉图提出的培养"哲学王"（理想国的统治者），视"有德行的生活"为教育的终极目的；亚里士多德认为教育的终极目的是"幸福"，他们为教育实践所设置的科目就直接指向"有德行的生活"和"幸福"；洛克提出的"绅士教育"，要培养社会契约的履行者；斯宾塞提出的教育为完满生活做准备等。当代我国的教育方针"德智体美劳全面发展的社会主义建设者和接班人"，以及各个学校的校训，都是采用普遍性目标。普遍性目标取向仅仅体现为课程目标的一般性原则，为教育工作者的创造性工作提供了广阔的背景，可以应用于不同的教育实践情境中。但普遍性目标的含义比较宽泛、模糊、不够清晰，且有一定的随意性和过强的时代性，容易模棱两可或产生歧义，并且不易操作。

2. 行为目标①

行为课程目标是把学科教育要达成的教育目标，以具体的行为方式的形式加以陈述，指明课程教学活动结束后在学生身上发生的行为变化。行为目标是随着课程研究领域的独立而出现并逐步发展、完善起来的课程目标模式。行为课程目标的设计，追求目标的具体化和可操作性，"有助于选择学习经验和指导教学"。

泰勒在《课程与教学的基本原理》中，系统发展了博比特所提出的问题。他认为，课程目标应由对社会生活的研究、对学生的研究、对学科的研究而得出，并通过教育哲学和教育心理学的筛选。在目标确定之后，泰勒强调，应当用一种最有助于学习经验的选择和指导教学过程的方式来陈述

---

① 李雁冰. 国外三种课程目标模式评价[J]. 上海教育科研, 1999（3）: 31-34.

目标。这样的方式，应该是"既指出要使学生养成的那种行为，又指明这种行为能在其中运用的生活领域或内容"。[①] 这样，课程目标实际上包括"行为"和"内容"两方面。泰勒批评了三种常用的陈述目标的方式：一是把目标作为教师要做的事情来陈述，如介绍进化论、演示归纳证明的性质等；二是列举一门或几门学程所要涉及的课题、概念、概括或其他内容要素；三是采取概括化的行为方式，但却不能较具体地指明这种行为能够运用的生活领域或内容。[②] 这些陈述方式都没能做到"内容"与"行为"的有机结合，因而提出的目标不够具体，缺乏可操作性，对课程编制的其他环节指导不力。泰勒试图通过以行为方式陈述目标来改变这种状况，因此，泰勒是行为目标的创始人。

真正将行为目标发挥到极致的，是泰勒的学生布卢姆（B. Bloom），以及克拉斯沃尔（D. R. Krathwohl）、哈罗（A. J. Harrow）等人所建立的"教育目标分类学"。布卢姆从课程评价的角度出发，首先将教育目标划分为三大领域：认知、情感、动作技能。在每一领域中，根据能力的复杂程度和品质的内化程度，找出具有递进关系的层次，形成目标的阶层。每一阶层都应有适宜的行为动词，以使目标切实落实到学生的行为方式变化上。这样，课程目标被表述得相当具体，具有相当的可操作性，便于教师把握并用于课堂教学，便于对课程进行评价。行为目标模式因"教育目标分类学"得以在世界各国广泛传播，成了一项国际性的普及。这种目标模式曾于 20 世纪80 年代在我国的教学实践中产生一定影响，引起一些人的研究兴趣。

行为目标的提出，引起了诸多争议。早在 20 年代初期，89 岁高龄的哈佛大学名誉校长埃利奥特（C. W. Eilot）就指出，教育目标的标准化是与真正的教育过程相悖的，真正的教育目的是使个体的能力得到最大限度的发展，不仅是在童年期、青春期，而且在整个人生中都得到发展。在劳动、学习和家庭生活方式中固定的标准，是人的身、心和精神充分发展的敌人。[③]

---

① TYLER R. Basic principles of curriculum and instruction[M]. Chicago: The University of Chicago Press, 1949: 46–47.

② 同上：44–46.

③ 施良方. 泰勒的《课程与教学的基本原理》——兼述美国课程理论的兴起与发展[J]. 华东师范大学学报（教育科学版），1992（4）：1–24.

这一评价可谓恰如其分。行为目标的实质是追求教育过程的可控制性，其特点是简单明了、易于把握，对于保证一些相对简单的教育目标的达成是有益的。但是，如果试图用行为方式陈述所有课程目标，显然是不适合的。因为教育的真正价值，绝不仅仅是形成一些可以观察到的行为。意识不到这点，行为目标就会成为强加于教学过程的枷锁，严重束缚教师的手脚，学生主体的积极性和主动性不能充分得以发挥。

3. 生长性目标[①]

生长性目标，又称"过程性目标"、形成性目标或生成性目标。生长性目标可以追溯到杜威的"教育即生长"的命题。众所周知，杜威反对把某种外在的教育目的强加于教育本身。他认为，教育是儿童经验的不断改造，是儿童的生活和生长。生活、生长以及经验的改造本身即教育的目的。只有把教育目的融入教育过程中，才能真正促进儿童的生长。因此，杜威认为良好的教育目的应具备这样几个特征：它必须根源于受教育者的特定个人的固有活动和需要（包括原始的本能和获得的习惯）；它必须能转化为与受教育者的活动进行合作的方法；教育者必须警惕所谓一般的和终极的目的。[②]在他看来，教育目的（目标）不是一种指向遥远的未来的结果，而是引导着现在的生长和发展的手段，它是从各个特殊的现时状态中自然引发、生长的结果。

英国学者斯腾豪斯（Lawrence Stenhouse）的过程模式，从另一个侧面诠释了生长性的教育目的。由于目标模式本身的缺陷，斯腾豪斯没有使用"目标"一词，而从教育哲学家彼得斯（Peters）那里吸收了"过程原则"。他主要考察能使学生获得动作技能的训练，能使学生获得知识信息的教学，以及能使学生获得以知识体系为支持的批判性、创造性思维而进入"知识的本质"的归纳。斯腾豪斯认为，训练和教学过程可以用行为目标来陈述，而归纳的宗旨却恰在于其不可预测性，故不能用行为目标表达，因为这会导致"质量标准的形式化而降低质量标准"，也会使知识工具化而丧失内在价值，而且其所走的分析途径还会使知识变得支离琐碎。不仅如此，他认为，与批判性、创造性的思维能力相比，技能和知识信息都是次要的和工具

---

① 李雁冰.国外三种课程目标模式评价［J］.上海教育科研,1999（3）:31-34.

② 杜威.民主主义与教育［M］.王承绪,译,北京:人民教育出版社,1990:114-117.

性的，故训练和教学理应服从于归纳的过程。与泰勒不同，斯腾豪斯主张课程编制可以规定教师要做的事情以及规定要处理的教学内容，关键是教师不能把这些规定看作教育目的或结果，用以评价学生的成绩，而是在处理这些事情和内容的教学活动过程中，对学生的发展持一种审视、研究、批评的态度，从而引导其不断深入发展。这样看来，斯腾豪斯实际上是用一种一般的发展目的（批判性、创造性的思维能力）取代了行为目标，把教师从被"防备"的状态中解放出来，成为教学活动的主体。斯腾豪斯明确指出："没有教师的发展就没有教育的发展，而且发展最好的手段不是通过明晰目的，而是通过批评实践。"[1] 正是基于这种认识，斯腾豪斯提出了"教师是研究者"的命题。

生长性课程目标与行为目标相比，突出了课程的价值取向。行为目标把注意力放在目标设置和陈述的技术上，避开了课程的价值问题，或者说，它把所处时代要求的科学效率化追求看作是课程编制理所当然的价值取向，无须予以审视批判。这决定了行为目标的"技术性"特征。生长性目标则重新抓住课程中的价值问题，强调教育的内在价值，即教育是为了促进儿童身心某种"形式"的发展。在这点上，它超越了行为目标的实用主义和功利性的色彩。从技术角度看，它又从追求具体性、可操作性的"目标"层面，回到了具有一定概括性的"目的"层面上。但是，作为课程实施的目的，特别是吸收了行为目标的积极因素，生长性目标不再停留于哲学思辨上，而是致力于课程目的向课程实践的靠拢，用理想的目的引导实践过程。总之，生长性的课程目标注重学生批判反思能力的发展，并强调教育的过程性，要求课程的实施应当以不压制学生的批判反思为原则。这里，把学生主体性的培养看作是目标，把教师主体性的发挥看作是手段，是目标得以实现的保证。因此，在课程教学的评价中，对教师的评价应为关注的重点。

4. 表现性目标[2]

表现性目标是美国课程学者艾斯纳（E. W. Eisner）提出的一种目标形

---

[1] STENHOUSE L. An introduction to curriculum research and development [M]. London: Heinemann, 1975: 83.

[2] 李雁冰. 国外三种课程目标模式评价[J]. 上海教育科研, 1999（3）: 31-34.

式。受其所从事的艺术教育的启发，艾斯纳区分了课程计划中存在两种不同的教育目标：教学目标和表现性目标。

教学目标旨在使学生掌握现成的文化工具，是在课程计划中预先规定好的。这种规定明确指出了学生在完成一项或几项学习活动后，所应习得的具体行为，如技能、知识条目等。它通常是从既有文化成果中引出，并以适合于儿童接受的方式进行表述。教学目标对大部分学生来讲是共同的。艾斯纳认为："在一项使用教学目标的有效课程实施中，学生最后形成的行为，与所给出的目标是一样的。"[1]

表现性目标旨在培养学生的创造性，强调个性化，因而超出了现有的文化工具，并有助于发展文化。表现性目标不是规定学生在完成一项或多项学习活动后准备获得的行为，而是描述教育"遭遇"：指明儿童将在其中作业的情境，儿童将要处理的问题，儿童将要从事的活动任务，但它不指定儿童将从这些"遭遇"中学到什么。"一个表现性目标既向教师，也向学生发出了一份请帖，邀请他们探索、追随或集中争论他们特别感兴趣或对他们特别重要的问题。一种表现性目标是唤起性的，而非描述性的。"[2] 表现性目标意在成为一个主题，学生围绕它，可以运用原来学到的技能和理解了的意义，通过扩展和拓深那些技能与理解，使其具有个人特点。因而，使用表现性目标是期望学生反应的多样性和个体性。艾斯纳认为，诸如解释《失乐园》的意义，考察与欣赏《老人与海》的重要意义，通过使用铁丝与木头发展三维形式，参观动物园并讨论等目标并不期望学生在参加这些教育活动后能做什么，"而是识别学生将遭遇的形势"。对表现性目标的评价不能像行为目标那样追求结果与预期目标的一一对应，而应是一种美学评论式的评价模式，即对学生活动及其结果的评价是一种鉴赏式的批评，依其创造性和个性特色检查其质量与重要性。

在艾斯纳看来，教学目标和表现性目标对课程来讲都是需要的，且都存在于课程实践中。教学目标适合于表述文化中已有的规范和技能，使进一步的探究成为可能；表现性目标则适合于表述复杂的智力性活动，已有

---

[1] EISNER E W. The art of educational evaluation: A personal view [M]. London: The Falmer Press, 1985: 54.

[2] 同上：54-55.

的技能和理解是活动得以进行的工具。这类活动有时需要发明新的智力工具，从而导向创造性的活动，使文化得以扩展和重构。因此，艾斯纳提出，应该研究这两类目标在课程理论和课程编制中的恰当位置，指明它们在课程中的适用范围，找出它们以何种方式相关联才最适合于学生、活动以及不同的学科。

艾斯纳的课程目标观与斯腾豪斯的有异曲同工之处。第一，他们都反对课程目标技术化的取向，明确提出教育及课程本质上的价值问题。这反映了人们在对课程研究的科学化追求中把人作为物、作为工具加以控制的反思与批判，与整个时代精神对科技理性的批判是一致的。第二，他们都以人的自主发展作为课程目标取向，注重人的自主性、创造性、个体性，注重课程情境的具体性。在学生个人和社会既有文化的关系上，他们都强调个人接受既有文化时的个性化，强调个人对文化的创造性发展。第三，在前两点的基础上，他们都不主张完全取消行为目标，或者说他们都注意吸收行为目标所表达的内容对人的发展的作用，都认为行为目标只能概括人的较低层面的素质，因而强调用高层次的表现性目标或过程整合行为目标，使之为总体上的人的发展服务。第四，鉴于高层次目标和人的发展本质的不可控制性和不可预测性，他们所主张的目标表述都采取了一种开放式的形态，不强求统一的规格和标准，而重视课程活动及其结果的个体性、差异性，一切视教师、学生和教学情境的具体情况而定。因而，他们都不约而同地主张一种批评、鉴别式的评价方式。

他们的目标也有不同之处，主要表现在对课程问题的切入点不同，因而对"目标"的理解有所差异。艾斯纳从评价入手来看待课程问题，所以仍然沿用了目标一词，以利于评价的相对可操作性。而斯腾豪斯则是从课程实践入手来建构一种新的课程模式，主张把目标一词作为"不受欢迎的累赘假设"而抛弃，代之以"过程原则"。但是，这种区别显然不能掩盖他们在课程目标取向上的一致性，而这种一致性正反映了课程理论的主体性追求。

综上所述，课程目标的发展存在两个基本的问题。一是关于目标的性质问题，即课程目标的制定究竟是技术性问题还是价值性问题。上述几种目标取向中，行为目标更注重技术性，追求目标设置的具体性、可操作性，而生长性目标和表现性目标则更注重价值性，把价值性置于技术性之上。显然，后两者对价值的重视更符合教育的精神。但这并不是说，目标设置不应该追求具体性和可操作性，而是说对具体性和可操作性的追求，不应以牺牲价值性为代价。否则，目标的设置无异于舍本逐末。二是目标的价值取向问题。从上述几种目标取向来看，行为目标把教师当作是按既定程序操作教育过程的工匠，学生则被看作是可以按照刺激—反应模式任意塑造的行为机体，这里面隐含的是一种适应性、维持性的价值取向；生长性目标和表现性目标则把教师和学生看作教育过程、教育情境的共同创造者，学生是自己发展的主体，教师是发展的评判者、指导者。与行为目标相对，这里面隐含的是一种超越性、发展性的价值取向。总之，生长性目标和表现性目标都是在对行为目标的批判中成长起来的目标模式，表明了课程目标取向发展的趋势，都采用注重人的主体性发展的价值取向。

（三）科学的学科课程目标取向 [1]

课程目标有助于澄清课程编制者的意图，使各门课程不仅注意到学科的逻辑体系，而且还关注教师的教与学生的学以及课程内容与社会需求的关系。在确定课程目标时应做到以下两点：首先，要明确课程与教育目的和培养目标的衔接关系，以便确保这些要求在课程中得到体现；其次，要在对学生特点、社会需求、学科发展等各个方面进行深入研究的基础上，确定行之有效的课程目标。泰勒在《课程与教学的基本原理》中指出，目标的拟定主要因素有三：一是学习者，即学生需要；二是社会生活，即社会需要；三是学科，即学科内容特点。提出目标的拟定要用两把筛子过滤：一把是哲学，另一把是心理学。白月桥认为，还应考虑国家和时代需要。[2] 综上所述，课程目标确立的依据要考虑三个方面：一是理论与政策，包括教育哲学、教育学、心理学、教育政策等；二是服务对象的需要，包括学习者需要、

[1] 何玉海.培养学生核心素养需要修正"三维课程目标"[J].湖南师范大学教育科学学报,2016,15（5）:32-35.
[2] 白月桥.课程标准实验稿课程目标订定的探讨[J].课程·教材·教法,2004,24（9）:3-10.

国家和社会的需要;三是文化知识的特点,包括文化传统、学科知识的特点等。同时,课程目标的制定必须坚持科学性、概括性、系统性、明确性、符合性、可操作性的基本原则。

制定课程目标,首先要确定目标对象。"课程目标是指学校课程所要达成学生身心发展的预期结果,是在课程设计与开发过程中,课程本身要实现的具体要求,它期望一定阶段的学生在发展品德、智力、体质、素养等方面所达到的程度。"[1] 崔允漷认为,"由于课程标准的检验是评价学生的学习结果有没有达到,而不是评价教师有没有完成某一项工作,因此,课程标准的陈述必须从学生的角度出发,陈述行为结果的典型特征,行为的主体必须是学生,而不能以教师为目标的行为主体"。[2] 从我国业已制定的学科课程标准来看,我们坚持"一元"的课程目标取向,认为课程目标"仅仅是为学生制定的目标"。"一元"的课程目标忽视了教师的主体地位,应该确立教师与学生"二元"的课程目标取向,也就是确立教师和学生相互关联的一体化的课程目标结构取向。

课程运作、课程改进过程主要由四个环节组成,即课程决策、课程设计、课程实施、课程评价。课程目标的实现主要在课程实施环节,课程实施的主要形式是教学,也就是说课程目标要通过教学目标的实现来达成。在课程实施的活动过程中,学生的学习不是孤立的学习行为,还有教师指导行为的参与。学生是课程目标实现的主体,教师是课程目标实现的指导者、促进者。在学校教育中,教师的作用是科学、有效地指导与促进学生实现课程目标。从课程的本质来讲,不论是"科目说""内容说""计划说",还是"学程说""活动或经验说""跑道说"等,课程都是学生素质生成与发展的介质,是连接教师与学生的桥梁或纽带。《布卢姆教育目标分类学:分类学视野下的学与教及其测评(修订版)》明确指出,课程目标旨在"协助教师区分教什么""促进学生保留或迁移所习得的知识"。在布卢姆看来,课程目标既是学生的目标,也是教师的目标。

确立教师与学生"二元"的课程目标取向,不是给学生与教师分别制定课程目标,而是通过一定的关联手段来实现。对教师而言,目标是隐含

---

① 靳玉乐.现代课程论[M].重庆:西南师范大学出版社,1995:155.

② 崔允漷.国家课程标准与框架的解读[J].全球教育展望,2001(8):4-9.

的，教师在学生实现课程目标的活动与过程中，承担着"指导""帮助""促进""引导"等责任与义务。从课程实施角度而言，教学就是教师把"预期的课程"转化为"执教者的课程"，再转化成"学习者的课程"，帮助学生一起向着课程目标奋进。从一些西方国家的课程标准中我们可以看到，不论是朴素性课程目标、行为课程目标、生长性课程目标，还是表现性课程目标，本质而言都是"二元"的课程目标取向或隐含的"二元"的课程目标取向。

确立"二元"的课程目标取向具有重要意义。一是，有利于明确教师在课程目标中实现"指导者"的责任。这样，教师在课程目标实现过程中就有了抓手，避免自我放逐责任。二是，有利于确定学生学习主体地位和教师指导者的地位。在课程目标的实现过程中，学生始终是课程目标实现的主体，但教师的"外因"作用不可小觑，这也是由教师的职业性质所决定的。三是，有利于对课程实施科学评价。教学是课程实施的主要形式，对课程实施活动与过程的评价主要是对"教"与"学"的评价。在课程实施中，教师"教"的行为是容易控制与评价的，但学生接受教师传递的课程后再变成自己的课程，并通过内化活动促进自我素质与能力的生成与发展，就不易控制与评价了。据此，王月芬、徐淀芳认为："课程标准应该只规定'应为'，即教师应该教什么，而很难规定学生在这种前提下究竟能学到什么。真正学习结果的标准，是要根据一定的价值判断，结合学生在特定评价测试中的具体表现来确定。"[①] 本质而言，对学生学习行为的评价十分复杂，也不易实施，但对教师教学行为的评价却容易把握。

二、学科课程目标与核心素养目标

课程目标是课程实施要达到的目标，必须系统地反映出对学生素质的培养要求。学科课程的课程目标，就是培养学生的学科核心素养，指导与帮助学生获取知识、生成能力、养成品格、学会方法。培养核心素养目标是教育的总目标，各学科核心素养目标的达成共同指向核心素养目标的实现。

[①] 王月芬，徐淀芳.重新反思"课程标准"：国际比较的视角[J].教育发展研究，2010（18）：65-69.

（一）发展核心素养——教育的总目标

核心素养被视为 21 世纪信息社会公民"必备的""起基础和支撑作用的"素质，是合格公民的"必要条件"。现在，世界许多国家，诸如欧盟各国、澳大利亚、加拿大、新西兰、新加坡、美国、日本等纷纷开展基于培养核心素养的教育研究，并建立了基于培养学生核心素养的课程体系和课程标准。实施核心素养培养教育已成为学校教育的基本任务与发展趋势。开展核心素养的研究，建立基于培养学生核心素养的课程体系和课程标准，是贯彻落实立德树人教育目标和全面推进素质教育的新举措。教育部在 2014 年 4 月颁布的《关于全面深化课程改革落实立德树人根本任务的意见》中，使用了"核心素养体系"的概念。在 2015 年全国教育工作会议上，教育部部长袁贵仁对"加快研制发布中国学生发展核心素养体系"提出了基本要求并予以部署。2015 年 11 月，中国教育学会在厦门召开第 28 次学术年会，将"核心素养与适合的教育"确定为主题。这一主题深度契合"全面提高教育质量"的教育改革发展要求，抓住了当前基础教育改革发展的关键。

关于核心素养目前尚无完全一致的界定。早在 1996 年，联合国教科文组织在《教育——财富蕴藏其中》报告中就提出了界定了 21 世纪社会公民必备的基本素质，即终身学习的四大支柱：学会求知（learning to know）、学会做事（learning to do）、学会共同生活（Learning to live together）、学会生存（learning to be）。[1]2003 年，联合国教科文组织教育研究所又提出了学会改变（learning to change）的主张，并将其视为终身学习的第五支柱。其中，学会求知是终身学习的基础，学习过程与工作经验的结合将日趋密切，教育应促进个人在工作内及工作外的学习并能贯穿一生。五大支柱的具体指标：学会求知包括学会学习，提高注意力、记忆力、思维品质；学会做事包括职业技能、社会行为、创新进取、冒险精神、团队合作；学会共同生活包括认识自己的能力和他人的能力、同理心、实现共同目标的能力；学会生存包括促进自我实现、丰富人格特质、多样化表达能力、责任承诺；学会改变包括接受改变、适应改变、主动改变、引领改变。

---

[1] 联合国教科文组织.教育——财富蕴藏其中[M].联合国教科文组织中文科，译.北京：教育科学出版社，1996：2–3.

　　2004 年，联合国教科文组织提出教育质量框架和支持有质量教育的 10 个关键方面的标准，将学习结果作为其中的一个重要方面，具体包括：知识（所有学习者须达到的基本认知成绩水平），价值（团结、性别平等、包容、相互理解、尊重人权、非暴力、尊重人类生命和尊严等），技能和能力（解决问题的能力、团队精神、与他人相处、学会学习）和行为（将学到的知识运用于实际的能力）。2004 年，联合国教科文组织出版了《发展教育的核心素养：来自一些国际和国家的经验和教训》，该成果是联合国教科文组织与经济合作与发展组织的"素养的界定与遴选：理论和概念基础"项目（Definition and Selection of Competencies: Theoretical and Conceptual Foundations，简称 DeSeCo），提出了包括"使用工具互动""自主行动""在异质群体中工作"三大类别的核心素养框架，经济合作与发展组织后将其概括为"人与社会""人与自己""人与工具"三个方面。"素养的界定与遴选：理论和概念基础"项目认为，核心素养是使个人过上其想要的生活和实现社会良好运行所需要的素养，对世界各国的"核心素养"模型产生了深远影响。[①] 另外，《全球学习领域框架》（The Global Learning Domains Framework）分别从学前、小学和小学后三个阶段设计了七个维度的核心素养指标，包括身体健康、社会和情感、文化和艺术、语言和交流、学习方法和认知、算术和数学、科学和技术。

　　2001 年至 2003 年期间，欧盟委员会针对"教育与培训发展的具体目标"先后成立了 9 个专题工作组，其中的"工作组 B"是专门针对核心素养的研制和建设而设立的。欧盟核心素养的提出与研究，经历三个发展过程，最终形成了 2006 年发布的正式版本，具体包括：使用母语交流（communication in mother tongue），使用外语交流（communication in foreign language），数学素养与基本的科学技术素养（mathematical competence and basic competences in science and technology），数字素养（digital competence），学会学习（learning to learn），社会与公民素养（social and civic competence），主动意识与创业精神（sense of initiative and entrepreneurship），文化觉识与文

---

① RYCHEN D S, TIANA A. Developing key competencies in education: Some lessons from international and national experience［M］. Paris, France: UNESCO International Bureau of Education, 2004.

化表达（cultural awareness and expression）。这一核心素养被视为统领欧盟教育和培训的总体目标，整合了个人、社会、经济三个方面的目标与追求。欧盟核心素养框架的出台，吹响了欧盟内部课程变革的号角，欧盟各国纷纷开展并建立了基于学生核心素养培养的课程体系和课程标准。

美国于 2002 年制订了"21 世纪素养框架"，从三个领域明确了核心素养：学习与创新技能，包括批判性思维和问题解决能力、创造性和创新能力、交流与合作能力；信息、媒体与技术技能，包括信息素养、媒体素养、信息交流和科技素养；生活与职业技能，包括灵活性和适应性、主动性和自我指导、社会和跨文化技能、工作效率和胜任工作的能力、领导能力和责任能力。

新加坡教育部于 2010 年 3 月颁布了"21 世纪素养"框架，旨在确保学校教育培养出充满自信、主动学习、积极奉献、心系祖国的公民。"21 世纪素养"框架包括：核心价值观（包括尊重、负责、正直、关爱、坚毅不屈、和谐），社交与情绪管理技能（包括自我意识、自我管理、社会意识、人际关系管理、负责任的决策），公民素养、全球意识和跨文化交流技能（包括活跃的社区生活、国家与文化认同、全球意识、跨文化的敏感性和意识），批判性、创新性思维（包括合理的推理与决策、反思性思维、好奇心与创造力、处理复杂性和模糊性问题），交流、合作和信息技能（包括开放、信息管理、负责任地使用信息、有效地交流）。在此框架下，新加坡建立了培养学生核心素养的课程体系与课程标准。

我国以林崇德教授为首席专家的学生核心素养研究课题组，建构了"中国学生发展核心素养"，以科学性、时代性和民族性为基本原则，以培养"全面发展的人"为核心，分为文化基础、自主发展、社会参与三个方面。文化基础方面由两个二级指标构成：人文底蕴（下设人文积淀、人文情怀、审美情趣三个三级指标）和科学精神（下设理性思维、批判质疑、勇于探究三个三级指标）。自主发展方面由两个二级指标构成：学会学习（下设乐学善学、勤于反思、信息意识三个三级指标）和健康生活（下设珍爱生命、健全人格、自我管理三个三级指标）。社会参与方面由两个二级指标构成：责任担当（下设社会责任、国家认同、国际理解三个三级指标）和实践创新（下设劳动意识、问题解决、技术运用三个三级指标）。这些核心素养是学生应该具有的"关键能力"或"关键素养"，它整合了个人、社会和经济三方面的目标与追求，是现代学校教育的总体目标。"中国学生发展核心素养"以培养"全面发展的人"为核心，深入回答了"教育要立什么德、树什么人"或者说"教育要培养什么样的人"的问题。[①] 培养学生的核心素养，实施核心素养教育已成为国际社会的共识和 21 世纪学校教育的基本任务与发展趋势，也是落实立德树人的根本任务。

（二）教育总目标与课程目标的关系[②]

"核心素养"与课程目标关系是目前我国教育界最需要研究与明确的问题。有些一线教师表示："刚明白'知识与技能'，人家又'三维目标'了；刚要明白'三维目标'，人家又要'核心素养'了，我们被搞糊涂了！"也有学者认为，"三维课程目标"本来很科学了，又搞"核心素养"是在瞎折腾；还有人认为，"三维课程目标"问题太多，应该用"核心素养"取而代之。实际上，上述观点都有些偏颇。核心素养与课程目标既有区别又有联系，正确认识与处理两者的关系，特别是核心素养与我国现行课程目标的关系，对促进课程改革和学生核心素养的培养与发展至关重要。

首先，核心素养是学校教育（包括某一阶段教育）的总目标，课程目标则是课程（包括具体某一门课程）实施要达到的目标。在知识与信息社会中，人们需生存或生活于社会之中，其中最关键且居于中心地位的素养被称为"核心素养"。核心素养是 21 世纪信息社会公民必备的素质，培养核心素养已成为未来学校教育的根本任务。课程目标是课程（包括具体某一门课程）实施要达到的目标，课程实施与无数具体课程目标的实现，是为了确保学生核心素养培养目标的实现。这就是说，在学校教育中，实现核心素养目标是根本，而实现课程目标则是实现核心素养目标的基本手段与途径。

其次，核心素养具有广博的内涵，而课程目标的指向与作用明确具体。

---

① 林崇德.学生发展核心素养：面向未来应该培养怎样的人？[J].中国教育学刊，2016（6）：1-2.

② 何玉海.培养学生核心素养需要修正"三维课程目标"[J].湖南师范大学教育科学学报，2016（5）：29-30.

核心素养,既包括满足个体自主发展、终身发展需要的关键能力,又包括满足社会与国家发展需要的必备素质。实施核心素养教育要求学校教育要确立"满足个人、社会与国家发展需要的教育价值观"。核心素养既强调基础知识与基本技能的习得,又关注个体适应、生存与驾驭未来社会以及个人终身发展所必备的素质的获得。相比之下,课程目标的指向与作用则比较具体或单一,它是指在核心素养培养总目标(包括某一教育阶段总目标)的前提下,某一教育时段课程或某一具体课程的实施要达到的基本目标。课程性质的不同对完成核心素养总目标的贡献与作用不同,各个具体课程目标的实现从不同侧面分别指向核心素养总目标。可以说,核心素养与课程目标之间是整体与局部、共性与个性、抽象与具体的关系。

核心素养规定了教育总目标(包括某一教育阶段总目标)的范围与期待结果,课程目标规定的是课程(包括具体某一门课程)实施所要达到的期待结果。以欧盟"八项核心素养"为例,它分别从使用母语交流、使用外语交流、数学素养与基本的科学技术素养、数字素养、学会学习、社会与公民素养、主动意识与创业精神、文化觉识与文化表达八个方面规定了总目标的范围,同时提出了三个方面的构成(评价)要素——知识、技能、态度,即从这三个方面来评价或考量八个总目标要素的实现水平,这三个方面的构成(评价)要素实际上为课程的实施,即课程目标提出了要求。欧盟"八项核心素养"既规定了内容(核心素养),又明确了考量或评价要素,这当然就科学、合理了。课程目标是课程(包括具体某一门课程)实施所要达到的期待结果,是实施核心素养的方式、手段与途径,科学性、合理性、明确性、可行性和易操作应该是其基本特点。不同课程目标的指向是不同的,人们对其期待的结果往往也有所不同。我国现行的"三维课程目标",即"知识与技能""过程与方法""情感态度与价值观"也为"总目标"(课程总目标)。这里姑且不说它是否合理,是否能够承担起官方与权威学者们赋予它的意义。就其含义而言,这个起统领作用的课程总目标一方面由于没有具体的像核心素养一样的目标范围作支撑,另一方面由于其规定的目标范围与考量,或评价要素含糊笼统,加大了理解与把握、分解与操作的难度。

总之,培养学生的核心素养已成为国际社会的共识,是21世纪学校教育的基本任务与发展趋势,而课程目标的实现则是确保核心素养实现的基本条件。核心素养与课程目标既有区别又有联系，把二者对立起来是错误的，用"核心素养"来代替"课程目标"的主张则更有问题。

三、课程目标的反思与评析①

进入 20 世纪 90 年代，为了更好地适应"知识经济"与社会发展要求，许多国家或地区加大了教育改革，特别是课程改革的步伐，与此同时加强了制定课程标准的工作。2001 年 5 月《国务院关于基础教育改革与发展的决定》出台，同年 6 月教育部颁布了《基础教育课程改革纲要（试行）》，提出了"知识与技能、过程与方法、情感态度与价值观"的"三维"课程目标。关于"三维课程目标"，主持起草《基础教育课程改革纲要（试行）》的首席专家解释："'三维目标'是基础学力的一种具体表述。第一维目标（知识与技能）意指人类生存所不可或缺的核心知识和基本技能；第二维目标（过程与方法）的'过程'意指应答性学习环境与交往体验，'方法'指基本学习方式和生活方式；第三维目标（情感态度与价值观）意指学习兴趣、学习态度、人生态度以及个人价值与社会价值的统一。"② 然而，"三维课程目标"能否真正概括并能完整体现国家与学界对课程目标的界定与期待？是否具有科学性与可操作性？是否体现了学生与社会的要求？也就是，"三维课程目标"的提法是否科学？这个问题成为争论的焦点之一。③

（一）"知识与技能"曲解了布卢姆的本意

关于对课程目标"知识与技能"的质疑主要集中在对"知识与技能"内涵的理解上。这一质疑主要以布卢姆的《教育目标分类学》为考量依据。王瑞霞认为，三维目标中的知识与技能观仍然是传统的。一是它没有反映知识分类思想。如《布卢姆教育目标分类学：分类学视野下的学与教及

① 何玉海.培养学生核心素养需要修正"三维课程目标"[J].湖南师范大学教育科学学报，2016（5）：30-32.

② 钟启泉."三维目标"论[J].教育研究，2011（9）：62.

③ 任京民."三维目标"几个有争议的问题探讨[J].中小学教师培训，2009（1）：37-39.

其测评（修订版）》将知识分为事实性知识、概念性知识，程序性知识和反省认知知识。三维目标的知识概念中显然没有这样的思想。二是没有区分智慧技能与动作技能。现代心理学将技能区分为动作技能与智慧技能。三是没有反映知识与技能互相转化的思想。美国心理学家安德森（J. R. Anderson）认为，人类的一切认知活动都可以用陈述性知识与程序性知识相互作用来解释。三维目标中的知识与技能观显然缺乏这样的思想。[1] 王瑞霞认为，"三维课程目标"既没有反映新的知识分类观，也没有将技能较好地诠释与区别开来。魏宏聚认为，《布卢姆教育目标分类学：分类学视野下的学与教及其测评（修订版）》运用了新的知识观，提出了作为教学目标的四类知识：事实性知识、概念性知识、程序性知识与反省认知知识。也就是说，可以教会的作为智育目标的能力不在知识掌握之外，而寓于知识掌握之中。[2] 魏宏聚还认为，"三维课程目标"的知识观有问题，新的分类中"知识"的内涵本身就包括有能力，没有必要将"技能"单独列出。

除了上述学者所言，在"知识与技能"这一维度中，用"技能"代替整个"能力"是最大的问题。《布卢姆教育目标分类学：分类学视野下的学与教及其测评（修订版）》将教育目标分为"知识向度"与"认知历程向度"。实际上，若仔细阅读"认知历程向度"便知，布卢姆说的技能（skill）实际上是技能系统，既包括培养"技能"和培养一般能力，特别是思维能力，同时还要培养学生的创造能力。按我国的文化传统与习惯，将"能力"（而不是"技能"）作为课程目标单独列出是必要的。

（二）"情感态度与价值观"以偏概全

对课程目标"情感态度与价值观"的质疑主要集中在情感、态度、价值观三者的内涵与逻辑关系上。魏宏聚认为："把情感目标、态度目标与价值观目标并列起来，显然欠妥。""态度与价值观目标没有必要单列，态度

---

[1] 王瑞霞. 布卢姆教育目标分类理论新发展及其教学意义[D]. 上海：华东师范大学，2007：30.

[2] 魏宏聚. 新课程三维目标表述方式商榷——依据布鲁姆目标分类学的概念分析[J]. 教育科学研究，2010（4）：10-12，16.

与价值观目标只不过是情感实现的不同程度。如果从内涵判断,态度与价值观目标分别属于情感接受程度的不同表现,应从属于情感目标,称为情感目标较为合适。"[1] 这里,魏宏聚主张按照布卢姆的说法,应该使用"情感",否则就犯了逻辑错误。吴志华、邹翠霞认为:"从本质上说,情感是人的一种价值取向,是主体对他人、他事的一种认识和能动反映,包括价值观、人生观等心理品德层面。"[2] 从上述对情感本质的界定可以看出,价值观属于情感的范畴或者情感包含价值观,二者是种与属的关系,不能并列使用。三位学者之所以都注意到情感、态度、价值观三者的内涵与逻辑关系,是因为如果不理清楚三者之间的逻辑关系,在教学实践中就难以实施。

如同上述"技能"代替了"能力"一样,情感也好、态度也好、价值观也好,本质而言都是一个人内在品格的一部分,课程实施重要的目标就是培养学生在文明社会所期待的某种品格,培养合格的公民,培养人类社会文明的推动者。从这个意义上来说,"情感""态度""价值观"作为一个高度概括的目标用语均不能胜任。在课程实施活动与过程中,不仅仅只是对"情感态度与价值观"的影响,而是对学生整个品格的影响。布卢姆曾说:"我们发现,在文献中,这类目标有许多是用兴趣、态度、欣赏、价值观和情绪意向或倾向这类术语来表述的。"[3] 布卢姆主张使用"情感领域"。在布卢姆的情感领域目标分类中,情感目标包括了态度或价值观目标等更多的内容,实际上核心是"学生某种品格"与"合格公民的素养"。可见,"情感态度与价值观"既有阉割布卢姆的"情感领域"的内涵之嫌,又犯了逻辑上的错误。

(三)"过程与方法"误解了"过程"的基本内涵

学界对课程目标"过程与方法"的质疑与批判声音最大。魏宏聚认为,无论布卢姆还是加涅的目标分类理论都将教学结果作为目标,而反对把

---

[1] 魏宏聚. 新课程三维目标表述方式商榷——依据布鲁姆目标分类学的概念分析[J]. 教育科学研究, 2010(4): 10-12, 16.

[2] 吴志华, 邹翠霞. 情感教育——新的课程目标[J]. 教育科学研究, 2004(6): 47-49.

[3] D. R. 克拉斯沃尔, B. S. 布卢姆. 教育目标分类学·第二分册: 情感领域[M]. 施良方, 等, 译. 上海: 华东师范大学出版社, 1989: 5.

"过程"作为教学目标。实践中将"过程"作为教学目标无法操作。学习的结果与学习的过程在逻辑上是对立的,过程是无法单独作为目标进行传授的。① 布卢姆曾经指出,在教学目标的设定中"有些教育人士有将结果和手段相混淆的倾向","如果不能把教学活动(过程)从教育目标中区分出来,这将会对学生的学习造成负面影响"。② 结果与手段混淆,内容与形式混淆也是我国教育理论中的普遍问题。白月桥认为:"在教和学的过程中,学生最后获得的知识和能力以及最终形成的个性化行为习惯才是目标。从这个意义上说,过程不是目标。因为目标的本质特性就是有一定的终结性,而过程则是处于动态中的流程。"③

"过程"和"方法"二者性质截然不同,从现代教育学与心理学的视域讲,"方法"可作为学习结果被学生掌握,"方法"的学习同知识、技能、态度等的学习一样,也需要学习过程。现代教育倡导的"学会学习"正是人们对掌握方法重要性的深刻理解与认识。但将"过程"视为结果并将其设定为课程目标就有问题了。课程目标是课程实施(教学)的结果,教学过程显然不能作为课程目标,否则就混淆了过程与结果的关系。实际上,学者们在解释"三维课程目标"的"过程与方法"时,几乎都自相矛盾。譬如,"'知识与技能'是教学目标的基础,'过程与方法'是达成前一目标的保障,'情感、态度与价值观'培养体现在'知识与技能'的培养过程中"。④不难看出,这一解释在赞成"三维课程目标"的同时,又不经意地告诉我们"过程与方法是达成前一目标的保障"而非目标本身。做任何事情都涉及到"过程",它存在于获取知识、生成能力、学会方法、培养情感态度与价值观等所有活动之中。可见,把"过程"设为目标既无法操作,又曲解了过程本质。

---

① 魏宏聚.新课程三维目标表述方式商榷——依据布鲁姆目标分类学的概念分析[J].教育科学研究,2010(4):10-12,16.

② L. W. 安德森,等.学习、教学和评估的分类学——布卢姆教育目标分类学修订版[M].皮连生,译.上海:华东师范大学出版社,2008:15-16.

③ 白月桥.课程标准实验稿课程目标订定的探讨[J].课程·教材·教法,2004(9):3-10.

④ 陈志刚.对三维课程目标被误解的反思[J].课程·教材·教法,2012,32(8):3-8.

（四）"三维课程目标"扰乱了教育教学实践

在教学实践中，"三维课程目标"同样遇到了尴尬，主要表现在三个方面。

一是，对"三维课程目标"不完全理解。有的教师说："说实话，我们不懂三维目标，你们要检查，只好应付。""我们区别不了'过程'与'方法'，'情感''态度'与'价值观'，不得已而为之。"[①] 在 2015 年上半年进行的"中小学学科课程标准实施现状与问题的调查研究"中，研究者先后对上海市 11 所学校（中学 5 所，小学 6 所）的 20 名骨干教师进行了访谈调查。其中，多数教师（14 人，占 70%）表示对"三维课程目标"及其代表的意义不完全理解或不理解。这一结果既在意料之中，又在意料之外。意料之中是因为"三维课程目标"的确有问题；意料之外的是"不完全理解或不理解"的比例竟然如此之大，确实值得我们深思。

二是，对专家的解释莫名其妙。"关于三维目标关系的解读总是'道之求'与'器之求'形影相吊，而不是形影相随，这让一线教师在实践中无所适从。"[②] 教师们总是觉得，"三维课程目标"的语言内涵难以承担专家学者们赋予的意义。甚至有学者指出，"解释扰乱了一线教师常规教学的阵脚"。一位老教师说："如何落实课程目标，专家说的几乎都是让人不懂的'外语'，搞得我们一头雾水。"

三是，在教学实践中不知所措。一些专家一再强调"三维课程目标"是一个有机的整体，"三维目标在教学层面上一旦被相互割裂开来，分别地加以设计，教师往往也就会不知所措，并最终采用非常生硬的方法对课堂教学进行肢解"。[③] 我们知道，按照《布卢姆教育目标分类学：分类学视野下的学与教及其测评（修订版）》，课程目标旨在"协助教师区分教什么""促进学生保留或迁移所习得的知识"。如果课程目标不能分解，如何协助教师区分教什么？如何促进学生保留或迁移所习得的知识？等问题的解答在教学

---

① 张悦群.三维目标尴尬处境的归因探析［J］.江苏教育研究，2009（1）：30-34.

② 魏宏聚.新课程三维目标在实践中遭遇的尴尬与归因——兼对三维目标关系的再解读［J］.中国教育学刊，2011（5）：36-39.

③ 杨九俊.新课程三维目标：理解与落实［J］.教育研究，2008（9）：40-46.

实践中必然是糊涂的。

总之，许多专家学者认为，"'三维目标'说混淆了'目标是什么'和'目标不是什么'，应该予以纠正"。吴红耘、皮连生认为："无论从术语的使用或维度划分的逻辑来看，'三维目标'都是违背心理学中的学习论和教学论常识的。但这样一个有着严重错误的理论却能在全国中小学教师中广泛推广运用，并受到很多人的赞扬，这简直成了当前我国教育理论界一大讽刺。"① 这一观点虽然有些言过其实，但可以说对"三维课程目标"的修正与完善已迫在眉睫。

2022 年，教育部颁发了《义务教育课程方案和课程标准（2022 年版）》，确立了发展学生核心素养的目标，这标志着我国基础教育和课程改革与国际社会实现了真正意义上的接轨。

第四节 学科课程的基本目标 ②

课程目标就是培养与发展学生的学科核心素养，指导与帮助学生获取知识、生成能力、养成品格、学会方法。如果要用维度概括的话，科学的课程目标应该是一个由"知识、能力、品格、方法"构成的以培养核心素养为总目标的"四维"课程目标体系。

一、指导学生学会知识

《布卢姆教育目标分类学：分类学视野下的学与教及其测评（修订版）》将教育目标分为"知识向度"和"认知历程向度"。其中在知识向度中，安德森等将知识分为四类：事实性知识、概念性知识、程序性知识和反省认知知识。事实性知识是指学习者掌握某一学科或解决问题时必须知道的基本

---

① 吴红耘，皮连生.修订的布卢姆认知教育目标分类学的理论意义与实践意义——兼论课程改革中"三维目标"说[J].课程·教材·教法，2009，29（2）：92-96.

② 何玉海.培养学生核心素养需要修正"三维课程目标"[J].湖南师范大学教育科学学报，2016（5）：33-35.

内容；概念性知识是指某个整体结构中发挥共同作用的各基本要素之间的关系；程序性知识是指如何做事的知识，通常是一系列或有步骤的流程以及解决何时运用不同程序的准则；反省认知知识是指关于一般的认知知识和自我认知的知识，包括一般策略性知识、有关认知任务的知识以及自我知识。观点与角度不同，人们对知识的认识与分类不同。如果我们把知识理解为间接知识与直接知识（即经验）以及这些知识习得的过程方法的综合，也就理解了布卢姆的知识观。对知识的界定与分类是为了明确什么是知识，告诉教师指导与帮助学生学习哪些东西。

"获取知识"是对学生在教师的指导与帮助下，通过学科课程与活动课程实施所达到的基本目标进行的规定与明示。学生通过课程实施"获取知识"，进而生成与发展知识层面的基本素质。知识是人的核心素质（或素养）的最基本要素，"获取知识"是课程目标的最基本层面，是其他课程目标的基础。知识的传递与继承是人类社会文明得以延续的基本保证，是课程实施的基本任务。

二、帮助学生发展能力

一般而言，能力可划分为一般能力、创造能力、特殊能力。所谓一般能力，也称智力，如感知能力（观察能力）、记忆能力、想象能力、思维能力、注意能力等。其中思维能力是核心，因为思维能力支配着智力的诸多因素，并制约着能力的发展水平。所谓创造能力，是指在工作或社会实践活动中所表现出来的具有生产独特、新颖、有更高社会价值产品（有形的、无形的）的能力。所谓特殊能力（又称专门能力），是顺利完成某种专门活动所必备的能力，如音乐能力、绘画能力、运动能力等。本质而言，学校课程实施就是指导与帮助学生获取知识，最终生成与发展能力的过程。"三维课程目标"未提及"能力"，而只是与"知识"一起提出了"知识与技能"。实际上，只是提"技能"并不妥帖，应该使用能力。因为，"技能"泛指有别于天赋，必须耗费时间经由学习、训练等才能获得的能力，比如专业技能（又称为职业技能）。"能力"范围则比较广，既包括一般能力，又包括创造能力和特殊能力。在课程实施活动过程中，培养"技能"只是一个方面，还要培养一般能力，特别是思维能力，更重要的是要培养学生的创造能力。可见，通过课程实施，要帮助与指导学生生成与发展一般能力、创造能力或特殊能力，而不仅仅是"技能"。正像王月芬与徐淀芳所言："在注重知识领域标准建设的同时，应更加重视能力领域的标准，强调以应用、实践和探究等能力为导向的跨学科能力表现标准建设。"①

三、教育学生养成品格

古今中外对品格的认识可谓仁者见仁、智者见智。亚里士多德认为"德性只能是品质"。他所说的品质就是我们所理解的品格。丁锦宏认为：品格教育概念中的"品格"应该是指生命个体的道德品性、道德倾向性。②美国品格教育代表人物托马斯·里克纳（Thomas Lickona）和马修·戴维森（Matthew Davidson）认为"品格"包括两部分：优越品格与道德品格。优越品格是胜任导向，它包括发挥个人潜能所必需的品质，如勤奋、自制、积极的态度等，以保证个体不论在学习、工作或其他任一领域都能做到优秀。优越品格中有一种被称作是任务取向的成就动机，使我们努力超越过去，而不是一定要超越别人。道德品格是关系导向，它包括那些能够使人更好地生活、处理人际关系以及与别人合作的品质，如诚实、公正、关爱、尊重等，能使我们怀着尊重、关爱的心情对待自己和他人，诚实、正直地过一种合乎道德的生活。道德品格能够保证我们在追求目标的过程中不损害他人的利益。如果没有强大的道德品格，优越品格很容易"走错路"，就像学生通过欺骗获取好的成绩一样。

优越品格和道德品格在一个有品格的人身上是以一种融合的、相互依赖的方式互相支持的，两者可以透过八种品格的力量加以具体阐释：终身学习和批判性思维者；勤奋、能干的人；懂得社交技巧、具有高情绪调节能力的人；尊重的、负责任的道德主体；追求健康生活方式的、自律的人；有贡献的社区成员和民主的公民；伦理思考者；精神上追求高尚的人。据此，

---

① 王月芬，徐淀芳.重新反思"课程标准"：国际比较的视角[J].教育发展研究，2010（18）：65-69.

② 丁锦宏.品格教育论——全球化与多元化时代中国学校道德教育取向探索[D].南京：南京师范大学，2003：42.

课程目标就是应该定位在指导学生生成与发展这八种品格。课程实施的目标除了培养所谓的"情感、态度、价值观"外，更重要的是培养作为一个合格公民应具备的优越品格与道德品格。可见，将"养成品格"作为课程目标要比"情感、态度、价值观"更全面、科学、合理且具有可操作性。"养成品格"的课程目标也很好地体现了《国务院关于基础教育改革与发展的决定》中对德育工作与学生品格培养的规定和《基础教育课程改革纲要（试行）》的要求。

四、教导学生学会方法

课程标准中的"学会方法"，是教师指导与帮助学生学会方法，即"学会学习"。面对"知识爆炸"的时代，只教给学生知识不行，教给学生知识结构也不够，最明智之举就是教会学生学会如何学习。现代社会，教师不再是所谓的"工程师"，而是学生自主创新和自我教育的指导者、服务者，把"学会方法"作为课程目标，既把握了教育的本质，又抓住了课程实施的关键。

在"三维课程目标"中，把"方法"作为课程目标可谓抓住了关键。但把"过程"设为课程目标却遭到了多方质疑与批判。过程是一组将输入转化为输出的相互关联或相互作用的活动。教学本身是一种活动，同时更是一种过程，这正是课程实施中教学的特征。实际上，任何一种行为结果都是过程的结果。通过"过程"来实现目标，而绝非把"过程"设置为目标。在课程实施中，控制"过程"比"结果"更为重要。正如爱德华·戴明（W. Edwards Deming）所说："检品已太迟了。如果员工能制造无缺陷的产品，就该废弃检品制度。"[1] "对于'十年树木，百年树人'的教育来说，看来戴明的话饱含着深刻的哲理，更是寓意深长。教育是一个十分复杂的过程，只有过程科学而合理，才会结出好的'果子'。可见，学校教育由'面向结果'向'面向过程'的范式转变，显得何等重要。"[2] 笔者认为，"过程"不能确定为课程目标，但"过程方法"倒是可以。所谓"过程方法"是

---

[1] 苏伟伦. 戴明管理思想核心读本［M］. 北京：中国社会科学出版社，2003：13.

[2] 何玉海. 服务德育论［M］. 上海：上海三联书店，2011：83.

指"任何使用资源将输入转化为输出的活动或一组活动可视为一个过程。为使组织有效运行,必须识别和管理许多相互关联和相互作用的过程。通常,一个过程的输出将直接成为下一个过程的输入。系统地识别和管理组织所应用的过程,特别是这些过程之间的相互作用,称为'过程方法'"。[①] 而所谓过程方法原则是指:"将活动和相关的资源作为过程进行管理,可以更高效地得到期望的结果。"[②] 过程方法的优点是对诸过程的系统中单个过程之间的联系以及过程的组合和相互作用进行连续的控制。过程管理按 PDCA 模式运行,即以计划(plan)、执行(do)、检查(check)、处理(action)的顺序循环往复地进行。在课程实施活动与过程中,只有采用"过程方法"才能杜绝中间任何环节出现不规范行为,确保教学的有效性,进而实现课程目标。

"学会方法"与《布卢姆教育目标分类学:分类学视野下的学与教及其测评(修订版)》的基本思想是一致的。"知识向度"旨在协助教师区分教什么;"认知历程向度"旨在促进学生保留或迁移所习得的知识。本质而言,"认知历程向度"就是掌握和应用知识的"过程方法"。"学会方法"就是教师指导与帮助学生学会"过程方法",旨在促进学生保留或迁移所习得的知识,进而生成与发展一般能力和创新能力,养成良好的品格。

---

① 国家质量技术监督局. 质量管理体系标准[S]. 北京:中国标准出版社,2001:5.

② 同上:3.

第六章　学科教育的课程建设

　　学校教育主要是学科教育，学科教育的关键是教学，而教学的前提则是科学合理的学科课程及其设置。学科教育的课程建设是一项技术含量较高的系统工程：首先，需要对学科教育的课程进行科学规划，在此基础上进行课程开发与设计；其次，要把握学科教育课程标准的本质与特征，依据教材开发与建设原则建立科学的学科教材体系。

第一节　学科教育的课程规划

　　学科教育的课程建设，规划是关键。真正认识与理解课程规划，进而编制学科教育课程规划方案，必须确切把握学科课程规划的概念与本质内涵，正确认识学科课程规划的作用与意义。

一、学科课程规划的概念与内涵

　　学科课程规划，是指根据一定的教育理论与管理学原理，依据一定社会的需要和国家的教育方针与政策，在尊重学生发展需要的基础上，对学校教育的学科课程（包括课程类别、课程内容、课程实施、课程评价、课程管理等）予以整体设计、统筹谋划与安排的活动与过程，以实现学科课程的最大功能，进而促进学生健康发展。学科课程规划包括广义的规划和狭义的规划。广义的学科课程规划，是指国家层面的宏观课程管理与建设规划的活动与过程；狭义的学科课程规划，是指学校层面对本校学科课程的整体设计、统筹安排的活动与过程。狭义的学校学科课程规划是在宏观的国家学科课程规划的基础上进行的。

　　根据一定的教育理论与管理学原理，依据一定社会的需要和国家的教育方针与政策，尊重学生发展需要，是学科课程规划的三个先决条件。三个先决条件一个都不能少，也不能厚此薄彼，否则制订的学科课程规划不科学。对学校教育的学科课程（包括课程类别、课程内容、课程实施、课程评价、课程管理等）予以整体设计、统筹安排的活动与过程，是学科课程规划的本质内容。学科课程规划所涉及的内容较多，核心内容必须兼顾，否则就不完整。实现学科课程的最大功能，进而促进学生健康发展是学科规划的目的。整体而言，学科课程规划的目的：一是通过统筹谋划与科学安排，实现学科课程功能的最大化；二是促进学生健康发展，让学生受益，进而让国家与社会受益，这是学科课程规划的终极目的。

　　学科课程规划既是一项活动，又是一个过程。学科课程规划不仅是提前的规划活动，还应包括对学科课程即时的整体统筹与谋划。同时，已经规划好的课程还要能随时进行微调与完善，这体现了课程规划的发展性。随着科学技术的迅猛发展，知识不断膨胀，日新月异。与之相适应的学科课程也必然要作出相应调整。学科课程规划的"稳定性"是相对的，"发展性"才是绝对的。现在，我国的很多学者不承认课程和课程规划的发展性，这也是我国学科课程与教学诸多问题产生的根本原因。

　　学科课程规划存在两种形态：一是学科课程规划的活动与过程；二是学科课程规划活动与过程的结果——学科课程规划方案。学科课程规划的活动与过程，是学科课程规划工作本身；学科课程规划方案则是学科课程规划的文本形式。我们平时说的学科课程规划，实际上有时指的是"学科课程规划活动与过程"，但多数指的是"学科课程规划方案"。

　　课程规划是课程系统的一部分，而不仅仅是文本形式。美国课程学家比彻姆认为：课程系统是有关课程各种职能的决策和实行的体系，它被看作学校工作的一部分。课程的规划、实施与评价的过程是课程系统的基本过程。课程系统总目标是为决定学校应该教什么，应该将哪些决定作为教学策略这两个出发点提供框架。每所学校都要有教育计划，要进行教学与评价。然而在许多学校，各项课程的编制却是看不见的、不合理的。课程系统的主要工程师是教育厅（局）长、校长和课程指导员，还可以由学校系统之外的顾问人员加以协助。这些工程师们负责组织、指导制订各项任务和规划课程，并通过教学方案在课堂上实施课程、评价课程，按照从评价中所积累的资料来修订课程。一旦课程活动的范围已经选定，参与课程决策的人员就可以进行选择，然后决定课程目标的工作程序，挑选课程设计，研究设计的细节，着手编写课程。课程系统最明显而必要的输出是规划好的课程。①

可见，学科课程规划本质就是整体设计与统筹安排学科课程的活动与过程。

二、学科课程规划的作用

学科课程规划是指导学科课程建设的文件，没有科学的学科课程规划作指导，课程建设就无从下手，勉强建立起来的课程也会病态百出，缺乏科学性。

（一）学科课程规划是国家宏观教育管理的手段

学校教育主要是学科教育，学科教育的实施主要通过学科课程的实施来进行。一方面，从宏观管理来讲，国家需要根据国内的政治、经济、文化以及国际社会的基本情况，根据不同层级的学校情况以及学生的身心发展情况和需要来对整个学科课程予以规划，以便有效指导各级各类学科教育的有效实施；另一方面，国家和政府要对整个学校教育予以宏观管理，包括监控学科教育质量等。可见，学科课程规划是国家和政府通过规划管理行使的行政管理权。

（二）学科课程规划是学校教育管理的主要措施

在学校教育中，除了学科教育以外，还有非学科教育的参与。非学科教育主要指隐性课程，包括物质层面的隐性课程、观念层面的隐性课程、行为层面的隐性课程、制度层面的隐性课程，还包括一些以模块化为主要特

---

① 乔治·A. 比彻姆. 课程理论［M］. 黄明皖，译. 北京：人民教育出版社，1989：129–134.

征的专题性或问题性课程，以及一些实践活动性课程。在学校教育中，学科教育承担着培养与发展学生各方面素质与能力的作用。对学校而言，一方面需要执行或参照执行国家和政府的宏观学科课程规划，另一方面需要结合自身的特点与具体实际对整个学科课程予以系统规划，以便更好地落实国家和政府的宏观学科课程规划，更好地通过课程的规划管理提高学科课程教学质量。另外，我国学校层面的学科课程规划也是协调与统筹国家课程、地方课程、校本课程有效实施的重要手段。同时，学科课程规划"既蕴含了国家与地方的意志，又承载了学校的意志，是国家权力、地方权力与学校权力在课程方面进行对话的综合反映"。① 可见，学科课程规划是对学校课程的预测、设计和安排，对提高学校课程执行力，建设学校课程文化具有重要意义，是课程理想变成现实的桥梁。同时，学科课程规划也是学科课程设置与改革、完善的突破点。

（三）学科课程规划是学校课程管理的活动

学科课程规划是对学校教育的学科课程类别、课程内容、课程实施、课程评价、课程管理等进行整体设计、统筹安排的活动与过程。事实上，要想做好课程的规划管理并非易事。英国学者凯利（A. V. Kelly）通过对常见的三种课程规划模式的研究认为，任何课程规划都应始于对课程目标的陈述。对学校的教育成就设定目标和进行政策规划已经成为一种被崇尚的行为。他认为，无论是目标规划模式、内容规划模式，还是目标规划模式与内容规划模式相结合的形式都是有问题的。现有的课程规划模式带来的是一整套令人不满的教育实践指导原则。无论按内容规划课程模式，还是按目标规划课程模式，甚至是两者的结合，都不能提供一个具有真正教育性意义的课程规划样板。事实上，更严重的是，在整个教育体制中使用这些规划模式给学校带来的是一种极不合适的课程，它限制了面向全体学生的教育目标的实现。② 学科课程规划是课程管理的一部分，只有坚持系统论，从课程

---

① 靳玉乐，董小平.论学校课程的规划与实施[J].西南大学学报，2007，33（5）：5.

② KELLY A V.课程理论与实践[M].吕敏霞，译.北京：中国轻工业出版社，2007：49-81.

管理的视域对诸多相关要素予以统筹谋划，才能制订出好的学科课程规划。

三、学科教育课程规划方案编制

（一）课程规划方案的本质内涵

在我国，有多种名称表达课程规划方案的意义。一是将课程规划方案笼统地称为"课程标准"（如 1913 年颁布的《中学校课程标准》就是课程方案与课程标准的综合体）；二是称为"课程总纲"（如 1923 年全国教育联合会颁布的《课程总纲》）；三是称为"课程标准总纲"（如 1932 年至 1948 年执行的《小学课程总纲》等）；四是称为"教学计划"（如 1950 年至 1991 年颁布执行的教学计划，是基于教学论的话语体系，带有课程规划方案的功能）；五是"课程计划"（如 1991 年至 2002 年颁布执行的课程计划，是基于教学论的话语体系的课程规划方案）；六是"课程方案"（如 2001 年以来颁布执行的课程方案是基于课程论话语体系的称谓）。课程规划方案名称不统一的原因有三个：一是由于教育观与课程观的不同，对其称谓不同；二是由于我国本身对课程规划方案的称谓与作用认识不同，也导致了不同的名称；三是由于存在着教学论与课程论两种话语体系，导致对课程规划方案的理解与称谓不同。统一将"课程方案"称为"课程规划方案"最为科学合理：一是从结果来看，课程规划方案是课程规划的文本形式；二是课程规划方案更加明了、易懂，不易造成歧义；三是课程规划为课程管理的基本形式，称为"课程规划方案"更符合课程论的话语体系。

借助学科课程规划的定义，我们可认为：学科课程规划方案是根据一定的教育理论与管理学原理，依据一定社会的需要和国家的教育方针与政策，在尊重学生发展需要的基础上，对学校教育的学科课程予以整体设计、统筹谋划、安排活动与过程的结果的文本呈现形式，由广义的学科课程规划方案和狭义的学科课程规划方案组成。广义的学科课程规划方案是指国家层面的；狭义的学科课程规划方案是指学校层面的。

学科课程规划方案是学科课程设计与建设的纲领性文件，为课程建设与发展谋划了美好的愿景，是学科课程标准建设、学科课程教材建设的纲领性指导文件。在学科课程建设与课程管理中，学科课程规划方案居于最上位，其下位是学科课程标准，然后才是各个学科教材及其辅助教育资源材料。

学科课程规划方案为整个课程建设、改革与发展指明了方向。因此，学科课程规划方案的制订必须规范科学。学科课程规划方案是做出来的，是在大量调查研究的基础上，根据一定的教育理论和管理学原理，依据社会的需要和国家的教育方针与政策，在尊重学生身心发展需要的基础上，对学科课程予以整体设计与谋划、统筹与安排，以文本形式呈现的。学科课程规划是活动与过程；学科课程规划方案是学科课程规划活动与过程的结果，是以文本的形态呈现的。

（二）课程规划方案文本结构

2003 年教育部颁布的《普通高中课程方案（实验）》认为：课程方案主体部分包括培养目标、课程结构、课程内容、课程实施与评价的内容。丁念金认为，课程方案主体部分由指导思想、培养目标、课程结构、学习评价、实施要求、课程管理六部分组成。[①]学科课程规划方案毕竟是规划结果的文本形式，而在学科课程规划中，系统论、全面质量管理理论则是理论基础。学科课程规划方案应由四部分构成，即前言、序言和引言、方案主体、方案文本附件。

1. 前言

前言，即课程规划方案制订者写在规划方案正文前面的话，是对课程规划方案制订事宜的明示与说明，一般单独成页置于目录前。主要内容包括：规划方案制订的依据、制订的主旨、管理归口、规划方案解释与修订、规划方案的制订人、其他免责条款、规划方案的制订时限等。我国多数规划方案没有前言部分，这既不规范，又不能明确责任，致使规划方案的执行与落实遇到了诸多困难与麻烦。有些规划方案虽然有"规划制订的主旨""规划方案的制订人"和"规划方案的制订与时限"等内容，但一般都将"规划方案制订的主旨"置于规划方案正文前，或所谓的序言中；将"规划方案的制订人"和"规划方案的制订与时限"置于规划方案正文之后。这

---

① 丁念金.课程论［M］.福州：福建教育出版社，2007：343-344.

既不规范，也不符合文体学的结构要求。

规划方案制订的主旨，一般从贯彻法律法规、上级主管部门精神，学校职责、规划方案管理等方面予以明示。规划方案的制订依据：一是国家、省、市有关的课程政策；二是学生的层级与身心发展的实际；三是国家、地方政府或本校的具体实际与发展现状；四是系统论与全面质量管理理论以及文体学。规划方案的管理归口说明了本规划方案由哪个部门负责管理。规划方案的解释与修订说明了本规划方案由哪个部门负责解释与修订，修订的原则是什么。规划方案的制订人说明了本规划方案编制的领导与组织部门和具体负责起草人员名单。其他免责条款对一些未尽其他责任予以说明。规划方案的制订与时限对规划方案制订的时间、实施时间等予以明确规定。

2. 序言和引言

序言，是指课程规划方案制订者写在课程规划方案正文前面的引言，通常用于说明文本的范围、构成与特征等，是对课程规划方案本身事宜的明示。序言部分一般单独成页，置于前言之后，课程规划方案目录之前，包括课程规划方案整体构成、适用范围、兼容性与引用文献等。在我国课程规划方案中，这部分内容基本都没有，多数用"序言"来呈现"课程规划方案制订的主旨"，有的课程规划方案又加上了对前期工作的总结。这样的处理并不规范：一是"课程规划方案整体构成""适用范围""兼容性与引用文献"等内容应该是课程规划方案的一部分；二是这部分内容是为了厘清责任归属与管理权限的，如若缺失会给课程规划方案的执行带来责任与权限的混乱。另外，在序言部分"对前期工作的总结"是没有必要的。从文体学角度来讲，课程规划方案正文中的每项都是在原有基础上的规划，都要涉及原有的基础或对现状的说明，如果在序言部分再对前期工作进行总结，势必会出现重复现象。

当然，序言也可以与前言合并，合并后以前言或序言的形式呈现两方面的内容。

3. 方案主体

（1）指导思想

指导思想是课程建设与发展一段时间内的航向标。将指导思想置于课程规划方案主体部分的开头，阐明教育理想、教育方针、课程变革的宗旨，以及课程规划方案的制订与实施和侧重点。

（2）培养目标

培养目标一般是针对特定教育阶段和教育层级制订的，可针对义务教育阶段、普通高中阶段以及其他情况制定，也可针对某一个教育层级或某一特定课程实施对象而制订。培养目标是课程规划方案的重要内容，需要具体明示。

（3）课程结构

课程结构是对特定教育阶段或教育层级涉及的课程种类、类型、比例关系、内在联系，以及时限等进行整体谋划与安排。一般而言，学科课程规划方案的课程结构主要指学科课程结构，有时也要明示与一些非学科课程的协同关系。

（4）实施要求

学科课程规划方案为整个课程建设、改革与发展指明了方向，是学科课程标准建设、学科课程教材建设的纲领性指导文件，在学科课程建设与课程管理中居于最上位。因此，在学科课程规划方案中必须旗帜鲜明地明确实施要求，不能含糊或模棱两可。

（5）教学评价

学科课程的实施方式主要是通过"教学"完成的。"教"是手段，"学"是目的和根本。"教学"是教师和学生共同运作课程的活动与过程，必须对"教"和"学"都要评价，在课程实施中仅仅只盯着学生进行评价的做法是违背教育规律的。因此，在课程规划方案中要对"教学评价"做出规定。

（6）课程管理

课程规划方案的制订是课程管理的活动与过程：一方面，通过课程规划对课程管理做出规定，并通过课程规划方案体现出来；另一方面，课程规划方案又为课程的建设与管理活动提供依据与指导。课程管理涉及课程决策、课程设计、课程实施、课程评价、课程改进各个环节。通常要涉及"计划、组织、监督、激励、协调、保障、检查的行为，而不仅仅是规定由谁决定课程（课程决策）的问题"。[1] 课程管理，应该贯彻"过程方法"和"管理系统的方法"。

---

① 丁念金.课程论［M］.福州：福建教育出版社，2007：344.

4. 方案文本附件

附件，是课程规划方案正文后附带的文字、表格等，是对正文或未尽事宜的说明、补充、解释，是课程规划方案中不可或缺的部分。课程规划方案主体是整个课程规划方案文本的核心部分；附件则是对课程规划方案主体的补充，具有同样的作用与效力。课程规划方案的附件主要由图表附录、相关与引证文件目录、索引等组成。

（1）图表附录

图表附录主要呈现图形、表格。课程规划方案中常常涉及一些图表，如课程类型关系图、课程内部逻辑关系图、课程实施图、数据表等。这些图表直观形象、简洁明了、容量大、通俗易懂，能图文并茂地对课程规划方案主体进行说明、补充、解释。

（2）相关与引证文件目录

相关与引证文件目录，主要是指课程规划方案中采用（等同采用或等效采用）、引用的重要文件，包括国家法律法规、方针政策、上级的、校级的相关文件等。这些作用文件是课程规划方案的支撑，也是观点与措施的出处与来源。

四、课程规划方案编制的基本原则

课程规划方案编制是一项系统工程，要坚持民主性原则、系统性原则、规范性原则、适宜性原则和发展性原则。

（一）民主性原则

首先，在课程规划过程中，以民主性的课程理念为指导，建立民主性的课程决策机制，让课程利益相关者全程参与课程规划活动，通过对话与协商汇集课程利益相关者的智慧、意见与建议，并在编制课程规划方案中付诸实施。其次，在课程规划方案文本形成过程中要坚持民主化。从学校层面而言，当课程规划民主性从意识走向文化自觉和实践时，学校课程规划的民主性才能实现。坚持民主性原则是三级课程管理体制对课程规划的基本要求，为学校课程决策提供自主空间。从政府层面而言，坚持民主性原则,是确保课程规划方案编制质量的先决条件。

(二)系统性原则

课程规划的系统性原则,是指在课程规划的过程中,必须遵循系统论,坚持系统的方法论,系统策划课程的类型、内容、相互关系,以及具体设计、实施、评价等相关因素与条件等。首先,系统性原则是依据课程整体论原理对课程规划提出的基本要求。要认识到课程不仅仅是指静态的课程文本形态,也并非只是知识的简单组合,而是完整的、动态的系统。其次,系统化原则是依据课程规划的内容与逻辑关系对课程规划提出的基本要求。因此,要根据系统理论予以全面规划,即对提供给学生的全部课程进行系统的整体性设计。课程规划涉及的范围很广,就学校而言,它既包括对国家课程、地方课程的科学有效的落实与消化,又包括对校本课程的统筹谋划与安排。系统的全程规划包括从课程规划到规划方案文本形成的全过程,只有坚持系统性原则,方能编制出科学的课程规划方案。

(三)规范性原则

由于人们的教育观、课程观不同,对课程规划方案的认识也不同,致使对具有规范课程建设的纲领性文件的称谓和内容也不同。不管称为"课程方案",还是"课程规划方案""课程规划",本质而言,都是对学校教育中学科课程的开设类型、内容、结构、课程间的关系、目标等的文本呈现。既然是规划结果的文本呈现,就必须遵循规范性原则。一是规划活动与过程要规范。规划是在科学的教育理论和课程政策的指导下,通过广泛调查、分析、研究做出来的。二是要遵循规划的技术要求。课程规划既是课程管理的活动过程,又是集调查、统计、分析以及理论研究与探索于一体的工作,涉及愿景谋划、课程实施、课程评价、课程管理和教师专业发展等诸多方面,是一项技术工作,需要专业人员来承担。三是规划的结果需要通过语言文字的形式呈现出来。规划方案本身是一种应用文体,有其自身的格式规范和语言要求,这需要专业人员或语言功底较强的人员来承担。如此,才能很好地体现规划的结果,才能保证课程规划方案的规范、科学。

（四）适宜性原则

课程规划方案的适宜性原则是指整个学科课程的难易水平、实用性等能够满足全体学生需要的程度。具体而言，就是提供的学科课程，既要考虑学校的类型，又要考虑教育的层级；既要考虑社会的需要，又要考虑学生的需要；既要考虑智力较高的学生要求，又要考虑智力水平一般特别是较低水平学生的需要。简言之，整体的课程水平程度要尽量适应所有的学生，坚持"就低原则"最为理想。过去我国课程方案中规定的课程水准往往都用最高的水准来要求所有的学生，这种取向的危害性极大。为了达到这种必须达到统一的高水准，所有学生都必须付出几乎所有的时间和精力，没有足够的时间和精力去发展个人的个性、兴趣、特长和创造性，很多学生也因为无法达到要求，影响自我认知与人格的发展。西方在课程方案上采取的往往是最低水准，可以说这是西方学生可持续发展能力较强、创造性较强的一个重要原因。[①] 课程规划方案的编制最大限度地坚持适宜性原则，是倡导教育公平，实现全体学生全面和谐发展的需要。

（五）发展性原则

课程规划方案的发展性原则是指整个学科课程既有相对的稳定性，又要坚持一定的灵活性；既要考虑当前的需要，又要兼顾未来的发展，具有一定的战略眼光。从国家层面来看，课程规划方案既要坚持全国统一的基本要求，又要考虑各个省（市）、自治区的条件与差别。没有一个较为统一的章法不利于国家公民整体素质的提高，但如果把各地的课程完全统一起来，既没有必要也不现实。坚持发展性原则，具体情况具体分析，才有利于保证全国各地学生接受平衡的教育，保证教育的公平性。王策三曾提出："教学计划必须稳定，'朝令夕改'是不行的。确有必要实行变动时，也必须制定出妥善的过渡办法。"[②] 但同时，稳定性是相对的，采取宽松的统一政策，正是为了更好地确保稳定性。可见，坚持发展性原则也是为了正确处理课

---

① 丁念金. 课程论［M］. 福州：福建教育出版社，2007：345.

② 王策三. 教学论稿［M］. 北京：人民教育出版社，1985：209.

程规划方案的灵活性与稳定性的关系。

第二节　学科教育的课程开发

　　学科教育的课程开发是课程建设的重要环节，把握学科课程开发的概念与内涵是课程开发的基本前提，了解与借鉴课程开发的基本模式是保障，系统分析影响课程开发的因素是提高学科课程开发质量的关键。

一、学科课程开发的内涵

　　课程开发是指根据一定的教育理念与课程理论，确定课程目标，选择和组织课程内容，规划课程实施，以及制订课程评价原则与方略等活动与过程。课程开发由"课程编制"或"课程编订"和"课程建设"等词汇发展、演进而来。1923 年和 1924 年，课程科学化运动的重要代表人物，美国著名教育学者查特斯（W. W. Charters）和博比特（Franklin Bobbitt）分别出版了《课程编制》（*Curriculum Construction*）和《怎样编制课程》（*How to Make A Curriculum*），之后"课程编制"一词开始广泛流行。[①] 1935 年，美国学者卡斯威尔（H. Caswell）和坎贝尔（Campbell）合著的《课程开发》（*Curriculum Development*）问世后，"课程开发"概念引起了人们的关注。1974 年 3 月，日本文部省与经济合作与发展组织所辖机构"教育研究革新中心"（CEIR）合作，在东京召开了课程开发国际研讨会，明确地提出了"课程开发"的概念及其基本方向，[②] 认为"课程开发"是表示课程的编订、实验、检验—改进—再编订、实验、检验……这一连串作业过程的整体。自此，"课程开发"这一术语便在教育界广泛流行起来。

　　美国学者舒伯特（W. H. Schubert）认为，课程编制与课程开发是同义。在他看来，课程开发不仅要考虑课程目标、课程内容、课程组织、教学互动、课程评价等问题，还要关注心理学、历史、经济、政治、哲学、文化等众

---

① 钟启泉.课程与教学概论［M］.上海：华东师范大学出版社，2004：85.

② 钟启泉.现代课程论［M］.上海：上海教育出版社，1989：320.

多影响因素。[1] 美国另一位课程学者蔡斯则认为，课程编制是指对各种课程成分的特性及其组织进行决策的过程。例如"课程编制"需要对如下问题做出决策：良好社会的特征是怎样的？人的本质是什么？幸福生活的标准是什么？知识的本质是怎样的？教育应该具有什么样的目的？课程设计所要体现的基本理念有哪些？哪些知识是所有学生都需要学习的？学生在进行课程内容的学习时需要参加哪些活动？我们应该怎样评价教育目标、内容以及学习活动的优劣？[2]

我国学者认为，课程开发虽然由"课程编制"发展而来，但其内涵和外延都有所改变。课程编制主要是从技术领域讨论学校课程的教育目标、学习者的分析、课程实施的安排以及教学资源的选择和评价等，含有明显的机械成分和结果取向。课程开发是一个不断改进的过程，重点强调过程性和动态性，会受到学生的兴趣与需要、社会以及学校各种因素的影响。

二、学科课程开发模式

学科课程开发模式是指在一定的教育理念与课程理论指导下，确定课程目标、选择和组织课程内容、规划课程实施，以及制定课程评价原则与方略等课程开发活动与过程中形成的程式化范型。主要有两大基本模式：目标模式和过程模式。

（一）目标模式

目标模式又称泰勒模式，由现代课程理论之父泰勒提出。1949 年，泰勒出版了《课程与教学的基本原理》，明确提出任何层面的课程设计都必须回答四个基本问题：一是学校应该试图达到什么教育目标？二是提供什么教育经验最有可能实现这些目标？三是怎样有效组织这些教育经验？四是我们怎样确定这些目标正在得以实现？这四个基本问题就是课程开发的四个步骤：确定教育目标，选择学习经验，组织学习经验，评价。

---

[1][2] 廖哲勋，田慧生.课程新论［M］.北京：教育科学出版社，2003：261.

1. 确定教育目标

教育目标的确定是课程开发的基本逻辑起点。所谓确定教育目标，就是指通过对学生的兴趣与需要、当代社会生活的特点和学科专家的建议等因素加以分析，获得初步的教育目标；当一般的教育目标确定后，下一步的工作就是剔除没有意义、前后矛盾的目的。这就需要利用到哲学和学习心理学两个筛子。运用哲学删除与所持哲学观相矛盾、相反或无关紧要的教育目标，保留与所持哲学观一致的教育目标。[①]学习心理学对教育目标的筛选分为最低层次和较高层次，最低层次是提出不期望学生通过学习发生变化的行为目标，较高层次则考虑到学生在特定年龄阶段的认知水平，保留学生在当前阶段能够达成的目标，适当保留那些需要花费大量时间和精力才能实现的目标，删去那些不可能达成的目标。[②]明确教育目标之后，下一步的工作就是要有效地陈述目标，可以通过建构行为和内容的二维图表来体现，纵轴代表培养学生的行为，横轴代表这些行为可能会涉及的生活领域。

2. 选择学习经验

确定教育目标后就要选择学习经验。学习经验是指学习者与外部环境之间主动地相互作用。泰勒提出选择学习经验的五条一般原则：第一，学习经验既能为学生提供机会去实践目标所隐含的行为，又能使学生有机会处理该目标所隐含的内容；第二，学习经验必须使学生在实践教育目标所隐含的行为的过程中获得满足；第三，学习经验中所期望的反应，应该在学生力所能及的范围内；第四，有许多特定的经验可以达到同样的教育目标；第五，同一种学习经验也可能产生数种结果。[③]

3. 组织学习经验

组织学习经验有两种方式：一种是对不同阶段学习经验的组织，即"纵向组织"；另一种是对不同领域学习经验的组织，即"横向组织"。[④]有效

[①] 拉尔夫·泰勒.课程与教学的基本原理[M].罗康，张阅，译.北京：中国轻工业出版社，2008：34.

[②] 同上：38-39.

[③] 同上：67-70.

[④] 同上：88.

的纵向组织和横向组织可以整合和转化不同的学习经验。有效地组织学习经验应该遵循三个标准：连续性、顺序性和整合性。连续性是一种直线式的重复；顺序性是指后一经验必须建立在前一经验的基础上；整合性是课程经验的横向组织。[①]此外，学习经验还包括组织要素和结构要素。组织要素包括基本概念、技能和价值；结构要素分为最高层次、中间层次和最低层次。最高层次包括具体科目、广域课程、核心课程；中间层次包括序列课程、学期课程或学年课程；最低层次包括课、课题和单元。[②]

4. 评价

评价是确定课程与教学计划实际达成教育目标的程度。评价学习经验的有效性就是评判课程的实施是否或者在多大程度上实现了教育目标。评估学习经验应当注意两个方面：一是评估的重点应该放在评估学生的行为上；第二，应该不止一次评估，可以在课程实施前后各进行一次评估，以观察学生行为是否发生了预期的变化。[③]泰勒特别强调，评估没有固定和统一的方法，任何能够获得有效证据的方法（这些证据关乎学校或学院的教育目标所代表的种种行为）都是合适的评估程序。[④]但是在评估过程中，一定要遵循以下步骤：界定教育目标—确定评价情境—编制评价工具。在评价程序的基础上所获得的评价结果是对现行教育计划实现预定教育目标程度的基本判断，因而是修正或改善课程与教学计划的基本前提。正是因为有了对学习经验的评价，才使得整个课程开发过程成为一个可以不断循环往复的动态系统。

在以上四个环节中，确定教育目标是整个课程开发过程的起点，选择和组织学习经验是主体部分，评价学习经验既是课程开发过程的终点也是起点，是课程开发系统平稳运行的保证。其中，教育目的不仅影响到学习经验的选择和组织，也影响到评价标准的确定，因此教育目标既是课程开发的核心和关键，也是课程开发的出发点和归宿。

---

① 拉尔夫·泰勒.课程与教学的基本原理[M].罗康，张阅，译.北京：中国轻工业出版社，2008：89-90.

② 同上：104-106.

③ 同上：113.

④ 同上：115-116.

（二）过程模式

过程模式，也称投入模式，主要代表人物是斯腾豪斯。他认为，在知识和理解领域中，过程模式是一种更理想的课程开发方式。"我正在提倡一种依照原则、标准和研究，而不是依照提前规定学生学习结果来进行课程研究和开发的一种政策，这种政策为提高我们在学校的期望水平，并让现实离这些期望更近的目标模式提供了更好的前景。这种模式也可以称为是投入模式，它处理的是从实践性情境的个案中概括出假设的影响，其目的是创造出一种课程说明，这种课程说明描述了大量可能的学习结果，并将其与它们的原因联系起来。"[①] 过程模式经得起假设演绎法（hypothetico—deductive method）的检验，因此预示了课程的一种累积性科学（a cumulative science of curriculum）；避免了所有的知识都能够被表达为学到的行为；允许学生在同样的课程中拥有不同的目标；努力去面对课堂的复杂性。[②]

课程开发是一个开放的系统。学习不是线性的、被动接受的过程，而是主动参与和探究的过程。目标和内容无法预先明确规定，因为学生的兴趣在学习过程中会不断发生改变，教学过程中也会出现许多偶发事件，因此过程模式主张课程设计应当是一个开放的系统。斯腾豪斯认为，与目标模式相比较，课程开发的过程模式反映了一种更加普遍的教育原则或者价值："一种教育应该社会化或者应该解放的愿望，一种获得知识是教育的中心理念的坚强信念，一种教育蕴含某些价值的信仰，更喜欢合理性而非无理性，更喜欢灵敏而非迟钝，更喜欢情感的完整性而非感情用事（a preference for integrity of feeling over sentimentality）等。"[③] 同时，这种课程开发模式也体现了一种基于过程的教育质量观。这是因为，过程模式依赖于立场，即"这种教育原则与内容和目标说明能够一起成为过程原则和评论标准的一种基础，它足以维持教育过程的质量而不用去参考严格规定的预期的学习结果。据此，我们能够在知识领域内较好

---

①② STENHOUSE L. The process model in action: The humanities curriculum project［J］.

　　Research: As a Basis for Teaching, 1985: 89-91.

③ 同上: 90.

地进行教学，同时将对学生的影响变成不确定。"① 在这样的教育价值和教育质量观的保障下，以价值问题的探究为载体，所有的学生在教育情境中都能得到相应的发展。②

强调教育过程本身的价值和学生的需要。过程模式反对目标模式所持的工具主义知识观，强调知识本身的内在价值；强调教育本身即过程，而非达成目的的手段。在教育过程中，学生通过对自然、社会和自我的探究获得探究能力，增进批判能力。过程模式主张根据学生的需要，灵活地选择和组织内容。目标模式认为，课程内容和教育目标之间是一一对应关系，只要内容是按照目标选择和组织的，教育目标就能自然达成。过程模式则认为，面对学生的不同需要，同一课程内容可能产生完全不同的结果。据此，过程模式主张依据过程原则，开发能促进学生发展的课程内容。

过程模式对教师提出了新要求。斯腾豪斯认为，过程模式课程开发的成功取决于教师的质量。"任何过程模式都基于教师的判断而非教师的指导。它对教师的要求高得多，因而在实践中实施起来更困难。但是它给个人和专业发展提供了一种更高的水平。在某些环境下它被证明要求太高了。"③ 斯腾豪斯分析了过程模式发展的困境并提出了解决路径：假如教师要理解、形成并改进他们判断的标准以及他们学科的范围，他们必须能够而且必须有专业发展的时间和机会，而且需要更多的研究去锻造包括与教师和学生的个人和智力发展相一致的生存技能的教学过程。④ 因此，过程模式下的课程开发需要教师进行课程研究。

总之，课程开发过程模式的选择实际是斯腾豪斯对课程开发理论的思考与当时英国现代中学人文学科课程改革所面临的矛盾共同作用的结果。对于不同的课程开发模式而言，目标模式并非一无是处，但是很明显，它更适合于强调信息与技能的课程领域；在强调知识与理解的课程

---

① STENHOUSE L. The process model in action: The humanities curriculum project [J]. Research: As a Basis for Teaching, 1985: 90.

② 范敏，刘永凤. 斯腾豪斯对课程开发"过程模式"的诠释[J]. 外国教育研究，2017，44（324）：115-116.

③④ STENHOUSE L. An introduction to curriculum and development [M]. London: Heinemann, 1975: 96.

领域,也就是强调理解的人文学科课程领域,课程开发的过程模式则更好、更适用。

另外,课程开发的过程模式得以实现的条件是"教师成为研究者"。一方面,斯腾豪斯认为有意义的知识和学生的理解是通过过程而得到发展的,这种过程没有提前阐述学习结果,而是进行批判性探究;另一方面,教师通过批判性和创造性的探究能够获得自己的知识和理解,因此,只有以教师的实践为基础,教育才能得到持续性改进。于是,斯腾豪斯借鉴霍伊尔(Hoyle)的"拓展的专业特性"(extented professionalism)提出了"教师成为研究者"的观点。拓展的专业,其突出的特征是专业的自我发展能力。它是通过系统化的自我研究,对其他教师工作的研究以及在课堂研究程序中观点的验证来实现的。① 斯腾豪斯认为,这种拓展的专业特性的关键特征包括:致力于对自己的教学进行系统质疑并将其作为专业发展的基础;投入以及研究自己教学的技能;关心问题并通过运用这些技能在实践中验证理论。②

三、影响课程开发的因素

课程是静态的,课程开发是动态的,课程是通过课程开发而形成的。课程开发是指根据一定的教育理念与课程理论,确定课程目标,选择和组织课程内容,规划课程实施,以及制定课程评价原则与方略等活动与过程。具体而言,课程开发是通过分析社会和学习者需求,确定课程目标,选择某一学科的教学内容和相关教学活动进行计划、组织、实施、评价、修订,最终达成课程目标的工作过程。课程开发的主体包括国家、地方、学校等。在我国,不同主体开发的往往是不同层面的课程,比如国家开发的是国家课程,地方开发的是地方课程,学校开发的是校本课程。课程开发包括宏观层面的课程方案开发,中观层面的课程标准开发和微观层面的教材开发。课程的设计与开发要受到许多因素的制约,其中学生、社会、文化、课程理论为四个主要影响因素。

①② STENHOUSE L. An introduction to curriculum and development [M]. London: Heinemann, 1975: 144.

（一）学生对课程开发的影响

学生是课程设计与开发的主要影响因素。一是，学生的发展制约课程开发的方向。课程是教学的介质，课程开发要尽可能满足学生多样化的学习需要，进而促进学生个性的发展。二是，课程的门类设置，课程深度和广度的确定，课程的编排形式等，都受到人的身心发展规律的制约，要考虑受教育者的身心发展程度和水平。教材的编写不仅要体现学科的逻辑顺序，还要考虑学生的心理发展顺序与水平，要便于学生理解、学习与接受。

（二）社会对课程开发的影响

社会因素直接影响着课程的开发。第一，社会经济的发展影响着学校课程的门类。一个国家的经济，特别是生产力的发展水平，直接影响课程开设的门类。具体而言，由于生产力的不断发展，社会分工日益增多，所需要的知识更加细化，课程的门类也就越来越多。第二，社会政治影响着课程开发的内容。社会政治的发展促进了知识的发展，影响着课程内容的广度和深度。第三，社会性质影响着课程开发的方向。占统治地位的阶级意识决定着课程的管理和课程的方向，特别是政治、思想类课程的内容是由统治阶级的意识形态决定的。第四，社会发展对课程开发的影响。不同时期，社会对人才及其素质的要求有所差异，社会发展对课程结构以及人才培养规格提出了要求，进而影响课程的设计与开发。

（三）文化与科学技术对课程开发的影响

由于各国的文化传统不同，即使在社会生产力、科技发展水平、政治经济制度相近的一些国家中，对课程内容的具体规定也具有差异性。文化和科学技术、学科知识是课程开发的知识来源，对课程开发存在重要影响：一是科学技术和学科知识的进步直接影响着课程的种类、内容、结构，科学技术和学科越发达，课程的种类越多，课程内容越丰富；二是文化中的价值观、思维方式直接影响课程的内容及其表达方式；三是学科的特征与性质决定了学科知识内容的选择和组织，课程开发要体现学科的性质，诸如技术课程要体现操作性、活动性，语文课程要体现人文性和工具性的结合等。

（四）教育学和心理学理论对课程开发的影响

教育学、心理学是影响课程开发的理论与技术因素。一定社会条件下形成的教育理论对课程的制定起着理论指导作用，是影响课程发展的重要因素。对课程设计产生比较大影响的课程理论有学科课程论、活动课程论、综合课程论、结构课程论等。心理学、脑科学对学习理论与学习机理的新认识也会影响课程的开发。

第三节　学科教育课程标准与制定①

学科教育课程标准是用以量度与规范课程的准则与尺度，是教材编写、教学、评估和考试命题、管理和评价课程的依据，世界各国都十分重视课程标准的研究与制定工作。我国于 2001 年和 2003 年先后颁布义务教育学科课程标准和普通高中学科课程标准，2011 年和 2017 年分别进行修订。2020 年颁布了修订后的普通高中学科课程标准。2022 年颁布了基于核心素养发展与培养的《义务教育学科课程标准（2022 版）》。需要注意的是：由于我国高等学校尚未进行基于课程论话语体系的课程改革，因此尚未制定课程标准，仍旧采用教学大纲。加强课程标准建设是我国深化教育领域综合改革，加快推进教育治理体系和治理能力现代化的整体部署。2014 年 1 月召开的全国教育工作会议指出：标准具有普遍的约束力，要依据标准进行规范化管理，用标准加大投入、加强监督、加强约束，从根本上减少管理中的随意性。这些年相继出台实施了一系列教育标准，但一些领域仍然空白，有的已经不合时宜，有的甚至相互矛盾。2013 年教育部制定了标准与指南的制定和发布规程，强化对国家教育标准体系的顶层设计。② 学科课程标准

---

① 何玉海，王传金 . 论课程标准及其体系建设 [J]. 教育研究，2015（12）：89-97.

② 袁贵仁 . 深化教育领域综合改革，加快推进教育治理体系和治理能力现代化 [J]. 中国高等教育，2014（5）：4-11.

建设是我国教育标准建设的重要组成部分，是一项宏伟的系统工程。因此，实施学科教育，进行课程开发，需要在了解学科课程标准历史嬗变的基础上，根据系统理论和标准制定规范，统筹规划，顶层设计。然而，研究与制定科学的学科课程标准体系，首先是对学科课程标准及其品质特征予以系统研究与整体把握。

一、学科课程标准的历史嬗变

课程标准是课程发展到一定阶段的产物，课程标准有着悠久的历史，可以说有了系统的课程就有了课程标准。课程标准主要以学科课程标准为主要形式，其产生与发展经历了由萌芽到雏形，再到规范化、标准化的发展历程。

（一）课程标准的萌芽阶段

课程标准是在教育与课程演进到一定阶段之后，随着课程的设置与管理趋于明确化和规范化而出现的。随着社会发展与生产力进步，学校作为一种专门的和正规的教育场所而出现，继而产生了学生、教师、教学内容、教学目标和一定的教学组织形式与教学要求，这就是最初意义上的"课程"。在学校教育中，对这些"课程"的内容、教学目标、实施程序、基本要求等予以陈述或规定，就是最初意义的"课程标准"。据此，许多学者认为，课程标准或教育标准的发展已有相当长的历史。如：在苏格拉底时代，对学生在辩论中须掌握的逻辑与真理的要求与陈述，古希腊时期对"三艺"（哲学、文法、修辞学）课程的要求与陈述，西欧中世纪早期对神学和"七艺"（文艺学、修辞、哲学、数学、几何、天文和音乐）课程的陈述与规定，以及我国古代西周时期的官学对"六艺"（礼、乐、射、艺、书、数）课程的要求与规定的陈述，汉代太学对"四书"（《论语》《孟子》《大学》《中庸》）和"五经"（《诗经》《尚书》《礼记》《周易》《春秋》）课程学习的要求与规定的陈述，唐代"六学"对课程要求与规定的陈述等。这些对"课程"的要求与规定的陈述，就是萌芽阶段的课程标准。

（二）课程标准的雏形阶段

从发生学角度来讲，萌芽阶段的课程标准并不算完全意义上的课程标准。有学者认为，真正意义上的课程标准历史并不长，如果把法国在1821 年至 1840 年间所制订的课程考试纲视为一种正式文本形态的课程标准，[①] 其历史也不超过 200 年。从历史的角度看，文艺复兴运动促进文化的复兴和科学技术的持续发展，知识体系迅速扩展，进而促进了学科知识体系的不断分化，产生并形成了许多新的学科与学科知识体系。知识的积累与学科的分化又促进了学校教育学科的发展、学校教学形式的变化和学制的形成，进而又促进了学校教育与课程的系统化和规范化。学校教育内容或课程设置逐渐向以学科为基础的课程体系发展。随着人类社会的发展与进步，特别是欧洲工业革命和资本主义工商业的发展，社会政治、经济制度与结构等也随之发生了巨大变化，进而带来了学校和学校教育的蓬勃发展。这时较为系统完整的学校教育体系，包括年级、班级授课制等基本的近代学制开始逐渐形成，各级各类学校的课程设置也开始规范化、系统化。于是，对课程设置加以规范和管理的课程标准便应运而生。

从 19 世纪开始，欧洲一些国家就开始通过建立规章或立法来规范各级各类学校的课程设置，最通行的做法便是通过制定教学大纲或法律法规对课程设置、教学要求等予以规定。如，英国的《1862 年修正法》（The 1862 Revised Code）订立了读、写、算三科在一至六年级的课程内容标准及由学生的考试通过率决定经费的规定。[②] 这一规定使得有关科目的课程要求获得了法律效力，并成为对学校课程加以规范和管理的主要手段之一。在我国，真正意义上的课程标准是随着近代学制和教育体系的形成，随着新型学校——学堂的建立和课程的进一步系统化而产生的。如，在清末，各级新学堂章程中的《功课教法》中对课程门目及课时的相关规定和说明，

---

① 胡森.简明国际教育百科全书·课程［M］.江山野，译.北京：教育科学出版社，1991：204-205.

② 戴本博.外国教育史（中）［M］.北京：人民教育出版社，1990：432.

被视为近代意义上我国课程标准的雏形。^①1912 年民国政府教育部颁布的《普通教育暂行课程标准》（共 11 条）规定了初等小学校、高等小学校、中学校和师范学校应开设的课程和"各学年每周各科教授时数"，并附以相应课程表，列出了简要的科目内容。^②《普通教育暂行课程标准》是我国课程史上第一个正式使用"课程标准"名称的文本形态的课程标准。20 世纪初期之后，课程标准得到进一步发展，出现了作为单一文本的课程纲要或课程计划（教学计划），以及各科目单一文本的课程标准（学科教学大纲）。

（三）课程标准的规范化阶段

毋庸置疑，课程标准产生的一个重要原因是人们对课程规范管理的需要。20 世纪 80 年代中期以来，世界范围内的课程改革和"标准运动"，把课程标准的研制和应用推向了一个新的阶段。许多国家加大了对课程标准的研究与制定工作，课程标准的管理功能不断拓展。1990 年美国制定了《美国 2000 年教育战略》，随之制定了数学、科学、英语、历史等学科的全国统一标准；1998 年日本课程审议会发表了关于改善中小学课程标准的审议报告，文部省于同年颁布了《学习指导要领》；英国、加拿大、澳大利亚、韩国、俄罗斯等国以及我国的台湾地区和香港特区都开始了课程改革与课程标准的制定与完善工作。这一阶段最重要的特征是课程标准功能的进一步拓展、内容系统化、结构规范化，课程标准进入了新的时期。如，由美国全国研究理事会（National Research Council，简称 NRC）主持制定的《国家科学教育标准》较以往课程标准内容与结构更加全面、系统、明确。在近 200 年的发展中，特别是在"标准运动"的推动下，课程标准发展迅速。20 世纪 90 年代以来，尤其是进入 21 世纪，在各国课程组织与专家学者的共同努力下，在国际标准化组织（ISO）等的引领下（ISO 发布了一系列指导性文件，如《标准化与相关活动的基本术语及其定义》《标准化导则》《标准化工作指南》等），课程标准在不断系统化、规范化，开始向"国际标准化"的轨道迈进，呈现出一派繁荣的景象。在我国，基础教育实现了由"教学大纲"走

① 顾明远.教育大辞典（增订合编本）［M］.上海：上海教育出版社，1998：893.

② 吕达.课程史论［M］.北京：人民教育出版社，1999：242.

向"课程标准"。①我国于2001年制定了义务教育学科课程标准，虽然还有待完善，且尚未形成完整的标准体系，但较以往的教学大纲有了很大的进步。一是从内容、结构上都有了很大的变化；二是义务教育学科课程标准是从大的课程观的视域下制定的学科课程标准，而教学大纲则主要是从教学的角度对课程实施中的教学进行要求与规定的陈述。2013年，教育部制定了标准与指南的制定和发布规程，加大了对包括课程标准在内的整个教育标准制定与规范化管理的力度。

二、学科课程标准的本质内涵

何谓课程标准，迄今尚未取得共识。一是人们对课程本质内涵的认识不同导致对课程标准的分歧；二是人们对标准的本质内涵的认识不同；三是人们对课程标准界定的角度与方法不同。这就是说，人们对"课程"与"标准"含义的理解，决定着其对"课程标准"含义的设定。②在上述三因素之中，对课程的本质内涵认识不同是导致人们对课程标准本质、内涵认识不一致的根本原因。在"课程标准"中，"课程"一词处于定语的位置，对"课程"的理解直接制约着对课程标准的认识。在课程研究与实施中，不同的人往往根据自己的学识、看问题的角度与方法，对课程进行定义，这样就产生了多种多样的课程定义，致使本来就十分复杂的课程变得更难以理解了。美国学者斯考特（R. D. V. Scotter）曾感叹道，课程是一个用得最为普遍却定义最差的教育术语。③据美国学者波特黎（J. P. Portelli）的统计，仅在课程理论研究的专业文献中，课程的定义就超过120种。④这自然影响到人们对课程标准的理解。

① 任长松.关于课程标准的研究[J].济南：山东教育科研，2001（5）：33.

② 柯森.基础教育课程标准及其实施研究——一种基于问题的比较分析[D].上海：华东师范大学，2004：13.

③ SCOTTER R D V. Foundations of education: Social perspectives [M]. New Jersey: Prentice Hall, 1979: 272.

④ MARSH C J. Key concepts for understanding curriculum [M]. London: Routledge, 2009: 3.

为了更好地认识与把握课程，许多学者对课程概念进行了分析、归纳，试图取得更为理性、科学的认识。如，塞勒（J. Saylor）和亚历山大（W.M. Alexander）通过研究认为，课程即学科或教材，课程即经验，课程即目标，课程即计划。[1] 奥恩斯坦（Allan C. Ornstein）和亨金斯（Francis P. Hunkins）认为，课程即行动（活动）计划（或书面文件），课程即安排学习者的经验，课程即进程或系统，课程即学科或与学习内容有关的东西，课程即计划、系统和学习领域。[2] 我国学者施良方则认为，课程即教学科目，课程即有计划的学习活动，课程即预期的学习结果，课程即学习经验，课程即社会文化的再生产，课程即社会改造。[3] 张华认为，课程作为学科，即把课程视为学科内容；课程作为目标或计划，即把课程视为教学过程要达到的目标、教学的预期结果或教学的预先计划；课程作为学习者的经验或体验，即把课程视为学生在教师指导下所获得的经验或体验，以及学生自发获得的经验或体验。[4] 丁念金通过系统研究认为，课程的定义概括起来有五种说法：一是科目说；二是计划说；三是经验或活动说；四是教育内容说；五是预期结果说。[5]《教育大辞典》则从"学科"说、"进程"说、"内容"说三个方面定义了课程。[6] 然而，尽管课程领域研究的学者们对课程的定义进行了归类和简化，但真正把握课程本质并驾驭它并不容易，而理解与界定什么是课程标准，其难度就可想而知了。

标准是衡量事物的准则。1991 年，国际标准化组织（International Organization for Standardization，简称 ISO）与国际电工委员会（International Electrotechnical Commission，简称 IEC）联合发布的《标准化与相关活动的

---

[1] SAYLOR J, ALEXANDER W M. Planning curriculum for schools［M］. New York: Holt, Rinehart and Winston, 1974: 12-6.

[2] ORNSTEIN A C, HUNKINS F P. Curriculum: Foundations, principles and issues［M］. New Jersey: Prentice Hall, 1988: 6-7.

[3] 施良方.课程理论——课程的基础、原理与问题［M］.北京：教育科学出版社，1996：3-7.

[4] 张华.课程与教学论［M］.上海：上海教育出版社，2000：67-68.

[5] 丁念金.课程论［M］.福州：福建教育出版社，2007：20-21.

[6] 顾明远.教育大辞典（增订合编本）［M］.上海：上海教育出版社，1998：892.

基本术语及其定义（第六版）》认为："标准是由一个公认的机构制定和批准的文件，它对活动或活动的结果规定了规则、导则或特性值，供共同和反复使用，以实现在预定结果领域内最佳秩序的效益。"那么究竟该如何定义课程标准？若按照上述学者对课程定义的归类、简化，并以此作为"定语"对课程标准概念予以界定的话，可得到许多关于课程标准的概念或定义。《教育大辞典》对课程标准的概念界定："确定学校教育一定阶段的课程水准、课程结构与课程模式的纲领性文件。"[1] 柯森认为，"课程标准即是规范和衡量课程计划、目标、内容和学习经验等课程要素的准则或尺度"。[2] 从隶属关系与级别来看，今天的课程标准有国家标准，也有地方标准，还有学校或教育机构标准；从标准的属性来看，课程标准属于行业标准和管理标准；从标准的内容来看，课程标准属于综合性标准。据此，课程标准应是由国家的公认机构制定并由国家标准权威管理部门批准或核定的文件，它规定了课程的基本要素、内容和课程运作活动与过程的规则（或导则）以及拟达到的基本指标，供学校和教育机构遵守与反复使用，以确保教学活动最佳效果和秩序的实现，同时也是课程的基本要求和衡量与规范课程的尺度。

何谓学科课程标准呢？一般认为，学科概念的要义包括四点：其一，一定科学领域或一门科学的分支；其二，按照学问的性质而划分的门类；其三，学校考试或教学的科目；其四，相对独立的知识体系。[3] 简言之，针对各级各类不同学科制定的课程标准，就是所谓的学科课程标准，如语文课程标准、数学课程标准、化学课程标准、物理课程标准、生物课程标准、英语课程标准等。学科课程标准是整个课程标准的组成部分，是衡量与规范学科课程的尺度，规定了学科课程的基本要素、内容、拟达到的指标以及整个课程运作活动与过程的规则（或导则），供学校和教育机构遵守与反复使用，以确保教学活动最佳效果和秩序的实现。学科课程标准一般都有自己归属的标准，属于典型的基本标准。它根据不同的层级分别归属于诸如基

① 顾明远.教育大辞典（增订合编本）[M].上海：上海教育出版社，1998：893.

② 柯森.基础教育课程标准及其实施研究——一种基于问题的比较分析[D].上海：华东师范大学，2004：13.

③ 华勒斯坦，等.学科·知识·权力[M].刘健芝，等，译.北京：生活·读书·新知三联书店，1999：12.

础教育课程标准、高等教育课程标准、继续教育课程标准等总类课程标准之下。

学科课程标准是整个课程标准的组成部分。一般认为,整个课程的运作包括课程决策、课程编制(设计)、课程实施、课程评价与课程改进五个活动过程。课程标准是"课程设计"环节的产品。课程设计主要包括以下三个层次:其一是课程方案的设计,这是课程设计的宏观层次;其二是单门课程的课程标准的设计,其中最常见的是学科课程标准的设计,这是课程设计的中观层次;其三是教材的设计,这是课程设计的微观层次。[①] 在整个课程运作过程中,课程设计完成后,要进入课程实施过程,其中教学是主要形式与途径;课程实施过程的下一个环节便是课程评价,课程评价实质上是课程管理的内容。据此,从课程运作过程来看,课程标准内部整体结构应该包括:课程方案设计标准、单门课程标准(主要是学科课程标准)、教材设计与编写标准、课程实施标准、课程质量管理标准(主要是课程评价标准、督导标准等),以及课程标准的评价标准(即课程元标准)。也就是说,课程标准应该是一个由课程方案设计标准、单门课程标准、教材标准、课程实施标准、课程质量管理标准、课程标准的评价标准构成的课程标准体系,而学科课程标准则是整个课程标准体系中的针对各级各类不同学科制定的课程标准及课程标准体系。

三、学科课程标准的品质特征[②]

所谓学科课程标准的品质特征,指学科课程标准固有的满足要求程度的特性。理论上讲,不同的课程标准在品质上会有不同的表征。因此,考量课程标准的品质主要通过对其自身特性或特征的分析来进行。美国学者博思维克(A. Borthwick)和诺兰(K. Nolan)通过对德国、法国、英国和日本等国的课程标准进行比较分析后认为,这些国家的课程标准具有六大品质特征:明确性(specific)、公共性(public)、严格性(rigorous)、高奖罚性

① 丁念金.课程论[M].福州:福建教育出版社,2007:305.

② 何玉海.基于核心素养培养的基础教育课程标准建设[J].课程·教材·教法,2016,36(9):20-27.

（ high stakes ）、包容性（ inclusive ）和可测量性（ measurable ）。笔者认为，理想的学科课程标准应具有系统性、科学性、明确性、导向性、稳定性和发展性的特征。

（一）系统性：课程标准的体系标识

学科课程标准的系统性是指学科课程标准是由相互联系的学科课程标准以一定结构形式联结构成的有机整体，是一系列课程标准构成的系统。学科课程标准的系统性主要表现在两个方面：一是，学科课程标准是整个课程标准系统的一部分。如基础教育课程标准应该是一个由课程方案设计标准、单门课程标准（主要是学科课程标准）、教材设计与编写标准、课程实施标准（主要是教学标准）、课程质量管理标准（或教学评价标准）、课程标准的评价标准（即课程元标准）构成的课程标准体系。而学科课程标准则是整个课程标准体系中针对各级各类不同学科制定的课程标准及课程标准体系。在课程标准的建设中，我国迄今仅仅制定了部分学科课程标准，尚未建立起标准体系。二是，学科课程标准本身也是以一定结构形式联结构成的有机整体。根据课程标准的基本特征和欧美国家的课程标准，结合中国国家标准化管理委员会制定的《标准化工作导则第 1 部分：标准的结构和编写》（ GB/T1.1-2009 ）的要求和教育部制定的标准与指南制定和发布规程，笔者认为，理想的课程标准结构应包括标准的识别与说明部分、标准主体部分、标准补充部分。单就"标准主体部分"而言，又由课程标准范围、术语和定义、课程目标、教学内容、课程实施方略、课程实施评价与改进六个部分构成。

（二）科学性：课程标准的根本属性

学科课程标准的科学性是指学科课程标准是在学校教育的实践中依据教育规律和人的发展规律，根据科学的课程理论与教学管理理论而建立起来的衡量与规范课程的尺度和基本规范体系。学科课程标准的科学性至少表现在如下五个方面。

第一，具有科学的教育课程理念。所谓课程理念是人们对整个课程的本质、作用、课程实施方法与策略等的理性认识、理想追求及其所形成的观念体系。科学的课程标准理念主张尊重教育规律，"以学生的发展为本"主张建构基于学生全面发展的课程体系，倡导课程的系统性、民主性、开放性、生态性、生活性、生成性和多元性。

第二，具有严谨的标准逻辑体系和规范的标准文本结构。学科课程标准是整个课程标准的一部分，它必须与其他相关标准协同运行；学科课程标准必须遵循与处理好其在整个标准中的逻辑关系，摆正自己的地位，进而发挥应有的作用；学科课程标准必须具有规范的文本结构。目前，国际社会虽然对学科课程标准的文本结构没有统一要求，但世界发达国家、国际标准化组织等都有明确的规定的惯例。

第三，倡导"二元"的课程目标取向和培养学生学科核心素养的课程目标，即从教师与学生"二元"视域考虑课程目标设计。课程目标强调获取知识、发展能力、养成品格、学会方法，旨在培养学生学科核心素养。课程标准的目标和课程标准本身要具有可测量性。

第四，规定了系统的课程知识内容。"课程设计过程中内容的选择与组织是重要的环节，是最能体现课程理想的部分，它不仅是知识的安排与配置，更是价值观的展示。"[1] 作为指导课程设计的学科课程标准，对课程知识内容的确定尤为重要，既要考虑知识的系统性、综合性、实用性与发展性，还必须兼顾学生、国家与社会发展的需要。既要体现习得间接知识与获得直接经验二者不可偏废的基本原则，又要考虑显性知识与隐性知识的关系处理。

第五，具有科学合理的标准时段划分。按照教育学段（小学、初中、高中）制定总的学科课程标准，在此基础上再按照每个年级来分别制定各科课程标准。这种标准时段划分既有利于课程目标的制定与实现，又有利于课程知识内容的选择；既有利于课程实施，又有利于教学评价与学生学业评价；既有利于教材的编写，又有利于学科课程本身的持续改进。

（三）明确性：课程标准的内在品格

学科课程标准的明确性是指学科课程标准的规则与要求具体、确定、

① 马云鹏，吕立杰.课程内容选择的原则与倾向——对基础教育新课程标准设计者的访谈［J］.北京大学教育评论，2005，3（4）：95–100.

可靠、严谨，并具有可操作性。

一是具有明晰的标准化的语言表述。语言规范，使用标准化的语言；文体得当，采用规范的应用文体形式；情态动词与程度副词使用准确。标准中的要求型条款，即规定一定要做到的内容，必须陈述清楚，不能含糊不清，一般使用"应该""必须""须要"等词汇；标准中的推荐型条款，即建议要做到的内容，也要表述清楚，一般使用"应当""可""建议"等词汇。

二是提出了基本的课程实施方法。作为衡量与规范课程尺度的学科课程标准，在贯彻"教育有法但无定法"原则的基础上，必须提出与规定课程实施的基本方法。那些不宜或不必规定的应提出方法选择与方法优化的基本原则。在标准中哪些内容作"要求型条款"处理，哪些内容作"推荐型条款"处理，要视具体情况而定。我国现行的《义务教育学科课程标准》的"课程实施"部分，用的是"实施建议"，即都采用"推荐型条款"的陈述形式，这是不妥的。这既给教师执行标准带来了困难，又丧失了标准作为衡量与规范课程尺度的作用。给出方法，不是要教师去机械、呆板地执行，而是提供准则，教师应根据具体情况优化方法。

三是规定了综合而科学的课程实施评价方略。1991年出版的《国际课程百科全书》认为，课程实施"是把某项改革付诸实践的过程"。[1] 施良方认为，"课程实施是把课程计划付诸实践的过程，它是达到预期的课程目标的基本途径"。[2] 学科课程标准中的课程实施评价，就是对本学科课程的实施状况予以评价与测量的活动与过程。评价是一种赋予事物价值含义的过程，而测量则为这一过程提供信息来源和依据，测量的特质在于使用数量方式或具体明确的量化尺度。[3] 因此，既要明确教师"教"的具体要求与评价策略，明确学生"学"的具体要求与策略，又要明确课程实施的整体要求与基

---

① LEWY A. The international encyclopedia of curriculum［M］. Oxford: Pergamon Press, 1991: 378.

② 施良方. 课程理论——课程的基础、原理与问题［M］. 北京：教育科学出版社，1996: 128.

③ ORNSTEIN A C, HUNKINS F P. Curriculum: Foundations, principles, and issues［M］. New Jersey: Prentice Hall, 1998: 323.

本原则，教学方法运用与优化的基本原则和教学反思的基本原则与要求。倡导发展性评价，即着眼于被评价者的发展，注重评价的诊断功能，突出评价的过程性，关注个体的差异，强调评价主体的多元化。严格意义上讲，对课程实施状况评价需要执行与之相配套的课程教学管理标准（或教学评价标准）。目前，在我国的《义务教育学科课程标准》中，"课程实施评价"方面采用"实施建议"，这是不妥的。"推荐型条款"可使用"建议"，但"课程实施评价"必须明确提出具体要求和规定，也就是说应该使用"要求型条款"。否则，就不能称为标准。

（四）导向性：课程标准的作用表征

学科课程标准的导向性是指学科课程标准对相关课程要素具有影响、定位与方向指导作用。一方面，学科课程标准的导向性是其本质决定的。学科课程标准是由国家的公认机构制定并由国家标准权威管理部门批准或核定的文件，是学科课程的基本要求和衡量与规范课程的尺度。学科课程标准通常是以法律文书的形式对学科课程要素予以明确，所谓"课程要素通常指目标、内容、学习活动及评价程序"。①这就对学科课程的目标、内容、学习活动与评价程序等起到了规范、定向的作用，并自觉与不自觉地为教育机构、学校、教师和学生，乃至家长与社会所认同。这样，人们在了解、关注、使用学科课程标准的同时，也就受到了学科课程标准权威性的影响与引导。当然，学科课程标准的导向性，又反过来要求学科课程标准必须规范、系统、严谨、科学。

另一方面，学科课程标准的导向性也是由其基本作用决定的。标准就是标杆，就是尺子，学科课程标准自然就成了教学、教材编写、考试评鉴等的依据，具有明显的导向性。有些国家甚至以法律、法规或行政命令的形式明确或强化学科课程标准的导向功能。如我国的《基础教育课程改革纲要（试行）》第七条中明确规定："国家课程标准是教材编写、教学、评估和考试命题的依据，是国家管理和评价课程的基础。应体现国家对不同阶段

---

① LEWY A. The international encyclopedia of curriculum [M]. Oxford: Pergamon Press, 1991: 336.

的学生在知识与技能、过程与方法、情感态度与价值观等方面的基本要求，规定各门课程的性质、目标、内容框架，提出教学和评价建议。"可见，学科课程标准对学科课程教学、教材的编写、教学评价和学生学业考试命题等都具有方向定位与指导作用。

（五）稳定性：课程标准的基本形态

学科课程标准的稳定性是指学科课程标准建立后整个标准或标准体系始终或基本处于一个稳定与平衡的状态，不受外界环境与要素的影响。学科课程标准是由国家的公认机构制定并由国家标准权威管理部门批准或核定的文件。它规定了学科课程的基本要素、内容和学科课程运作活动与过程的规则（或导则）以及拟达到的基本指标，供学校和教育机构遵守与反复使用，以确保教学活动的最佳效果和秩序的实现，是对各级各类不同学科课程的基本要求和衡量与规范课程的尺度。

首先，学科课程标准由国家的公认机构制定并由国家标准权威管理部门批准或核定，这决定了学科课程标准的权威性和指导意义。其次，学科课程标准规定了学科课程的基本要素、内容和学科课程运作活动与过程的规则（或导则）以及拟达到的基本指标，供学校和教育机构遵守与反复使用。所以，学科课程标准不能说变就变，否则会影响各项教育教学活动的有效开展。再次，学科课程标准是对各级各类不同学科课程的基本要求，是衡量与规范课程的尺度。此外，学科课程标准是教学、评价、考试命题等的依据，需要具有一定的稳定性。最后，学科课程标准是教材内容选择、教材编写的依据。如若不具有稳定性，将会影响教材内容的选择和编写。

（六）发展性：课程标准的内在诉求

学科课程标准的发展性是指学科课程标准不是一成不变的，而是不断完善、创新、与时俱进的。学科课程标准的稳定性是相对的，发展性是绝对的。首先，课程标准的发展是社会发展的基本诉求。进入 21 世纪，随着"知识经济"和信息化社会的到来，为培养新型素质人才以满足社会发展的需要，各国相继出台了人才和教育战略。人才和教育战略的实施，必然带来课程改革和课程标准的变化与发展。如：2001 年 5 月，《国务院关于基础教育改革与发展的决定》提出，"加快构建符合素质教育要求的基础教育课程体系"。2001 年 6 月，教育部颁布《基础教育课程改革纲要（试行）》，提出了建立基础教育课程标准的要求。2001 年义务教育学科课程标准颁布，2011 年进行了修订，2022 年再次修订并颁布了以发展核心素养为目标的义务教育学科课程标准。社会发展对课程发展提出了要求，作为衡量与规范课程的课程标准必然要与时俱进，不断完善。

其次，随着人们对教育本质与教育规律认识的加深，学科课程标准也要随之改进与完善。20 世纪以来，教育学理论、课程与教学理论、学习理论空前发展，特别是心理学和脑科学的发展，使得人们对教育本质与教育规律的认识不断深化，对课程本质与作用的认识更加趋于理性化。在此基础上，学科课程不断完善与发展，与之相适应的学科课程标准也必然要随之改进与完善。20 世纪 80 年代中期，世界范围内的课程改革把课程标准的研究与应用推向了一个崭新阶段。从历史学的角度来看，学科课程标准本身就是一定时期、一定历史条件下，人们对学科课程本质与规律的认识与反映，必然有其局限性或不足，随着人们认识水平的提高和人类社会的不断发展，学科课程标准也要不断完善，持续改进。

四、学科课程标准的制定过程 [①]

课程标准是课程发展到一定阶段的产物，也是课程管理规范化、科学化的产物。从课程标准的发展历史来看，课程标准主要以学科课程标准为主要形式，其产生与发展经历了一个由萌芽到雏形，再由雏形到规范化、标准化的发展历程。加强课程标准建设，是我国深化教育领域综合改革，加快推进教育治理体系和治理能力现代化的整体部署。课程标准是教育标准的重要组成部分，要统筹规划，根据系统理论和标准制定规范，对整个课程体系予以顶层设计，在整体框架下分步实施，最后健全整个课程标准体系。

---

① 何玉海，王传金 . 论课程标准及其体系建设［J］. 教育研究，2015（12）：89-97.

（一）系统认识课程标准的逻辑体系

课程的复杂性与多样性决定了课程标准是一个庞大的体系。从课程运作过程来看，课程标准整体结构应该包括课程方案设计标准、单门课程标准（主要是学科课程标准）、教材设计与编写标准（主要是教科书标准）、课程实施标准（主要是教学标准）、课程质量管理标准（主要是课程评价标准、督导标准等）以及课程标准的评价标准（即课程元标准）。详见图 6-3-1。

图 6-3-1　课程标准的逻辑体系

1. 课程方案设计标准

课程方案是对某一学段或年段课程的总体规划与设计，也称课程规划与设计方案。课程方案在我国曾经有多种提法，如课程总纲、课程标准总纲、课程计划，甚至也曾被称为教学计划和教学标准。[①] 课程方案标准，是对某一学段或年段课程整体谋划与设计而规定的准则。课程方案是课程总体规划，对学科课程、教材设计与编写、课程实施、课程质量管理起到统帅作用，课程方案质量的好坏直接影响着整个课程的建设与实施。可见，课程方案及其标准的制定尤为重要。

2. 学科课程标准

何谓学科，观点不尽一致。《现代汉语词典》认为，学科是知识发展成熟的产物，是专门化的知识体系，是划分知识或学问的门类，或者说是按照学问的性质而划分的门类。《中华人民共和国学科分类与代码国家标准》（GB/T13745-2009）指出，学科是相对独立的知识体系。还有观点认为，学科含义有四：其一，一定科学领域或一门科学的分支；其二，按照学问的性质而划分的门类；其三，学校考试或教学的科目；其四，相对独立的知识体

---

① 丁念金.课程论［M］.福州:福建教育出版社,2007:341-342.

系。^①针对不同学科建构与设置的课程就是学科课程（也称单门课）。学科课程是课程方案的重要表现形式。学科课程标准是针对各级各类不同学科制定的课程标准，规定了学科课程的基本要素、内容、拟达到的指标以及整个课程运作活动与过程的规则（或导则），是衡量与规范学科课程的尺度。学科课程标准是整个课程标准体系中的核心标准，也就是人们通常说的课程标准。

3. 教材设计与编写标准

教材设计与编写标准（或称教材标准）是为某一学科课程教材设计与编写制定的规则（或导则）与衡量尺度。教材设计与编写标准包括两个方面：一是教科书设计与编写标准；二是教材设计与编写标准。教科书（又称课本）是依据一定的结构而编写的教学用书，是教材的主要表现形式。"教科书极大地影响着甚至决定着一门课程的性质和作用，它的这种影响力深深地影响着学生们的学习经验和获得的知识。"^②教材则是用于教学的所有材料，诸如教师用书、学生用书、习题册、补充读物等。教科书范围小，教材范围大，教科书包含于教材之中，可用于指导教学，但教材不一定都具有教科书的功能，教材是课程的重要载体。

4. 课程实施标准

施良方认为，"课程实施是把课程计划付诸实践的过程，它是达到预期的课程目标的基本途径"。^③课程实施标准是针对课程方案和学科课程付诸实践活动与过程而制定的规则（或导则）与衡量尺度。课程实施标准主要针对课程方案的实施和学科课程的实施（教学）而制定。教学是课程实施的主要手段与途径，而课程实施则是教学的主要任务。一方面，课程实施的范围比教学大，课程实施的途径除了教学之外还有其他活动，教学只是课程实施的主要形式；另一方面，教学的范围又比课程实施大，因为在教学

---

① 华勒斯坦，等.学科·知识·权力［M］.刘健芝，等，译.北京：生活·读书·新知三联书店，1999：12.

② 艾伦·C.奥恩斯坦，费朗西斯·P.汉金斯.课程：基础、原理和问题［M］.柯森，译.南京：江苏教育出版社，2002：380.

③ 施良方.课程理论——课程的原理、基础与问题［M］.北京：教育科学出版社，1996：128.

过程中不仅要实施已有的课程，而且还会产生新的课程。在实践中，人们有时用教学标准代替课程实施标准。"从历史的角度来看，我国的课程实施或教学主要有三种类型：一是基于教师经验的课程实施；二是基于教科书的课程实施；三是基于课程标准的课程实施（教学）。当前，尽管有了国家课程标准，倡导教师应该基于课程标准开展教学，但事实上绝大部分教师还是依据教科书来实施课程。"[1] 这主要是因为我国迄今尚无真正意义上的课程实施标准。

5. 课程质量管理标准

课程质量管理标准是就课程质量本身、课程质量评价、监控与管理等制定的规则（或导则）与衡量尺度，主要包括课程质量评价标准、教学质量评价标准、教学质量督导标准。波斯纳（Greorge J. Posner）认为，历史上出现过多种不同的课程观和课程评价观，其中具有代表性的有传统课程观与课程评价观、经验课程观与课程评价观、行为主义课程观与课程评价观、学科结构课程观与课程评价观、建构主义课程观与评价观。[2] 课程评价与管理要受到课程观的直接制约。课程质量评价标准是针对课程质量制定的规则（或导则）与衡量尺度；教学质量评价标准是针对课程实施中教学质量制定的规则（或导则）与衡量尺度；教学质量督导标准是针对教学质量检查、监督以及课程标准落实情况等制定的规则（或导则）与衡量尺度。有了课程方案设计、学科课程、教材设计与编写、课程实施标准后，课程运作就有了基本的保证。然而，如何确保课程运作合理、有效，进而最大限度地满足学生发展需要，又有赖于课程质量管理。课程质量管理想要做到规范、科学、有效，进而收到事半功倍的效果，又必须制定科学的课程质量管理标准。

6. 课程标准的评价标准

课程标准的评价标准是针对课程标准制定的评价课程标准的标准，也称为课程元评价标准。"元评价"（meta-evaluation）的概念是美国学者斯克里文（Scriven）于1969年提出的。"元评价是由另外的评价者对已实施或已完成的评价进行评价，将原评价作为评价对象，对原评价活动及评价者

---

① 崔允漷. 课程实施的新取向：基于课程标准的教学［J］. 教育研究，2009（1）：75.

② POSNER G J. Analyzing the curriculum［M］. New York: The McGraw-Hill Companies，2004: 252−254.

的表现进行价值判断,以期提升原评价的品质。"[1]美国学者斯塔弗尔比姆(Stufflebeam)等人于1981年发布的《教育项目、计划、材料评估的专业标准》中提出"元评价"具有"实用性""可行性""合理性"和"准确性"4个维度、30条标准。课程标准的评价标准,既是衡量各类课程标准实用性、可行性、合理性和准确性的准绳,又是丈量各类课程标准实际作用和运用效果的尺子。作为评价课程标准的"准绳""尺子",课程标准必须做到尽可能地准确、无误,又要持续改进。可见,制定课程标准的评价标准,是我国课程标准建设的当务之急。

迄今为止,我国仅仅制定了基础教育学科课程标准和《教师教育课程标准(试行)》以及部分课程实施标准,而其他层级标准和其他类型标准尚未制定。可以说,我国的课程标准建设刚刚起步,其建设任重而道远。基础教育学科课程标准的制定对我国基础教育课程改革起到了重要的作用,国家课程标准是教材编写、教学、评估和考试命题的依据,是国家管理和评价课程的基础。2011年10月,教育部制定并颁发了《教师教育课程标准(试行)》,是教师教育的教育类课程的总标准,体现了国家对教师教育课程的基本要求,为制定教师教育课程方案、开发课程资源与教材、开展教学与评价、认定教师资格等提供了重要依据,标志着我国的教师教育进入了新的发展时期。除上述两类课程标准外,我国也相继制定了部分学科课程的实施标准,主要是教学评价指标体系(或称为标准)。本质而言,这些标准还缺乏系统性、科学性,还不能算作真正的标准。

总之,课程标准是由一系列相关标准构成的课程标准体系,要在统筹规划和顶层设计的基础上,对不同学段、不同层级、不同领域、不同指向与作用的课程方案设计标准、学科课程标准、教材设计与编写标准、课程实施标准、课程质量管理标准,以及课程标准的评价标准进行建设。这是由课程标准的本质与作用所决定的。

(二)正确把握课程标准的文本结构

课程标准是由国家的公认机构制定并由国家标准权威管理部门批准

---

[1] SCRIVEN M. Evaluation thesaurus [M]. London: Sage Publication, 1991: 43-45.

或核定的文件，它是课程开发建设、课程实施（教学）、课程（教学）评价与管理的准绳。课程标准的文本系应用文体，其文本结构是指课程标准语言各部分的搭配、构造与逻辑关系。由于课程的复杂性与各国文化传统的差异，迄今尚无统一的课程标准文本结构形式，课程标准的文本呈现出不同的特征。如以学科课程标准为例：美国《全国科学教育标准》由八章组成；[①] 新加坡高中数学课程标准（2013 年版）包括七个部分；[②] 英国高中数学课程标准（2010 年版）由十个部分构成；[③]2001 年我国制定的义务教育学科课程标准（2011 年修订）由前言、课程目标、内容标准、实施建议、附录五部分构成，2022 年 3 月 25 日修订的义务教育课程标准（2022 年版）则由课程性质、课程理念、课程目标、课程内容、学业质量、课程实施、附录七部分构成。20 世纪 90 年代以来，一方面，在世界各国课程组织与专家学者的推动下，课程交流的力度进一步加大，促进了课程标准的研究与发展；另一方面，在国际标准化组织的引领下，世界各国的标准化工作，包括课程标准在内的教育标准开始驶向"国际标准化"的轨道。国际标准化组织发布了一系列标准制定的指导性文件，现在我国的 GB/T1.1-2009《标准化工作导则 第 1 部分：标准的结构和编写》（以下简称《GB/T1.1-2009 标准》）就等同采用了国际标准化组织的标准（ISO/IEC Directives-Part 2：2004，Rules for the Structure and Drafting of International Standards，NEQ）。《GB/T1.1-2009 标准》是全国各行各业，包括教育领域在编写标准时共同遵守的基本准则。作为推荐标准，它对我国课程标准的制定具有重要参考作用。《GB/T1.1-2009 标准》对标准要素与结构的规定详见图 6-3-2 所示。

[①] NRC. National Science Education Standards［R］. Washington, DC: National Academy Press, 1996.

[②] 史宁中，孔凡哲. 十二个国家普通高中数学课程标准国际比较研究［M］. 长沙：湖南教育出版社，2013：168-176.

[③] 同上：308-343.

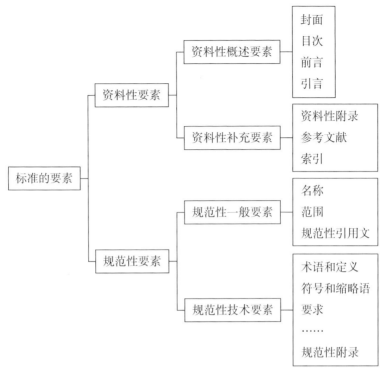

图 6-3-2 标准要素与结构图

《GB/T1.1-2009标准》将标准要素划分为资料性要素和规范性要素。资料性要素是声明符合标准时无须遵守的要素。这些要素在标准中存在的目的并不是要让标准使用者遵照执行，而只是提供一些附加信息或资料。规范性要素是说明当声明某一项产品、过程或服务符合某一项标准时，并不需要符合标准中的所有内容，而只要符合标准中的规范性要素即可。《GB/T1.1-2009标准》将标准层次规定为部分、章、条、段和附录，将内容目次规定为前言、引言、范围、规范性引用文件、术语和定义、总则、附录、参考文献、索引、图表等。①

根据课程标准的基本作用与特征，结合《GB/T1.1-2009标准》、文体学，以及标准与指南制定和发布规程等要求，参照一些其他国家课程标准的基本结构，笔者认为，理想的课程标准结构应该由三部分构成：一是，标

① 中国国家标准化管理委员会．GB/T1.1-2009（《标准化工作导则 第1部分：标准的结构和编写》）［S］．北京：中国标准出版社，2009：28-30.

准的识别与说明部分；二是，标准主体部分；三是，标准补充部分。

第一，课程标准的识别与说明部分（即资料性要素部分）。本部分一般由四部分组成：标准识别言语，又称封面言语，主要包括标准编号[①]、标准名称、标准发布机关、标准发布实施时间等；目录，又称作"目次"，是在标准正文前，按照一定的次序编排，用以指示标准的内容与逻辑顺序，方便阅读、检索、使用的工具；前言，对标准制定、背景、依据、标准的类别与范围以及重要词语的说明，对标准的发布以及与有关标准的关系的说明，对附录等的说明，对标准制定部门、归口管理部门以及标准起草人员的明示，对标准的适用范围、免责条款以及其他事宜等的说明；引言，主要包括标准的总则，标准制定的理念、思路与方法，与相关标准的关系，与其他标准的兼容性，引用标准等内容。

第二，课程标准主体部分（即规范性要素部分）。本部分一般由七部分组成：课程标准范围，对标准的应用范围及要求等的说明；指导思想，标准制定的基本方针及其起支配、指导作用的原则、观点或理论体系；术语和定义，对本标准采用的术语和定义及其含义的说明；基本目标，根据教师与学生"二元"的目标取向确定的相关目标；基本内容，对相关内容的规定；实施（使用）方略，对实施（使用）要求、步骤、方法以及原则的规定与建议；评价方法，对相关质量、评价方法、评价工具、评价原则、评价策略、改进与预防措施等的规定与建议。具体而言，标准类型不同，其结构与内容有所差异。因此在制定标准时，要根据标准性质与作用的不同适当调整。

第三，课程标准补充部分（即规范性与资料性要素补充部分）。本部分是课程标准的重要组成部分，一般由四部分组成：附录，包括规范性附录和资料性附录，规范性附录为可选要素，给出标准正文的附加或补充条款，而资料性附录也为可选要素，给出有助于理解或使用标准的附加信息；参考文献，是对某一标准或相关文献的参考、采用或借鉴；索引，是对课程标准中一列或多列信息的一种排序结构，有助于更快地获取特定的信息；图表等则是以图形和表格等形式呈现的内容与信息。

[①] 注：《关于规范使用国家标准和行业标准代号的通知》（1999/08/24）规定，教育的行业标准序号为 9，行业标准代号 JY，主管部门为教育部。行业标准分为强制性和推荐性标准。"GB–"为强制性国家标准代号，"GB/T–"为推荐性国家标准代号。

一般而言,"课程标准的识别与说明部分"和"课程标准补充部分"是标准的基本标识,在形成实际的标准文本时,它们不可缺少。"课程标准主体部分"因标准类型不同,其结构与内容有所差异,在制定标准时,可根据标准性质的不同作适当调整。课程标准是整个课程运作的尺子或准绳,严谨的结构是其功能与作用得以发挥与实现的基本保证。我国已制定的基础教育学科课程标准由前言、课程目标、内容标准、实施建议、附录五部分构成。该结构并不完整,特别是"课程标准的识别与说明部分"和"课程标准补充部分"中的内容有所缺失,给课程标准的贯彻带来了许多的问题。《教师教育课程标准(试行)》也存在类似问题,有待进一步规范与完善。

(三)准确使用课程标准的条款语言

课程标准是正式的应用文体,其制定除了按照国家《GB/T1.1–2009标准》、教育部制定的标准与指南制定和发布规程、课程标准制定的国际惯例的要求外,还必须遵循标准内容表述的习惯、规则以及标准的文体规范,恰当使用标准条款,规范运用标准语言。

1. 恰当使用标准条款

课程标准条款是指课程标准内容的语言条目款项及其表达方式。一般而言,课程标准由陈述性条款、指示性条款、要求性条款和推荐性条款四种语言条目款项构成。

陈述性条款是指以肯定或否定形式陈述一个事实或看法的语言条目款项,多使用陈述句。指示性条款是指以请求、命令、叮嘱等形式指示做或不做某事的语言条目款项,多使用带有祈使语气的句子,主语通常省略。要求性条款是指以"情态动词 + 动词"的句子结构形式表达要求做或不做某事的语言条目款项,一般使用"应该""必须""需要"等情态动词再加上动词来表达。推荐性条款是指以介绍、劝谏、建议等形式推荐去做或不去做某事的语言条目款项,一般使用"应当""可""宜"等情态动词加上动词来表达。从课程标准文本来看,一个具体的课程标准,指示性条款和要求性条款居多,推荐性条款和陈述性条款较少。指示性条款和要求性条款规定的是一定要做到的内容,必须态度明朗、观点鲜明;推荐性条款规定的是建议要做到的内容，不强迫，主张通过情态动词或程度副词的帮助来表示；陈述性条款，主要是对背景、事实、现状等进行说明或陈述，要系统、全面，同时要讲究逻辑性。

课程标准条款的运用十分重要，条款运用不规范会影响对标准的理解与贯彻执行。以我国义务教育《历史课程标准》（2011版）为例，该课程标准条款的运用还有很多值得商榷的地方。如，该标准的第一部分为前言，"前言"中的"课程性质""课程设计思路"使用的是陈述性条款，但"课程基本理念"使用的却是要求性条款，这是不妥的，应该使用陈述性条款。第二部分为课程目标，使用的是指示性条款而没有使用要求性条款。第三部分为课程内容（包括中国古代史、中国近代史、中国现代史、世界古代史、世界近代史、世界现代史），分为"概述部分""内容部分"和"教学活动建议"三部分。其中，"概述部分"使用的是陈述性条款，"内容部分"使用的却是指示性条款，"教学活动建议"使用的是推荐性条款。这部分是课程内容，应该使用陈述性条款，因为"内容的选择与组织是重要的环节，是最能体现课程理想的部分，它不仅是知识的安排与配置，更是价值观的展示"。[①]但这里使用的却是指示性条款和推荐性条款，文不对题，况且该课程标准的下一部分就是专门的"实施建议"，因而就十分混乱。第四部分为实施建议，其中"教学建议"使用的是指示性条款和要求性条款，"评价建议"主要使用的是要求性条款，"教材编写建议"使用的是要求性条款，"课程资源开发与利用建议"使用的是指示性条款和要求性条款。笔者认为，这部分恰恰应该主要使用指示性条款和要求性条款来表述，对那些须灵活掌握的、不宜或不必做出明确规定的事项与内容，也应提出具体的实施原则。本部分的题名却是"实施建议"，与内容不相符合。因此应该把第四部分的"实施建议"改为"实施方略"或"课程实施"。欧美课程标准在"课程实施"方面着墨最多，如："欧洲和美国的英语课程标准对教学内容通过什么活动来教，教到什么程度，对活动内容、活动环境、表现程度等方面都有明确规定……督导到课堂听课只带课程标准不带教材，检查教师是否对照标准在

---

① 马云鹏，吕立杰.课程内容选择的原则与倾向——对基础教育新课程标准设计者的访谈[J].北京大学教育评论，2005，3（4）：95-100.

进行教学……"①

2. 规范运用标准语言

语言是课程标准文本的基本要素，作为国家的公认机构制定并由国家标准权威管理部门批准或核定的文件，其语言必须规范、得体。从体裁来看，课程标准属于应用文体，格式较为固定，使用正式的、规范的书面语言，遵循现代汉语语法与修辞规范：不使用生僻、晦涩、难懂、易产生歧义的词汇和语言；不使用方言、土语、口语、网络语言等；结构合理、表述规范、符合文体要求；表达明确、观点鲜明、不含糊笼统、言简意赅。另外，在标准条款中，情态动词的使用应得当、得体。按标准制定的国际惯例要求，一般还应该在标准的"前言"中对情态动词的含义予以明示，如，标准中的"应该"表示要求，"应当"仅起指导作用。②除此之外，在课程标准条款中，还必须准确使用"完全""基本""系统""能够""熟练""全面"等程度副词。

在课程标准建设中规范使用标准语言尤为重要，否则容易造成歧义，降低课程标准的有效性、可操作性。从目前我国课程标准建设的实践来看，课程标准语言的规范性不容乐观。模糊、笼统、含义不清的表述在基础教育学科课程标准和《教师教育课程标准（试行）》中比较多见。如《义务教育数学课程标准》中如此表述：初步建立数感；应重视口算，加强估算，提倡算法多样化。又如，在《教师教育课程标准（试行）》的中学职前教师教育课程目标中规定"具有正确的教育观和相应的行为"，但在分解的"基本要求"中没有回答"什么是正确的教育观和相应的行为"。如此笼统的陈述，既给教学带来了问题，又给教学评价带来困难。不仅如此，"从目前来看，我国课程标准的模糊、含混使得它们很难进入检测程序"。③笔者认为，规范的课程标准不用解读，教师包括学生都能看懂，拿起来就能用。在美国，课程标准一经颁布，教师们人手一册，教育刊物也予以刊登，没有解

---

① 王月芬，徐淀芳．重新反思"课程标准"：国际比较的视角［J］．教育发展研究，2010（18）：65-69.

② 中国国家标准化管理委员会．质量管理体系　要求（GB/T 19001-2008/ISO 9001：2008）［S］．北京：中国标准出版社，2009：3.

③ 夏雪梅．课程标准的实施：我们需要检测些什么［J］．课程教材教法，2010（8）：14.

读，教师和学生一看就懂。

"国家课程标准是教材编写、教学、评估和考试命题的依据"，必须明确，没有"商量的余地"，不能过多地使用"实施建议"之类的语言及其条款，否则就失去了标准的本质作用！在我国已制定的义务教育学科课程标准中，存在着许多语言不明确、不规范的问题，这给具体实施带来了一系列操作层面的困惑与困难。譬如，尽管已有统一的学科课程标准，但一些省（市）还是制定或在着手制定学科考试标准或考试大纲等。王月芬、徐淀芳认为，"应选择以课程标准作为教材编制、教学要求和考试命题的唯一依据，不宜另行编制课程标准的考试标准（考试大纲）或者其他评价标准，否则会导致课程标准的权威不复存在"。① 从教学的视域来说，制定课程标准旨在依据课程标准进行教学。然而，"基于课程标准的教学是由学生应知和能做的共识来驱动的"。② 崔允漷认为，对教师而言，基于课程标准的课程实施的教案和传统教案存在四点显著差异：一是关于标准的陈述；二是教学目标指明预期的学生表现或成果；三是检测这些表现或成果的评价活动方案；四是引导这些表现或成果的教学方案。③ 因此，基于标准的教学需要一个基于规范化标准语言的、要求明确的课程标准。

（四）科学划分课程标准的教育时段

课程标准建设还涉及一个重要的问题，那就是如何科学地划分课程标准的教育时段。这一问题十分重要，但在课程标准建设中却未引起我们的足够重视。课程标准的教育时段划分不合理、不科学，会导致课程标准难以理解、贯彻与执行。课程标准的教育时段是课程标准教育时段的指向形式，即课程标准的时段指向是某一教育学段，还是某一教育年段，或是某一教育内容时段。具体而言，某个课程标准是以教育实施或学习的学段时间

① 王月芬，徐淀芳.重新反思"课程标准"：国际比较的视角［J］.教育发展研究，2010（18）：65-69.

② 亚瑟·K.埃利斯.课程理论及其实践范例［M］.张文军，译.北京：教育科学出版社，2005：113.

③ 崔允漷.课程实施的新取向：基于课程标准的教学［J］.教育研究，2009（1）：79.

划分来制定，还是以教育实施或学习的年段时间划分来制定，或者是以教育实施或学习的内容时段划分来制定。从管理学和系统论的视域而言，课程标准的教育时段划分十分重要，它直接关系到课程建设，影响到课程的实施与贯彻，影响到课程标准自身的科学性与合理性，进而影响整个教育教学质量，影响到学生的满意度乃至学校的美誉度。

教育时段是指教育或学习的时段或阶段划分，主要有三种形式：一是教育学段，二是教育年段，三是教育内容时段。所谓教育学段，即教育实施或学习的基本阶段性时间划分。如：幼儿教育阶段、小学教育阶段、初中教育阶段、高中教育阶段、大学教育阶段、大学后或研究生（硕士／博士）教育阶段、继续教育阶段。在我国，习惯上把幼儿教育阶段、小学教育阶段、初中教育阶段、高中教育阶段视为"基础教育阶段"，把小学以前视为学前教育阶段，把小学视为初等教育阶段，把初中和高中视为中等教育阶段，把大学教育，包括专科、本科、研究生（硕士／博士研究生）称为高等教育阶段，有时又把硕士学位与博士学位教育独立出来称为研究生教育阶段。所谓教育年段，即教育实施或学习的年段时间划分。如，小学（初中、高中、大学）一年级阶段、小学（初中、高中、大学）二年级阶段、小学（初中、高中、大学）三年级阶段，研究生（硕士／博士）一年级阶段、研究生（硕士／博士）二年级阶段、研究生（硕士／博士）三年级阶段等。所谓教育内容时段，即教育实施或学习内容的时段划分。有四种情况：一是某一学科教育内容的实施或学习的时段，如数学、物理、化学、语文、历史、地理、生物、外国语（英语、俄语、日语等）等的实施或学习的时段；二是某一专业教育内容的实施或学习的时段，如烹饪、会计、金融、保险、工程预算、工程监理，统计与测量、检验检疫、环境保护、航天设计等的实施或学习的时段；三是某一特定教育内容的实施或学习的时段，如体育与健康、品德与生活、品德与社会等的实施或学习的时段；四是某一特定教育内容的实施或学习的时段，如语言学习中的听、说、读、写等，语音、词汇、语法、修辞等教育内容的实施或学习的时段等。

在课程标准建设活动过程中，首先要回答与确定的是：制定的是哪一方面、哪一层面、哪一阶段的课程标准？科学地划分课程标准的教育时段是课程标准制定的先决条件。课程标准按照什么样的教育时段来制定，受到不同的教育观、课程观、价值观的影响。当然，还受到不同国家的文化传统、标准制定者的经验，以及对课程标准本质与作用的认识等因素的影响。

尽管如此，从课程标准的作用与课程的关系来看，课程标准的教育时段划分应该遵循如下规律。

第一，课程方案设计标准按教育时段划分。课程方案是对某一学段或年段课程的总体规划与设计，一般以教育学段或教育年段来划分。如：小学（或初中、高中、大学）课程方案设计标准，小学（或初中、高中、大学）一年级课程方案设计标准，教师教育（学前教育阶段、小学阶段、中学阶段）课程方案设计标准，教师教育（大学一年级、大学二年级、大学三年级）课程方案设计标准，等等。目前我国尚未制定真正意义上的课程方案设计标准。

第二，学科课程标准按教育时段划分。学科课程标准是针对各级各类不同学科制定的课程标准。理想的学科课程标准应以教育年段来划分，如小学（或初中、高中、大学）某年级某学科课程标准。在课程方案设计标准中，按照教育年段来制定各学科课程标准有利于课程目标的制定与实现，有利于课程知识内容的选择，有利于教学评价与学生学业评价，有利于教材的编写，有利于学科课程本身的持续改进。"加拿大安大略省2007年新颁布的科学与技术的课程标准，就是按照年级逐一制定的，每一个年级的标准都进行了详细的描述和规定，这样的标准无论对教材编写、教学还是考试评价的制约性都很强。"[1] 然而，我国的基础教育学科课程标准多数是按学段加内容时段制定的，具有一定的统括性，但与以年级时段为单位的日常教学和教材的编写不匹配，且不利于对课程实施（教学）质量的监控与评价。比如对学段中间的某个年级的教学或学生学业状况的评鉴或监控，就没有相应的年级标准，只能由评鉴者去理解与揣测，给评鉴与质量监控带来困难。更为严重的是，"这种学科内容取向的编排模式导致了：课程实施程度和学业质量标准模糊不清，使教学管理和改进、学生学业评价缺乏明确的参考依据；过分强调学科内容和知识点的传授，轻视或忽视学科核心素养的培养"。[2] 鉴于此，笔者认为应该按学段（小学、初中、高中）制定课程

---

① 王月芬，徐淀芳．重新反思"课程标准"：国际比较的视角[J]．教育发展研究，2010（18）：69．

② 邵朝友，周文叶，崔允漷．基于核心素养的课程标准研制：国际经验与启示[J]．全球教育展望，2015（8）：20．

方案设计标准，在此基础上再按照教育年段来制定各科课程标准。这犹如现代化生产线一样，生产线的建立十分复杂且工程浩大，但一经建立起来，效益会几倍甚至几十倍、上百倍地增长。

第三，教材设计与编写标准按教育时段划分。教材以教科书为核心，教科书的不断运用和完善，极大地改变了教学的面貌。教材设计与编写标准（或称教材标准）是学科课程教材设计与编写制定的规则（或导则）与衡量尺度。理想的教材设计与编写标准应该与按教育年段制定的各学科课程标准相对应，如小学（或初中、高中、大学）某年级某学科教材设计与编写标准。

第四，课程实施标准按教育时段划分。课程实施标准是针对课程方案和学科课程付诸实践活动与过程而制定的规则（或导则）与衡量尺度。课程实施标准主要涉及两个方面：一是课程方案的实施标准，应该按教育学段或教育年段来制定；二是学科课程的实施标准（主要是课程教学标准），是学科课程标准中"课程实施"部分的细化或具体化。该标准应该以教育年段来划分，如小学（或初中、高中、大学）某年级某学科课程实施标准（或课程教学标准）。

第五，课程质量管理标准按教育时段划分。课程质量管理标准是根据课程质量本身、课程质量评价、监控与管理等制定的规则（或导则）与衡量尺度，是国家、政府、学校、家长对学校课程及其实施质量管理的依据与基本手段。主要包括三类标准：一是课程质量评价标准，主要针对课程方案及其贯彻质量、学科课程质量等制定的评价尺度，一般与课程方案和学科课程时段相对应；二是教学质量评价标准，主要针对学科课程的实施（教学）质量而制定的评价标准，一般以教育年段来划分制定；三是教学质量督导标准，主要用于国家、政府、学校等对学校教学质量的督导、监控与管理，一般按照教育学段或教育年段来划分制定。

第六，课程标准的评价标准按教育时段划分。课程标准的评价标准是针对课程标准制定的评价课程标准的标准。课程标准的评价标准，又称"课程元标准"，是课程标准"实用性""可行性""合理性"和"准确性"的保证。这一标准既可按教育学段划分制定，也可以按教育内容时段划分制定。应从国家层面制定统一的、准则性的"课程标准的评价标准"，作为整个课程标准建设的基本准则或尺度。

总之，尽管课程标准的教育时段划分受到教育观、课程观、文化传统、标准制定者的经验以及对课程标准本质与作用认识等因素的影响与制约，但坚持系统论和"实用性""可行性""合理性""准确性"的基本原则是科学合理划分课程标准教育时段的先决条件。

第四节　学科教育的教材建设

学科课程是学校教育实施的介质，而教材是用于教学的各种材料，是课程内容的重要载体与形态，教材建设是学科教育课程建设的关键。因此，必须正确认识教材本质、内涵、基本构成与特征，如此才能规划并建设好教材。

一、学科教材建设的本质内涵

教材是指用于教学的各种材料，是课程的具体表现形态。学科教材是指依据课程标准或教学大纲规定的教学内容、教育目标、知识的内在联系以及教学方法等的要求，以简洁明确的文字（或音视频）形式，系统阐述一门课程的知识信息并用于教学的各种材料。教材是教师进行教学设计与教学的主要依据，是学生获取知识的重要源泉与工具。

所谓学科教材建设，是指根据教学基本原理，结合不同类型与层级学校的具体实际和学生需要，根据课程标准（或教学大纲）的基本要求，在课程规划方案的指导下，对整个教材的体系（包括师生共用教材、教师教学辅助材料、学生学习辅助材料、教学工具性教材等）、结构、内容、实施途径、教学方式方法、教学评价与改进，以及教材的实施等相关事宜予以提前谋划与筛选、组织与编写的活动过程。教材建设是课程建设的核心内容，也是课程建设的最后环节。

要做好教材建设的保障工作需要做到以下几点：首先，要加强教材建设的统一领导，特别是意识形态比较强的教材；其次，要建立科学的规章制度，教材的编、选、用、评、管等环节都应有相应的制度规范；再次，要健全教材建设的运行机制；最后，要加强教材的科学研究工作。除此之外，还要建设一支高素质、专业化的教材建设队伍。教材的建设与质量把关要形成体系和梯队，国家要把好教材的政治关和意识形态关，课程专家要把好教材的育人关，学科专家要把好教科书的质量关与理论关，教研员要把好教材的教学转化关。

科学的教材应该具有思想性、科学性、艺术性、创新性、教学性的特征。这些特征最后都要通过教材的教学性来实现。近年来，我国教材的教学性不断增强，教材与教学的契合度不断提高，教学设计也越来越精致化。为了进一步提升教材品质，教材编写要基于教学原理，要坚持发展的教学观，正确处理学生现有水平与教材提供的素材之间的适切性问题，既要与学生发展水平相适应，也要为学生的发展不断创造空间。

提高教材质量是教材建设的核心，要在两方面下功夫：一是，教材建设工作要遵循教育教学规律和人才成长规律，以及教材的编写规律；二是，要通过加强基础性研究促进教材质量的提升。此外，教材建设还需处理好下述三个关系。

第一，处理好国家统一要求与教育教学过程灵活、多样性之间的关系。教科书设定的教育目标、要求是统一的，但由于学校类别与层级、区域以及学生的不同，教学也需因材施教。

第二，处理好学科体系的完整性与学生学习内容选择性之间的关系。一方面，在教材编写修订的过程中，为强调学科的逻辑性、完整性，学科教材中安排的内容也越来越多；另一方面，学生学习时间有限，如何在使学生增加知识的前提下，让教科书不再变厚，也是必须处理好的问题。

第三，处理好教材的稳定性与内容选择的灵活性、开放性之间的矛盾问题。教科书的内容具有稳定性，但稳定性是相对的，我们要坚持教材的发展性，以适应社会政治、经济、科技、文化发展的新变化，尤其是信息社会和已经来临的"人工智能"社会的新要求。

二、学科教材的类型

（一）按照教材管理的归属权限分类

按照教材管理的归属权限，教材分为国家统编教材、地方政府统编教材、学校自编教材（或称为校本教材）。

国家统编教材，亦称"通用教材""部编教材"，由国家教育行政部门统一组织编辑，通用于全国各地学校。

地方政府统编教材，又称地方教材或地方本位教材，是地方政府教育主管部门根据国家课程与教材政策，以国家课程标准和教材为参照，在一定的教育思想和课程与教材观的指导下，根据地方经济、政治、文化的发展水平，地方与民族特色以及对人才的特殊要求，设计与编写的教材。

学校自编教材，简称校本教材，是学校自己开发的校本课程所用的教学材料的统称。为更好地服务学生，配合统编教材，学校通常以校长和教师为主体研发校本课程并开发编制一些基本的教与学的材料。校本教材是校本课程内容的载体和实施媒介。

（二）按照教材内容选择取向分类

依据教材内容选择取向，教材可分为学科中心教材、经验中心教材、社会中心教材、人本中心教材等。

学科中心教材是指按照学科类型及学科内容组织并编写的教材。学科教材不是知识中心教材，是分属于不同学科类型的教材，包括分科教材和综合学科教材。

经验中心教材是指主要围绕学生活动和直接经验获得为目的而组织与编写的教材，其内容主要源于学生的实践活动和直接经验，并依据学生的实践活动和直接经验加以组织。这里的直接经验是指学生通过实际活动获得的直接性知识。

人本中心教材是指围绕学生个人发展为目的而组织与编写的教材。具体而言，教材的主旨、教材内容的选择、教材的思想倾向性、教材的结构形式等都要满足学生的身心发展要求。人本主义教育哲学理论是人本中心教材的理论基础。

社会中心教材是指围绕认识社会、适应社会、服务社会，最终社会化而组织与编写的教材。教材内容反映社会生活、现实社会问题、社会生活方式以及生存本领等，以实现社会生活教育。社会本位的教育哲学理论是社会中心教材的理论基础。

（三）按照教材的基本形态分类

依据教材的基本形态，教材可分为文字性教材、音像教材、电子媒体教材、情景性教材等。

文字性教材是指以文字符号形式呈现的教材，这里的文字符号包括汉语、少数民族语言、外国语以及其他符号形式。

音像教材是指以动态的影音形式呈现的教材，包括录像、录音、幻灯片、图画、图表、照片等。

电子媒体教材，即通常说的"多媒体教材"或"综合媒体教材"，是指运用现代信息技术、教育技术，尤其是多媒体技术设计的教材。它是一种集文字、图像、影音等为一体的图文并茂的综合型教材。电子媒体教材是以现代信息工具为载体，如电视机、电脑、iPad、手机等，以电子符号方式呈现的课程教材。

情景性教材是指活动情景本身呈现的教材。实际情景、活动、行为等本身就是教材，更多地在实践课程教学中运用。该教材包括真实情景性教材，也包括借助于现代信息与教育技术呈现的虚拟情景性教材。

（四）按照教材的主要功能分类

依据教材的主要功能，教材可分为师生共用教材、教师教学辅助材料、学生学习辅助材料、教学工具性教材等。

师生共用教材主要指教科书（又称课本），是我国学校教育中教材的核心内容，是主要的教学材料。

教师教学辅助材料是指在教学中教师配合教科书一起使用的辅助教学材料，包括教学指导书、教师参考书等，供教师教学、指导和参考使用。

学生学习辅助材料是指在教学中学生配合教科书一起使用的辅助学习材料，包括学生自学指导书、补充读物、辅助学习材料、自助学习材料、习题集、练习册等。

教学工具性教材是指在教学中帮助教师和学生快捷、有效完成教学任务，具有查阅功能的教学材料，包括各类工具书、教具、挂图、图表等。

三、学科教材建设的原则

（一）方向性原则

方向性原则是指学科教材建设要坚持国家总的办学方向。具体来说：一是坚持社会主义的办学方向，以社会主义核心价值观为主旨，自觉维护社会主义制度；二是维护国家与民族利益，遵守国家民族与宗教政策，维护祖国统一；三是遵守国家法律法规，不侵犯知识产权；四是尊重教育基本规律，追求教育的整体价值，遵守国家的办学总则与办学方针。

（二）整体性原则

整体性原则是指任何事物的结构都是相互联系的、有序的，而不是杂乱无章的。因此，人们认识某一事物，就必须从事物内部各部分的相互联系去把握事物的全貌。学科教材的整体性原则具体表现为：一是，各种教材应从总体上完整地反映课程的各个组成部分，即教育目标、学习内容、学习方式和学习评价；二是，应该涵盖各种功能类型的素材，例如教科书、教师教学辅助材料、学习辅助材料、工具性教材等。这些类型的教材在比重上和数量上要合适，不宜过分突出某一种教材，而忽视其他教材。三是，教材的形式与内容要完整，在教材内容的表述上，要注意各要素之间的联系，既要防止相互割裂、支离破碎，又要避免相互干扰或机械重复。对于重叠交叉性课题要作妥善处理，阐明重叠交叉性课题间的联系与区别。

（三）适切性原则

适切性原则是指某一事物，特别是观念、制度和规律等在正常条件下能满足或适用于预定使用功能或要求的能力。学科教材的适切性原则包括以下三点：一是适合特定年龄阶段学生的年龄特征；二是尽可能适合特定学生的个性特征，包括学生的兴趣需要、特长、认知风格和性格特征；三是适合地方和学校的具体特点，为学生的教材学习提供不同的条件和配套资源；四是防止庸俗的"自然成熟论"的影响，教材设计必须与学生的发展水平相适应。

（四）系统性原则

系统性原则是指在教材建设中，要把诸要素视为系统来安排，这个系统是以一定结构形式联结构成的具有某种功能的有机整体。具体而言，教材体系要系统化，要处理好本学科内容间的逻辑关系，处理好与相关学科内容间的逻辑关系，处理好教科书内容与其他教材内容间的逻辑关系。教材内部的各个组成部分，要按照严密的逻辑系统进行组织与安排。比如，要从学生已有发展状态与教学目标的要求出发，确切安排好教学过程中各环节乃至作业内容与评鉴方式等。各级要素及其环节以及顺序既要符合教育规律、学习规律，又要符合逻辑规律。

（五）衔接性原则

衔接性原则是指教材整体是有机联系的，表现出和谐、自然和循序渐进的关系。具体而言，从逻辑结构角度来看，教材在各个学段和各个层面的结构框架是一致的，是一个有机整体，是依据一定规律有机组合与衔接的。从纵向的各个学段层面来看，小学、初中、高中以及大学各个学段都是循序渐进的过程。从横向的学科知识内容来看，各个学段的学科知识内容是难易程度、数量的有序衔接和递增。从学生的发展规律来看，学生从小学到初中，再到高中，再到大学的各个成长与发展阶段都有其独特的特点，供其成长与发展的课程与教材体系应是有机衔接的整体。教材的衔接性是学科知识体系内在逻辑的要求，是对学生身心成长规律的最大尊重，也是对认知规律的尊重。

第七章　学科教育的教学原理

在课程论的话语体系中，学科教育的关键是课程实施（课程实施也称课程教学）；在教学论的话语体系中，学科教育的关键是教学。可见，不管是课程论还是教学论，教学都是学科教育的关键。因此，实施学科教育必须研究与把握学科教育的教学原理，包括学科教学过程、学科教学方式方法、学科教学模式、学科教学的基本原则等问题。

第一节　学科教育的教学过程

学科教学过程，即学科课程实施或课程教学的活动过程。正确理解与认识教学的概念与内涵，把握现代主要教学理论流派及其特征，从课程实施的角度认识学科教学过程的基本环节，才能真正把握现代教学过程的本质特征，提高教学实效。

一、教学的概念与内涵

关于教学的概念与内涵，焦点集中在教与学、教师与学生的关系处理上，聚焦在学习的发生机制上。

（一）关于教学概念与内涵的基本观点

关于"教学"的概念，古今中外对其理解也不同。在我国，早在殷商时期的甲骨文中就出现了"教"与"学"二字。关于教学，最有代表性的表述是，教学是一种有目的、有计划、有组织的认识活动。在近代教学论发展历程中出现过三次大论争，即"形式教育"学派和"实质教育"学派的论争，"主知主义"学派和"行动主义"学派的论争，"科学主义"学派和"人本主义"学派的论争。其中，"形式教育"学派认为，教学是训练人先天具有的官能的过程，即促进人的内在官能显现、成长和完善的活动；与其对立的"实质教育"学派则认为，教学主要是获得有用的知识、技能的过程，即心理内容不断充实的过程。"主知主义"学派把教学理解为知识的传授过程和观念运动过程，强调教学活动是间接经验的习得；与之对立的"行动主义"学派则强调教学是学生亲身探索、操作而获得直接经验的活动。"科学主义"学派主张教学是一种理性活动，而"人本主义"学派则认为教学是一种情意活动，是人性的表达。关于教学本质，在我国主要有四种观点。

"认识发展说"认为，教学是教师有目的、有计划地引导学生掌握文化科学基础知识和基本技能，发展认识能力，逐步形成道德品质的过程。这种观点提出了教学的认识和发展的任务，同过去把教学过程单纯看成传授知识、培养技能的观点相比较，无疑是一种进步。但这种观点只罗列了教学的任务，并没有对教学过程进行抽象的概括，不能完整而确切地揭示教学过程的本质。

"双边活动说"认为，教学过程是教师的教和学生的学相结合的双边活动过程。这一观点认识到了教学活动是师生互动的过程，认识到了教与学的相互依存性，突破了"认识发展说"从教学任务看教学本质的局限性，在一定程度上揭示了教学活动的机制。但最大的问题是把教师的教和学生的学对立起来。

"多重本质说"认为，教学过程是多层次、多类型的，教学过程的本质也应该是多级别、多类型的，提出教学过程有认识论、心理学、生理学、伦理学和经济学五个方面的本质，从多学科角度对教学过程进行分析研究。但是，该观点未能从整体上对教学过程进行合理综合和深刻把握。

"交往说"认为，教学是一种特殊的交往活动，强调教学过程中教师和学生都是主体，师生之间只有通过交往，人的主体性才能正确发挥；只有通过主体间的亲身感悟、理解和体验，人才能展示自我、发现自我、发展自我。因此，教学过程完全可以视为师生交往的过程，交往即教学过程的本质。这一观点虽然是从社会学角度揭示了教学活动的社会属性，但不能揭示教学过程作为特殊的实践活动与其他社会实践活动的区别。

（二）关于教学本质与内涵的基本共识

虽然学界对教学本质的认识不同，但对下面几个方面的认同基本一致。

第一，教学过程的本质是一种认识过程，对教学应作动态考察。首先，教学是学生在教师的引导下，通过学习来认识客观世界的过程。其次，教学是人类许许多多认识活动中的一种具体认识形式。教学活动的构成要素和整个教育活动的构成要素一样，是由教师、学生、教材、教学手段构成的。教学的目的是向学生传授科学文化知识，培养学生的能力和技巧，发展学生的智力和体力，使学生形成一定的思想意识和道德品质。

第二，教学过程是一种特殊的认识过程。首先，教学是学习知识与积累经验的过程。教材是从人类知识宝库中挑选和提炼出来的最基本的材料，是对客观世界的间接反映。学生主要通过认识教材中的间接知识来认识客观世界。其次，教学是教师引导与学生自主学习的过程。学生在教师的引导下认识客观事物，将教师提供的帮助内化成自己的认识与行为，通过自主创新性学习和自我教育，生成与发展自己的能力与素质。因此，教学过程是教师指导学生自主学习和自我教育的活动过程。最后，教学是师生交往与合作学习的过程。教学活动是由教师的教和学生的学组成，是发生在师生间的一种特殊的交往活动。

第三，教学过程是一个促进学生身心发展的过程。一方面，教学要引导学生发展，使人类的精神财富顺利转化为学生的身心发展，使学生在德、智、体、美、劳等方面都得到一定的发展，成为社会需要的优质人才；另一方面，教学又要遵循学生的身心发展规律，激发学生在发展中的主动性、积极性，引导学生善于运用自己的智慧、能力、胆识与意志，创造性地进行学习。

（三）教学的基本特征

1. 获取直接经验与学习间接经验相统一

教学过程中学生的认识过程是一种特定的认识过程。学生的学习包括间接经验与直接经验。所谓间接经验，主要是指前人的经验，一般表现为书本知识；所谓直接经验，是个体从实践中获得的经验，属于感性认识。教学以学习间接经验为主，可以避免人类认识活动中曾经经历过的曲折和失败，使学生用最短的时间掌握大量的、系统化的文化科学知识；同时，还可以提高学生的认识起点，使学生在新的高度上继续认识客观世界，开拓新的认识领域。

教学中的直接经验包括亲身观察、亲身实践、亲身探索等，是学生认识间接经验的基础。教师要充分运用学生已有的知识与经验，增加学生学习新知识所必需的感性经验，保证教学的顺利进行。在保证教学计划和正常进度的情况下，教师要尽可能地组织社会实践、科学探究活动，以使学生具有更感性的直接经验。在教学中，教师不仅要使学生继承人类认识的成果，还要根据学生的身心发展水平，让他们去发现问题与解决问题，培养他们分析问题与解决问题的能力。

2. 掌握知识与发展能力相统一

首先，知识是能力发展的基础。一是，任何能力的发展都依赖知识的学习，能力是在掌握知识与技能的过程中形成的；二是，学生在校学习知识的过程蕴藏着丰富的认识方法。学生在学习中学会获得这些方法，并在教师的引导下把学得的知识和认识方法自觉地、创造性地运用到学习实践中，逐步发展自身的认识能力。

其次，能力的发展是掌握知识的前提。学生知识的学习必须依赖能力的发展，能力发展是掌握知识的必要条件。记忆力、观察力、逻辑思维能力等是学习知识的必要前提。在科学技术迅速发展的今天，教学内容大量增加，程度不断提高，难度不断加大，在教学中要培养和发展学生的各种认识能力，以提高学生掌握知识的效率和质量。

最后，知识的掌握与运用促进能力的发展。教师在传递学生系统知识的同时，应引导学生正确理解和巩固知识，掌握学科知识体系，进而了解认识的过程，掌握获得知识的方法，学会独立思考，能够自如地、创造性地应用知识解决理论和实际问题。

总之，传授知识与发展智力统一在同一个教学活动中，统一在同一个认识活动中。知识与能力互为前提，两者在教学中是相辅相成的关系。

3. 传授知识与思想品德教育相统一

最早提出教学的教育性命题的是德国教育家赫尔巴特。教学具有教育性是教学的客观必然性，在教学中，传授知识与思想品德教育应统一。

首先，教学目标与教学内容具有教育性。教学是教育的下位概念，具有教育的所有属性。教学目标、教学任务、教学内容等都反映了一定国家政治、经济、社会发展的需求。另外，教师对教学内容的解释也会体现自己的思想意识。因此，教学必然具有教育的性质，教育是教学的目的，教学是教育的手段。

其次，教学过程具有教育性。教学过程不仅是传授知识的过程，也是培养学生品德的过程。教师通过对知识点的解释来传播特定的思想观念，帮助学生形成观点、信念与行为习惯；任何学科都有自己独特的方法论，学生在理解掌握这些方法论的过程中认识世界，形成自己的世界观。

最后，教师的言行具有教育性。教师在传授知识的同时，会用自己的观点、思想、情感来影响学生。在师生交往过程中，教书与育人总是结合在一起的。另外，教师的为人师表、良好的班集体、优良的班风等都会对学生产生正面的影响。

总之，教学是传授知识和进行道德品质教育的基本渠道。无论从学生所获得的知识量与信息量来看，还是从学生的主体活动形式来看，教学中的教育性原则都是学科教育的基本原则，不可忽视。

4. 教师主导作用与学生主体作用相统一

在教学过程中，教师的教与学生的学相互依存，缺一不可。教师的主导作用与学生的主体作用只有相互配合才能收到良好的效果。

首先，教师在教学中起主导作用。教师的指导决定着学生学习的方向、内容、进程、结构和质量，对学生的学习起引导、规范、评价和纠正的作用。教师的指导还影响着学生的学习方式以及主动性、积极性的发挥，影响着学生的个性及人生观、价值观与世界观的形成与发展。

其次，学生在教学中处于主体地位。学生对外部信息进行内部加工的独立性和创造性，受学生本人兴趣、需要以及所接收的外部要求的推动和支配；学生对外部信息选择的能动性和自觉性，受学生原有知识经验、思维方式、情感意志、价值观的制约。

最后，从教学过程的整体来看，教学任务的完成需要教师与学生的共同努力。教师必须激发学生的学习主动性，教师的主导作用发挥得越好，学生学习的积极性就越高，教学效果就越好。

二、现代主要教学理论流派

19 世纪以来，教育教学理论发展迅速，涌现出了众多的教育教学理论和学术观点，流派纷呈。教育教学理论的发展与繁荣，促使教学观念从传统向现代转变，影响较大的现代教育教学理论流派主要有赫尔巴特主义教学论、儿童社会活动中心教学论、结构主义教学论、发展主义教学论、社会改造主义教学论、人本主义教学论、后现代主义教学论、范例教学论。

（一）赫尔巴特主义教学论

赫尔巴特主义教学理论历史悠久，影响广泛，主要教育教学观点如下。

1. 关于教育目的

赫尔巴特主义教学论认为，教育的必要目的是培养有道德的人，教育的选择目的是培养儿童多方面的兴趣和促进一切能力的和谐发展。前者是人对现存制度的服从，后者是为了使儿童的发展与未来社会分工就业相匹配。

2. 关于教育目标

赫尔巴特主义教学论认为，教育的最高目标是培养儿童的德性，较近的目标是培养儿童多方面的兴趣，包括经验的、思辨的、审美的、同情的、社会的和宗教的六种兴趣。赫尔巴特希望通过在教学中培养学生多方面的兴趣，促使学生思想道德观念的完善。

3. 关于教学方法

赫尔巴特主义教学论认为，儿童主要通过教学获得知识，积累经验，形成观念。赫尔巴特将教学分成四个阶段：明了、联想、系统、方法。齐勒尔（Tuiskon Ziller）在赫尔巴特"四段教学法"的基础上，提出迄今具有广泛影响的"五段教学法"：第一阶段，预备，即问题的提出和教学目的、目标等的说明；第二阶段，提示，即新材料的传授；第三阶段，比较，通过新旧知识的比较，使它们实现联合；第四阶段，总括，即在比较的基础上，知识还不系统，需要一种静止的审思活动，寻求结论和规律；第五阶段，应用，即运用所学解决实际问题。

4. 关于课程形态

赫尔巴特主义教学论追求古典人文学科与现代学科的结合，认为应该设置自然（博物）、物理、化学、地理、数学、逻辑、文法、自然哲学、文学、音乐、绘画、雕刻、古典语、现代外语、本国语、历史、政治、法律、神学等科目。

5. 关于课程横向结构

面对学科教育的分科导致的知识割裂等问题，赫尔巴特主义教学论提出并实践了科目主题中心整合法，探讨了课程的整合问题。赫尔巴特首先提出了统觉心理学的整合原理，齐勒尔在他的基础上建构了以历史、文学、宗教为中心和以历史为核心的整合课程体系。

（二）儿童社会活动中心教学论

19世纪末到20世纪初，美国兴起了进步教育运动，对赫尔巴特主义教学论进行了批判，探讨建立和发展儿童社会活动中心教学论，彻底否定各种以学科主题为中心的传统观点，主张以学生的兴趣、爱好、动机、需要等为价值取向，以儿童社会活动为中心来研制课程和组织教学，最著名的代表人物为杜威。

1. 关于教育目的

杜威认为，传统的教育目的来自教育之外，而教育在自身之外，是没有目的的。他主张"教育即发展"，教育的内在目的是促进儿童的身心发展。

2. 关于课程实质

杜威从经验自然主义哲学思想出发，对强调一切从儿童出发的极端"儿童中心论"与强调一切从教学出发的"科目中心论"进行剖析与批判，认为它们均走进了割裂儿童与课程的极端的、片面的误区。他坚持用整体的、变化发展的和联系的观点来认识课程，倡导课程的整体性。他认为，正如两点构成一条直线，儿童和课程仅仅是构成一个单一过程的两极，儿童现在的观点以及构成各种科目的事实和真理构成了教学。儿童与课程是有机统一的，它们的统一点就是经验，即课程的实质就是经验。

3. 关于教学中心

杜威认为，社会活动是教学的中心。学校科目相互联系的真正中心，不是科学，不是文学，不是历史，不是地理，而是儿童本身的社会活动。教师、教科书和课堂不是教学的中心，教学的中心是儿童的社会活动。这些社会活动（也称为"作业"）既是社会生活中存在的，也是家庭生活里不可缺少的，还是学校可以组织进行的。

4. 关于课程教学形态

儿童社会活动中心教学论把活动视为课程与教学的根本形态。20 世纪 30 年代，美国进步教育协会为了将新的理论形态的活动课程与教学转变为实践形态，组织实施了课程改革运动，促使美国幼儿园、中小学普遍实施活动课程与教学。之后，儿童社会活动中心教学理论和实践模式逐步传播至世界各地。

（三）结构主义教学论

结构主义教学论最著名的代表人物是布鲁纳。布鲁纳深受结构主义心理学家皮亚杰的影响，在吸收和发展皮亚杰心理学研究成果的基础上不仅提出了学（教）什么、什么时候学（教）、怎样教（学）等问题，而且在结构主义思想的指导下，对这些问题做了使人比较满意的回答。

1. 关于教育目的

结构主义教学论认为，教育的根本目的是培养社会精英。它热衷于追求教育的卓越性，追求培养大量的社会精英，特别是培养大批的科技精英。

2. 关于教学中心

布鲁纳提出以学科结构作为教学中心。所谓学科的基本结构，就是学科的基本概念、基本原理以及它们相互之间的规律和联系。学科的结构不是只有单一的模式，可重组为各种特殊的结构，具有丰富的教育价值：懂得基本结构可以使学科更容易理解；有利于识记，特别有利于意义识记；能促进知识技能的迁移；可以沟通高级知识与初级知识。

3. 重视培养儿童的直觉思维

直觉是未经充分逻辑推理的感性认识，可经由某种捷径而不循惯常的逻辑法则快速地进行。直觉在生活实践中具有重要价值，也是创造活动的重要特征。布鲁纳认为，直觉与学科基本结构之间存在辩证关系。直觉有助于理解和把握基本结构，只有以牢固的、熟悉的学科知识作为背景或基础，直觉的创造性特征才能更好地发挥出来。

4. 关于课程体系

20 世纪 50 年代末，布鲁纳首次提出了螺旋式课程，提倡在课程内容组织上采取螺旋排列方式。这种排列方式按照学习的巩固性原理，在相邻的两个以上主题、单元、年级或阶段里安排内容相同但深度或广度不同的内容，以便让学生逐步深入学习某门课程或某门课程的一个方面。他主张以螺旋型课程来组织和实施学科的基本结构，促进学生对学科基本结构的学习和掌握。

5. 关于学习方法

结构主义教学论提倡发现学习法。发现学习法是指学生在学习情境中，经过探索寻找，从而获得问题答案的一种学习方式。发现学习法的优点主要有四个方面：有利于掌握知识的体系和学习方法，开发智慧潜力；有利于启发学生的内在学习动机，提高学习的自信心；有利于培养学生发现与创造的态度和探究的思维能力；有利于知识记忆和保持技能的巩固和迁移。

（四）发展主义教学论

发展主义教学论的著名代表人物是苏联著名心理学家和教育家赞可夫。与其他教育家相比，赞可夫最突出的特点是注重实验。在长期的实验教学过程中，他提出了关于教学与发展问题的主导思想：以最好的教学效果来达到学生最理想的发展水平。

1. 关于发展主义教学论的理论基础

维果茨基（Lev Vygotsky）以实验为基础，提出了"最近发展区"理论。他认为，学生的发展有两种水平：一种是学生的现有水平，指独立活动时所能达到的解决问题的水平；另一种是学生可能的发展水平，也就是通过教学所获得的潜力。两者之间的差异就是最近发展区。教学应着眼于学生的最近发展区，为学生提供一定难度的内容，调动学生的积极性，让学生发挥潜能，超越最近发展区而达到下一发展阶段的水平，然后在此基础上进行下一个发展区的发展。这一理论是发展主义教学论的核心。

2. 关于教学目的与目标

发展主义教学论认为，教育教学的根本功能是促进学生的一般发展。赞可夫所说的一般发展，基本含义有三个：一是指个性发展而不仅仅是智力发展；二是指心理的一般发展而不是指身心的一般发展；三是包括动机、情感和意志的发展。但是，在他的实验中，能够操作并实际操作的发展内容，仍然仅仅是智力发展。所以，这一理论实质上打上了深深的科学主义烙印。

3. 关于教学及其基本原则

发展主义教学论认为，教学及其设计要基于学生的发展。赞可夫以发展为目的提出了五大原则：一是高难度原则；二是高速度原则；三是以理论知识为主的原则；四是使学生理解教学过程的原则；五是使全体学生，包括差生都得到发展的原则。

（五）社会改造主义教学论

社会改造主义教学论，又被称为社会中心教学论，是从进步主义教育中逐渐分化出来的，其早期的代表人物有克伯屈、拉格（H. Rugg）和康茨（G. S. Counts）等。20世纪50年代后，使改造主义以新的面貌出现并引起人们关注的是布拉梅尔德（Theodore Brameld）。

1. 关于教育价值

社会改造主义教学论认为，教育的根本价值是社会发展。社会改造主义批判儿童社会活动中心教学论过于注重学生的个人需要、兴趣、自由以及活动，没有考虑社会变革的需要；在教育和教学中，学生中心论仅仅注意过程而忽视结果，只关注手段而忽视目的。社会改造主义认为，学校教学的价值，最终是社会的价值，教学乃是实现未来理想社会的运载工具。

2. 关于教育目的

社会改造主义教学论认为，教育的根本目的在于改造社会，学生中心教学实质上是帮助学生"适应"而不是"改造"社会。社会改造主义也强调教学的经验性，主张经验是第一位，但却坚定地认为，经验是团体的而非个人的，所以社会改造主义特别强调团体经验。教育的目的是推动社会的发展，进而实现理想的社会。教学设计不应从学生掌握知识、发展智力和人格出发，而应从社会改造的要求出发，使教学与统一的社会整体联系起来，帮助学生形成参加各种社会运动、塑造新的社会秩序和社会文化的能力，从而成为改造社会、推进社会发展进程的人。

3. 关于课程教学

社会改造主义教学论认为，传统的课程是一个不连贯的、以学科内容为主题的大杂烩，过分强调技术，而忽视人类团体的其他经验。所以，要实现社会发展的教育价值和社会改造的教育目的，就必须加强美学、道德、社会和人文知识方面的教学。

4. 关于课程建设

社会改造主义批判儿童社会活动中心教学论夸大了儿童个人的自由，主张把教学的中心放到社会现实问题、社会改造和社会活动上；认为教学应由教育者按照社会需要来决定，而不是由学生自己决定；认为教学应以解决实际社会问题的逻辑而不是学科知识的逻辑为主线来组织，教学同社会及社会生活应联系起来，增强学生适应社会与改造社会的能力。

（六）人本主义教学论

人本主义教学论，以人本主义心理学为基础，是在批判结构主义教学论存在的严重问题中逐步形成与发展起来的，最著名的代表人物是马斯洛（A. H. Maslow）和罗杰斯（Carl Rogers）。

1. 关于教育价值

人本主义教学论认为，教育的根本价值是实现人的潜能和满足人的需要，而结构主义教学论过于追求培养社会和科技精英，遗失了人的价值。因此，教学必须走出英才教育思想的笼罩。人本主义教学论认为，人具有心理潜能，潜能的实现具有内在倾向性，需要是潜能的自然表现，是价值的基础。因此，教学的教育价值就是实现人的潜能和满足人的需要。

2. 关于教育目的

人本主义教学论认为，结构主义教学培养出来的是人格不健全的人，教育的根本目的是培养人格健全、和谐发展、获得自由的"完整的人（whole man）"。具体来说，"完整的人"是情意与认知、感情与知性、情绪与行为相统一的人，即知情意行统一的人。

3. 关于课程结构

人本主义教学论认为，为了实现人本主义的教育价值和目的，需要建立和实施平行课程体系，包括学术性课程、社会体验课程和自我实现课程。

因此，由知识课程、情意课程、体验整合课程有机结合而成的并行课程与教学整合体系应运而生。

4. 关于学习方式

罗杰斯指出，人类学习有两种类型：一是无意义学习，比如无意义音节的学习，这类学习只涉及心智，不涉及感情或个人意义，与"完整的人"无关；二是有意义学习，指一种使个体的行为、态度、个性以及在未来选择行动方针时发生重大变化的学习。这不仅是一种增长知识的学习，而且是与每个人的各部分经验都融合在一起的学习。

（七）后现代主义教学论

伴随着人们对现代化负效应的反思批判，各种后现代主义思潮席卷全球。与此同时，20世纪70年代，欧美后现代主义教学论应运而生。从80年代后期开始，国际社会教育理论研究者基本都接受了后现代主义教学论思想，形成了一股后现代主义教学思潮。其代表人物主要有美国的著名教育家派纳（W. F. Pinar）和小多尔（W. E. Doll）等。

1. 关于教育价值

后现代主义并不否定现代理性文明，而是希望在继续享用现代化带来的文明成果的同时，医治好现代化的人性疾患。美国学者贝斯特（Steven Best）和凯尔纳（Douglas Kellner）在对后现代主义进行全面考察的基础上表明，后现代已经介入我们所能设想的从人类学到企业管理到政治到科学的每一个领域。集中到人性问题上，后现代主义旗帜鲜明地反对把人的本质理性化和抽象化，反对至高无上的理性主体。后现代主义认为，传统哲学以普遍性、同一性和理性作为人的最高本质，以主体的普遍性压抑对象的差异性，以同一性统治特殊性，以理性支配情感，只能使人成为丧失个性的、无血无肉无感情的、抽象的人，从而压抑了人的具体性、个体性。因此，理性是重要的，但不是至上的，只不过是谋求人的幸福的工具。后现代主义教学论主张"工具理性还原"的人性。

2. 关于教育目的

后现代主义教学论认为，现实生活世界的意义和价值，是人在亲身经验和体验中主动建构起来的。人们是以共同的历史为背景，参与到彼此的活动和对话中,通过多重解释和转换寻求或创造意义和价值。教学就是为了人们以历史性的体验和反思,寻找和安置自己在社会变化潮流之中的位置,是整体心灵的培育。在后现代主义教学论看来,心灵不再是过去误认为的白板、黑箱、非物质的事物或信息加工器,而是人类意识、目的性、思维、创造性、想象力以及认知的有机集合体。心灵不再是对自然的被动反映,而是人类采取赋予生活经验以意义、用处和价值的方式。在后现代主义教学中,教师和学生在会谈和对话中创造更为复杂和更有价值的秩序与结构。课程不再是跑道,而成为跑的过程,学习也成为创造过程中的探险历程。

3. 关于课程教学

后现代主义教学论认为,从深层次上看,过去的教学是封闭性的,现在需要建构开放性的教学,让人们探索并尊重彼此的思想和存在感,认可并尊重他人的差异性。由此看来,教学应该以对话性会话为核心,教师是领导者,但只是学习化社区中的平等成员。在学习化社区中,隐喻比逻辑更能引发对话。关于教育目标、规划和评价的新观念也将出现,它将是开放的、灵活的,侧重过程而非结果。后现代主义教学论认为教学具有四个基本特征:丰富性(rich)、回归性(recursive)、关联性(relational)、严密性(rigorous)。

4. 关于课程形态

后现代主义教学论认为,未来的学校是学习化社区,需要孕育新的整合课程形态。美国卡内基教学促进基金会前主席波伊尔(E. L. Boyer),以其终身的教育智慧构建了"学习化社区"的美好理想,他在《基础学校:一个学习化的社区大家庭》(*The Basic School: A Community for Learning*)中,生动而充满激情地描绘了一幅未来的蓝图:"学校应成为社区大家庭,校长和教师应成为领导者,家长成为合作伙伴,语言的中心地位,整合的课程,成就的评鉴,良好的学习环境,丰富的学习资源,为孩子们服务的支持体系,旨在致力于品格的塑造。"[1] 为此,他谋划了基础学校新的整合课程形态:语言是学习的核心,包括语文、数学和艺术;带共性的基础课程,包括科学、历史、文学、公民学和地理;通过评价测量结果,制定语言和核心知

---

① 厄内斯特·波伊尔. 基础学校——一个学习化的社区大家庭[M]. 王晓平,等,译. 北京:人民教育出版社,1998:11.

识方面的基本标准，为学习服务，对家长、学生和社会负责。

（八）范例教学论

以德国著名的教育家瓦根舍因和克拉夫基（Wolfgang klafki）为代表提出来的范例教学论，与发展主义教学论、结构主义教学论一起，构成了 20 世纪五六十年代国际社会最有影响的三大教学论流派。范例教学指教师在教学中选择真正基础的本质的知识作为教学内容，通过"范例"内容的讲授，使学生达到举一反三掌握同一类知识的规律的方法。

1. 关于选择范例的原则

范例教学论认为，选择范例需要遵循基本性、基础性和范例性三个原则。

所谓基本性，就是指教给学生的内容应当是一门学科的基本要求，如基本概念、基本知识结构、基本原理、基本规律等。基本性的着眼点在于教材的客观内容。

所谓基础性，就是着眼于学生基础，学生的基本经验和智力发展的水平。教学内容的选择应当契合学生的生活经验，适应学生的知识水平和智力发展水平，同时，又要通过教学促进学生智力的发展。

所谓范例性，就是指所选择的例子必须能够反映某一阶段教学的全部材料，使学生窥一斑见全豹。"范例"的另一层意思还指某一范例对认识其他事物具有启发性，例如以非洲的热带森林为例，通过非洲森林同其他森林的比较，来认识热带森林的特征。在范例教学中，原有的学科体系往往被打破，用课题形式来代替相同的系统教材。如在语文教学中，一个课题可以是一篇范文或一首诗，也可以由许多文学作品组成；在物理教学中，可以把"自由落体"现象作为一个课题，从中引出关于质量、能量守恒、惯性定律和万有引力等概念；在历史教学中，可以打破年代式的课目结构，选择典型人物、典型事件予以组织。

2. 关于范例教学的课题选择

范例教学的课题选择应当是引导学生发现规律的突破点，是整个教学链上的关键点，能够同前后的课题、学生横向的知识有机联系起来。每个课题既相对独立而完整，又彼此联系。这样，一个课题接着一个课题，学生就能够把握学科内容，能够发展智力和能力。为了实现上述要求，教师必须从教学论的角度对教学内容进行分析。

第一，基本原理的分析。分析该特定课题所表示和阐明的内容有哪些是重要的、带有普遍意义的，并通过这些内容的教学使学生把握基本现象和基本原理。

第二，未来意义的分析。分析课题对学生今后生活的意义。只有具有未来意义的课题才能使学生有兴趣，对一些不能直接看到意义的课题，教师应该对学生进行启发。

第三，智力作用的分析。分析课题对学生的现实意义，使学生在课题中能开展智力活动。

第四，内容特点的分析。分析课题能引起学生兴趣和认知冲突的特点，选择适合的手段有效地凸显课题等。

第五，内容结构的分析。分析课题的内容要素，要素之间的联结与层次、难点与重点等。

3. 关于范例教学的程序与方法

范例教学的程序一般有四个阶段。

第一阶段：范例阐明"个"。教师用特例，以具体直观的方法，以例证的形式使学生认识某一事物的本质特征。

第二阶段：范例阐明"类"。根据范例"个"案所获得的知识，推论特点，分析掌握整个"类"案的特征，使对"类"案的认识上升为对"类"案的认识。

第三阶段：通过范例掌握规律和范畴。根据对"个"案所获得的认识，进一步过渡到对"类"案的认识，从而达到对规律的认识。

第四阶段：通过范例获得关于世界的经验和生活的经验。在认识客观世界的基础上，使学生在思想感情上获得体验，提高行为的自觉性。

同传统教学相比，范例教学最重要的区别是教养性教学目标，即培养学生的问题意识，培养学生的独立能力。

三、学科教学过程基本环节

教学工作一般由教学设计与准备、教学组织与实施、实践练习与巩固、教学反思与改进、学生发展评价等过程环节构成。

（一）教学设计与准备

课程设计与准备是指预先对相关课程教学的诸项事宜做好准备。具体而言，就是在教学计划（或课程方案）、教学大纲（或课程标准）以及教科书等的指导下，做好四项准备，完成三个计划。

1. 做好四项准备

备课是教师上好课的前提，教师备课要做好"四备"：做好学情分析（备学生）、做好教学内容准备（备教材）、选择与优化方法（备方法）、做好教学技术与设施准备（备教具）。

（1）做好学情分析

学情分析是指了解学生，包括了解学生原有的知识和技能水平，了解他们的学习兴趣、学习态度、需要、学习习惯和方法等，了解学生思想政治水平与状态，了解学生对思想政治和社会的关注重点。在此基础上，教师应作进一步的分析研究，确定教学重点、教学难度、教学进度，预测教学中可能出现的问题并制定预案，以确保教学的针对性、有效性，使教学顺利进行。学情分析是课程教学的前提，是有效实施学科教学与思想政治教育的先决条件。

（2）做好教学内容准备

教学内容准备是指钻研整个教材以确定基本的教学内容，谋划基本的要求和内容教学方案，具体包括三个方面的内容。

一是对培养方案、教学大纲（或课程标准）的钻研，以了解本学科教学的总要求。培养方案是对所学专业学生培养的纲领性文件，通过研究要明确本学科（包括本学科内容）对整个培养方案的贡献度。教学大纲（或课程标准）是本学科教学的纲领性文件或标准尺度，通过研究了解与明确本学科（包括本学科内容）对教学大纲（或课程标准）规定的教学目标或课程目标的达成度要求，以准确、有效对标。

二是对本学科教材（包括教科书、教师参考书、学生训练与作业材料、教学参考与补充资料等）的钻研，以明确本学科教学的基本要求，准确把握课程教学的基本内容和重难点。教学基本内容和重点、难点的把握与确定要依据三个前提条件：第一，依据学生的学情即全体学生相关的知识与素质基础、知识结构状况、已有的相关支撑知识、学生个体差异状况等。只有了解学生，才能更加合理地组织与安排课程，确定内容的增删。第二，依据学科教学大纲或课程标准。学科教学大纲或课程标准是衡量与规范学科课程教学的尺度，规定了学科课程的基本要素、内容、拟达到的指标与特性值以及整个课程运作活动与过程的规则（或导则），供学校和教育机构遵守与反复使用，以确保教学活动的最佳效果和教学秩序的实现。第三，依据教材。教材是依据课程标准编写的，包括教科书、参考资料、练习册、教学参考书等。教科书和教学参考书是教学的基本内容，以及重点和难点确定的重要依据。教师钻研教材是一个不断深化的过程，一般要经过"懂""透""化"三个阶段。"懂"是指对教材的基本思想、基本概念都要搞清楚；"透"是指透彻地了解教材的结构、重点和难点以及知识的逻辑；"化"是指教师的思想感情与教材的思想性、科学性融合在一起。

三是对本学科内容教育元素的挖掘，以贯彻教育教学一体化原则，培养学生的学科素质和良好的道德品格。

（3）选择与优化方法

选择与优化方法是指灵活选择与优化课程教学的方式与方法。在学科课程教学中，在基本的教学模式框架下，选择与优化教学方式与方法最能体现教学的功力与水平。在选择与优化教学方式与方法中，既得考虑教学内容的特点，又得考虑学生发展状况；既得考虑具体的环境与条件，还要考虑对教学中突发事件的处理等问题。

（4）做好教学技术与设施准备

教学技术与设施准备是指客观谋划与安排课程教学的教育技术和设施等保障与条件。技术和保障条件由软硬件、基本环境、教育技术等组成，是教学得以实施的外在保证。软件条件主要由两部分构成：一是可能涉及的文献资料、信息、案例、成功经验等；二是可能涉及的电子应用软件、小程序、PPT课件、音视频平台等。硬件条件主要涉及三部分内容：一是教学场所，二是实物教具，三是电子信息设备。基本环境主要指适合教学的健康、良好、动态、安静的环境。教育技术主要是指比较先进的现代教育教学技术与手段。

2. 完成三个计划

在课程实施准备中，还要制订好"三个计划"，即学期（或学年）课程教学计划、课程单元教学计划、课程教学的课时计划。

学期(或学年)课程教学计划是对学期(或学年)课程教学的总安排,一般在学期开始前制订,以每门学科每个课题教学日程安排为主要内容,具体包括:学生情况的简要分析,学期(或学年)教学的总要求,思想品德素质要求,教科书章节或课题的教学时数及起止日期,各课题需要的教学方法等。

课程单元教学计划是对一个课程单元(课题)教学工作全面安排的计划,具体包括单元课题名称、教学目的、教学目标、思想品德素质目标、课时分配、授课时数、课的类型、教学方法、教学进程、时间分配、教育技术与设施、教学质量与思想品德素质评价等。

课程教学的课时计划是指教师以课时为单位设计的教学方案,一般包括班级、学科名称、教材名称、课题、教学目的、教学目标、上课时间、授课时数、课的类型、教学方法、教学策略、教学进程与时间分配、教育技术与设施、板书设计、教学(包括思想品德素养)评价、教学反思与改进等。

(二)教学组织与实施

教学组织与实施,一般由引发学生学习兴趣、指导学生感知与把握新教材、引导学生理解教材、帮助学生运用新知识、指导学生反思与改进等环节组成。组织教学是整个教学工作的核心,是教学质量的直接体现。教学组织与实施除了必须遵循教学规律、贯彻教学基本原则外,要做到以下几点:

1. 目标明确

组织教学要紧密围绕培养与发展学生的学科核心素养目标而展开,教学目标要具体、清晰、科学、可行,能真正反映教学内容与要点,使整个教学活动与过程具体、有序、紧凑、有效。

2. 内容正确

内容正确是指教师在课堂上所讲授的内容必须具有严密的科学性和思想性。一方面,教与学的内容要符合课程标准或教学大纲要求;另一方面,教师要科学把握教材体系,教授内容要具有严密的逻辑性与科学性,不能与科学结论和方针政策相悖。

3. 方法得当

教师选择运用的方法应符合教学任务、教学内容和学生的认识特点等。同时，在教学过程中，要使各种方法有机结合，并根据教学进展情况适时优化。此外，教师还应恰当地选择和使用现代化教育技术和教学手段，以增强教学效果。教学有法，但无定法，关键是如何因人、因事、因情、因地、因境、因时来有效配置、合理使用。

4. 结构紧凑

课堂教学要有严密的计划性和组织性。教师应巧妙地安排课堂结构，既有良好的开端，又有和谐、流畅的过程和完善的结尾；讲述、讨论、练习、演示、反思与改进以及板书等环节井然有序、环环相扣、过渡自然，并能随着教学内容的需要跌宕起伏；科学地分配时间，按照教学计划的各个步骤，完成各项任务指标。

5. 积极性高

教学是在教师指导与帮助下学生学习的活动，其效果取决于学生的参与度和积极性。因此，教师一方面要发挥自己的指导与服务作用，另一方面要创设民主、轻松、合作、愉快的课堂气氛，引导学生主动参与教学进程，真正把课堂、学习的机会、学习的权力、学习的时间还给学生。

（三）实践练习与巩固

实践练习与巩固是指为巩固所学知识，教师为学生布置一些实践活动，安排一定数量的课业并予以测评、检查、批改等活动。实践练习与巩固是学科教学的重要组成部分，对学生进一步消化和巩固课堂上所学的知识具有重要意义。实践练习与巩固通常由课中实践练习和课后作业构成。

实践练习与作业布置要符合教学大纲（或课程标准）的要求，要有启发性、典型性和针对性，有助于学生巩固所学的学科知识。

实践练习与作业分量要适当，难度适宜，时间要控制在合理的范围内。教师应按照本学科的上课时间与自习时间的比例来确定实践练习作业的分量，并注意与其他学科相互协调，数量和难度应以中等学生的水平为依据。实践练习和作业的安排既照顾到大部分学生的实际水平，又能考虑到优秀学生和后进学生的学习需求，促进全体学生核心素养的生成与发展。

实践练习与作业的目的要明确，要求要具体。教师对所布置的实践练习与作业要提出明确要求，规定基本原则与完成的时限；有关重点、难点、疑点可作必要的提示或指导，对比较复杂的实践练习与作业可作适当提示。

实践练习与作业指导要讲究方法和策略，要根据学生的不同情况进行指导，解答学科知识问题与教育问题的方法与策略要有所区别。

实践练习与作业要及时检查和评鉴，以便了解学生知识习得与素质发展的状况，为改进学科教学提供依据。

实践练习与作业的内容要体现学科教育的教育性，既要有助于学生学科知识的巩固与提升，又要有助于学生良好道德品质的生成与发展。

（四）教学反思与改进

教学反思是指教师对教学实践的再认识、再思考，并在此基础上总结经验教训，进一步提高教与学的水平。教学反思有多种形式，如纵向反思、横向反思、个体反思、集体反思等。研究发现，我国教师教学反思的现状与理想的教学反思所应具备的自觉性、延续性、发展性、适切性等特征存在着一定的差别。[①] 教学行为反思主要体现在三个方面：一是教学过程反思，即教师在课堂教学过程中的反思和对整个教学过程的反思，同时也要指导学生对学习过程进行反思；二是教学方法反思，即教师对教授方法的反思和教师指导学生对学习方法的反思；三是教学策略反思，包括教师对教学策略的反思，以及指导学生对学习策略的反思。教学反思要有效、及时，以确保学科核心素养目标和道德品质目标的实现。

教学的持续改进是指教师对教学质量不断改进，不断满足学生素质生成与发展的需要。当然，教学改进也是教学反思的目的。教学持续改进主要体现在：一是教师教学的改进，即教师对教学设计、方法、过程、组织教学等进行改进；二是学生学习的改进，即教师指导学生对学习方法、策略等进行改进；三是预防纠正措施，即建立教学质量持续改进的机制和预防纠正措施，形成完善的管理文件与记录，等等。

---

① 孙振东，陈荟.教师教学反思的影响因素分析［J］.中国教育学刊，2010（9）：71-73.

（五）学生发展评价

学生发展评价是指在学校教育中对学生的综合发展状况予以整体性评价的活动与过程，是学科教学实施的最后环节。学生发展评价主要包括两个方面：一是学生的学业评价；二是学生发展综合评价。学生发展评价主要通过测量（考查、考试）和质性评价两种方法来进行。

学生的学业评价是指在学科教学中，教师对学生学业成绩进行评价的活动过程。一般而言，学生的学业评价主要通过考查、考试两种形式进行。考查主要是为了了解学生学习的基础和近况，以便教师决定教学的起点、进度，进而改进教学。考试分为笔试、口试和实践性考试三种。

学生发展综合评价是指对学生某一阶段的身心发展状况进行整体的综合性评价，一般包括对学生获取知识、生成能力、养成品格、学会方法的整体发展状况与水平的评价和对学生道德品质的整体性评价。

第二节　学科教育的教学方法

实施学科课程教学，需要正确理解教学方法的概念与内涵，确切把握教育（学）方法与几个概念的关系，掌握常用的教学方法及其特点，学习教学方法选择与优化的基本方略。

一、教学方法的概念与内涵

关于何谓"教学方法"，《教育大辞典》的定义是"师生为了完成一定的教学任务在共同活动中采用的教学方式、途径和手段"。[1] 该定义包含四层意思：首先，使用教学方法的目的是达成一定的教学目标及教学任务。教学方法是完成教学目标的手段，采用什么样的教学方法依据教学的目标和内容而定。其次，教学方法的施动者既包括教师，也包括学生。教师使用或设计某种类型的教学方法，在具体的课堂教学中，还需要学生的配合才

---

① 顾明远.教育大辞典（增订合编本）[M].上海：上海教育出版社,1998：713.

算真正使用了某种教学方法。再次，教学方法是教的方法与学的方法的有机结合与统一。最后，教学方法是在教学活动中采用的教学方式、途径和手段的组合。有学者认为，教学方法应从两个方面理解：一是，某种教学理论、原则和方法及其实践的统称，可运用于一切学科和年级；二是，师生为完成一定的教学任务，在共同活动中所采用的教学方式、途径和手段。可见，我国对教学方法认识的差异主要表现在方法是"方式"，还是"手段"或者是"方式、途径和手段"上。对教学方法概念与内涵的科学认识是我国教育理论、教育实践亟待解决的课题。

在现代汉语中，"方法"是一个模糊的概念，但人们在运用和理解上不会出现什么问题，因为可以结合具体语言情境和上下文关系进行理解。如果要说教学方法，就需要谨慎了。因为教学方式、教学方法、教学途径、教学手段等是不同的概念，表达着不同的内涵。在我国学界，一方面在汉语语境中，"方法"的概念具有模糊性；另一方面，许多教育专家在给教学方法下定义时也套用了权威词典的解释，致使对教学方法概念的定义模糊不清。

此外，我们对"教学方法"概念的理解也受到英文"method""approach""way""means"等词翻译的影响。好多英文教育文献都把这几个词语译成"方法"。

在英文中，这几个词之间有很大区别。method 是指"基本的方法"，是一种"笼统的方法"。approach 所表达的是一种慢慢地，一点一点达到某种目的的方法，强调的是一种"做"的过程，在教育学和心理学中经常被用到。way 有时候可以代替 method，有时候也可以代替 approach，有的时候还可以代替 means，要根据语境判定它的意思。means 强调的是方式和手段，与工具紧密相连。

我们今天对"教学方法"概念的模糊理解已经影响到我们对教育真谛的把握和教育教学实践。实际上，教学方法是指在进行教学活动、解决教学问题的活动与过程中，所采用的方式、手段、措施与程序的组合。这里的方式指形式，方法与形式紧密联系在一起；进行教学活动、解决教学问题离不开所采用的手段与措施，而手段与措施又与设备、工具（教具）、教育技术等紧密联系在一起。另外，方法实施又需要系统的程序、动作的先后次序和时间期限等。所以，方式、手段、措施、程序的有机组合才是方法的科学构成。目前，我国学界普遍认为，"方式"大，"方法"小，"教学方法"的概念迄今仍然没有得到较好的认识与理解。

二、教学方法与相关概念的关系

正确认识与把握"教学方法"，不仅要搞清教育和教学中的重要概念，还要弄清楚教育和教学中概念的逻辑关系。

（一）认识教育教学的概念及其关系

教育教学紧密相连，将有关教育和教学的概念放在一起探讨，是为了更好地理解它们之间的逻辑关系（见图7-2-1）。

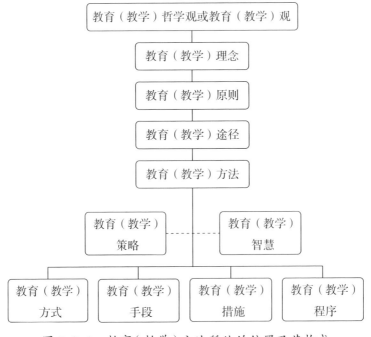

图 7-2-1　教育（教学）方法所处的位置及其构成

从图7-2-1可以看出，教育（教学）方法的上位概念有教育（教学）哲学观或教育（教学）观、教育（教学）理念、教育（教学）原则、教育（教学）途径。其中，"教育（教学）哲学观或教育（教学）观""教育（教学）理念"和"教育（教学）原则"层层制约，影响着"教育（教学）方法"。具体而言，

"教育（教学）方法"以"教育（教学）哲学观或教育（教学）观""教育（教学）理念"和"教育（教学）原则"为行动指南。也就是说，三个上位教育概念若真正反映了教育（教学）的本质与规律，就会对"教育（教学）方法"具有正确的指导意义。在教育领域，最上位的概念是教育（教学）哲学观，是教育的立场与出发点；第二位是教育（教学）理念，是根据教育（教学）哲学观形成对教育（教学）的根本看法及观念体系和追求；第三位则是教育（教学）原则，是指人们在进行教学活动、解决教学问题时所遵循的基本准则。剩下的教育（教学）途径、教育（教学）方法、教育（教学）手段、教育（教学）措施等都是下位概念。我国教育（教学）中存在的问题主要是由上位概念的问题导致的。上位概念是方向性的，直接影响下位概念的应用。

另外，"教育（教学）策略"和"教育（教学）智慧"是"教育（教学）方法"的参谋和助手。"教育（教学）方法"的选择与运用，就是在它们的参谋下进行的优化活动。在进行某项教育（教学）活动、解决教育（教学）问题的过程中，"教育（教学）方法"一旦经过系统化、程式化后，就变成了教育（教学）模式。也就是说，教育（教学）模式就是在一定的"教育（教学）理念"和"教育（教学）原则"的指导下，系统化、程式化了的教育（教学）方法。

（二）与教学相关的几个概念

正确认识、理解与界定如下与教学有关的几个概念，是学科教育科学有效实施的前提条件。

1. 教学观

教学观是指人们对教学的基本看法和所持的基本观点以及形成的观念体系，是整个教学理论的最上位概念。

2. 教学理念

教学理念是指人们基于教学观对教育和教学问题、现象以及规律的理性认识，是整个教学理论的第二位概念。

3. 教学原则

教学原则是指人们在进行教学活动、解决教学问题时所遵循的基本准则，是教学的基本准则，是整个教学理论的第三位概念。

4. 教学途径

教学途径是指人们在进行教学活动、解决教学问题时客观经历的路径和渠道。学校教育中有四大基本途径系统：一是课堂教学；二是生活交往；三是管理工作；四是环境养育。教学途径是整个教学理论的第四位概念。

5. 教学方式

教学方式是指人们在进行教学活动、解决教学问题时所采用的形式。"方式""方法"常常联合起来使用，从笼统意义上讲，"方法"大，"方式"小，通常说的"方法"包含"方式"；从具体意义上讲，"方式"大，"方法"小，即以什么样的形式采取什么样的办法；从方法论意义上来讲，"方式"与"方法"无所谓大小之分，方法论意义上既包括"方式"，也包括"方法"。

6. 教学手段

教学手段是指人们在教育或教学中所运用或借助的基本工具、技术或措施，既包括我们现在教学中使用的现代化教学设施、小程序、PPT 课件等，又包括在教育教学活动过程中所进行的即时调控、组织安排等。

7. 教学措施

措施一般是指针对问题的解决而采取办法的行为、方式与预案等，通常分为非常措施、应变措施、预防措施、强制措施、安全措施等。具体来说，教学的非常措施是指在教学中应对特殊或突发情况而采取的措施；教学的应变措施是指应对事态变化而采取的措施；教学的预防措施是指事先防备可能发生或出现的事件等而采取的措施；教学的强制措施是指采取强迫性手段应对教学中出现的特殊情况；教学的安全措施是指出于安全需要为避免危险、威胁或事故而采取的措施。

8. 教学模式

教学模式是指在一定教学理论指导下，在学校教学实践中形成的一种相对稳定的系统化和程式化的教学范型，是经过提炼、概括而建构起来的程式化的教学实施（程序、方法与策略）体系。

9. 教学策略

教学策略是指在教学活动与过程中，依据某种教学理念与教学理论，根据一定的教学原则，对教学中诸要素进行提前的、即时的、战略性的统筹、谋划与调控。教学策略不能单独存在，需依附于或存在于行动或活动之中。

10. 教学智慧

教学智慧,也称教学机智,是指在教学活动过程中依据一定的教学理论,在一定的教育经验的参与下,在教学中表现出来的"聪明才智"和高超的智慧。教学智慧是教学策略的表现形态,而教学策略是教学智慧的载体形式。

本质而言,教学就是教师运用科学的方法指导与教会学生学会学的方法,以帮助学生生成与发展能力和素质的活动和过程。所谓指导与教会学生学会学习,就是让学生学会自主创新性学习和合作学习。

三、教学方法的选择与优化

就教师职业实现而言,教学是教师在教学活动过程中对教学方法的科学选择、有效配置、合理使用的过程。

(一)教学方法选择与运用的依据

教学方法是指在进行教学活动、解决教学问题的活动与过程中,所采用的方式、手段、措施与程序的组合。从某种意义上来说,教学就是教学方法的选择、运用与优化的过程,应依据以下几个方面进行教学方法的选择和优化。

1. 依据教学方法本身的特点

教学方法是人们针对要解决的问题,在教学实践的基础上总结出来的,是教学经验的总结。方法有很多,比如语言说理类就有讲授法、分析法、讲解法、谈话法、讨论法、报告法等。每一种教学方法都有一定的针对性。作为合格的教师必须熟悉各种教学方法,视具体情况科学选择、灵活掌握与运用。

2. 依据学科特点和学习内容

学科的种类很多,不同学科的内容不同,研究与习得的方法也不相同,因此,教学方法的选择与运用必须根据学科特点和学习内容进行。例如:历史学科课程常采用讲解式、参观、角色扮演等方法,而自然科学学科课程常采用演示、实(试)验、归纳等方法。

3. 依据教学目的和目标要求

教学目的是教学的企图和终极愿望,教学目标则是某一内容教学或某一时段教学拟达到的预期结果和期待，是教学活动的出发点和归宿。教学方法是实现教学目的和目标的手段，是为教学目的和目标的实现服务的。不同种类的教学目的和目标（如认知、情感、道德、动作技能等）采用的教学方法不尽相同。

4. 依据学生特点与认知规律

教学方法的选择与运用要充分考虑学生的认知水平、知识基础和身心发展状况。比如，低年级学生注意力的稳定性、持久性相对薄弱，形象思维、机械记忆占优势，应多采用直观演示的方法，并注意多种方法交替使用，以吸引和稳定学生的注意力，培养学生的观察能力和思维能力。

5. 依据已有的教学环境与条件

教学方法的选择与运用要依据已有的教学环境与条件，特别是现有的教学媒体与技术。现代学校的教学方法应该建立在现代教育技术基础上。

6. 依据课程标准（或教学大纲）和教材要求

学科课程标准（或教学大纲）是衡量与规范学科课程教学的尺度，规定了学科课程教学的基本要素、内容、拟达到的指标以及整个课程教学运作活动与过程的规则（或导则），供学校和教育机构遵守与反复使用，以确保教学活动的最佳效果和秩序的实现。课程标准（或教学大纲）是衡量课程实施的准绳，教学方法的选择与运用要根据课程标准（或教学大纲）和教材的基本要求进行。

总之，教师在选择和运用教学方法时，必须认识到"教学有法，但无定法"。"教学有法"是指任何问题都有解决的办法，教育也是如此。教师必须根据教学规律要求以及教学方法的适用范围选择适宜的教学方法。"但无定法"是指在实际教学活动中，没有固定不变的教学形式，在具体的教学实践中，要视具体情况对教学方法进行加工与优化，灵活运用。

（二）教学方法优化的基本原则

教学方法优化是指教师在教学活动过程中对教学方法的科学选择、有效配置、合理使用的活动过程。从教师职业实现和技术层面讲，教学就是方法的优化过程。可以说，谁的教学方法优化得好，谁就是好教师，谁的教学效果好，教学成效就高。

1. 坚持教学方法的普适性

教学方法的普适性，即教学方法的普遍适用性。教学方法是在实践中形成的，是经过实践检验的解决教学问题的"方式、手段、措施与程序的组合"。教学方法是用于解决教学问题的，科学的教学方法对小学生、中学生、大学生普遍适用。有专家认为，大学运用研究式、讨论式教学方法是对教学方法的误解。在教学实践中，如何科学有效地选择与运用教学方法，帮助学生获取知识、生成能力、养成品格、学会方法，是教师的基本功。简言之，对教学方法的科学选择、有效配置、合理使用，体现了教师的教学水平。

2. 坚持教学方法的客观性

客观性要求我们从不同观点或角度来思考或判断事物的合理性，不受人的思想、感觉、情感等主观意志和环境等的影响。教学方法具有客观性，是解决教学问题的工具，没有对错之分，只有妥当与否。方法本身没有对错之分，但方法可能用错问题或对象，这不是方法的错误，而是使用者的问题。坚持教学方法的客观性，是实现教学方法优化，提高教学实效的先决条件。

3. 坚持选择与运用的灵活性

教学方法的灵活性与稳定性或原则性相对，是指在遵守原则性、稳定性的基础上，要根据教学实际灵活选择、使用与优化教学方法，以提高教学质量，促进每个学生的全面和谐发展。教学方法的灵活性主要体现在两个方面：一是教学方法的选择与运用要灵活，避免僵化，最大限度地尊重教育规律。在实际教学实践中，坚持理论联系实践，不可陷入教条主义和经验主义的泥潭。

二是，教学方法的选择与运用要充分把握"教学有法，但无定法，贵在得法"的基本精髓。所谓教学有法，是指教学本身就是科学，也有规律和法则可循，必须采用科学的态度和科学的方法，方能收到事半功倍的效果。所谓教无定法，是指教学的方式、方法和教学模式都不是机械、教条的，而是富有个性和灵活性的。教学活动必须根据学生情况、学校条件、教师特点等选择、使用教学方法。所谓贵在得法，是指教师在教学活动过程中，要善于研究方法，有效运用教学策略，最大限度地实现教学方法的合理配置，提高教学质量。

4. 坚持教学方法的"二维性"

教学方法的"二维性"是指教学方法由两个方面组成：一是教师"教"

的方法；二是学生"学"的方法。在课堂上，两个方法处于一个活动过程中。比如，德育方法的"二维性"一是指教育者应遵循的德育方法，二是指学生应遵循的教育方法。教育者应遵循的德育方法包括语言说理类（分析法、讲解法、谈话法、讨论法、报告法），榜样示范类（典范影响法、典型引导法、身教示范法、品格影响法），实践锻炼类（劳动锻炼法、社会实践法、生活实践法、行为训练法），规范制约类（法律法规约束法、规章制度约束法、习俗惯例约束法、国际公约约束法），评价激励类（赞许鼓励法、表扬促进法、奖赏激励法、惩戒鞭策法），情感陶冶类（友情感染法、人格感化法、环境陶冶法、艺术熏陶法）。学生应学会的教育方法包括自我修养法、自我锻炼法、自我反省法、自我约束法、自我奖惩法。[①]

　　本质而言，教学就是教师运用科学的方法教会学生学的活动与过程。教师教的方法是手段，而教会学生学的方法才是目的。教会学生"学会学习"正是教学的真谛与目的。因此，科学而有效的教学，必须坚持教学方法的"二维性"。

四、常用的教学方法

（一）讲授法

　　讲授法是教师运用口头语言系统地向学生传授知识的方法，具体包括讲述、讲解、讲读和讲演四种方式。讲授法可以充分发挥教师的主导作用，能在较短的时间内向学生传授较多的、系统的知识。但讲授法容易使学生处于被动状态，妨碍学生主动性和积极性的发挥。讲授法是我国最常用的教学方法，基本要求如下：讲授要有条理性、系统性、连贯性和逻辑性，重点突出；注意适时启发，要善于设疑和解疑，随时激发学生学习的主动性和积极性；讲究语言艺术，力求语言清晰、准确、简练、形象、生动、通俗易懂，语音、语速适度，音调抑扬顿挫，语言具有感染力；适当运用板书或现代教育技术，做到清楚、提纲挈领、布局合理、整齐美观，并与讲授内容密切相关；要根据教学内容、教学对象的具体情况，选择合适的讲授方式。

---

① 何玉海.服务德育论［M］.上海：上海三联书店，2011：271-272.

（二）谈话法

谈话法又称问答法，是教师在学生已有知识经验的基础上提出问题，引导学生积极思考，通过判断推理来获得新知识的方法。谈话法可分为启发性谈话、问答式谈话和指导总结性谈话三种。运用谈话法有以下四点要求。

第一，要有充分的准备。教师要根据教学目的，围绕重点内容或关键性问题拟定谈话提纲或制订谈话计划。

第二，注意谈话的技巧。在教学中，教师应向全班同学提出问题，并给予学生适当的思考时间，多种形式启发学生发言，使其掌握学习的内容。

第三，营造良好的谈话氛围。教师应发扬教学民主，创设轻松、自由、和谐的课堂气氛，鼓励学生大胆质疑，发表不同意见。

第四，适时总结。教师要对谈话做出明确的结论，对知识进行归纳，使之系统化，纠正一些错误或模糊不清的问题，使学生获得完整清晰的知识。

（三）讨论法

讨论法是在教师的指导下，学生围绕某一问题发表自己的看法，从而相互启发，达成学习目的的一种方法。讨论法以学生活动为主，教师指导为辅。运用讨论法有以下三点要求。

第一，讨论前做好准备。教师要向学生提出讨论的课题和具体要求，指导学生搜集、查阅和研究有关资料，做好讨论工作的准备。

第二，讨论中善于引导。教师要鼓励学生积极思考，主动发言，既要引导学生抓住关键问题深入剖析，又要注意培养学生勇于探索、实事求是、各抒己见的良好品质。

第三，讨论结束及时总结。讨论结束后，教师应该适时进行小结，使学生获得正确的观点和系统的知识，同时提出需要进一步思考的问题，让学生自己探索。

（四）实验法

实验法是指学生在教师指导下，借助一定的仪器设备和材料，在控制某些条件的情况下，通过观察事物及其发生变化过程，获取知识、巩固知识和培养实际操作能力的教学方法。实验法将理论学习和实践活动结合起来，有助于学生深刻地理解和巩固所学知识，有助于学生观察力和创造能力的培养。实验法的运用有以下三点要求。

第一，实验前制订实验计划。教师应明确实验课题、目的要求和实验程序，做好各种仪器和物品的准备工作以及学生编组工作。

第二，在实验中具体指导。在实验中，教师要适当提示实验方法，及时纠正学生实验中出现的错误，帮助学生克服实验中遇到的困难等。

第三，实验结束后予以评鉴。实验结束后，学生应写出实验报告，评鉴实验过程和实验结果，总结实验经验与教训。

（五）实习作业法

实习作业法是根据教学要求，在校内外组织学生进行实际操作，将书本知识运用于实践的一种教学方法。实习作业法有助于学生巩固所学的书本知识，获得相关的实际工作知识和技能，有助于培养学生运用所学知识解决实际问题的能力和独立从事实际工作的能力。实习作业法的运用有以下三点要求。

第一，实习前制订好计划。教师要根据课程标准的要求制订实习计划，明确实习的目的、任务，确定实习的地点、时间及组织形式；要组织学生学习和复习有关的理论知识和实际操作的知识；向学生说明实习作业的目的、任务和要求，提高学生对实习作业的认识。

第二，实习过程中加强指导。在实习过程中，教师要与相关部门密切配合，适时给予学生具体的帮助，以保证实习计划的落实，完成实习任务。

第三，实习结束后进行总结。教师应对实习活动进行检查和总结，并对学生的实习作业成果和实习作业报告予以评鉴。

（六）练习法

练习法是指在教师指导下，学生对新习得的知识进行基本训练，以巩固知识、形成能力的一种教学方法。从方式上划分，练习法分为口头练习、书面练习、操作练习三种。从性质上划分,练习法分为训练练习和创造性练习。通过练习,学生可以巩固和加深已学知识,形成运用知识的技能与技巧,培养独立思考的能力。练习法的运用有以下四点要求。

第一,明确练习的目的和要求。教师要根据教学目的,制订科学的练习计划,精心选择和设计练习项目及练习题,应加强学生的实践应用练习,避免盲目练习与"题海战术"。

第二,指导学生掌握正确的练习方法。教师要视具体情况和练习的内容指导学生采取灵活多样的方法,培养学生自主学习与合作学习的能力。在练习之前,教师要给予示范和指导,使学生在理解和掌握练习所需要的基本理论知识的同时,掌握正确、有效的练习方法。

第三,要科学地组织练习过程。首先,指导学生明确练习速度和质量要求。其次,要指导与帮助学生科学地分配练习时间和次数。最后,要指导学生采用多样化的练习方式,不断提高学习兴趣,保持学习的专注力。

第四,及时检查与评鉴练习结果。针对学生在练习中出现的问题,教师在进行讲解的同时,注意培养学生自我检查、自我测评的能力和习惯,教会学生学习和优化方法。

(七)读书指导法

读书指导法是指教师指导学生通过阅读教科书、参考书和其他学习资料获取知识和巩固知识的方法。读书指导法包括指导学生预习、复习、阅读、自学材料等。指导的内容一般包括:指导学生制订读书计划,指导学生选择资料、查阅资料,指导学生掌握预习、复习、读写、评价的要领与方法。运用读书指导法有以下三点要求。

第一,提出明确的要求和问题。教师应让学生带着任务、问题读书,提高学生的自觉性和积极性,指导学生自主地掌握学习的方向、要求和质量,自主地调整学习行为,进而收到事半功倍的学习效果。

第二,指导学生学会读书方法。教师应指导学生掌握朗读、默读、背诵的方法以及浏览、通读与精读的技巧;指导学生学会利用目录、序言、注释、图标和工具书的技巧;指导学生学会做标记、提问题、作眉批、作摘要、编写摘录以及撰写读书心得的方法。

第三，做好阅读检查与评鉴。在阅读中，教师发现问题要及时对学生进行指导与总结，并及时组织学生交流读书心得，巩固和增强读书成效，培养学生的阅读兴趣，养成良好的读书习惯。

（八）演示法

演示法是教师通过实物、直观教具或实验使学生获得知识或巩固知识的学习方法。演示的特点在于加强教学的直观性，进而培养学生实际操作的能力。运用演示法有以下三点要求。

第一，做好演示前的准备。教师要明确演示的目的，保证从教学内容的需要出发，有针对性地进行演示；要选择典型的实物、教具，并做好操作所需的条件与技术准备。

第二，演示与语言指导相结合。教师可以在演示过程中适当提出一些问题，引导学生边观察，边思考，把感知和理解、直观与抽象结合起来。

第三，恰当展示演示材料。演示材料的展示既要适时，又要适当，避免分散学生注意力；展示材料要有针对性，实现教学的作用。

（九）研究法

研究法是学生在教师的指导下通过独立探索，创造性地解决问题，获取知识和发展能力的方法。运用研究法有以下四点要求。

第一，正确选定研究课题。课题要有一定的研究价值，通过研究不但能够培养学生的科研能力，还对社会和科学本身的发展有价值；课题还要有一定难度，要引导学生创造性地运用已学的知识，探索解决问题的方法，提高研究水平与能力。

第二，提供必要的条件与环境。教师要尽可能地为学生的课题研究创造条件，提供必要的知识与环境，如为学生提供图书资料、仪器设备等，同时为学生课题研究的有效开展提供便利。

第三，指导学生独立思考与探索。在研究活动中，教师应以学生为主，放手让学生独立思考，独自探索与研究，培养其自主研究探索的能力，发展其创新性学习与自我教育的能力。

第四，循序渐进，因材施教。教师要有目的地指导学生，从半独立研究逐步过渡到独立研究；从对单一问题的研究过渡到对复杂问题的研究；从参与局部的研究过渡到掌握全过程的研究。教师应指导与帮助学生逐步掌握研究方法，培养创新能力和创造能力。

第三节　学科教育的教学模式

在教学活动过程中，教师都要自觉或不自觉地按照一定的模式进行教学。实施学科教育必须在了解教学模式及其历史嬗变的基础上，认识教学模式的要素与结构，了解教学模式的基本特征，学会教学模式的选择与运用方法。

一、教学模式及其历史嬗变

一般而言，教学模式的发展经历了古代朴素的教学模式、传统教学模式、现代教学模式、新媒体时代教学模式四个阶段。

（一）教学模式的概念

托马斯·库恩（Thomas Kuhn）认为，范式（模式）是指"特定的科学共同体从事某一类科学活动所必须遵循的公认的模式，它包括共有的世界观、基本理论、范例、方法、手段、标准等与科学研究有关的所有东西"。[1] 心理学将"模式"视为一个过程、一组实体或一种情境中的各个部分，尽管它们可以被一一区分开来，但却构成一种紧凑统一、鲜明突出的结构性整体或完型，这个整体结构或完型就被称作是一种模式。

最先将"模式"引入教学领域并加以系统理论研究的是美国学者乔伊斯（Bruce Joyce）、韦尔（Marsha Weil）。他们在 1972 年出版了《教学模

---

① 托马斯·库恩. 科学革命的结构 [M]. 金吾伦，胡新和，译. 北京：北京大学出版社，2003：9.

式》，认为："教学模式是构成课程和作业、选择教材、提示教师活动的一种范式或计划。"①

我国《教育大词典》给教学模式下的定义是"反映特定教学理论逻辑轮廓的、为保持某种教学任务的相对稳定而具体的教学活动结构"。有学者认为：教学过程的模式，简称教学模式。它作为教学论的一个特定概念，指的是在一定教育思想指导下，为完成规定的教学目标和内容，对构成教学的诸要素所设计的比较稳定的简化组合方式及其活动程序。②李方认为：教学模式是正确反映教学客观规律，有效指导教学实践的教学行为范型。③也有学者认为，教学模式是在一定教学思想或教学理论指导下建立起来的、较为稳定的教学活动结构框架和活动程序。作为结构框架，突出了教学模式从宏观上把握教学活动整体及各要素之间内部的关系和功能；作为活动程序则突出了教学模式的有序性和可操作性。

还有观点认为，教学模式是一个系统的整体，至少包括理论基础、教学目标、教学程序、辅助条件、评价标准五个要素。"首先，模式不是方法，它与讲授、谈话等教学方法显然不属于同一层次；第二，模式不是计划，计划是它的外在轮廓，仅此不足以揭示其内含的教学思想或意向；第三，模式也不是理论，至少不仅仅是理论，它还内含着程序、结构、方法、策略、要领等远比纯理论丰富得多的东西，方法、计划、理论、结构、程序等都是构成模式的某个要素或侧面。"④张志勇认为，任何一个完整、科学、有效的教学模式，都应该是由理论基础、教学程序和操作方法三个层次构成。首先，从静态上看，教学模式是一种教学理论结构，它揭示了某一教学活动所赖以建立的理论基础。其次，从教学过程的角度看，教学模式是一种教学活动结构或教学程序，它揭示了某一教学活动各环节之间的内在联系。最后，从教学实践的角度看，教学模式是一种教学方法系统，它揭示了与某一教

① 乔伊斯，韦尔.教学模式［M］.荆建华，宋富钢，花清亮，译.北京：中国轻工业出版社，2002：13.

② 吴恒山.教学模式的理论价值及其实践意义［J］.辽宁师范大学学报，1989（3）：16-20.

③ 李方.一般教学模式与学科教学模式［J］.课程·教材·教法，2001（5）：21-26.

④ 吴爱琴，杨兰芳.浅论教学模式与教学方法［J］.文教资料，2007（9）：181-183.

学活动相适应的基本的教学策略或方法。①

因此，教学模式是指在一定教学理论指导下，在学校教学实践中形成的一种相对稳定的系统化和程式化的教学范型，是经过提炼、概括而建构出来的较为稳定的、程式化的教学实施（程序、方法与策略）体系。

（二）教学模式的内涵

"教学模式就是学习模式。在帮助学生获得信息、思想、技能、价值、思维方式及表达方式时，我们也在教他们如何学习。事实上，教育的最终目的是将来能够提高学生更容易、更有效地进行学习的能力，因为他们不仅获得了知识技能，也掌握了学习过程。"② 如何理解"教学模式就是学习模式"，在乔伊斯、韦尔看来，在学校教育中，"教"是手段和途径，而"学"才是主要目的。从这个角度上来说，教学模式就是学习模式，是教师指导学生进行学习的模式。"教学过程的核心就是创设一种环境。在这个环境里，学生能够互相影响，学会如何学习。一种教学模式就是一种学习环境。"③ 教学过程的核心就是为学生创建一个健康良好的动态适宜的条件和环境，"在这个环境里，学生能够互相影响，学会如何学习"。教会学生学会两种学习：一种是自主创新性学习，一种是合作学习。一种教学模式就是一种学习环境。这种环境有多种用途，从如何安排学科、课程、单元、课题到设计教学资料，如教材、练习册、多媒体程序、计算机辅助学习程序等。由于这些模式能够为学生提供学习的工具，它们就尤其适用于那些没有多少学习经验的学生。

教学模式上承抽象理论，下接具体实践，既是教学理论的范型化，又是具体经验的概括化。也就是说，它是理论和实践结合的产物，它帮助学生进行学习，是连接理论和实践的桥梁。乔伊斯、韦尔说："在我们所研究过的教学模式中，没有一种模式在所有的教学目的（实现）中都优于其他，或者是达到特定教育目标的唯一途径。然而，我们确实发现了能够适应全部

① 张志勇. 对教学模式的若干理论思考［J］. 中国教育学刊，1996（4）：35-38.

② 乔伊斯，韦尔. 教学模式［M］. 荆建华，宋富钢，花清亮，译. 北京：中国轻工业出版社，2002：7.

③ 同上：15.

教育内容，实现多种教育目标的教学模式。这意味着优秀的教师需要为自己的终身职业发展掌握大量新的教学模式，完善或扩展已有的教学模式。"①这就是说，教学有着一种普适的模式。当然，不同的教学模式各有其优点，一种模式不能适应所有人，模式要依据总体情况进行调整。

教学模式是指在一定教学理论指导下，在学校教学实践中形成的相对稳定的系统化和程式化的教学范型。"一定教学理论指导"是先决条件，它决定了教学模式科学与否。教学模式遵循一定的逻辑顺序，具有系统性和相对稳定性，同时是一种程式化的教学范型，具有可复制、可拷贝的特点。因此，教学模式是在教学实践中形成的，经过实践的反复打磨、修正与完善，最终提炼、概括而形成的较为稳定的程式化的集教学程序、方法、策略于一体的教学过程体系。

科学的教学模式对提高课堂教学效果具有重要作用，它是教学理论与教学实践的桥梁与纽带，是教学理论与教学实践有机结合的保障框架，为有效教学和科学的教学理念与教学理论得以贯彻提供可能。科学的教学模式是成功的教学实践的系统化、简约化概括，能使优秀的教学经验提升到理论的高度，并以相对稳定的形式体现出来，减少了教学的随意性，有利于持续地保证教学质量。所以，教学模式既是理论体系的具体化，又是教学经验的系统概括。每个教师无论自身是否意识到，实际上总是在某种教学模式的框架下开展教学活动。②

（三）教学模式的基本类型

教学模式伴随着教育的产生而产生。自从美国学者乔伊斯、韦尔把它加以系统化和理论化后，教学模式一词便发展成了基本的教育学词汇。"从古希腊时代以来，我们就有许多的教育模式。柏拉图的《理想国》就是一个理想的社会和支撑这个社会的教育蓝图。亚里士多德也有许多关于理想教

---

① 乔伊斯，韦尔.教学模式［M］.荆建华，宋富钢，花清亮，译.北京：中国轻工业出版社，2002：15.
② 梁靖云.构建教学模式：教师应当具备的基本功［J］.教育理论与实践，2012，32（23）：44-47.

育、理想社会的观点。从那时起，有不少的理想主义者提出了许多的教育模式，包括奥古斯丁、摩尔（Thomas More）和洛克、夸美纽斯。"①教学模式的发展大体经历了四个历史阶段。

1. 古代朴素的教学模式

严格意义上来讲，系统的教学模式是从近代教育学形成独立体系开始的，不过在中外教学实践和教学思想中，很早就有了教学模式的说法。古代朴素的教学模式的主要形式是传授式，其结构是讲—听—读—记—练。其基本特点是教师灌输知识，学生被动机械地接受知识，学生靠机械重复进行学习。

孔子采用的教学模式就有无为教学、说记教学、集体教学、个别教学、随机教学模式。无为教学，就是把知识融合在游戏和生活中，利用其他活动形式让学生学到知识。说记教学，是在课堂教学中让学生自己讲说知识，通过讲说来记忆知识、养成能力的一种教学方式。集体教学，是教师以集体为单位开展的教学活动。除此之外，孔子还采用个别教学、随机教学、复式教学等教学模式。

朱熹对读书法尤为重视，他的读书法称为"朱子读书法"，即循序渐进、熟读精思、虚心涵泳、切己体察、着紧用力、居敬持志。朱熹把整个教育活动分为五阶：博学，既要掌握"天地万物之理"，又要懂得修身、处世的道理；审问，要善于提出问题，带着问题学习与思考；慎思，对所提问题进行大胆思考、推敲，以达到融会贯通的目的；明辨，把握事物的精神实质，分清是非，识别真伪，辨析善恶，以求得真知；笃行，将"知"和"行"结合起来。

王夫之"学、问、思、辨、行"教学模式：学的阶段，强调博学必须与专精结合；问的阶段，阐述它是由无疑到疑，再由疑到无疑的矛盾运动过程；思的阶段，着重讲学与思的关系，并且把思又分为"明辨"（思其当然）和"慎思"（思其所以然）两个步骤；行的阶段，论证了行在整体过程中的意义。在王夫之看来，学习过程五阶段的任务不是孤立的，而是紧密相连的：学、问、思、辨、行之间，既有一定的逻辑顺序，又有轻重缓急之分；既有学与辨的内在联系，又有学与思、思与学、辨与问之间的内在联系，更有"行"靠"学问思辨养其力"的功夫，五者是互相作用，相得益彰，交错往复进行

---

① 乔伊斯，韦尔.教学模式［M］.荆建华，宋富钢，花清亮，译.北京：中国轻工业出版社，2002：47-48.

的。但前四者又以"行"贯穿其中,"行"是"五者第一不容缓"的。因此,要知行并进、学思相资、因材施教、积渐不息。

苏格拉底教学模式,即谈话问答教学模式,在与学生谈话的过程中,并不直截了当地把学生所应知道的知识告诉他,而是通过讨论问答甚至辩论的方式来揭示对方认识中的矛盾,逐步引导对方最后得出正确答案的方法。该教学模式包括讽刺(不断提出问题使对方陷入矛盾之中,并迫使其承认自己的无知)、助产(启发、引导学生,使学生通过自己的思考得出结论)、归纳和定义(使学生逐步掌握明确的定义和概念)等步骤,也被人们称为"产婆术"。"产婆术"是西方最早的启发式教学模式。

2. 传统教学模式

17世纪,随着现代形式的班级授课制度的出现,捷克教育家夸美纽斯认为应当把讲解、质疑、问答、练习统一于课堂教学中,并把观察等直观活动纳入教学活动体系之中,提出了以感知—记忆—理解—判断为程序结构的教学模式。

19世纪是科学实验兴旺繁荣的时期,赫尔巴特的教学模式反映了当时科学发展的大趋势。他从统觉论出发,研究了人的心理活动,认为学生在学习的过程中,只有当新经验与构成心理的统觉团中的概念发生联系时,才能真正掌握知识。所以教师的任务就是选择正确的材料,以适当的程序提示学生,形成他们的学习背景或统觉团。从这一理论出发,赫尔巴特提出了明了—联合—系统—方法四阶段教学模式。后经其弟子改造后,形成了预备—提示—联合—总结—应用五段教学模式。

20世纪30年代,苏联教育家凯洛夫在继承发展赫尔巴特教学理论的基础上,以列宁的《认识论》和乌申斯基的教学理论为指导,撰写了《教育学》,提出了新的教学模式,即"组织教学""检查复习""讲授新课""巩固练习"及"布置家庭作业"五个环节的五环教学模式。凯洛夫师承赫尔巴特,重视知识的系统学习和教师的主导作用。由此,凯洛夫强调"以教师为中心""以课堂为中心""以教科书为中心",其"五步教学法"的缺陷与不足也显而易见。

3. 现代教学模式

19世纪20年代,随着资本主义大工业的发展,强调个性发展的观念普遍盛行,以赫尔巴特为代表的传统教学模式受到了严峻挑战,杜威的实用主义的教育理论得到了社会推崇，也促进教学模式向前发展。

杜威提出了"以儿童为中心"的实用主义教学模式，基本程序是创设情境—确定问题—占有资料—提出假设—检验假设。这种教学模式打破了以往教学模式单一化的倾向，弥补了赫尔巴特教学模式的不足，强调学生的主体作用，强调活动教学。

进入 20 世纪 50 年代，随着科学技术的发展，人们利用新的理论和技术研究学校教育和教学问题。现代心理学和脑科学对人脑活动机制的揭示，发生认识论对个体认识过程的概括，认知心理学对人脑接受和选择信息活动的研究，特别是系统论、控制论、信息加工理论等的产生，对教学实践产生了深刻的影响，也给教学模式提出了许多新的课题。这一阶段，教育领域出现了许多教学思想和理论。美国学者乔伊斯、韦尔对其予以总结，认为主要有四类教学模式，即社会型教学模式、信息加工型教学模式、行为系统型模式和个人型教学模式。

社会型教学模式又称合作性学习模式，包括团体调查模式、角色扮演模式、法理学探究模式；信息加工型教学模式，主要包括归纳思维模式、概念获得模式、生物科学探究模式、探究训练模式、先行组织者模式；行为系统型模式包括直接指导模式、模拟训练模式、行为模式；个人型教学模式主要是非指导性教学模式。

除了上述四类模式外，还有斯金纳的程序教学模式、布卢姆的掌握学习模式、布鲁纳的发现学习教学模式、赞科夫高难度教学模式、洛扎诺夫（Georgi Lozanov）暗示教学模式、克拉夫基等人的范例教学（案例教学）模式、问题驱动型教学（PBL）模式，等等。

在我国，也产生了许多颇具影响的教学模式。

"教学做合一"教学模式。"教学做合一"是陶行知生活教育理论在教学中的应用，是"生活即教育"在教学法问题上的具体化。"教的法子根据学的法子，学的法子根据做的法子。事怎样做就怎样学，怎样学就怎样教。""教学做合一"的教学模式思想集中体现在：因材施教——"教的法子根据学的法子"；手脑并用——"在劳力上劳心"；解放儿童的创造力，开展创造性活动；解放儿童的头脑、双手、嘴、空间、时间，培养儿童的创造力。

"八字教学模式"。段力佩的"八字教学模式"的基本程序：读读、议议、练练、讲讲。其中，读是基础，议是关键，练是应用，讲贯穿于始终。

段力佩将其称为"有领导的'茶馆'式的教学"。

情境教学模式。针对长期以来注入式教学造成小学语文"呆板、烦琐、片面、低效"的弊端,特级教师李吉林提出了以"形真""情切""意远""理蕴"为特点的情境教学模式,从情境创设、教学设计、激起情感体验、角色扮演体验四个方面建构了教学范型。

自学辅导教学模式。卢仲衡的自学辅导模式针对学生的四种不同认知状况作不同程度的指导教学(见图7-3-1)。

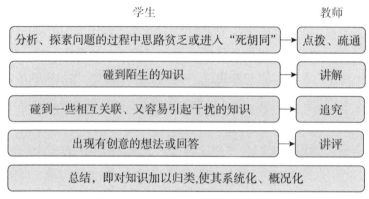

图 7-3-1 自学辅导教学模式图

尝试教学模式。"尝试教学"就是教师采用"先练后讲""先学后教"的方式,让学生先去尝试练习,依靠自己的努力初步解决问题,最后教师根据学生练习中的难点,有针对性地进行讲解。邱学华的尝试教学法充分发挥学生在课堂教学活动中的主体作用,让学生主动地自学课本,解决问题(见图7-3-2)。

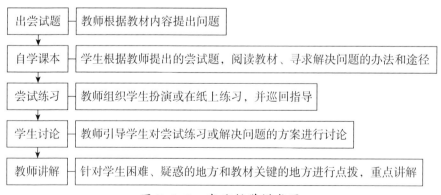

图 7-3-2 尝试教学模式图

"尝试指导，效果回授"教学模式。1977年，顾泠沅数学教改实验小组为了大面积提高学生数学学习的质量，以教学方法的改革为突破口，根据情意、序进、活动、反馈四个教学原理，提出了诱导—尝试—概括—变式—回授—调节教学模式，即"尝试指导，效果回授"教学模式，又称为"青浦实验"。五个程序并不固定，可以根据学生的实际情况、教材特点而加以调整，也可以在某个方面有所侧重。其中，尝试学习是中心环节；启发诱导、创设问题情境是为学生尝试创造条件；归纳结论、纳入知识系统是把尝试学习所得的知识更加明确化和系统化；回授尝试效果、组织质疑和讲解以及单元教学结果的回授调节，是为了进一步强化所学的知识和技能，提高尝试学习的水平。

"10+35"教学模式。"10+35"教学模式也称为"三三六"模式，是山东省聊城市茌平县杜郎口中学崔其升校长带领团队1998年探索建构的。他们秉持"相信学生，依靠学生，解放学生，发展学生"的教育宗旨，要求一堂课上教师占用的时间不能超过10分钟，学生自主活动35分钟。每个班将学生分成若干学习小组，小组成员一起提出问题、分析问题、解决问题，可谓"课堂大舞台，人人展风采"。"10+35"教学模式包含三个特点（立体式、大容量、快节奏），三个模块（预习、展现、反馈），六个环节（预习交流、认定目标、交流合作、展现启示、交叉巩固、达标测评）。该教学模式包含一整套的确保学生自主创新性学习的措施，充分体现了"我的课堂我主宰，我的人生我把握""我参与，我成长，我快乐"，真正把学习的空间、学习的权利、学习的快乐、学习的自由还给了学生。

4. 新媒体时代的教学模式

随着信息时代的发展和人工智能时代的到来，我们每个人的生活、学习、教育等都融合在一个以智能手机为代表的智能生态体系之中；国家、政府、企业的运行管理、市场营销与物联网、云计算、大数据、区块链紧密相连；人们生活在一个人工智能无处不在的智慧社区、智慧城市之中，充分享受智慧医疗、智慧家居、智慧交通、智慧出行带来的便利。在这个时代，教育将受到巨大的冲击，应对大变革的教学模式与规则的探索也应运而生。

（1）翻转课堂教学模式

翻转课堂教学模式（flipped class model），是指学生在课前或课外观看教师的视频讲解，自主学习，教师不再占用课堂时间来讲授知识，课堂变成了师生互动的场所，包括答疑解惑、合作探究、完成学业等。

2007 年，美国科罗拉多州的高中教师乔纳森·伯格曼（Jonathan Bergmann）和亚伦·萨姆斯（Aaron Sams）在课堂中采用了"翻转课堂教学模式"，并推动该模式在美国中小学教育中的使用。2011 年秋季，美国明尼苏达州斯蒂尔沃特 834 独立学区 6 个五年级班开始在数学课堂中试用一种新的教学模式，以此替代教师每天在讲台前讲课、学生回家做作业的传统模式。教师们为每天的数学课准备了 7—12 分钟的在线视频，学生须先在家看完这些视频教学；回到课堂上，学生在教师和同伴的帮助下完成作业和开展讨论。

互联网的普及和计算机技术在教育领域的应用，使"翻转课堂教学模式"变得可行和现实。学生可以通过互联网使用优质的教育资源，不再单纯地依赖教师教授知识。而课堂和教师的角色则发生了变化，教师主要的职责是理解学生的问题，引导学生运用知识。翻转课堂的方法逐渐在美国流行起来并在世界范围内产生了深刻影响。翻转课堂教学模式的基本特征与实施过程，如图 7-3-3、图 7-3-4 和表 7-3-1 所示。

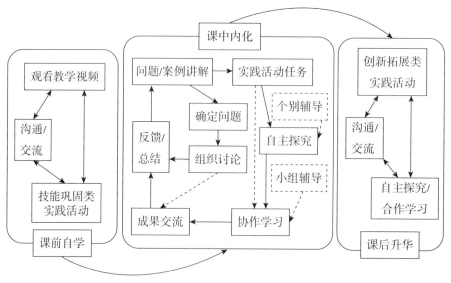

图 7-3-3　翻转课堂教学活动过程

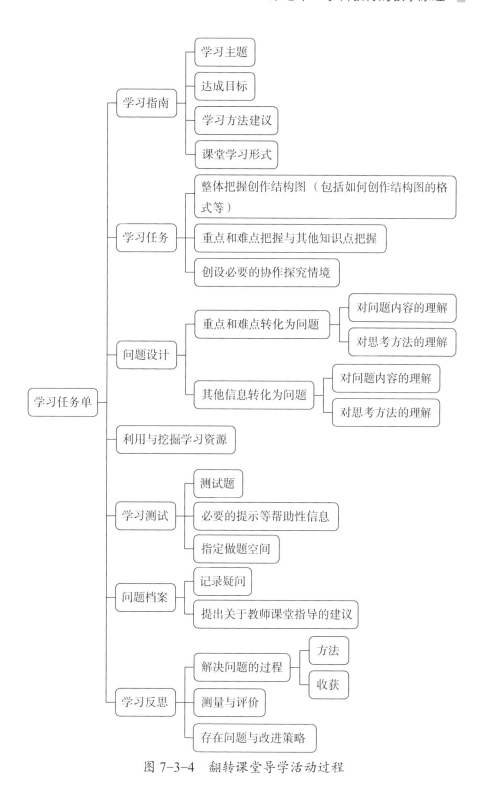

图 7-3-4 翻转课堂导学活动过程

表 7-3-1　翻转课堂教学与传统课堂的区别

内容	类型	
	翻转课堂教学	传统课堂教学
教学理念	"以学定教"	"以教定学"
教师角色	指导者、促进者、服务者	知识传播者、训练者、"主体"
学生角色	学习者、研究者、"顾客"	被动的学习者、"客体"
教学环节	课前预习＋课堂讨论研究＋反思改进	课堂讲授＋课后作业
教学形式	现代教学技术与设备＋教师指导＋学生自主创新性学习	基本教具＋教师讲解＋学生接受
教学评价	形成性评价为主＋多元性评价	终结性评价为主＋教师的评价

① 翻转课堂的四步骤

第一步，制作导学案。教师在深入研究教材内容和学生知识基础的情况下，制作导学案。提前准备好"学案"、PPT，一般提前一天下发给学生（学案要有发、有收、有评价）。

第二步，创建教学视频。教师深入研究课程标准和教材内容，明确学生必须达到的目标，以及视频需要呈现的内容；收集资源和创建视频，应考虑不同学生的个体差异性；教学视频一般不超过 15 分钟。

第三步，学生自主预习和学习。学生在独立预习教材的基础上，观看教师的教学视频和"导学案"，开始课前学习；登录平台完成预习自测题；小组内互助解决个人独立学习时遇到的学习问题；组内解决不了的学习问题由组长汇总交给每科的学委，学委整理好后上传服务器。

第四步，教师了解预习与学习情况。教师通过软件平台及时了解学生预习、学习情况，微调课堂教学进度、难度等，完善教学和个别指导方案，采用有针对性的课堂教学。

② 翻转课堂的五环节

第一步，合作探究。组内不能解决的疑难问题，课堂上由学习小组互助合作解决。

第二步，释疑拓展。全班学生都不能解决的学习问题，由教师在课堂上讲解；根据本班学生的实际学习情况，教师调整教学方略（进行适度拓展和延伸，或采取相应的弥补措施）。

第三步，练习巩固。学生完成平台上或其他相关练习，巩固所学知识。

第四步，自主纠错。对自己做错的题，学生通过观看答案详解或教师的习题评析视频，自主反思并纠错。

第五步，反思总结。对本课的学习予以总结，对所学知识与要点予以梳理、归纳，对学习经验与教训予以总结，提出持续改进措施。

总之，翻转课堂教学模式将线上学习与线下讨论相结合，旨在最大限度地提高学生的学习效果。它把传统的学习过程翻转过来，让学习者在课外时间完成针对知识点和概念的自主学习，课堂则变成教师与学生互动的场所，主要用于解答疑惑、汇报讨论，从而达到更好的教学效果。

（2）混合教学方式视域下的教学模式

何克抗认为，线上线下混合式教学把传统教学方式的优势和网络化教学的优势结合起来，既发挥教师引导、启发、监控教学过程的主导作用，又充分体现学生作为学习主体的主动性、积极性与创造性。把线上线下混合式教学称为模式是不妥的，线上线下混合式教学并不是一种教学模式，而是一种教学方式，由此产生了许多建立在这一教学方式基础上的模式。

线上线下混合式教学方式具有如下特征：一是，采用"线上"和"线下"两种手段开展教学；二是，"线上"教学不是整个教学活动的辅助，而是教学本身的必备活动；三是，"线下"教学也不应该是传统课堂教学活动的翻版，而是基于"线上"的前期学习成果而开展的更加深入的教学活动；四是，混合式教学的"混合"是指"线上"与"线下"教学方式的有机结合，而不是简单拼加；五是，混合式教学只是教学方式，其模式是多样的，没有统一的样式，以改变以往课堂教学中过分采用讲授法而导致学生学习主动性不高、认知参与度不足等教学实效低下的问题；六是，混合式教学能够重构传统课堂教学，能扩展传统教学的时间和空间，使得"教"和"学"不一定都要在同一时间和地点进行。

随着大型开放式网络课程（massive open online course，简称MOOC）的兴起，近年来教育部推出了许多线上课程平台，如超星尔雅网络通识课平台、中国大学MOOC、好大学在线、智慧树网以及腾讯课堂、网易公开课、新浪公开课等。随着信息技术的不断进步，特别是教学平台的丰富与发展，如超星学习通、雨课堂、爱课堂、腾讯会议、钉钉等，为线上线下的混合式教学架起了沟通桥梁。教师可随时将视频、语音、动画、习题等推送至学生手机，并能及时与学生沟通和进行课堂管理。

在现实教学中，由于教育理念的不同和对教育技术的掌握与利用的差异性，线上线下混合式教学形式下的教学模式也呈现出多种样态。比如，在教学中有的教师线上采用以讲授为主的教学模式，而线下则多采用研究性教学、任务驱动式教学模式；有的教师将线上线下紧密结合，采用翻转课堂教学模式或讨论式教学模式；有的教师则喜欢采用交往、沟通、对话、服务"四位一体"的教学模式；有的教师认为学生是学会的而不是教会的，把课堂还给学生，采用讨论式教学模式；有的教师认为学生是被教会的，因此坚持以讲授为主的教学模式；有的教师较熟悉网络教育技术，并善于利用网络信息平台，因此线上教学与线下教学结合得很好，而有的教师则不然。随着网络信息技术的发展，特别是人工智能时代的到来，线上线下混合式教学方式将成为今后主要的教学方式，并由此产生很多不同的教学样式或教学模式。

二、教学模式要素与结构

教学模式的要素构成有"三要素说""五要素说"和"六要素说"，观点不一，内容也不同。

"三要素说"认为，任何一个完整、科学、有效的教学模式，都应该是由理论基础、教学程序和操作方法三个层次构成。[①] 也有学者认为，教学模式由指导思想、教学程序和基本方法构成。还有学者认为，教学模式由基本理念、教学程序、教学方法构成。

"五要素说"主要有四种说法：一是认为，教学模式由教学理论或教学思想、教学目标、教学内容、师生结合、操作程序五要素构成；二是认为，教学模式由理论依据、教学目标、操作程序、实现条件、教学评价构成；三是认为，教学模式由理论基础、主题思想、功能目标、实现条件、活动程序

---

① 张志勇.对教学模式的若干理论思考［J］.中国教育学刊，1996（4）：35-38.

构成；四是认为，教学模式由理论基础、教学目标、教学程序、辅助条件、评价标准五个要素构成。"五要素说"认为教学模式是一个系统的整体，不仅仅是一种结构或流程。"首先，模式不是方法，它与讲授、谈话等教学方法显然不属同一层次；第二，模式不是计划，计划是它的外在轮廓，仅此不足以揭示其内含的教学思想或意向；第三，模式也不是理论，至少不仅仅是理论，它还内含着程序、结构、方法、策略、要领等远比纯理论丰富得多的东西，方法、计划、理论、结构、程序等都是构成模式的某个要素或侧面。"[①]

"六要素说"认为，教学模式由教学思想、课程设计、教学原则、师生活动结构、方式、手段六要素构成。[②] 托马斯·库恩（Thomas Kuhn）认为，范式（教学模式）是指"特定的科学共同体从事某一类科学活动所必须遵循的公认的模式，它包括共有的世界观、基本理论、范例、方法、手段、标准等与科学研究有关的所有东西"。[③] 可见，关于教学模式的构成要素，观点也不一致。

本书认为，教学模式由教学理念与教学理论、教学原则、预期目标、基本程序、教学介质、保障条件六要素构成。可见，本书主张的教学模式的"六要素说"与其他"六要素说"有着本质的不同。

（一）教学理念与教学理论

教学理念是对教学的理性认识和理想信念及其形成的观念体系与追求。在教学中，如果认为学生是学会的而不是教会的，那么一定会以学生的发展为中心，采取研究性学习之类的教学模式。理论是行为的向导，任何教学模式都是在一定教学理论的指导下形成的程式化范型。

（二）教学原则

教学原则是指在教学过程中遵循的基本准则。如果认为教学坚持"以

---

① 吴爱琴，杨兰芳.浅论教学模式与教学方法［J］.文教资料，2007（9）：181–183.

② 张志勇.对教学模式的若干理论思考［J］.中国教育学刊，1996（4）：35–38.

③ 托马斯·库恩.科学革命的结构［M］.金吾伦，胡新和，译.北京：北京大学出版社，2003：9.

学生为中心",就要"以学定教"。如果坚持"教师中心,课堂中心,课本中心"的原则,那么就要从"以教定学"的视角选择或采用教学模式。选择或采用的教学模式受到教学原则的制约与限制。

(三)预期目标

模式的第三个要素为预期目标,包括课程的目标或教学目标。课程目标是通过教学目标的实现而实现的,一定程度上,课程目标与教学目标是一致的。学生发展目标是指为学生设定的通过一定的课程学习达成素质的发展程度与水平。

(四)基本程序

教学模式的第四个要素为基本程序,是构成教学模式的框架,犹如一个模具规范和约定教学模式的所有要素,如教学活动、过程、次序、时间等。基本程序是教学模式的主体。

(五)教学介质

第五个要素为教学介质,本质而言,教学就是教师与学生通过一定的方式、方法、手段与措施运作整个课程的活动与过程,因此用"介质"来涵盖教学方式、方法、手段与措施比较合适。模式的选择与运用,就是在一定的框架下通过教学方式、方法、手段与措施等,把(课程)教学内容有序安排与组织后,科学有效地传递给学生的活动过程。

(六)保障条件

第六个要素为保障条件。教学模式是指在一定的教学理论指导下,在学校教学实践中形成的一种相对稳定的系统化和程式化的教学范型,其运行必须要有保障与条件,需要软硬件、环境、教育技术等的帮助与支持。保障条件是模式的选择、运用与运行的先决条件。

　　总之,教学模式由教学理念与教学理论、教学原则、预期目标、基本程序、教学介质、保障条件六要素构成。教学理论、教学原则是上位概念,直接影响着教学基本程序、教学介质和保障条件三个要素,决定着教学模式的科学性和有效性。我国的一些教学模式的问题主要是由教学理论和教学原则的偏差所致。另外,在教学模式的理论研究与实践中还有一个最大的问题:许多学者与教师把学生和教师也视为教学模式的要素,混淆了模式的概念。教师与学生不是教学模式的要素,而是教学模式的运行者,同时教师和学生又是教学模式的建构者。教学模式呈现在教学设计(或教案)和教学活动过程之中。也就是说,教学模式首先体现在教学设计(或教案)中,然后体现在课堂教学的活动过程中:呈现在教学设计(或教案)中的是教师对教学模式提前的设计;呈现在课堂教学活动过程中的是教师对教学模式的即时设计,是在教学活动过程中对提前设计的教学模式的即时改进和完善。可见,教师和学生既是教学模式的建构者、完善者,又是教学模式的选择使用者和运行者。

三、教学模式的基本特征

　　国外学者一般认为,教学模式具有五大特征:指向性、操作性、完整性、稳定性和灵活性。而国内学者的主流观点是四要素说,即教学模式具有稳定性、可操作性、可重复性和完整性。笔者认为,学科教学模式具有八个基本特征,分别是系统性、可操作性、可重复性、完整性、稳定性、适用性、发展性、兼容性。

(一)系统性

　　一般认为,系统是由若干要素以一定结构形式联结构成的具有某种功能的有机整体,包括系统、要素、结构、功能四个概念,表明了要素与要素、要素与系统、系统与环境之间的关系。学科教学模式的系统性,是指整个教学模式是以一定结构形式构成的具有教学规范功能的有机整体。具体而言,教学模式是在一定的教育理论指导下,按照一定的逻辑关系构成的程式化的系统。教育教学中的方式、方法、手段、措施等都要按照一定的逻辑方式,统一在相对稳定的系统之中。

(二)可操作性

可操作性是指对拟定的活动、过程、设计、规划等能否在所要求的时间范围内成功完成的推测与确定。学科教学模式的可操作性,是指教学模式具有可行性,便于在教育教学中使用并收到效果。

(三)可重复性

模式的可重复性,即模式可以被重复使用。学科教学模式源于教育实践并经过反复检验,是教育教学经验的总结,可重复性是其基本特征。

(四)完整性

完整性是指任何事物的内在结构都是相互联系的、有序的,是一个有机的整体。学科教学模式的完整性,是指统一在学科教学模式框架里的教学方式、方法、措施、手段、策略等都是系统、有序的,共同指向目标的实现。

(五)稳定性

模式的稳定性是指模式一经形成,其性状和结构等将处于稳定的状态,不会轻易变更。学科教学模式的稳定性,是指学科教学模式的性状和整个结构等具有稳定、不轻易变更的特征。然而,稳定性是相对的,不是一成不变的,因为任何事物都处于发展与变化之中。

(六)适用性

模式的适用性是指模式在解决具体问题时的合适程度与有效程度。学科教学模式的适用性,是指该模式在教学科研中的适用程度与有效程度。教学模式的适用性也是相对的,要理性选择与优化教学模式,具体问题具体分析。

（七）发展性

模式的稳定性是相对的，发展性则是绝对的。学科教学模式的发展性，是指学科教学模式始终处于不断发展与完善的过程中。一方面，随着人们认识水平的提高和教育技术的提高，学科教学模式在不断完善与发展；另一方面，人们在运用教学模式的过程中，也会随着环境与条件的不同与变化，或教学风格的不同对教学模式进行不同程度的改造、变更与优化。

（八）兼容性

学科教学模式的兼容性，是指学科教学模式具有融合、兼容的性质，是一个复杂的结构系统。具体而言，模式与模式之间可融合，主模式中可以有副模式。比如，在具体教学中，主模式采用了研究性学习，但根据教学内容与需要，还要设计运用问题驱动教学模式，不同模式兼容并蓄共同完成教学目标。模式的兼容性为学科教学实施过程的灵活性、丰富性提供了可能。适时有效利用教学模式的兼容性，是提高教学实效的需要，也是对教师职业素养的基本要求。

四、教学模式的选择与运用

一般而言，教学模式的运用需要经历三个过程：一是教学模式的选择或构造；二是教学模式的运用；三是教学模式的微调。就教学过程而言，教学模式的选择与运用过程就是学科课程实施或教学的活动过程。

（一）教学模式选择与构造的基本内涵

教学模式的选择是指教师在教学设计或备课时，或在教学活动过程中根据教学内容、学生身心发展情况、现有的教学环境与条件等因素有计划、有针对性地采用或选择运用前人总结出来的教学模式进行教学。前人总结建构了许多教学模式，我们可以选择运用，但要进行加工改造，不能僵化运用。教学模式的选择和运用要注意研究教学模式赖以建立的理论基础，要树立科学的教学思想，要克服教学模式的单一化倾向，要提倡多种教学模式的互补融合，要遵循学生的心理规律。①

教学模式的构造是指教师在教学实践活动过程中对现有教学模式加工改造，或自己总结建构与实践验证教学模式的活动过程。教学模式的构造需要科学的教学理念作指导，要经过反复的教育实践检验，需要建立在严谨的科学研究和广泛的教学实践的基础上。实践调查表明：大部分教学模式的建构都脱离具体的课程内容，这样的教学模式在具体的教学情境下会有很多局限性，无法体现学科的特点，无法体现学生的差异，也无法体现教师教学水平的不同。当教师面对纷繁复杂的课程内容和具体的学生时，抽象单一的教学模式往往会让人感觉无从下手。② 可见，教学模式的构造是一项十分复杂专业的活动。

教学模式的选择与构造实际上是教学模式的加工与改造的过程。在教学活动过程中，教师都要选择采用一定的教学模式，要根据学情、教学内容、环境条件等有所取舍，有所改进。

第一，教学模式的选择与构造是教学方法的优化与配置的活动与过程；第二，教学方法往往以教学模式的形式呈现出来。方法有两层含义：一个是方法论意义上的方法；二是狭义的方法，与方式紧密相连，比方式的含义要小。方法没有对错之分，只有妥当与否。但模式就不一样了，模式就有好坏或科学与否之分了。因为模式由多个要素构成，其中教学理念（指导思想）、基本原则具有方向性作用，如果二者出现偏差，那么整个模式就会有问题。所以，教学模式有对错、好坏、科学与否的区别。

第二，教学模式的选择与构造是教学的组织与实施活动与过程。一方面在教学设计（备课）活动中要对教学模式予以选择或构造，最终以教案的形式呈现出来；另一方面教学设计（备课）选择好的教学模式又需要在教学活动中予以呈现与完善。教学设计（备课）与教学的组织与实施活动与过程（即课程实施的活动过程），正是教学模式选择与构造的活动过程。

第三，教学模式的选择与构造，就是教学方法与策略的系统化与程式

---

① 王坦.教学模式的有效选择与运用［J］.中国教育学刊，1997（3）：45-47.

② 万伟.三十年来教学模式研究的现状、问题与发展趋势［J］.中国教育学刊，2015（1）：60-67.

化的过程。只要有教学活动行为，教学策略就要参与其中，在整个教学活动过程中帮助调整、优化教学方法，理顺逻辑关系和顺序关系。

（二）教学模式选择与构造的理论基础

教育哲学、教育学、教育心理学和教学理论是形成一定的教学模式的理论基础，也是选择和运用教学模式的理论基础。

1. 教育哲学

在中国，古代思想家孔子、墨子、孟子、荀子等，都从各自的哲学观、政治观、道德观、人性论、认识论等方面出发，论述过教育问题。在欧洲，古希腊哲学家苏格拉底、柏拉图、亚里士多德等，也都用自己的哲学观点论述过教育问题。但是，在很长一段历史时期内，教育还没有形成独立的学科。一些学者认为，直到17世纪，夸美纽斯的《大教学论》问世，才标志着教育学从哲学中分化出来，成为一门独立的学科。但最早的教育学讲座，大都由哲学家开设，如德国哲学家康德就曾于1776年在德国柯尼斯堡大学开设过教育学讲座。随着教育科学的继续发展，教育学又与哲学相结合，才形成教育哲学这门学科。1848年，德国哲学家罗森克兰茨（J. K. Rosenkranz）的《教育学体系》出版，后经布雷克特（A. C. Brackett）译为英文，名为《教育哲学》。一般认为，这是教育哲学一词的由来。后来有许多哲学家和教育家编著教育哲学，其中影响较大的是杜威的《民主主义与教育——教育哲学导论》，标志着从哲学层次思考教育的知识体系已趋于成熟，教育哲学由此被视为一门独立的学科。

教育哲学是以一定的哲学观点和方法研究教育基本问题的学科，是教育科学的分支学科，具有方法论性质。教育哲学对教育理论和教育实践中的一些根本问题予以哲学探讨，为教育理论和教育实践提供了哲学与方法论意义的指导。我们选择、构造或考察教学模式，首先要从教育哲学角度出发，教育哲学观决定了我们对教育问题的认识和看待教育问题的出发点与归宿。

2. 教育学

教育学是研究人类教育现象和解决教育问题，揭示一般教育规律的一门社会科学。19世纪中叶以后，近代心理学、生理学、脑科学的发展，为科学化教育奠定了辩证唯物主义哲学和自然科学基础。现代生产和科学技术的发展，教育实践的广泛性、丰富性进一步推动了教育学的发展。教育学的研究对象是人类教育现象和问题，以及教育的一般规律，具有客观性、必然性、稳定性、重复性。如教育与社会政治、生产、经济、文化、人口之间的关系，教育活动与人的发展之间的关系，学校教育、社会教育、家庭教育之间的关系，小学教育、中学教育、大学教育之间的关系，中学教育中教育目标与教学、课外教育之间的关系，教育、教学活动中德、智、体、美、劳之间的关系，学生学习活动中学习动机、学习态度、学习方法与学习成绩之间的关系，等等。

教育学是教学模式的理论基础，坚实的教育学理论功底是科学的教学模式选择与构造的先决条件。

3. 教育心理学

心理学是一门研究人类及动物的心理现象、精神功能和行为规律的科学，包括基础心理学与应用心理学两大领域。基础心理学研究涉及知觉、认知、情绪、人格、行为、人际关系、社会关系、家庭、教育、健康、社会等；应用心理学则尝试用大脑运作来解释个体基本的行为与心理机能，个体心理机能在社会行为与社会动力中的角色等。

教育心理学是应用心理学理论研究教育教学现象与问题，探讨教育过程中教与学的心理活动规律的科学。教育心理学在19世纪末才成为一门独立的学科，但历史上的许多教育家已能够在教育实践中根据人的心理状态有针对性地进行教学。如：孔子提出"不愤不启，不悱不发"的启发式教学法，苏格拉底也提出"我不是给人知识，而是使知识自己产生的产婆"的教育心理学观点。教育心理学是教育活动与心理学相结合的产物，是一门介于教育科学和心理科学之间的边缘学科，研究的是学校教育活动过程中心理活动的规律，如：学生应怎样去掌握书本知识，学生的学习动机与学习成绩有什么关系，教师如何根据学生的身心发展状况有效地实施教学等问题。

4. 教学理论

教学理论既要研究教学的现象与教育问题，揭示教学的一般规律，也要研究如何利用和遵循教学规律解决教学实际问题的方法策略和技术问题。教学理论来源于教学实践而又指导教学实践，与教学实践呈辩证关系，包括教的理论与学习理论，是教授方法与学习方法的统一。具体而言，教授法必须依据学习法，即"以学定教"，否则便会因缺乏针对性和可行性而无法达成预期目标。据此，教学模式的选择或构造有五条基本依据。

一是，依据教学目标选择或构造教学模式。不同领域或不同层次的教学目标的实现要借助于相应的教学方法和技术，教师要根据具体目标选择、确定或构造具体的教学模式。

二是，依据教学内容特点选择或构造教学模式。不同学科的知识内容与学习要求不同，不同学段、不同单元、不同课时的内容与要求也不相一致，这就要求教学模式的选择或构造要具有多样性和灵活性。

三是，根据学生实际特点选择教学模式。学生的身心发展现状直接制约着教师对教学方法与模式的选择，教师要科学而准确地研究分析学情，有针对性地选择或构造相应的教学模式。

四是，依据教师的自身素质选择教学模式。任何一种教学模式，只有适应教师的素养要求，并能被教师充分理解与把握，才有可能在实际教学活动中有效发挥功能与作用。因此，教师在选择或构造教学模式时，还应根据自己的实际情况，扬长避短，选择与自己最相适应的教学模式。

五是，依据教学环境条件选择或构造教学模式。教师在选择或构造教学模式时，要根据现有的客观环境与条件，在时间允许的情况下，最大限度地运用与发挥教学环境条件的功能与作用。

（三）教学模式选择与构造的基本原则

教学模式是在一定的教学理论指导下，在学校教学实践中形成的一种相对稳定的系统化和程式化的教学范型，是经过提炼、概括而建构出来的较为稳定的程式化教学实施体系，应遵循以下基本原则。

1. 面向全体与兼顾个别相结合

教学模式的选择或构造要面向全体学生，使每个学生在原有基础上都得到最大可能的发展，同时又必须正视学生的个别差异，因材施教，使每个学生的才能都得到充分发挥。

首先，面向全体与兼顾个别符合学生的具体实际。学生的先天素质和后天发展存在一定的差别，如学习兴趣、学习动机、学习方法和习惯等。这些差别有遗传因素造成的，也有后天因素导致的。每个人都应得到全面和谐的发展是学校教育的基本职责，因此，教学模式的选择或构造必须面向全体学生，同时兼顾个体差异，因材施教。

其次，面向全体与兼顾个别符合基本的教学原则。教师在教学活动过程中，要面向全体学生，使教学内容和进度适合大多数学生的知识水平和接受能力，同时还要兼顾并重视学生的个别差异，注意因材施教，对症下药。

最后，面向全体与兼顾个别符合学生的成长需要。2020年10月，中共中央、国务院印发的《深化新时代教育评价改革总体方案》改变了以往以分数为唯一标准的评价方式，要求过程性评价与综合性评价相结合，倡导增值性评价，促进学生文化科学、思想品德、身心发展、审美艺术、劳动技术素质等方面的均衡发展。随着时代的发展，社会对人才提出了更高的要求，也需要不同类型的人才。可见，教学模式的选择或构造面向全体与注重个别差异是辩证统一的。

2. 教师指导与全员参与相结合

选择或建构的教学模式要确保能够充分发挥教师的指导作用，能最大限度地调动每个学生的积极性。随着"知识爆炸"，特别是人工智能时代的到来，最重要的是教会学生如何学习。学生是学会的，而不是教会的，教师是学生自主创新性学习和自我教育的指导者、服务者。教学模式的选择或建构要有利于教师指导作用的发挥。

教师选择或构造的教学模式必须面向每个学生，有利于全员都参与进来，充分发挥教学模式的作用，进而提高教学实效。我们常说的"抓中间带两头"或者"抓两头带中间"，虽然可视为一种策略，但不符合学校教育的基本要求，学校教育要公平对待每个人，每个学生都要得到全面和谐的发展，学生发展"一个都不能少"。

3. 学习间接知识与探究直接知识相结合

知识是由两部分构成：一是间接知识；二是直接知识。所谓间接知识，也就是课本中的知识，即前人总结出来的知识；所谓直接知识，也就是经验，即实践经验。选择或建构的教学模式既要有利于学习间接知识，又要有利于探究直接知识。研究性学习（探究性学习）的目的就是为了让学生获得真正的直接知识。

书本知识来源于实践经验，又高于实践经验，对实践经验具有指导作用；书本知识需要在实践经验中检验，实践经验对书本知识起决定作用。

通过学习书本知识可以研究世界，向不曾谋面的人学习，也可以培养分析技巧，并学习观察与理解周围世界的方式。通过实践探索，可获得对知识的深刻理解，探索新的未知，实现创新、创造。

选择或建构的教学模式，必须既考虑间接知识的习得，又考虑直接知识的探索。

4. 实现课程目标与学生发展目标相结合

课程目标要通过教学目标的实施来实现。在课程论的语境下，教学是课程实施的主要环节与形式，课程论中的课程实施目标和教学目标基本一致。学生发展目标，是指通过课程教学目标的实现，学生生成与发展相应的素质。学生发展目标与培养目标相似，培养目标是从"教"的角度对学生"学"与"得"的一种良好期待与愿望。因此，选择或建构教学模式必须有利于两大目标的实现。

5. 主体模式与附属模式相结合

教学是师生沟通、对话与交往的活动过程。在这个活动过程中，必定要有一个统领整个教学活动过程的形式，即主模式。然而，教学模式的运用受教学实际的制约，在多数情况下教学任务的完成需要主模式和附属模式相配合。在教学活动过程中，所采用的教学模式不是单一的，主模式中往往有附属模式的参与。譬如，在某一课程的具体教学中采用了研究性教学模式，但在研究性教学主模式下还运用了小组学习模式或问题驱动教学模式，等等。在实际教学中，往往采用一个贯穿始终的教学模式（称为主模式），同时根据具体教学实际在主模式中还要运用一个或几个附属性教学模式共同完成教学任务。在教学模式选择与构造中，坚持主体模式与附属模式相结合的原则可使课堂教学丰富多彩，提高教学实效。

6. 教学模式与信息技术相结合

随着信息技术的迅猛发展，人类社会已进入信息社会和智能时代。互联网、人工智能支撑下的教育信息化与智能化为教育变革提供了一个新契机。各种新兴信息与智能技术正融入学校教育之中，微课、慕课、云课堂等催生了教学模式的变革与发展。

因此，教学模式的选择与构造要做到如下几点：一是，更新观念，实现由注重简单的教育技术向注重信息技术的转变。在"互联网＋人工智能"背景下，教师的教学观念和学生的学习观念发生了深刻变化，因此教学模式的选择与构造应适应由实体课堂向虚拟课堂教学场域的转变，由实体课堂向线上线下混合教学形式的转变。二是，建立弹性教学机制，探索建构线上线下一体化的混合教学模式，促进新型课堂教学的良性发展。三是，加强对"互联网＋人工智能"时代教学模式融合的研究，以适应时代要求和教育改革的需要，提高教学模式的可操作性和可推广性。

五、教学模式与相关概念的关系

要想提高学科教学实效，必须把握与处理好教学模式与几个相关教育教学概念的关系。

（一）教学模式与教学方法的关系

教学模式指在一定教学理论指导下，在学校教学实践中形成的一种相对稳定的系统化和程式化的教学范型，是经过提炼、概括而建构起来的较为稳定的程式化的教学实施（程序、方法与策略）体系。教学方法，是指在进行教学活动、解决教学问题的活动与过程中，所采用的方式、手段、措施与程序的组合。方法与形式紧密联系在一起，进行教学活动、解决教学问题的活动离不开所采用的手段与措施，而手段与措施又与设备、工具（教具）、教育技术等紧密联系在一起。

由于"教学理念与教学理论""实施原则"是教学模式的重要构成要素，而它们又具有方向性，因此教学模式有好坏、科学与否之分。教学方法没有对错之分，只有运用妥当与否，是教学模式的构成要素。

（二）教学模式与教学设计的关系

教学设计是根据学生的需要和一定的教学任务，依据一定的教学原理，运用科学的方法（调查、研究、分析等）对教学活动过程中诸要素及其逻辑关系予以提前和即时谋划、组织与安排的活动过程，旨在确保教学实效，进而促进学生获取知识、生成能力、养成品格、学会方法。教学设计一般可分为广义的教学设计和狭义的教学设计。广义的教学设计涉及范围广，内容多，可对一个专业的教学、一个学段的教学、一个年级的教学、一个学期的教学、一本书的教学以及一个单元的教学予以设计。狭义的教学设计，主要指课堂教学设计，是对一节课或一课书的教学设计。

在教学设计中，一个重要的任务就是对教学模式的选择或构造，需要对教学模式中的教学理念与理论、教学原则、预期目标（课程目标／教学目标、学生发展目标）、基本程序（活动、过程、次序、时间等）、教学介质（课程、方式方法、措施等）、保障条件（软硬件、环境、教育技术等）等要素进行统筹，组织在一定的教学模式框架之下。

可见，教学设计是对教学活动过程中诸要素及其逻辑关系予以提前和即时谋划、组织与安排的活动过程，而教学模式则是教学设计的对象；教学模式是经过提炼、概括而建构起来的程式化的做法或教学范型，是教学设计的重要组成部分；教学模式既是程式化的教学范型，也是教学设计加工改造的结果；教学模式既是教学设计的对象，又反过来影响与制约教学设计的进行。

（三）教学模式与教学策略的关系

教学策略是指在教学（课程实施）活动与过程中，依据某种教学理念与教育理论，根据一定的教学原则，对教学诸要素予以提前的或即时的战略性统筹、谋划与调控的活动与过程。从层次和范围来看，有宏观教学策略、中观教学策略、微观教学策略。教学策略不是教学模式的要素，依附于行动，是对活动行为的战略调控。

教学策略始终存在于教学设计、教学模式的运作之中。教学模式的选择或构造主要体现在教学设计的过程之中，而教学模式的运用则主要体现在教学组织过程中。这就是说，不论是教学设计，还是教学模式的选择或构造，始终都会有教学策略的参与。

第四节　学科教育的教学原则

所谓学科教育的教学原则，是指在学科教学活动过程中应该遵循的基本准则。一般认为有科学性和思想性统一的原则、理论联系实际原则、直观性原则、启发性原则、循序渐进原则、巩固性原则、可接受性原则、因材施教原则等。具体来说，学科教学应该遵循的基本原则有以下六条。

一、以学定教，因材施教

以学定教是指根据学生的具体实际和学生的需要决定与实施教学，即教什么，如何教，以何种方式教。教学的核心是学生的学习，是学生在教师的指导与帮助下，通过接受教师传递的课程，经过加工、内化生成自己素质的活动与过程，因此只有"以学定教"才是教学的本义，才能收到事半功倍的效果，才符合教育规律。

以学定教是前提，因材施教是关键。因材施教原则，是指教师要从学生的实际情况和个别差异出发，有的放矢地进行有差别的教学，使每个学生能扬长避短，从而获得最佳发展。具体而言，教师在教学活动中要根据不同学生的认知水平、学习能力以及自身素质，选择适合每个学生特点的教学方法有针对性地进行教学，发挥学生的长处，弥补学生的不足，激发学生学习的兴趣，树立学生学习的信心，从而促进学生的全面发展。

贯彻以学定教、因材施教原则，要求教学必须处理好教师与学生、集体教学与个别教学、统一要求和个性发展的关系。

第一，转变观念，确立以学定教的教育教学观。在学校教育中，学生是学习者，"教"是手段，"学"才是根本目的。教学必须以学生为中心，以学生的发展为中心，尽量满足每个学生的发展需要，因材施教。

第二，了解学生，尊重个体差异。学生的年龄特征和发展阶段理论揭示了个体发展的普遍规律。教师要具体研究学生的发展特点，要对学情予以全面分析，充分了解学生的学习成绩、个性特征、家庭背景、生活经历等，指导与帮助每个学生获得最适宜的发展。

第三，面向每一个学生，实施全纳教育。每一个学生都拥有受教育的权利，这是现代社会赋予人的基本权利。面向每一个学生，实施全纳教育，要考虑学生的可接受性，即教学的内容、方法和进度要适合学生的身心发展水平。如在学习新知识的过程中，教师要考虑学生原有的知识基础、思维或记忆水平，以及学生可能遇到的问题与困难。

二、循序渐进，由博返约

循序渐进出自《论语·宪问》："不怨天，不尤人，下学而上达，知我者其天乎？"宋代朱熹集注："但知下学而自然上达，此但自言其反己自修，循序渐进耳。"循序渐进就是按一定的顺序、步骤逐渐深入或进步。由博返约出自《论语·雍也》："君子博学于文，约之以礼。"做学问从广博出发，继而务精深，最终达到简约。通过博学获得较多具体知识，返约则是指在具体事物分析的基础上进行综合、归纳，形成基本的原理、原则、观点。博与约是辩证统一的关系，学生在掌握知识的同时要把复杂的知识系统化，把握知识的核心。

循序渐进是指教学活动要按照学科知识的逻辑和学生认知发展的特点持续、连贯、系统地进行。由博返约主要是解决学习的广度和深度的矛盾，或者说解决知识的广博与专一的矛盾。在教学中贯彻循序渐进、由博返约的原则，要注意以下几点。

第一，按照学生的认识规律教学。传统认识论认为，知识是人的感知器官对外部客观世界的被动反应，是人们对客观世界各种经验的积累。教学就是通过教学活动使学生尽快直接或间接获得这些经验的过程。建构主义认知论认为，人在进行认知的同时，头脑中会涌现出大量的认知结构，认知主体会根据这些认知结构来衡量外界环境，主动地选择一种认知结构进行强化并排除其他没必要的强化结构。传统认识论与建构主义的认知论两者的差异在于，前者认为知识是客观外界被人体被动感知的结果，后者认为是认知主体利用已有的认知结构主动选择与适应强化的结果，是一个知识系统建构的过程。因此，教师的教学要体现让学生感知客观世界的过程，同时要研究如何使学生高效地获得对于客观世界的经验，也就是使学生能够在尽量短的时间内感知掌握更多的关于客观世界的知识。教师要认真研究学生，针对他们在学习过程中的认识需要和特点，从学生的认知规律出发处理好近与远、浅与深、简与繁、广博与专业等关系。

第二，按照知识的逻辑顺序教学。学科课程标准的制定和教材的编写要尊重学科知识的逻辑顺序。学科课程标准是按照学科知识的逻辑顺序制定的，是衡量与规范学科课程的尺度，规定了学科课程的基本要素、内容、拟达到的指标以及整个课程运作活动与过程的规则。教材则是以课程标准为依据编写的，教学活动按照课程标准和教材展开。因此，教师在教学中要认真学习与研究课程标准与教材，充分把握课程的基本逻辑，循序渐进地指导学生获得广博知识的同时掌握核心知识。

第三，培养学生系统思维与认识问题的能力。系统论作为一种普遍的方法论是迄今为止人类所掌握的最高级的思维模式。系统思维是以系统论为思维基本模式的思维形态，能极大地简化人们对事物的认知，给我们带来整体观。教师要根据系统理论，有目的、有计划地培养学生的系统思维能力和分析问题、解决问题的能力，培养学生优化学习方法与策略、系统总结、合理安排学习时间的能力。在教学中，教师要努力提高自己的教学水平，条理清晰、明白透彻、重点突出、逻辑严密、形象生动地指导学生理解并记忆知识，提高学生的知识运用能力。

三、不愤不启，不悱不发

"不愤不启，不悱不发。举一隅，不以三隅反，则不复也。"出自《论语·述而》。意思是"不到学生努力想弄明白，但仍然想不透的程度时，先不要去开导他；不到学生心里明白，却又不能完善表达出来的程度时，也不要去启发他。如果他不能举一反三，就先不要往下进行了。""不愤不启，不悱不发"不但告诉我们启发学生的重要性，还告诉我们如何启发、何时启发以及启发的基本策略。这一原则要求教师在教学中要尊重学生学习的主体地位，注意调动他们的学习主动性，积极引导他们独立思考，积极探索，使他们创造性地掌握知识，提高分析问题和解决问题的能力。学生的认识过程虽然是在教师的指导下进行的，但学生是学习的主体，知识的最终掌握要靠他们自己的观察、思考和内化。因此，教学重在启发，启发重在适时，如此才能调动学生学习的积极性与主动性。

第一，启发引导学生积极思维。教师在教学中要抓重点、破难点、释疑点，注意提问的方式方法，培养学生的发散性思维，让学生形成多方位、多角度认识事物与解决问题的能力。在教学过程中，教师要注意思维活动的过程性，培养学生的过程性思维和逻辑思维的能力。在教学中，教师要适时启发，帮助学生理解知识，掌握获得知识的方法。

第二，培养学生独立解决问题的能力。在教学中，教师要多给学生提出一些由易到难的问题或提供一定的素材、条件和情境，让学生自己独立探索，不断积累经验。

第三，充分调动学生的自觉性和主动性。在教学过程中，教师要根据学生的身心特征和学习的内容与特点，运用灵活多样的方法激发学生的学习兴趣，并且注意把学生平时的学习兴趣与奋斗目标和国家要求联系起来，使学生树立远大的目标，获得持久而巨大的学习动力，提高学习的积极性、自觉性。

第四，发扬教学民主，建立和谐的师生关系。建立平等、民主的师生关系，创设和谐、民主的氛围是有效启发、科学启发的先决条件。在教学中，教师是指导者、服务者，学生才是学习的主人，因此教师必须不折不扣地贯彻教学民主原则，鼓励学生表达自己的不同见解，允许学生向教师质疑。

四、发展能力，教会方法

发展能力、教会方法是现代学校教育的根本任务。现代社会，教师是学生"学会学习"的指导者、服务者，这既反映了教育的本质，又抓住了学科教育的关键。贯彻发展能力、学会方法的原则应该注意以下几点。

第一，发展学生的综合能力。学校教育的任务就是培养学生的综合能力，即发展学生的一般能力，培养其创新创造能力。具体到学科教学中，就是要培养与发展学生的学科核心素养。因此，教师在培养学生运用知识和发展能力的同时，应教会学生学会学习。教师要培养学生运用知识的能力，要抓好各个环节的教学，培养学生的问题意识和理论联系实践的能力。同时，教师要加强实践教学，组织学生参加社会实践活动，让学生通过实践活动验证理论知识，获得直接经验，提高实际操作的能力。

第二，要做到"教学做合一"。一方面，教师要把课堂真正地还给学生，更多地指导与鼓励学生进行探究性学习；另一方面，教师在指导时必须做到精讲多练，培养学生动脑、动手、动口的能力和分析问题、解决问题的能力。教学做到理论与实际相结合，引导学生运用科学的方法分析问题与解决问题，进而融会贯通、举一反三、学以致用。

五、有教无类，全面发展

有教无类有两种解释：一是，不管什么人都可以受到教育，即不分地位，不分种族，不分门第，每一位学生都应受到平等的教育；二是，人原本是"有类"的。比如，有的智，有的愚；有的贤，有的不肖。但通过教育，却可以消除这些差别，有教则无类。"有教无类"既是教育的结果，又是教育的前提。"不分地位，不分种族，不分门第，对每一位学生都应施以平等的教育"，"通过教育，可以消除差别"，这既包含了科学的教育理念，又体现了现代社会对教育的基本诉求。

全纳教育也体现了有教无类的基本原则。联合国教科文组织将全纳教育定义为：全纳教育是通过增加学习、文化与社区参与，减少教育系统内外的排斥，关注并满足所有学习者多样化需求的过程。全纳教育以覆盖所有适龄儿童为共识，以正规系统负责教育所有儿童为信念，它涉及教育内容、教育途径、教育结构与教育战略的变革与调整。全纳教育，涉及在正式与非正式的教育环境中为多样化的学习需要做出适当回应，是考察如何改革教育系统和其他学习环境以适应学习者多样性的一种方法。2002年1月8日，美国国会颁布《不让一个孩子掉队法》，充分体现了有教无类的基本原则。

马克思主义关于人的全面发展学说认为，人的发展与社会生产发展相一致。旧式劳动分工造成人的片面发展，大工业机器生产要求人的全面发展，并为人的全面发展提供物质基础；实现人的全面发展的根本途径是教育同生产劳动相结合。在马克思主义关于人的全面发展的思想中，人的全面发展既表现为人的劳动能力、人的体力和智力的全面发展，又表现为人的个性才能和志趣的全面发展。

有教无类、全面发展原则的贯彻要注意以下三点：

第一，实施公平公正的教育。在学科教育中教师必须坚持教育的公平公正性，倡导教育的公益性，任何人不能以任何理由干涉、践踏受教育者的权利。

第二，实施无差别的关怀教育。在学科教育中，教师必须公平、公正、无差别地对待每一个学生，对他们予以无差别的关怀与教育，要根据每个学生的身心发展特征和学识水平因材施教，绝不能区别对待。教师要坚决倡导增值性评价和发展性评价，鼓励与促进每个学生全面和谐、健康的发展。

第三，实施全面和谐发展的教育。学校需要对学生实施公平、公正、无差别的教育，同时还必须关注每个学生全面、和谐、健康的发展，促进每个学生的体力、智力、品格等方面的发展。正如苏霍姆林斯基所言，成为一个全面发展的、活生生的、有血有肉的人，体现出力量、能力、热情和需要的完满与和谐。总之，学校教育要想达到人的个性才能和志趣的全面发展，而且是广泛、充分、自由的发展，就必须坚持实施全面和谐发展的教育。

六、塑造品格，"四全"育人

品格，称为品性，性格，是一个人的基本素质，决定着一个人为人处世的基本模式。品格与道德紧密相连，优良品格和道德素质是一个品德优秀人士的外部表征，通常以八种形态呈现：终身学习和批判性思维者；勤奋、能干的人；懂得社交技巧、具有高情绪调节能力的人；尊重的、负责任的道德主体；追求健康生活方式的自律的人；有贡献的社区成员和民主的公民；伦理思考者；精神上追求高尚的人。因此，学科教育在传授知识、发展能力的同时，要指导学生生成与发展这八种品格。养成与发展这八种品格，需要"四全"育人，即全课程育人、全员参与育人、全方位育人、全过程育人。

（一）全课程育人

教师通过课程的传递来实现教育教学，以帮助学生生成与发展学科核心素养。从课程的表现形态来看，课程可分为显性课程和隐性课程。在学科教育中，两者共同承担促进与帮助学生生成与发展学科核心素养和社会良好道德品质的任务。在显性课程中，学科专业课程培养的是学生的专业素养，它通过通识课程和实践活动课程为学生提供广泛的知识和实践经验，还以直接或间接的方式对学生的思想道德品格产生作用与影响。隐性课程（包括物质层面上的隐性课程、行为层面上的隐性课程、观念层面上的隐性课程、制度层面上的隐性课程）对学生道德品格的生成与发展发挥着间接影响与作用。由于隐性课程作用的间接性，致使学生道德品格的培养尚未得到足够重视。因此，培养学生道德品格需要显性课程和隐性课程共同发挥作用。

（二）全员参与育人

教学具有教育性：一方面，学科教育在培养学生学科核心素养的同时，也对学生道德品格的形成与发展产生影响；另一方面，学校的教育工作者是隐性课程的运行者，影响着学生道德品格的生成与发展。"全员参与育人"要求所有与学生教育相关的育人主体要担负起自身的责任，在显性课程和隐性课程的实施中影响学生道德品格素质的生成与发展。

（三）全方位育人

所谓全方位育人，是指教育者从各个方位对学生施加教育影响，做到无死角、无遗漏、多角度。要坚持把立德树人作为中心环节，把思想政治工作贯穿教育教学全过程，实现全程育人、全方位育人，努力开创我国高等教育事业发展新局面。全方位育人，需要线上线下教育的一体化，需要全方位的教育影响。全方位育人要求学校育人要覆盖到课堂、网络、校园的每一环节，做到育人无处不在。[①] 形成一体化教育，即发展学生学习素养与培养学生良好道德品格的一体化，形成教育合力，促进"双目标"的实现。

（四）全过程育人

过程育人是指在学校教育中，把整个学校教育视为活动过程，视为一组组将输入转化为输出的相互关联或相互作用的一系列活动，并加以规划

---

① 丁丹.新时代高校"三全育人"探赜：机理、问题与路向［J］.思想教育研究，2020（6）：119–123.

与控制，评价与改进。学科教育教学由一系列相互关联又相互作用的教育活动组成，活动呈螺旋式上升态势。全过程育人充分体现了过程理论和全面质量管理理论的思想。全过程育人为学生学科核心素养的发展和道德品格的培养提供了方法论。因此，学校教育工作者要在教学环节、管理与服务保障工作中，培养学生科学态度和探究真理的精神，同时不失时机地影响学生道德品格的发展，做到教书育人、管理育人和服务育人，最终完成立德树人的根本任务。

第八章　学科教育的教学设计

实现有效教学的前提是科学的教学设计。因此,教师要真正把握教学设计的概念与内涵、教学设计与备课的关系以及关于教学设计的不同观点;要真正认识到教学设计是确保教学任务完成的需要,是提高教学实效的需要,是实现教学目标的需要,是教师职业发展的基本要求。教师应在正确认识学科教育的教学设计模式、类型与特点的基础上掌握学科教学设计的内容与步骤。

第一节　学科教育教学设计的内涵

如何正确把握学科教育教学设计的概念与内涵,正确理解教学设计与备课的关系,是实现学科教育教学设计的先决条件。

一、关于教学设计的不同观点

理解教学设计首先要把握设计的概念。起初,"设"和"计"单独使用。如《周礼·烤工记》中出现了"设色之工","设"表示"制图、计划"的意思。《管子·权修》中有"一年之计,莫如树谷,十年之计,莫如树木,终身之计,莫如树人",此处的"计"也是"计划、考虑"之意。到了近代,"设计"开始作为合成词使用。《辞海(第六版)》对"设计"的定义是"根据一定的目的要求,预先制定方案、图样等"。英语 design 来源于拉丁语 desinare,在拉丁语中是徽章、记号的意思,设计是把思想上的意图通过符号表示出来,成为可视的东西。《牛津大辞典》对 design 的解释:作为名词,一是指思维中形成意图并准备实现的计划,二是指艺术构思中的草图、效果图。作为动词，意为指示，表示建立计划，进行构思、规划并形成方案的过程。因此，设计既是一种行为，又是一种活动，还是一种过程。

教学设计是个舶来的概念。在这之前，我们通常用"备课"来表达类似的意义。关于教学设计，目前尚无统一的概念。

加涅在《教学设计原理》中将教学设计界定为："教学设计是一个系统化（systematic）规划教学系统的过程。"[①] 史密斯、雷根（P. L. Smith, T. J. Ragan）认为，"教学设计是指运用系统方法，将学习理论与教学理论的原理转换成对教学资料、教学活动、信息资源和评价的具体计划的系统化过程"。[②] 瑞格鲁斯（Charles M. Reigeluth）认为，教学设计主要是提出最优教学方法的处方的一门学科，这些最优的教学方法能使学生的知识和技能发生预期的变化。[③] 这就是说，课程教学只有经过科学的设计，才能提出最优教学方法，才能培养与促进学生素质的生成与发展。瑞格鲁斯认为，教学设计也可称为教学科学，"是一门涉及理解与改进教学过程的学科。任何设计活动的宗旨都是提出达到预期目的的最优途径，因此，教学设计主要是提出最优教学方法的处方的一门学科，这些最优的教学方法能使学生的知识和技能发生预期的变化"。[④] 肯普（J. E. Kemp）认为，"教学设计是运用系统方法分析研究教学过程中相互联系的各部分的问题和需求。在连续模式中确立解决它们的方法步骤，然后评价教学成果的系统计划过程"。[⑤]

梅瑞尔（David Merrill）认为，"教学的目的是使学生获得知识技能，而教学设计的目的则是创设和开发促进学生掌握这些知识技能的学习经

① R. M. 加涅，等. 教学设计原理[M]. 王小明，庞维国，等，译. 上海：华东师范大学出版社，2007：2.

② P. L. 史密斯，T. J. 雷根. 教学设计（第三版）[M]. 庞维国，等，译. 上海：华东师范大学出版社，2008：4.

③④ REIGELUTH C M. Instructional design theories and model: An overview of their current status[M]. New York: Routledge. 1983: 23−50.

⑤ KEMP J E. The basics of instructional design[J]. Journal of Continuing Education in Nursing, 1992, 23（6）: 282−284.

验和学习环境"。① "教学是一门科学,而教学设计是建立在这一科学基础上的技术,因而教学设计也可以被认为是科学型的技术(science-based technology)。教学的目的是使学生获得知识技能,而教学设计的目的则是创设和开发促进学生掌握这些知识技能的学习经验和学习环境。"② 帕顿提出:"教学设计是设计科学大家庭的一员,设计科学各成员的共同特征是用科学原理及应用来满足人的需要,因此,教学设计是对学业业绩问题的解决措施进行策划的过程。"③

我国教学设计的系统研究始于 20 世纪 80 年代末。1987 年,乌美娜刊登于《外语电化教学》杂志上的《教学设计简介》是我国第一篇有关教学设计的文章。乌美娜认为,"教学设计是运用系统方法,分析教学问题和确定教学目标,建立解决教学问题的策略方案、试行解决方案、评价试行结果和对方案进行修改的过程。它以优化教学效果为目的,以学习理论、教学理论和传播学为理论基础"。④ 冯学斌等人认为,"教学设计主要是运用系统方法,将学习理论和教学理论的原理转换成对教学目标、教学内容、教学方法和教学策略、教学评价等环节进行具体计划、创设教与学的系统过程或程序"。⑤ 徐英俊认为,"教学设计是以优化的教学效果为目的,以学习理论、教学理论和传播理论为理论基础,运用系统方法分析教学问题、确定教学目标、建立策略方案、试行解决方案、评价试行结果和修改方案的过程"。⑥ 张筱兰认为,"教学设计是以教学过程为研究对象,用系统方法分析和研究教学需要,设计解决教学问题的方法和步骤,并对教学效果做出价值判断的计划过程和操作程序"。⑦ 以上学者主要从教学过程的角度看待教学设计,强调教学设计是教学系统优化的途径和过程,包括分析教学问题、解决

①② MERRILL D. First principle of instruction [J].Educational Technology Research and Development, 2002, 50(3): 43-59.

③ 何克抗,郑永柏,谢幼如.教学系统设计[M].北京:北京师范大学出版社,2002: 53-61.

④ 乌美娜.教学设计[M].北京:高等教育出版社,2002: 11.

⑤ 冯学斌,万勇.教学设计的理论基础[J].电化教育研究,1998(1): 27-30.

⑥ 徐英俊.教学设计[M].北京:教育科学出版社,2001: 3-15.

⑦ 张筱兰.论教学设计[J].电化教育研究,2001(1): 64.

教学问题、优化教学过程以及最终的教学评价。鲍荣认为，"教学设计是一种旨在促进教学活动程序化、精确化和合理化的现代教学技术"。[①] 这些观点强调外在的情境对教学的影响，强调对学习环境和学习经验的设计。何克抗认为，"教学系统设计是以促进学习者的学习为根本目的，运用系统方法，将学习理论与教学理论等的原理转换成对教学目标、教学内容、教学方法和教学策略、教学评价等环节进行具体计划、创设有效的教与学系统的'过程'或'程序'"。[②] 曾祥翊认为，教学设计是关于如何有效果、有效率地设计教学的理论，是由教育技术领域自身产生的。它是根据教学对象和教学目标，确定合适的教学起点与终点，有序、优化地安排教学诸要素，形成教学方案的过程；它是一门运用系统方法科学解决教学问题的学科，以教学效果最优化为目的，以解决教学问题为宗旨。[③] 张祖忻在《教学设计——原理与运用》中认为，教学设计的实质是一套系统的方法，包含教与学的辩证关系、教学原理、教学创新等问题，教学设计的目的是在于分析与解决教学中产生的问题，属于技术性范畴。[④]

可见，究竟何谓教学设计，观点并非一致，但有一点是肯定的，没有科学的教学设计，就不能有效教学，教学目标就无法较好地实现。

二、学科教育教学设计的概念与内涵

学科教育的教学设计，即学科课程教学的教学设计。所谓学科课程，是指依据学科知识的门类分科设置的课程形态的总称，是由一定数量的不同学科门类遵循各自固有的逻辑组成的课程系列。学科课程教学设计，是根据学生的现状与需要，根据教学大纲或课程标准、教材要求和一定的教学任务，依据一定的教学原理，运用科学的方法（调查、研究、分析等）对教学活动过程中诸要素及其逻辑关系予以提前的、即时的谋划、组织与安

① 鲍荣.教学设计理性及其限制[J].教育评论,1998(3):32-34.

② 何克抗,林君芬,张文兰.教学系统设计[M].北京:高等教育出版社,2006:3.

③ 曾祥翊.从国际学者对话透视教育技术发展[J].电化教育研究,2011(8):9-15.

④ 张祖忻,章伟民,刘美凤.教学设计——原理与运用[M].北京:高等教育出版社,2011:6.

排的活动与过程。

一是，教学设计要根据学生的现状与需要。教学设计是对教与学的活动和过程的设计，以提高教学的有效性，更有效地指导与帮助学生生成与发展某方面的素质。教学设计的首要工作是了解学生的现状，了解学生的需要，进而有的放矢地进行设计。

二是，教学设计要根据教学大纲或课程标准要求、教材和一定的教学任务来进行。学校教育是有目的、有计划实施的，不同层级、不同学段、不同学科的学习都有相应的要求。这些要求在教学大纲或课程标准中都有明确规定。教学大纲或课程标准、教材是学科课程的主要形态，是学生获取知识的主要载体和依据。另外，教学活动具有灵活性，又受到多方面因素的制约，因此教学设计还必须依据一定的教学任务进行。

三是，教学设计要依据一定的教学原理。教育教学是培养人、塑造人的活动与过程，十分复杂，系统且有自身的发展规律，需要受过训练的专业人员科学有效地组织与实施。教学设计为了提高教育教学的有效性和科学性，必须要在教学基本理论的指导下，由经过严格受训的专业教师来进行。就是说，只有在科学的教育学理论指导下，方能设计好课程教学，进而确保教学实效。

四是，教学设计要运用科学的方法。教育有法，但无定法；方法没有对错之分，只有运用妥当与否。在教学设计中，科学地优化教学方法的水平，是一名合格教师的基本功。

五是，教学设计要对教学活动过程中诸要素及其逻辑关系予以提前的和即时的谋划、组织与安排。一方面，教学设计要对教学活动过程中诸要素予以设计，同时还要对诸要素间的逻辑关系进行设计；另一方面，要对教学活动过程中的诸要素予以提前的和即时的谋划。在教学组织中根据具体情况对整个教学过程的因素与活动不断进行完善、调整，这种发生在教学活动中的调整与完善实际上是一种再设计。因此，我们不能狭隘地将教学设计理解成提前的设计，它还应该包括即时的再设计的过程。

六是，教学设计是活动与过程。把教学设计视为"活动与过程"是坚持过程方法原则，将活动和相关的资源作为过程进行管理。过程方法的优点是"对诸过程的系统中单个过程之间的联系以及过程的组合和相互作用

进行连续的控制"。① 过程管理按 PDCA 模式运行，即以计划（plan）、执行
（do）、检查（check）、处理（action）的顺序循环往复地进行。在教学设计
中，只有设计、谋划、组织与安排好活动与过程，才能确保教学的有效性，
进而有效培养与发展学生的相关素质与核心素养。

正确认识教学设计，还得明白教学的多重含义。"教学"实际上有两层
含义：一是我们平时说的教学，就是传统的教学论意义上的教学；一是课程
实施中的教学，即课程论意义上的教学。严格地说，基础教育中的教学不
应再是传统教学论意义上的教学，而应是课程实施中的教学，我国基础教
育课程改革已于 2001 年采用了课程论的话语体系，课程论与教学论在我国
也已经得到了广泛共识。因此，我们要从课程实施的视域认识、研究和实
施教学，这更符合教学规律和人的成长与发展规律。根据教育学的课程论
原理，教学是课程运作的活动与过程。课程运作由五个部分组成：课程决
策、课程编制、课程实施、课程评价、课程改进，而教学则是"课程实施"中
的一个环节。这就是说，教学就是"课程实施"的方式与手段。作为教育工
作者，要从教育学的课程论视域认识、研究与实施教学。

课程论视域的教学设计和教学论视域的教学设计有什么区别？课程论
视域的教学设计关注课程的合理性，而教学论视域的教学设计，直接关注
的是教学及其设计，而不关注课程部分。我国的基础教育已经实现了课程
论视域下的课程改革，原来的教学大纲已被课程标准所取代，因此就是课
程论视域下的教学设计。然而，我国的高等教育没有实施基于课程论的课
程改革，仍旧沿用教学大纲指导教学实践。基于课程论的课程改革，也会
成为高等教育课程改革的必然趋势。

三、学科教育教学设计与备课的关系

教学设计是舶来的概念，英语用"teaching/instructional design"来表
示，主要指对教学活动过程中诸要素及其逻辑关系予以提前的和即时的谋
划、组织与安排的活动与过程。在"教学设计"的概念传入我国之前，我们

---

① 中国国家标准化管理委员会 . GB/T19001 在教育组织中的应用指南（GB/Z19032–
2009）［S］.北京：中国标准出版社，2009：3.

通常用"备课"表示"教学设计"。两者既有联系又有区别，主要表现为以下四点。

第一，从涉及的范围来看，教学设计与备课的范围不尽相同。教学设计涉及的范围广，可以对一节课、一课书的设计，也可以对一个单元课、一门课程、一门课程的部分内容的教学进行设计；还可以对一个学期、一个教学阶段、一个年级甚至一个专业的课程教学予以设计。备课的范围则要小一些，备课一般以一节课或一课书为单位予以具体计划并制定实施方案，也可以对一个单元或一本书进行设计。我们通常所说的备课一般是指备一课书、一节课或者一个单元。如果说一课书的内容需要四课时完成，那么备一课书，就要准备四节课。

第二，从活动的时间来看，教学设计涉及两段时间，而备课一般涉及一段时间。教学设计既包括对教学中诸相关要素进行提前谋划、组织与安排，也包括在教学过程中即时的谋划、组织与安排，即根据教学活动过程中的具体实际进行适当微调、重组与改进活动，以便更加有效地组织教学，收到更好的效果。备课，主要指对教学中诸相关要素予以提前谋划、组织与准备，而不包括在教学过程中即时的谋划、组织与安排。在教学论的话语体系中，"即时的谋划、组织与安排"一般被看作组织教学的一部分。

第三，从呈现的结果来看，教学设计与备课不尽相同。教学设计一般包括广义的教学设计和狭义的教学设计。广义的教学设计一般是指整体的统筹性设计，所涉及的范围较大，内容较广。而狭义的教学设计，主要指课堂教学设计，主要是对一节课或一课书的教学设计，课堂教学设计的最终呈现形式一般是教案。备课，一般指准备一课书、一节课或者一个单元的教学方案，最终呈现形式是教案。

第四，从教育学话语体系来看，教学设计与备课也有一定的差别。在基础教育中，我国于2001年开始实施课程改革，由原来的教学论主导转为课程论主导。目前，我国中小学教学论与课程论的话语体系共存。因此，"教学设计"（指狭义的教学设计）和"备课"的使用是混在一起的。我国的高等教育没有进行像基础教育那样的课程改革，因此，仍旧是教学论的话语体系，沿用教学大纲，"教学设计"和"备课"都是在教学论的话语体系中。在西方发达国家里，一般都使用"教学设计"，适用范围既包括广义的教学设计，也包括狭义的教学设计，如英语语言国家用"teaching design"或

"instructional design"表示。另外，在我国，备课与狭义的教学设计从技术与内容要求上看也没有实质性区别。

第二节　学科教育教学设计的意义

从教学设计的基本实践来看，教学设计具有双重指向性：一是教学论视域的教学设计；二是课程论视域的教学设计。不管是课程论视域，还是教学论视域下的教学设计，其目的是一致的，都是通过运用科学的方法对课程教学活动过程中诸要素及其逻辑关系予以谋划、组织与安排，以提升教学的有效性，进而有效培养与发展学生的素质。

一、教学设计确保教学任务的完成

学校教育是有目的、有计划培养人的活动与过程，不同类型与层级的学校都被赋予了了不同的内容与任务。教学任务是指在教学中为实现教育目的所规定的不同层次的基本要求，包括共同性任务、各门课程任务、每门课程单元乃至每堂课的教学任务等。学校承担着培养人才的重任，不同类型、层级、专业的学校承担不同的任务。高等学校的教学任务主要体现在课程门类上，以学业基本水平要求衡量完成程度。如，我国培养中学教师的教师教育专业规定学习的课程为五个门类：一是专业课程，二是教育类课程，三是德育课程，四是通识课程，五是实践类课程。其中《教师教育课程标准（试行）》要求中学教师培养开设儿童发展与学习、中学教育基础、中学学科教育与活动指导、心理健康与道德教育、职业道德与专业发展五个学习领域的课程。它还提出了建议设置的课程模块，具体为：儿童发展，中学生认知与学习，教育哲学，课程设计与评价，有效教学，学校教育发展，班级管理，中学学科课程标准与教材研究，中学学科教学设计，中学综合实践活动，中学生心理辅导，中学生品德发展与道德教育，教师职业道德，教师专业发展，教育研究方法，教师语言，现代教育技术应用。完成这些课程的关键在教学，而教学成效的质量又取决于教学设计。可见，科学的教学设计是有效完成教学任务的基本保障。

二、教学设计有助于提高教学实效

教学设计旨在确保教学实效。提高教学实效，其前提是做到有效教学。系统的有效教学（effective teaching）理论源于 20 世纪上半叶美国的进步主义教育运动，后来在实用主义哲学和行为心理学的影响下，引起了世界各国教育学界的关注。一直以来，人们认为"教学是艺术"，但随着 20 世纪以来科学思潮的影响，以及心理学特别是行为科学的发展，人们意识到教学也是科学。教学不仅有科学的基础，而且还有科学的方法。于是，人们开始关注教学的哲学、心理学、社会学的理论基础，以及如何用观察、实验等科学的方法来研究教学问题。有效教学就是在该背景下提出来的，指教师遵循教学活动的基本规律，以尽可能少的时间、精力和物力投入，收到尽可能多的教学效果。或者说，教师运用科学有效的方法教会学生学会有效学习的方法，让"教"和"学"收到事半功倍的效果。

在学科课程教学中，要想做到教与学有效果、有效率、有效益，就必须在教学设计上下功夫。如何科学安排教学内容与确定教学目标？如何实现教学方法的优化？如何选择或构造适宜的教学模式？如何关注个体差异？如何培养学生的发散性思维？如何指导与培养学生的核心素养？如何引导学生正确认识社会主义制度的优越性？如何全面贯彻党的教育方针，有效提升学生的道德素质？总之，指导与帮助学生学会知识、发展能力、养成品格、学会方法，有赖于科学合理的教学设计。

三、教学设计有助于实现教育目标

进行科学的教学设计是为了提高教学的有效性，实现教育目标，达成教育目的。教育目的与教育目标既有区别，又有联系，两者不是简单的线性关系，而是抽象与具体的关系。教育目的是一种教育企图，不可以测量；而教育目标则是要达到的基本要求，可以测量。教育目的决定着教育目标的状态、内容和方向。教育目的的实现，需要对教育目标和课程与教学目标加以具体化。同时，教育实践工作者要明确教育目标，胸怀教育目的，在具体教学实践中，将教育目的融入教学目标。在关注教学目标、课程目标达成的同时，对于"培养什么样的人"予以深刻理解，在教学实践过程中以此为价值追求。

要实现教育目标，还需要正确认识培养目标、教学目标、课程目标的关系。陈桂生认为："所谓'培养目标''教学目标'，表达的是'教学论'概念系统中的概念，而'课程目标''教育目标'则是'课程论'概念系统中的概念。我们以为这只是两门学科问题，其实，世界上每个国家基本上只采用一种概念系统表达其实践。如英语国家一般采用'课程论'概念系统，而欧洲大陆的德语、法语、俄语国家采用'教学论'概念系统。在苏联，从凯洛夫《教育学》到巴班斯基《教育学》（1983）中，都没有出现'课程'概念，这倒不是说苏联没有'课程设置'，而是他们把所谓'课程'称为'教学内容'。"[1] "我国以往借鉴苏联经验，采用'教学论'概念系统，但又在'教学内容'意义上采用'课程'概念。我国的'教学计划'相当于英语国家的'课程计划'；'教学大纲'相当于'课程标准'，也就把'课程目标'称为'教学目的'（目标）；英语国家采用'课程论'概念系统，把'教学'理解为'课程的实施'，他们的'课程目标''教育目标'提法，也很自然。这两套概念系统与话语系统，实际上表达的是两种思路，而这两种思路又是两种课程机制的反映。"[2]

就某一学科而言，通过教学要实现学科核心素养目标；就整个教育而言，通过教育教学要实现核心素养目标；就我国社会主义学校教育而言，通过教育教学要实现"五大素养"目标，即培养学生政治认同、家国情怀、宪法法治意识、道德修养和文化素养。实现这些教育目标的前提是有科学的教学设计。

四、教学设计是教师职业素养的基本要求

教师是一个古老的职业，随着时间的推移和人类社会的发展与进步，教师职业的专业性日益凸显。教师是一种专业，教学工作具有很强的专业性，是培养与教育人的活动。教师的劳动不只是教书，还要育人。教师

---

[1] 陈桂生."课程目标"问对[J].河北师范大学学报（教育科学版），2003（2）：40.

[2] 同上：41.

的工作对象是学生，每个学生都是有主体意识的个体，每个学生在身体、心理、智力水平和思维方式等方面都有自己的特点，都有发展的需要和发展潜能，指导与帮助每个学生全面和谐发展是教师的基本职责。教师要忠于教育事业，要热爱学生，具有良好的师德。师德包括教师的基本道德素养和职业道德，"为人师表""以身作则""循循善诱""诲人不倦""躬行实践"等既是师德的规范，又是教师良好人格特征的体现。师德，是教育工作者在教育活动中必须遵守的道德规范和行为准则。现代社会中的教师职业具有自身独特的职业要求、职业特点和职业条件，有专门的职业培养机构、制度、职业规范等。传道者、授业解惑者、研究者、示范者、管理者是教师职业的基本特征。教师必须具有基本专业素养、基本理论素养、政治意识素养和道德养成素养，必须做到有理想信念、有道德情操、有扎实学识、有仁爱之心。教学设计能力就是教师基本专业素养的重要内容。可见，教学设计是教师专业发展所必需的工具技能。教师不但要熟练掌握教学设计的基本知识与基本理论，还要积极探索所教授课程的教学设计技巧。

第三节　学科教育的教学设计模式

教学设计模式是指运用系统方法对不同教学系统进行教学设计的各种标准化形式，是在教学设计的研究与实践中形成的、相对稳定的、系统化和程式化的范型，是经过提炼、概括而建构起来的较为稳定的程式化的教学设计体系。

一、教学设计模式分类

由于教学设计的研究与实践受到教育观、教育学、心理学、管理学等因素的制约，还受环境与条件、教育目的与目标、课程范围、教学设计人员学识与专业水平以及文化习俗等条件的制约与限制，因此，在教学设计中产生了多种教学模式。视角不同，对教学设计模式的理解与分类也不同。

（一）根据教学模式的特点与作用分类

美国学者安德鲁斯（Andrews）和古德森（Goodson）根据各种教学设计模式的特点将教学模式归纳为三种类型：整体型模式（integrated models），从一般系统理论演变而来，内部包括相互联系和相互作用的因素，强调信息反馈，以系统内部某一部分为基础探讨另一部分的行为；任务定向型模式（task-oriented models），强调对教学所必须完成和发展的任务的构成和具体步骤的设计；处方型模式（prescriptive models），提供一整套"如果—那么"语句，给出解决问题的方法，例如学习内容是 X 类，学生是 Y 型，那么应该设计 XY 类型的学习。

（二）根据教学模式的聚焦点分类

美国学者根据模式之间的相容性关系，把教学设计模式分为五种：第一种，以课堂为中心的教学设计模式（classroom focused models），该模式需要具备教师、学生、课程、设备、具体课堂环境，设计范围是课堂教学，重点是如何选择和采用已有的教学材料；第二种，以教学产品为中心的教学设计模式（product focused models），该模式根据预定的目标，开发一个或几个具体的教学产品（如电视教材、计算机课件、交互视频教材和教学媒体包等）；第三种，以系统为中心的教学设计模式（system focused models），该模式以开发教学系统为目的，对材料、设备、管理、实施计划、师资培训及教学包等进行全面设计；第四种，以组织为中心的教学设计模式（organization focused models），该模式把改善教学，修正全部或部分组织以求对新环境的适应作为目的；第五种，以学生为中心的教学设计模式（student-centered instructional design models），该模式充分体现了"以学生的发展为中心"的教育宗旨，围绕着学生发展、学生如何学、如何有效学习进行设计。

（三）根据教学模式设计范围分类

有学者认为教学设计模式分为两大基本类型：一是课堂／产品教学设计模式（classroom/product models），主要针对单一的课程或单一的教学活动序列或教学材料进行设计，并实施评价，着眼于"如何做"，例如：如何才能达到目的，如何设计一个教学单元等；二是综合教学设计模式（comprehensive models），着眼于设计教学的全部计划和整个程序。一般分为"方案选择和设计"与"制作、实施和评价"两个阶段。不仅着眼于"如何做"，而且关心"是什么"和"为什么"等诸项内容。系统方法和学习理论是教学设计模式的主要理论基础。

二、教学设计基本模式

有了系统的学校教育就有了教学设计，有了教学设计就有了教学设计模式。然而，基于科学理论的系统的教学设计的研究始于20世纪五六十年代，随着时间的推移和研究的深入，形成了许多经典的教学设计模式，被称为教学设计基本模式。进入21世纪，随着科学技术的迅猛发展，特别是信息技术的发展，人工智能社会的到来，教学设计逐渐发生了技术性的转向，在研究中更多地强调教育信息化的重要作用，在教学设计及其模式的研究上也体现了"智慧校园""在线课程""服务学习"等新变化。教学设计及其模式研究日益丰富，研究方法也实现了新突破。然而，教学设计基本模式仍然具有无穷的魅力与指导作用。

（一）系统分析模式

加涅和布里格斯（L. J. Briggs）是20世纪70年代认知性教学设计理论的代表人物。加涅把认知理论整合于教学设计中，成为认知性教学设计理论的重要代表。他们在《教学设计原理》中认为，教学设计应具备几个前提条件或基本假设：一是，必须为个体而设计，必须重视学生的个体差异才能实现教育的效果和目的；二是，设计应当包括短期和长期的阶段，教学设计不是一次具体的教学过程的思考和实施，而是作为一个系统存在着；三是，教学设计应当实质性地影响个体发展，要为个体的发展创造良好的公平的环境；四是，设计必须以系统的方式进行，并且建立在人们知识学习方式的基础上。

系统分析模式包括十个基本步骤：分析和确定现实的需要；确定教学

的一般目标及特定目标；设计诊断的或评估的方法；形成教学策略，选择教学媒体；开发、选择教学材料；设计教学环境；教师方面的准备；小型实验，形成性评价及修改；总结性评价；系统的建立和推广。

（二）ADDIE 通用模式

通用模式指课程教学设计普遍采用的模式，重在创造和传授教学内容，包括布卢姆认知模型、ADDIE 模型、课程设计三角形、课程设计矩阵和反向设计法等。ADDIE 模型是最接近传统的教学设计程序，也是运用最广泛的教学模式类别。ADDIE 模型展现了教学设计过程的五个主要活动：分析（analysis）、设计（design）、发展（development）、实施（implementation）和评估（evaluation）及其相互关系。这五个主要活动（见图 8-3-1）是依序进行的，体现了系统论的原则，已经被人们公认为是组织和创建其他通用教学设计模型的基本标准。①

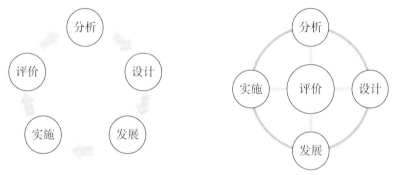

图 8-3-1　教学设计 ADDIE 模型①

（三）ASSURE 模式

ASSURE 模式是 1989 年由美国印第安纳大学罗伯特·海涅克（Robert Heinich）、迈克尔·莫伦达（Michael Molenda）和普渡大学的詹姆斯·罗

---

① 赵炬明. 聚焦设计：实践与方法（上）——美国"以学生为中心"的本科教学改革研究之三［J］. 高等工程教育研究，2018（2）：37.

素(James D. Russell)在《教学技术与媒体》(*Instructional Technology and Media for Learning*)中提出来的。"ASSURE"型教学设计模式是"ADDIE"模式的改进版。ASSURE模式是以认知学习理论为基础,有机整合了加涅的九段教学事件理论,以其可操作性、简洁性、逻辑性和以学习者为中心的思想而著名,是一个很有价值且被广泛接受,能够推广到课堂教学、远程教育和企业培训等多个领域中的教学设计模式。它主要包括六个过程:学习者分析(analyze learners)、陈述目标(state objectives)、选择教学方法、媒体和材料(select methods, media and materials)、运用媒体与材料(utilize media and materials)、要求学习者参与和交互(require learner participation)、评估和修订(evaluate and revise)。教学设计过程较为完整,呈现给学生不同类型的学习方式,并教给学生如何与教学环境相互作用的方法。[①]仅就信息技术为主要载体的当代教学设计而言,实际效果更为显著。

ASSURE模式重视媒体和材料的运用,提出了"5P法",即预览材料(preview the materials)、准备材料(prepare the materials)、准备环境(prepare the environment)、让学生做好准备(prepare the learners)以及提供学习体验(provide the learning experience)五个环节。

(四)系统教学设计模式

系统教学设计模式(instructional system design, ISD)最早于1968年提出,该模式深受加涅和布里格斯观点的影响,是侧重行为主义并系统化思考的教学设计工具。该模式为我们掌握基本的教学设计程序和规范奠定了基础,具有很强的实践意义。迪克(Walter Dick)和凯里(Lou Carey)是"系统设计论"(Theory of Systematic Designing Instruction)的主要代表人物,于1978年出版了《系统化教学设计》(*The Systematic Design of Instruction*),被教学设计界推崇为最受欢迎的教科书之一。迪克和凯里模式十分注重教学过程的系统性,认为教学过程的现代视野是将教学看成一个系统的过程,过程中的每一个成分对成功的学习至关重要。迪克和凯里所提出的系统方

---

① HERLO D. Pass through examples of instructional design [J].Journal Plus Education, 2013(3):73-76.

法模型通俗明了，包括八个相互联系的组成部分，是教学设计人员用来设计、开发、评价和调整教学的工具。模式中的步骤为：确定教学目标；进行教学分析；确定起点行为；编写教学具体目标；设计标准参照试题；开发教学策略；开发与选择教学材料；设计与实施形成性评价；进行教学调整；设计与实施总结性评价。

　　以上十个步骤系迪克和凯里倡导的运用系统方法进行教学设计的程序。这些程序由一组相互作用的成分构成，每一个成分都有其输入和输出，整合之后产生预期的产品。系统还要收集本身效果的有关信息，以便在最终的产品定型前做出改进，从而达到预期的质量要求（见图 8-3-2）。

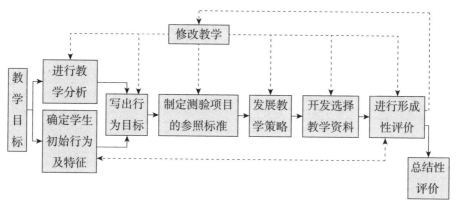

图 8-3-2　系统教学设计模式

（五）史密斯和雷根模式

　　针对目标的教学设计模式由史密斯（P. L. Smith）、雷根（T. J. Ragan）于1993年提出。该模式是在第一代教学设计中有相当影响的"迪克和凯里模式"的基础上，吸取了加涅在"学习者特征分析"环节中注意对学习者内部心理过程进行认知分析的优点，并进一步考虑认知学习理论对教学内容组织的重要影响而发展起来的。该模式较好地实现了行为主义与认知主义的结合，较充分地体现了"联结—认知"学习理论的基本思想，在国际上有较大的影响。

　　史密斯和雷根的《教学设计》（Instructional Design）于1995年出版第一版，1999和2005年分别出版了第二版和第三版，在国际教学设计研究领域享有盛誉。史密斯和雷根将教学设计过程分为三个阶段：分析阶段、策略阶段和评价阶段。在第一阶段，分析学习环境、学习者、学习任务，制订初步的设计栏目；在第二阶段，确定组织策略、传递策略，设计出教学过程；在第三阶段，进行形成性评价，对预期的教学过程予以修正。在史密斯和雷根看来，教学设计模式是教学设计过程的一种形象表征（visualized depictions），由此突出了各个要素及其相互关系。该模式的创新之处在于突出了情境分析以及按照组织、传递和管理三个类别来讨论策略等问题。

史密斯和雷根通过一个数字电视系统维修人员培训的例子来说明他们提出的模式是如何运作的：在分析阶段，设计人员要尽可能多地了解学习者（维修人员）所处的环境，了解学习者本身的特点以及学习者要完成的维修任务；在选择教学策略阶段，设计人员要回答教学事件如何真正起到促进学习的作用；评价阶段既包括对学习者的评估，也包括对教学的评估。在安排评价活动中，设计人员要制订评价计划以明确学习者在学习活动结束后应该改进的方面。

（六）肯普模式

肯普、莫里森和罗斯（J. E. Kemp, G. R. Morrison & S. M. Ross）等人编著了《设计有效教学》（*Designing Effective Instruction*），1998 年出版，2001年和 2004 年分别修订出版了第二版和第三版。肯普认为，教学设计是从学习者的观点而非传统的从内容的视角来考虑教学。它包括许多影响学习结果的因素：学生达成目标需要什么样的准备水平？什么媒体或其他资源最为合适？成功的学习需要什么样的支持？如何确定目标是否有效达成？如果教学计划的实际试验与预期设想不符，有必要进行哪些调整？

教学设计有四个基本要素，差不多在任何一个教学设计模型中都可以见到其踪迹。四要素可以通过回答下列问题表现出来：教学方案为谁开发——学习者或受培训者的特征；希望学习者或受培训者学到或表现什么——具体目标；如何最有效地学习学科内容和技能——教学策略；如何确定学习完成的程度——评价程序。这四个最基本的成分（学习者、具体目标、方法和评价）形成了系统的教学规划的框架。

肯普认为，一个综合性教学设计有九个成分：明确教学问题，详细说明设计教学方案的目标；在整个规划过程中都要注意考察学习者的特征；明确学科内容，并对与已述的目标和目的相关的任务成分进行分析；向学习者交代教学目标；在每一教学单元内按序排定教学内容，以体现学习的逻辑性；设计教学策略使每个学习者都能掌握教学目标；规划教学信息和传递方法；开发评价工具用以评估目标；选择支持教学活动的资源。

他认为，教学的起始点应针对一个潜在的设计项目是否恰当来做出决定，如果用圆形表示的话，"教学问题"是起始成分。当我们开始教学设计时，如果教师对于开放的、灵活的方式感觉到有什么不放心的话，那就不妨遵循要素的逻辑排列，从教学问题开始，然后再到学习者的特征，并按顺时针方向依程序一一考虑九个成分。

不过，肯普认为，虽然九个成分构成了一个有逻辑的、顺时针的序列，但教师在操作时不一定非要按此顺序。这也是使用椭圆形模型的理由。因为椭圆没有一个特定的起点，每个人都可以按他们自己的意愿进行教学设计，可以依据他们认为的逻辑或合适的顺序从任何地方切入。

在椭圆形模型图示中，这些要素之间并不是用直线或箭头相连的。虽然肯普使用椭圆形模型的目的是想传递一种灵活性，但也不否认九个成分也可以有某种序列联系。当然，有些情况并不一定非得涉及全部九个要素。例如，在某些计划中，评价工具就不一定是必要的。

使用椭圆形图示的另一个原因是九个成分之间存在着灵活的相互依赖性。对于一个成分做出的决定可能会影响其他成分。例如，尽管已经陈述了教学目标，但学科内容的具体项目可能会增加或重新排序，或者当教学传递方法被选定之后，教学目标的意图会比最初陈述时更为清晰，这就需要对目标进行修改。因此，这一椭圆形程序允许和鼓励在选择成分、操作顺序及各成分循环往复时有一定的灵活性。当制订具体的教学设计规划时，这一程序允许有所改变或增减。

（七）马杰模式

马杰（R. F. Mager）教学设计模式的思想较好地体现在他的著作《有效教学的设计》中。教学设计依次由三个基本问题组成：首先是教学目标的制订；其次是学习者起始状态的分析、教学内容的分析与组织、教学方法与教学媒介的选择;最后是教学评价。

《有效教学的设计》以当今教学与培训设计的先进理念为依托,依据教学分析、设计、开发、实施和评价等阶段(即教学设计或培训设计界通用的ADDIE模式),具体讨论了诸多问题,如分析业绩、分析目标、分析任务、确定教学具体目标、落实知识技能分层、明确课程先决条件、配置标准测试、提供针对性练习、确定教学内容、选择教学传递方式、安排教学模块、开展试教、安排教学顺序、制订上课程序、做好准备工作、实施教学和教学改进等各项教学设计具体工作。马杰认为,尽管这些程序是按实际完成的大致顺序来阐述的,但也需要考虑前后照应问题,教学设计要思前顾后、通盘考虑。教学系统开发程序不限于哪个学科、专业和职业,在不考虑教学目的的前提下,程序设计是基本相同的。

步骤一,教学分析阶段:一是实施业绩分析;二是开展目标分析;三是完成任务分析。

步骤二,教学设计阶段:一是说明教学具体目标;二是明示技能分层;三是说明预期教学对象;四是规定课程先决条件。

步骤三,教学开发阶段:一是拟定标准测试;二是提供针对性练习;三是选择教学内容;四是选择教学传递方式;五是安排教学模块,教学模块还应包括学习者实现具体目标之前应具备的知识;六是进行试教;七是教学单元排序。

步骤四,教学实施阶段:一是制订上课程序;二是做好各种准备;三是实施教学。

步骤五,教学评价或改进阶段。因为学习者需要和岗位本身的变化,或者由于新技术、材料和设施的出现,再加上学习者之间存在的个别差异,所以专业教师应采取措施改进教学。教学改进由明确改进条件和采取必要的步骤运用改进条件两部分构成。其程序涉及对教学实践的现状和预期的教学进行比较,即对"实际是什么"和"能够是什么"做出比较。

(八)UbD 教学设计模式

UbD 教学设计模式(Understanding by Design),也称逆向教学设计,是美国教学评估专家格兰特·威金斯(Grant Wiggins)和杰伊·麦克泰(Jay

McTighe）提出的。该模式依据泰勒的目标分类与导向基本原理，以明确的学习目标为起点，以促进学生有意义学习为目的，强调评价设计先于课程内容与教学活动的开展，是美国督导与课程开发协会（ASCD）近年来竭力向中小学推介的一种课程与教学改革模式。

UbD教学设计模式重点关注"单元教学设计"，在开始教学设计时就关注教学目标的实现以及评价具体目标实现的证据。UbD是一种教学设计理念与方法，关注以促进学生理解为目标的教学本质，关注学习活动发生的内在机理与过程以及考量证据。教学是手段，教学的目的是达成最终目标。因此，有效教学在进行教学设计时就明确预期学习目标并且提供学习真实发生的评价证据，根据学习目标要求或暗含的表现性行为进行教学设计，充分体现了"以学定教"的基本原则，促进学生有效完成学习任务。

UbD教学设计包括三个阶段：一是确定预期结果（指学生应该知道什么，理解什么；能够做什么，什么内容值得理解，什么是期望的持久理解）；二是确定合适的评估证据和设计学习体验和教学（如何知道学生是否已经达到了预期结果，哪些证据能够证明学生的理解和掌握程度）；三是设计学习体验和教学（学生要有效地开展学习并获得预期结果，他们需要哪些知识，哪些活动可以使他们获得所需的知识与能力）。UbD教学设计理解包括六个维度：解释、阐明、应用、洞察、深入、自知。

三、教学设计基本模式的特点分析[①]

由于教育观和视角不同，教学设计的基本模式所关注的焦点不尽相同。尽管如此，教学设计基本模式之间存在着一些共同点。

第一，坚持运用系统的方法。教学设计基本模式都以系统理论为指导，采取系统化设计。系统化设计有两种基本含义：一是指循序操作，层层落实，即所谓的 systematic designing；二是着眼整体，统揽全局，即所谓的 systemic designing。可见，"系统设计教学"（systematic & systemic designing instruction）包括了两层意思。当然，早期的系统设计思想，更多

---

① 盛群力. 教学设计的基本模式及其特点［J］. 广州大学学报（社会科学版），2006，（7）：36-37.

地偏重第一种含义，现在则逐渐融合了第二种含义。迪克和凯里的教学设计模式侧重第一层含义，而马杰模式和肯普模式，相对而言就比较偏向系统方法的第二种含义。

第二，线性与循环运作相得益彰。早期的教学设计模式大多是线性的，例如，迪克和凯里模式就是一个典型。不少人认为，线性教学设计模式是呆板机械的程序象征，由此被认为是落后的、过时的东西。但是实际上，迪克和凯里模式已经经历了几十年的考验，从模式本身来看，没有根本性的变化。史密斯和雷根模式也基本沿用相对线性的表征。但是，史密斯和雷根指出，实际的教学设计工作并不一定完全是套用这样刻板的序列。在许多情况下，教学设计的多项活动是同时开展的或者循环往复多次的，尤其是在"心里"进行设计活动时更是如此。所以，他们也强调指出，现实情境中的教学设计模式如果要确切地采用图示表达，可能更像是一团环环相扣、层层相依的"线球"。马杰模式看起来也基本是线性模式。但是，马杰认为，尽管这些程序是按实际完成的大致顺序来阐述的，但并非是指进入了后一个程序，前面的程序就可以置之脑后了。教学设计总是要求思前顾后、通盘考虑。肯普模式则采取的是椭圆形表征，他强调随机进入、循环往复的有机性和融合性。但从另一个角度来看，肯普模式无非是将史密斯和雷根没有直接表达出来的"线球"经过梳理之后呈现了出来。

第三，坚持从基本问题出发确立模式。教学设计的基本问题为如何确立目标，如何导向目标，如何评估目标。肯普模式从学习者、教学具体目标、教学方法和教学评价四个最基本的成分出发，正是这些组成部分的相互联系，构成了一个完整的教学设计。史密斯和雷根模式则是从基本问题出发来考虑教学设计过程。他们认为，教学设计者的任务无非是要回答三个基本问题：我们要到哪里去（教学的目标是什么）？我们怎样到那里去（通过何等路径与策略达成目标）？我们如何知道是否达成了目标（如何评价与教学改进等）？

第四，从基本问题或基本成分出发确立教学设计的框架。教学设计模式基本上划分为教学分析、教学设计、教学开发、教学实施和教学评估五个基本阶段，即 ADDIE。这是在教学设计领域被普遍认可的框架。正如马杰所言，如果将教学设计要回答的三个基本问题转换成教学设计工作者要做的事情，应该是：实施教学分析以确定我们将到哪里去；开发教学策略以确定我们如何到那里去；开发与实施评价以确定我们如何知道目标是否达成。分析阶段和设计阶段可保证教学是做值得做的事情；开发阶段确保教学能够预期有效；实施阶段使教学实际有效；评价和改进教学阶段使教学尽可能持续有效。

　　总之，教学设计是根据学生的现状与需要，根据教材要求和一定的教学任务，依据一定的教学原理，运用科学的方法（调查、研究、分析等）对教学活动过程中诸要素及其逻辑关系予以提前的和即时的谋划、组织与安排的活动与过程。从一般意义上来讲，教学设计模式在程序上都包括分析、设计、改进、评价和反思等过程。不论哪种教学设计模式，都会通过系统分析教育目标、教学活动、次序、时间、教学组织与管理、突发事件的处理预案、教学方式、教学方法以及优化原则、教学手段与措施、教学评价内容与方式方法、教师反思与指导学生反思、教学持续改进措施、练习与训练，以及评价与改进等所有可能涉及的要素，并予以统筹、规划、组织与安排。

第四节　学科教育教学设计的步骤

　　做好教学设计，要在科学的教学基本理念与原则的指导下，通过调查系统把握学生的发展水平与现状，采用科学的教学设计方法，遵循科学的教学设计步骤。

一、确立教育基本理念与原则

　　在进行教学设计之前首先要有教育理念与教学基本原则作引领。教育理念是人们对教育的理性认识、理想追求及其所形成的观念体系，包含四个方面的内容：对教育本质的理性认识；对教育的理想追求；对教育功能的思想观念；对整个教育的哲学观点。教育理念是人们经过长期的理性思考和实践所形成的思想观念、精神向往、理想追求或哲学信仰的抽象概括，教师所持的教育理念左右着教育教学的方向、方法和效果。如在教学中，"学生是学会的"和"学生是教会的"是两种截然不同的教育观念，会导致教师教学行为与思路的不同。如果认为"学生是学会的"，那么教师就会自觉地以学生指导者、帮助者的身份，研究、指导或帮助学生进行自主创新性学习和自我教育；如果认为"学生是教会的"，那么教师就会一味地灌输学科知识，无视学生的主观能动性。可见，教学设计必须以科学的教育理念为指导。

教育原则是人们根据需要而制定的在教育活动过程中应遵循的基本准则，是教育规律在教育中的反映。教育是教育观、教育理念的下位概念，具有方向指导意义。教育原则与教育科学发展水平、人们的认识能力密切相关。由于人们的教育观、认识与经验不同，加之不同的时代要求，制定或采用的教育原则也有所不同。教学原则是在教学活动过程中应该遵循的准则，是教育原则的组成部分。在学校教育中，教育教学原则是有效进行教学必须遵循的基本要求，对教学中的各项活动起着指导和制约的作用，教学设计首先要解决的就是制定或采用科学的教育教学原则。另外，科学的教学原则是对教学基本规律的正确反映，取决于人们对教学客观规律的主观认识程度。在教学设计中，制定或采用科学的教育教学原则是做好教学设计的先决条件。

二、了解和分析学生的发展水平与现状

教学是教师运用科学的方法指导与帮助学生学会学习的活动，对学生实施全员、全方位、全过程的教育活动与过程。教学及其设计必须了解与关注学生的发展现状，方能有效促进学生素质的生成与发展。

首先，要研究学生的学科认知特点和规律。学生原有的学科认知特点和规律，对他进一步学习新的学科内容、构建新的认知结构具有十分重要的影响。

其次，要研究学生的知识现状。教师应对学生的学习情况进行调查，掌握学生的知识经验，然后仔细分析，为教学设计提供参考。

再次，要研究学生的生活背景。学生的生活背景包括学生的经历、经验、思想和生活状况，它们影响学生对社会、对学习的观点和态度，对学生的进一步学习产生重要的作用和影响。

最后，要研究学生的情感因素和身心特征。学生是处在不断发展变化中的人，教师要通过调查研究，了解、分析学生们面临的各种情感或心理问题，要充分尊重他们，调整方法，制订措施，做好教学设计。

三、研究教学的基本要求

学科教育的课程教学要求，一般通过教学大纲或课程标准和教材予以规定。教学大纲是教学论话语体系的概念，而在课程论话语体系中称为课程标准。课程标准是课程实施的指导性文件，规定了某一门课程的性质、课程目标、课程内容、实施建议等。由于话语体系不同，教学大纲和课程标准侧重点不尽相同，性质是一致的，都是教材编写和教师进行教学与教学设计的主要依据，也是检查和评定学生学业成绩和衡量教师教学质量的重要标准。因此，教学大纲和课程标准是教学设计的重要依据。

教材是指用于教学的各种材料，是依据教学大纲或课程标准规定的教学内容、教育目标、知识的内在联系以及教学方法等要求，以简洁明确的文字（或音视频）形式，系统地阐述一门课程的知识信息，并用于教学的各种材料。教材的定义有广义和狭义之分。广义的教材指在教学中教师和学生使用的所有教学材料，包括教科书（又称课本）、练习册、活动册、参考书、教学补充材料等。狭义的教材指教科书，包括学生用书、教师用书、练习册等。教材是依据教学大纲或课程标准编制的，系统反映了课程学习内容，是教学大纲或课程标准的具体化，通常按学年或学期，分单元或章节编排，主要是由目录、正文、习题、实验、图表、注释和附录等部分构成。随着科学技术的发展、教学手段的现代化，教学内容日益丰富，教材形成也多样化，有纸质教材、电子教材，也有有形教材、无形教材。

总之，在教学设计中，教师既要研究教学大纲或课程标准对本学科内容的基本要求，又要充分把握教材的基本内容。

四、教学设计的内容与步骤

每一本门（学科）课程都拥有两大功能：一是"增长才干功能"，即"增长知识与发展能力功能"；二是"立德树人功能"，即德育功能。实现课程的双重功能，才是真正意义上的教育。在教学设计中，"增长才干功能"和"立德树人功能"要一并设计，如若把两者分开，既不符合教学规律，又难以进行教学实施。

（一）确定教学基本目标

在教学设计中，"确立教学基本理念与原则"是为了保证教育教学的正确方向；"了解与分析学生的发展水平与现状"是为了因材施教，有效教学；"研究教学大纲或课程标准与教材基本要求"是为了更好地把握国家对教育的要求，更好地完成教育教学任务。

教学设计的下一步就是课程教学目标的确定。在教学设计中，核心素养总目标和学生学科核心素养目标是设计教学目标的基础。

一是，要"分解"与"认领"核心素养目标。培养核心素养是学校教育的总目标。任何教学设计都应以培养与发展学生核心素养为前提。学科课程教学就是通过完成学科教学目标以培养学生的学科核心素养，再通过学科核心素养目标的实现完成"认领"核心素养总目标的任务。核心素养总目标需要通过学科核心素养目标的实现来达成，而学科的任务素养目标的实现又需要建立在本学科课程教学目标完成的基础上。在教学设计中不是简单地"分解"与"认领"核心素养总目标，而是胸怀总目标，将总目标与学科核心素养目标的实现有机结合起来，"分解"与"认领"目标的基本精神。

二是，明确教学目标。在课程论的语境下，"教学"是课程实施的主要环节与形式。在课程实施过程中，课程论中的课程实施目标和教学目标基本一致。一般而言，这一目标的确定是依据教学大纲或课程标准规定的（课程）教学目标，并结合教学内容要求和学生的具体实际，予以进一步细化。

三是，明确学生发展目标。学生发展目标与培养目标相似，培养目标是从"教"的角度对学生"学"与"得"的一种良好期待与愿望。因此，教学设计要在"中国学生发展核心素养"视域下，根据培养方案、教学大纲或课程标准要求，明确本门（学科）课程的学生发展目标。学科课程教学目标和学生发展目标是从不同侧面提出的目标，角度不同，但殊途同归。整体而言，实现学科课程教学目标只是手段，而实现学生发展目标则是目的。在教学设计中，要对获取什么知识、生成与发展哪些能力、养成什么样的品格、学会何等方法予以设计，并设计好确切、有效的评价方式与手段。

（二）识别与谋划教育元素

任何一门课程都具有"增长才干功能"和"立德树人功能"。就一门具体的（学科）课程而言，通过课程教学，教师指导与帮助学生增长相关知识，发展相应能力，可谓实现了"增长才干功能"。那么，如何有效地实现一门具体（学科）课程的"立德树人功能"呢？教学具有教育性，充分发挥与实现一门具体（学科）课程的教育功能十分必要。因此，要对一门具体（学科）课程的基本教育功能予以发掘，对蕴含的教育元素予以分析与设计。具体来说，识别与挖掘教育元素可以分三步走。

第一步，整体把握基本要求。整体把握教育的总要求和本门具体（学科）课程蕴含的"立德树人"的基本功能，主要从四个方面来考察：一是法律法规的基本要求，包括方针与政策要求；二是本门具体（学科）课程的教学大纲或课程标准要求；三是学校教育目标，即学科核心素养目标要求；四是本门具体（学科）课程的要求。这些基本要求为"立德树人"及其设计指明了方向。

第二步，识别与分析教育元素。在整体把握基本要求的基础上，识别具体（学科）课程的教育元素。教育元素是指包含着教育内容、意义、价值的内容要素。不同课程教育元素的内容、数量、价值、意义、作用等不尽相同，要从政治认同、家国情怀、文化素养、科学精神、法治意识、公民品格、生态文明、全球视野等几个维度进行识别、发掘与分析，并予以教学设计。

第三步，分解与设计教育元素。在系统识别与分析教育元素的基础上，对这门具体（学科）课程的教育元素予以分解与设计，如：根据德育的基本要求和本门具体（学科）课程蕴含的"立德树人"的基本功能，设计政治认同、家国情怀、文化素养、科学精神、法治意识、公民品格、生态文明、全球视野培养等相关内容。同时，也要把握好这门具体（学科）课程潜在的贡献度与具体的教育内容。

（三）明确教学重点与难点

一般而言，一门完善的课程有着完整系统的结构与逻辑体系，都是依据教学大纲或课程标准，按照一定的内容、层级、难易程度等，根据一定的准则与要求编制而成的。具体课程的表现形态是教材，包括教科书（又称课本）和其他教学材料。教科书是教材的核心，是教学内容的主要载体，教学的重点与难点主要据此确定。重点，是本门（学科）课程中最为重要的内容，是教师重点指导与帮助学生学会的，是要求学生重点掌握的；难点，是本门（学科）课程中相对难以学习或难以掌握的内容，是教师在教学中重点指导与帮助学生学习与突破的，是需要付出更多精力研学的内容。关注重点、解决难点是教学的基本要求与基本策略。在教学中，实现重点突出、难点突破的前提是科学的教学设计。

在一门具体（学科）课程的教学设计中，实现"增长才干功能"和"立德树人功能"的教学设计是一个活动过程。重点、难点要从三大方面予以确定，并系统设计。一是要研究教学大纲或课程标准对重点与难点的规定，理解与把握其划定标准与基本主旨；二要仔细研究教材中的具体规定，并予以系统归类；三是开展广泛调查研究，了解学生的基本学情，视学生的具体概况，特别是学生发展水平予以决定。需要指出的是，有些虽然在教学大纲、课程标准、教科书中被确定为重点、难点，但学生都已经领会或把握，也就不能称为重点、难点了。

（四）构造基本的教学模式

在教学设计中，确定基本目标、明确重点与难点后，就要考虑选择采用或构造课程教学的基本模式了。《教育大辞典》把教学模式解释为"反映特定教学理论逻辑轮廓，为实现某种教学任务的相对稳定而具体的教学活动结构"。[①] 美国学者乔伊斯和韦尔认为，"一种教学模式就是一种学习环境"。[②] 因此，教学模式是指在一定教学理论指导下，在学校教学实践中形成的一种相对稳定的系统化和程式化的教学范型，是经过提炼、概括而建构起来的较为稳定的程式化的教学实施体系。任何一种教学设计都必然选择或构造一个教学的基本模式，在这一基本模式下，设计安排基本程序、内

---

① 顾明远.教育大辞典（增订合编本）[M].上海：上海教育出版社，1998：717.

② 乔伊斯，韦尔.教学模式[M].荆建华，宋富钢，花清亮，译.北京：中国轻工业出版社，2002：15.

容、方法等，学科教育的教学设计也不例外。任何教学都会采用一定的教学模式，在采用的主模式中往往还会有小模式。如，选择采用讲授、对话、交往和服务"四位一体"的教学模式，主基调是"以学生的发展为本"，最大限度地尊重学生和教育的基本规律。在这一主模式下，还可以有下位模式。教学模式选择或构造的主要依据有教学内容、学生发展现状、环境与条件。科学的教学模式具有系统性、可操作性、可重复性、完整性、稳定性（相对的）、适用性（相对的）、发展性（绝对的）和科学性的特征。正确把握教学模式的稳定性与发展性，选择或构造好基本模式，对教学设计来说尤为重要。从教学设计的呈现形态来讲，教学模式通常是"教学设计方案"或"教案"文本的外部表征。进一步而言，若学科教学采用翻转课堂的教学设计，那么其文本形态通常就以翻转课堂教学模式为表征。

（五）选择与优化教学方法

教学方法是指在课程教学活动与过程中所采用的方式、手段和程序的组合。在教学设计中，在选择或构造好的教学主模式框架下选择与优化教学方式与方法尤为重要，最能体现教师的教学水平。在选择与优化教学方式与方法中，既得考虑教学内容的特点，又得考虑学生发展状况；既得考虑具体的环境与条件，还得考虑教学中突发事件的处理问题；既要考虑教育内容的教学，又要考虑本学科知识的习得；等等。教学有法，但无定法，方法没有对错之分，只有运用妥当与否，通常我们说的"方法不对"，意思是说方法运用得不妥！教学本身就是根据学生的身心发展水平和教学内容等，有所侧重地选择与使用方法的活动与过程，是教学方法的优化或教学艺术。

（六）谋划教学保障条件

在教学设计中，还需要在既定的教学模式下客观谋划相应的教学保障条件，包括软硬件条件、基本环境、教育技术等，是教学得以实施的外在条件。软件条件主要是文献资料、信息、案例、成功经验等；硬件条件主要是教学场所、实物教具、电子信息设备，如电脑、电子黑板、教学平台、电子音像设备等，各种应用软件平台、小程序等。基本环境主要指适合教学的健康、良好、动态、安静的环境。教育技术主要指比较先进的现代教育教学技术与手段。随着现代科学技术的迅猛发展，特别是信息技术的不断进步，伴随着课程改革的不断深入，传统的"备教具"已远远不能适应了。培养与发展学生的核心素养，必须科学选择与准备保障条件、现代教育技术。

（七）安排教学的基本程序

教学设计的最后一步就是在一定的教育理念指导下，依据既定的基本教学模式（主体模式），设计整个教学基本程序。具体而言，就是依据一定的教育理念，在核心素养总目标的基本要求和本门（学科）课程目标的指引下，结合学生的实际需要和一定的教学任务，根据一定的教学基本原理，运用科学的方法，设计与谋划整个教学基本程序，包括教学内容和教育元素挖掘、教学活动、次序、时间、教学组织与管理、突发事件的处理预案、教学方式、教学方法以及优化原则、教学手段与措施、教学评价内容与方式方法、教师反思与指导学生反思的内容与方法、教学持续改进措施、练习与训练、作业布置与评鉴等所有可能涉及的要素。谋划与安排基本程序，是教学设计的核心。

整个教学过程由一个个相互关联的过程组成，因此，要依据系统论和控制论原理，设计、安排每个子活动过程。谋划与设计好课程教学的基本程序，是教学设计的重中之重。

第五节　学科教育教学设计的基本模板

如何将科学的教育教学原理和教育教学技术运用于教学中？如何保证学生学科核心素养的培养与发展？如何贯彻教育教学一体化的基本原则？如何体现"教育有法但无定法"的基本理念？如何贯彻学生是学会的而不是教会的，把"学习的时间、学习的机会、学习的权力、学习的课堂"还给学生？其前提是科学合理的教学设计。然而，教学设计又是一项复杂的运用教育理论与技术的活动过程。在上述各章理论研究与阐述的基础上，本章提出了学科教学设计的四个模板，仅供参考。

一、教学整体设计模板

教学整体设计，是指某一门（学科）课程教学总的设计，即对于某一门（学科）课程教学的整体性谋划与安排（也可以用作单元教学设计）。在整体教学设计中，要坚持"教育教学一体化"的基本原则，兼顾"增长才干功能"和"立德树人功能"的实现（见表8-5-1）。

表8-5-1 《××课程》教学整体设计模板

课程基本信息	课程名称：
	课程类型：
	适用专业：
	教学时数：
	使用教材：
	参考资料（参考教材、参考书、教学案例、补充读物等）：
课程简介	明确三方面内容： ① 本课基本性质 ② 本课基本内容 ③ 本课基本作用
学情分析	通过调研，把握总学情： ① 学生知识、能力的相关基础 ② 学生品格（包括道德素质）情况 ③ 学生学习方法与策略等情况 ④ 学生性格等特征

（续表）

教学要求	明确四方面的基本要求： ① 教学大纲或课程标准要求 ② 培养方案要求 ③ 学业基本要求 ④ 有关德育与法律法规要求	
教学原则	明确两方面的基本要求： ① 教师"教"的基本原则 ② 学生"学"的基本原则	
教学目标	学科核心素养目标	核心素养目标（德育目标）
教学内容	学科教学内容	德育思路
方法策略	教师"教"的方法及其优化 ① 教学方法运用与优化 ② 教学模式选择与构造	指导学生"学"的方法及其优化
教学测量与评价	学科教学质量评价 ① 教师"教"的质量评价 ② 学生"学"的质量的测量与评价	德育质量评价 ① 教师"教"的质量评价 ② 学生"学"的质量的测量与评价
教学反思与改进	教师对"教"的反思与改进	指导学生"学"的反思与改进

注：本表适用于各个学科（专业）课程的教学设计；本表视具体情况可自行增减项目或加页。

二、课程的课时教学设计模板

课程的课时教学设计是指根据这门课程的教学大纲或课程标准的基本要求对这门课程的某一课时教学予以谋划与安排。教学具有教育性，课程教学与德育发生在一个活动过程中，应该遵循教学设计的基本原则将两者都纳入其中，以确保课程教学目标与德育目标的共同实现（见表8-5-2）。

表 8-5-2　《××课程》的课时教学设计模板

课程基本信息	课程名称：
	内容单元／章节：
	内容名称：
	教学时间：
	参考资料（参考教材、参考书、教学案例、补充读物等）：
内容简介	明确两方面内容： ① 介绍本课时教学的基本内容 ② 说明上节课和下节课的联系
学情分析	在把握总学情的基础上，重点分析与学习本节课有关的学情，包括： ① 学生知识、能力的相关基础 ② 品格（道德素质）情况 ③ 相关学习方法的掌握情况
教学要求	明确四方面的基本要求： ① 教学大纲或课程标准要求 ② 培养方案要求 ③ 学业基本要求 ④ 有关道德与法律法规要求
教学目标	明确要达到的教学目标： ① 本节课教学要达到的学科核心素养目标 ② 本节课教学要达到的德育目标 ③ 本节课教学对核心素养目标生成与发展的贡献度
教学原则	明确本节课教学除了遵守教学基本原则外，重点遵循的原则，如： ① 以学定教，因材施教 ② 发展能力，教会方法 ……
教学内容	明确本节课的主要教学内容： ① ② ③ ……

（续表）

重点难点	明确本节课的主要教学重点和难点： ① 教学重点 ② 教学难点 ③ 具体措施
教学模式与方法	明确本节课教学的三个基本问题： ① 本节课教学采用的主要教学模式 ② 本节课教学采用的主要教学方法 ③ 本节课教学方法优化的基本预案
教学保障条件	明确并做好教学软硬件准备： ① 教学资料保障 ② 教学环境与条件 ③ 教具与学具 ④ 教育教学技术

教学活动与过程

① 依据既定的教学主模式，谋划、组织与安排整个教学基本程序，包括活动、过程、次序、时间、课堂管理、教学测量与评价、练习与训练、教学反思与持续改进等。

② 教学策略始终存在于教学活动与教学过程之中。

③ 隐性课程（包括物质层面的、观念层面的、行为层面的、制度层面的隐性课程）始终渗透在教学的各个环节之中，并对学生核心素养的生成与发展产生影响。

教学环节与时间分配	教学活动过程			主旨意图	
	教学内容	教师活动	学生及小组活动	学科核心素养培养	核心素养发展 / 德育
课前导学（预习）					
课题导入（分钟）					

（续表）

教学环节与 时间分配	教学活动过程			主旨意图	
	教学内容	教师活动	学生及小 组活动	学科核心 素养培养	核心素养 发展 / 德育
温故知新 （分钟）					
开始新课 （分钟）					
新课展开 （分钟）					
教学深化 （分钟）					
探究拓展 （分钟）					
应用练习 （分钟）					
反思改进 （分钟）					
作业布置 （分钟）					
板书设计					

注：本表适用于各个学科（专业）课程教师的教学设计；本表视具体情况可自行增减项目或加页。

三、实践（活动）课程实施的教学设计模板

实践（活动）课程实施暨德育设计，是指根据实践（活动）课程教学大纲或课程标准的基本要求对该课程的教学予以设计与安排，包括对实践（或活动）课程的实施与品德培养予以一体化设计与安排。实践（活动）课

361

程教学与品德培养是一个活动过程,因此应该遵循教学设计的基本原则一并设计与安排,以确保课程教学与德育目标的双实现(见表 8-5-3)。

表 8-5-3 《×××实践(活动)课程》实施的教学设计模板

实践(活动)课程基本信息	实践(活动)课程名称:	
	实践(活动)课程类型:	
	实践(活动)课程适用专业:	
	实践(活动)课程实施时间:	
	实践(活动)课程实施地点:	
	实践(活动)课程实施者:	
	实践(活动)课程协作单位:	
实践(活动)课程简介		
实践(活动)课程目的		
实践(活动)课程要求		
实践(活动)课程方略		
实践(活动)课程保障		
实践(活动)课程目标	实践(活动)课程目标	德育目标
实践(活动)课程内容	实践(活动)课程内容	德育内容与结构

（续表）

实践（活动）课程实施过程				
基本过程	时间	实施者活动	学生/学生 小组活动	主旨与意图
实践（活动） 课程准备				
实践（活动） 课程进行				
实践（活动） 课程继续				
实践（活动） 课程评价				
实践（活动） 课程总结				
实践（活动） 课程反思改进				

注：本表适用于实践（活动）课程，各类组织、辅导员等组织的活动；本表可自行增减项目或加页。

四、教学观察/检查实录设计模板

教学观察/检查实录，是从学科教学质量检查/评价的角度，对某一课程（或某一堂课）的教学通常应该达成的目标与要求予以检查与评价，是从检查/评价的视域考察学科课程教学设计与实施情况，是一种反向的对学科课程教学设计的考量。教学观察/检查实录设计模板对促进学科课程教学设计，促进课程教学目标和德育目标的共同实现具有重要的指导意义（见表8-5-4）。

表 8-5-4 《××教学观察/检查实录》模板

专业科目		教学对象		课程类型	
任课教师		教学时间		教学地点	
课程名称 （章节名称）					

教材内容的把握
① 课程标准（或教学大纲）要求的把握 ② 教材（包括课本、教参、辅助材料等）的把握
教学目标与任务的完成情况
① 课程教学目标（学科核心素养目标） ② 核心素养（德育）方面的目标
学情把握与重点、难点确定情况 （学生相关知识与能力现状，本课的重点、难点）
① 学情 ② 重点 ③ 难点
教学模式选择与设计情况 （本课教学采用的基本教学模式及方式方法）
注意模式选择、构造的科学性与合理性。

（续表）

教学保障条件与准备情况
（软硬件条件、环境、教育技术、教具等）

教学活动与过程设计
（依据既定的基本教学模式，设计整个教学基本程序，包括活动、过程、次序、时间、课堂管理、教学反思与评价、教学持续改进、练习与训练等。）

教学过程	时间（分钟）	教师活动内容（注意：也要考察隐性课程的作用。）	教师与学生活动内容（注意：也要考察隐性课程的作用。）	学生及小组活动内容（注意：也要考察隐性课程的作用。）	主旨意图与保障
课前热身（可与相关项合并）					
课题导入（可与相关项合并）					
预习指导（可与相关项合并）					
讲解／自主学习（包括形成性评价）					

（续表）

教学活动与过程设计（依据既定的基本教学模式，设计整个教学基本程序，包括活动、过程、次序、时间、课堂管理、教学反思与评价、教学持续改进、练习与训练等。）					
教学过程	时间（分钟）	教师活动内容（注意：也要考察隐性课程的作用。）	教师与学生活动内容（注意：也要考察隐性课程的作用。）	学生及小组活动内容（注意：也要考察隐性课程的作用。）	主旨意图与保障
发现问题/答疑（包括形成性评价）					
质疑/讨论（包括形成性评价）					
教师反思与指导学生反思					
作业布置与要求					
教学持续改进措施					

注：本表供教学管理者听课或教学检查使用；本表视具体情况可自行加页。

第九章 学科教育的质量标准

研究与实施学科教育，必须从学科教育质量的本质内涵入手，科学界定学科教育质量及其构成要素。在此基础上，研究与理解学科教育的质量标准，包括学科教育质量标准的概念内涵、作用和基本特征；正确认识与把握学科教育质量标准体系，包括学科教育质量标准的整体构成、学科教育的课程实施质量标准、学科教育的学生发展质量标准、学科教育的实施质量管理标准，以及学科教育中一堂好课的质量标准等。

第一节 学科教育质量概述

世上任何一个事物或产品的质量都由"品质质量"和"感受质量"两部分构成。理解学科教育的实施质量，首先要真正认识与理解学科教育质量的概念、构成要素和本质内涵，并确切把握学科教育质量的整体结构。

一、学科教育质量的概念

关于质量，人们对其认识不尽相同。美国管理学家约瑟夫·M. 朱兰（Joseph M. Juran）认为，质量是一种合用性，即产品在使用期间能满足使用者的要求。适用性概念普遍适用于一切产品或服务。《辞海》认为，质量是指"产品或工作的优劣程度"。《汉语大词典》认为，质量是指"事物、产品或工作的优劣程度"。《辞海》和《汉语大词典》对质量的界定，强调"事物、产品或工作"本身的质量；质量管理专家朱兰对质量的界定则更强调主体对"事物、产品或工作的优劣程度"或"特性"的感受。

应从两个方面来认识质量：一是事物或产品本身所具有的内在品质质量；二是主体对事物或产品特性的感受质量。"事物或产品特性本身内在品质的质量"（简称内在品质质量），其判定依据是客观标准；而"对事物或产品特性的感受质量"（简称感受质量），其判定依据则是主体的需要或期望。因此，"品质质量"和"感受质量"应该是事物质量的两个基本方面，任何一个事物或产品的质量都由"品质质量"和"感受质量"两部分构成。

要想正确把握学科教育的质量，正确理解"教育质量"是关键。"教育质量"在我国的理解并非一致，目前主要观点有学生产品质量论（包含知识质量观、知识与能力质量观、素质教育质量观、多元质量观），教育质量与学生质量论，全面质量论，教育服务质量论，教育服务和学生产品质量论。教育质量也是由"品质质量"和"感受质量"两部分构成，即学校教育教学工作产品的优劣程度（即教育质量）和学生、家长、社会等对学校教育教学工作产品优劣程度的感知（即感知质量）。

教育教学工作的"优劣程度"指向教育工作本身；学校教育产品的优劣程度，主要表现在对学校教育产品的不同认识上，有人认为学校教育产品就是"学校的各项教育教学活动和过程"；有人则认为，学校教育产品就是学生。对学校教育产品的两种不同认识，反映了两种不同的教育哲学观，由此导致了两类截然不同的学校教育质量观。学校的"产品"就是学校为学生提供的健康良好的、动态适宜的、持续改进的环境和条件（包括教师的"教"）以及学生等对其的感知，即学校为学生提供的整个教育服务。[①]这就是说，学校教育质量就是学校的"产品"——学校为学生提供的健康良好的、动态适宜的、持续改进的环境和条件（包括教师的"教"），以及学生等对其的感知。

具体而言，学科教育的质量是指教师通过运作学科课程，指导与帮助学生生成与发展学科核心素养和学生在教师的指导下学科核心素养发展的优劣程度（即"教与学的质量"），以及学生与社会对学科教育效果与水平的

---

① 何玉海.高校教育评估标准——品质、属性、体系及其建设［M］.上海：上海三联书店，2019：221-222.

感知程度（即"感知质量"）。

二、学科教育质量的基本内涵

学科教育的质量的定义包含五层含义。

一是，学科教育的质量是"教师通过运作学科课程，指导与帮助学生生成与发展学科核心素养的优劣程度"。一方面，学科教育是课程教学活动的优劣程度，即教师"教"的效果的好坏，这就要求教育者根据学科教育的要求与规律和学生的需要实施有效教学，最大限度地指导与帮助学生提升学科素质；另一方面，学科教育也要肩负起立德树人的责任。

二是，学科教育的质量是"学生在教师的指导下学科素质的生成与发展的优劣程度"，即学生"学"与"得"的程度。这一质量是整个学科教育的核心与终极目的。

三是，学科教育的质量是"学生与社会对学科教育效果与水平的感知程度"。学科教育的质量除了要考量整个学科教育工作"满足教育要求"的程度外，同时还要考量是否满足学生素质发展的需要，还要了解与考量整个社会包括家长对学科教育工作与效果的满意程度。

四是，学科教育质量的实现是通过运作整个课程，即显性课程和隐性课程来实现的。学科教育的重心是培养与发展学生的学科核心素养，承担着学生思想品德培养的责任。

五是，学科教育的质量由两部分构成，即教师指导与帮助学生生成与发展学科核心素养和学生在教师的指导下学科核心素养发展的优劣程度，以及学生与社会对整个学科教育效果与水平的感知程度，共同构成了学科教育质量的"一体两面"，不可偏废，不能顾此失彼。

三、学科教育质量的整体构成

"教与学的质量"和"感知质量"构成了学科教育的质量系统（见表9-1-1）。

表 9-1-1　学科教育质量的整体构成

课程实施			质量名称与定义			
			教与学的质量／服务质量		受教育者感知质量	
			教学质量名称	质量定义	感知质量名称	感知质量定义
整个课程体系的运作	显性课程的实施	学科基础课程	各类基础课程教学质量	符合规定、要求、标准	对教学效果的期望与满足程度	符合期望／需求
		学科专业课程	各类学科专业课程教学质量	符合规定、要求、标准	对教学效果的期望与满足程度	符合期望／需求
		通识教育课程	各类通识教育课程教学质量	符合规定、要求、标准	对教学效果的期望与满足程度	符合期望／需求
	隐性课程的实施	物质层面的隐性课程	学校物质文化环境、教学物质文化环境、学校生活物质文化环境、学校媒体物质文化环境等	符合规定、要求、标准	对物质层面隐性课程的教育与影响效果的期望与满足程度	符合期望／需求
		观念层面的隐性课程	办学理念、教育观念、伦理道德观念、价值观与取向、道德标准、行为准则等	符合规定、要求、标准	对观念层面隐性课程的教育与影响效果的期望与满足程度	符合期望／需求

（续表）

课程实施			质量名称与定义			
			教与学的质量／服务质量		受教育者感知质量	
			教学质量名称	质量定义	感知质量名称	感知质量定义
整个课程体系的运作	隐性课程的实施	行为层面的隐性课程	人际交往形态、言行举止、行为习惯表现、行为作风与风格、情感与态度表现等	符合规定、要求、标准	对行为层面隐性课程的教育与影响效果的期望与满足程度	符合期望／需求
		制度层面的隐性课程	学校章程、学校发展规划、各项规章制度、服务学生和服务学习的举措、人才培养方案、学生学业要求、各类教育标准等	符合规定、要求、标准	对制度层面隐性课程的教育与影响效果的期望与满足程度	符合期望／需求

由表 9-1-1 可知，从课程实施（即教学）的角度来看，学科教育的质量就是整个课程体系的运作（或实施）质量，由显性课程的实施质量和隐性课程的实施质量组成。显性课程的实施质量包括各类学科基础课程教学质量、各类学科专业课程教学质量、各类通识教育课程教学质量。隐性课程的实施质量包括物质层面的隐性课程、观念层面的隐性课程、行为层面的隐性课程、制度层面的隐性课程的实施质量。

显性课程的实施质量由各类学科基础课程教学质量、各类学科专业课程教学质量、各类通识教育课程教学质量构成。隐性课程的实施质量中，物质层面的隐性课程的质量主要包括学校物质文化环境、教学物质文化环境、学校生活物质文化环境、学校媒体物质文化环境等的质量；观念层面的隐性课程的质量主要包括办学理念、教育观念、伦理道德观念、价值观与取向、道德标准、行为准则等的质量；行为层面的隐性课程的质量主要包括人际交往形态、言行举止、行为习惯表现、行为作风与风格、情感与态度表现等的质量；制度层面的隐性课程的质量主要包括学校章程、学校发展规划、各项规章制度、服务学生和服务学习的举措、人才培养方案、学生学业要求、各类教育标准等的质量。

从质量结构来看，学科教育的质量包括教与学的质量和受教育者的感知质量。教与学的质量是指显性课程的质量，包括各类学科基础课程的教学质量、各类学科专业课程的教学质量、各类通识教育课程的教学质量，这里既包括教师教学的质量，又包括学生学习的质量；隐性课程的质量包括物质层面的隐性课程、观念层面的隐性课程、行为层面的隐性课程、制度层面的隐性课程四类隐性课程的利用质量与影响质量。受教育者感知质量是指受教育者对整个显性课程和隐性课程的利用质量与影响质量的感知程度。

概而言之，横向的课程体系的运作（或实施）质量与纵向的教与学的质量和受教育者感知质量共同构成学科教育整体质量系统。

第二节 学科教育的质量标准概述

学科教育质量标准系国家公认机构、权威组织或研究部门制定的用于衡量学校学科教育水平的文件。该文件对学校学科教育质量予以明确规定，供学校、教师或评估机构反复使用以促进学科教育活动最佳秩序与效益的达成。理解与认识学科教育质量标准，首先要正确理解学科教育质量标准的概念与内涵、学科教育质量标准的作用和学科教育质量标准的基本特征。

一、学科教育质量标准的概念内涵

美国学者约翰·盖拉德（John Gaillard）在 1934 年所著的《工业标准化——原理与应用》中认为：标准是对计量单位或基准、物体、动作、程序、方式、常用方法、能力、职能、办法、设置、状态、义务、权限、责任、行为、态度、概念和构思的某些特性给出定义，做出规定和详细说明，它是为了在某一时期内运用，而用语言、文件、图样等方式或模型、样本及其他表现方法所做出的统一规定，被称为"盖拉德定义"。桑德斯（T.R.B. Sanders）在 1972 年出版的《标准化的目的与原理》中认为，标准是经公认的权威机构批准的一个个标准化工作成果，它可以采用以下形式：文件形式，内容是记述一系列必须达成的要求；规定基本单位或物理常数，如安培、米、绝对零度等。该定义被称为"桑德斯定义"。国际标准化组织的标准化原理委员会（STACO）一直致力于标准化基本概念的研究，先后以"指南"的形式给"标准"的定义做出统一规定。1991 年，国际标准化组织与国际电工委员会（IEC）联合发布第 2 号指南《标准化与相关活动的基本术语及其定义（1991年第六版）》，对"标准"的定义是：标准是由一个公认的机构制定和批准的文件，它对活动或活动的结果规定了规则、导则或特性值，供共同和反复使用，以实现在预定结果领域内最佳秩序的效益。并在注释中阐述道：标准应建立在科学技术和实践经验的综合成果基础上，并以促进最佳社会效益为目的。该定义明确告诉人们，制定标准的目的、基础、对象、本质和作用。由于它具有国际权威性和科学性，成了世界各国，尤其是国际标准化组织成员国和国际电工委员会成员国所遵循的标准。该定义被称为"国际标准定义"。中国国家标准化委员会认为：标准是指在一定范围内获得的最佳秩序，对活动或其结果规定共同的和重复使用的规则、导则或特性的文件。该定义被称为"中国标准定义"。[①]

综合以上定义可知：学科教育质量标准，是衡量学校学科教育质量的文件，通常由国家公认机构、权威组织或研究部门制定。这一文件对学校学科教育质量，即教师通过课程实施对学生进行教育的活动和学生在教师

---

① 何玉海 . 高校教育评估标准——品质、属性、体系及其建设［M］. 上海：上海三联书店，2019：41-42.

的指导下学科素质的生成与发展的优劣程度（即"教学质量"），以及学生与社会对整个学科教育的效果与水平的感知程度（即"感知质量"）达到的基本要求与特性值等的明确规定，供学校、教师或评估机构反复使用，以促进学科教育活动最佳秩序与效益。该定义包含五层含义。

一是，学科教育质量标准是用来衡量学校学科教育质量的文件，通常由国家公认机构、权威组织或研究部门制定。由于学科教育是教师通过运作学科课程对学生实施教育的活动过程，属于学校教育的基本形式，因此学科教育质量标准的文件通常由国家公认机构、权威组织或研究部门来制定。

二是，学科教育质量标准是教师对学生进行教育活动和学生在教师的指导下学科素质的生成与发展的优劣程度（即"教学质量"）的基本构成与要求以及特性值等予以明确的规定。学科教育质量标准要对学科教育的教学质量，包括基本要求、指标体系、等第尺度以及特性值等予以明确规定，以指导教师在课程实施中较好地完成培养与发展学生学科核心素养的根本任务。

三是，学科教育质量标准也是对学生和社会对整个学科教育效果与水平的感知程度（即"感知质量"）达到的基本要求与特性值等的明确规定。学科教育质量由一体两面组成，除了"教学质量"外，"感知质量"也很重要，学科教育质量标准需要对学生和社会对整个学科教育的效果与水平的感知程度和满意度要达到的基本要求以及特性值等予以明确规定。

四是，学科教育质量标准是供学校、教师或评估机构反复使用的文件。学科教育质量标准是学校教育教学管理的重要依据，是衡量学校学科教育质量的文件，是评估机构对学科教育效果与水平进行评价的准绳和尺子。

五是，学科教育质量标准的基本作用是形成学科教育活动的最佳秩序与效益。学科教育质量标准的一个最为重要的功能是供相关各方遵照执行，确保课程实施（即教学）的最佳秩序，以便更好地完成培养与发展学生学科核心素养与立德树人的基本任务。

二、学科教育质量标准的作用

学科教育质量标准是整个学校教育标准体系的一部分，是用来衡量学校学科教育质量的文件，供学校、教师或评估机构反复使用，以形成学科教育活动的最佳秩序与效益，其基本作用体现在五个方面。

（一）学科教育质量标准是教师进行学科教育的依据

学科教育是教师通过运作学科课程对学生予以教育的活动过程。学科教育质量标准对各个学科应承担的学科教育功能和教师应尽的教育责任与义务的基本要求与准则以及特性值等予以明确规定，从而为各个学科的课程实施（即教学）指明方向。学科教育质量标准是确保教师有效教学，以指导和帮助学生生成与发展学科核心素养的基本依据。

（二）学科教育质量标准是考量学生学科核心素养的基本准则

学科教育标准不但规定了"教"的质量，也规定了"学"的质量；既规定了学生对施教质量的感知（即学生"感知质量"），也规定了社会包括家长、用人单位等对学校教育和学生素质的感知（即社会"感知质量"）。学科教育质量标准是学校课程实施和培养学生学科核心素养的基本准则。

（三）学科教育质量标准是评价学科教学工作的准绳

学科教育质量标准是用来衡量学校学科教育质量的文件，供学校、教师或评估机构反复使用，以促进学科教育活动的最佳秩序与效益。学科教育是一项十分复杂的活动，其目的是指导与帮助学生生成学科核心素养。学科教育质量标准规定了教育活动实施与评价的基本准则与要求。

（四）学科教育质量标准是学科教育课程建设的指南

从课程论的视域来看，课程标准是教材建设的依据。各个学科课程标准都从本学科专业的视域出发对相关内容与要求予以规定，而学科教育质量标准则是对教师教学活动与过程水平和学生在教师的指导下学科素质的生成与发展水平的优劣程度以及特性值等的规定。学科教育质量标准虽然不直接指导学科课程建设，但学科教育质量标准对"教"与"学"的优劣程度以及特性值等的规定，则为学科教育课程建设提供指导。学科教育质量标准为更好地完成学科教育根本任务提供了保证，也为教育教学一体化的学科课程教材建设提供了指导。

三、学科教育质量标准的整体构成

学科教育质量标准是整个学校教育标准体系的一部分。根据系统理论，学科教育质量标准是由一系列不同内容指向和不同层级的标准构成的标准体系。就某一层级具体的学科教育标准而言，其文本结构、语言条款、内容等基本是一致的。在教学实践中，"教学"本身就是教师指导与帮助学生"学会知识、生成能力、养成品格、学会方法"的活动过程。学科教育质量标准与学校教育质量标准本质是有机整体，学科教育质量标准是一个由学科教育课程建设标准、学科教育的教学质量标准、学科教育学生发展质量标准、学科教育的管理质量标准构成的标准体系（见图9-2-1）。

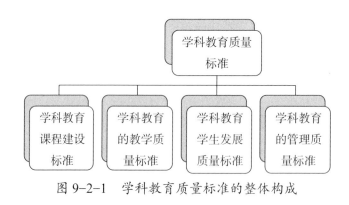

图 9-2-1 学科教育质量标准的整体构成

第三节　学科教育的质量标准体系

学科教育质量标准是由不同类别与层级标准构成的标准体系，包括学科教育课程建设标准、学科教育的教学质量标准、学科教育学生发展质量标准、学科教育的管理质量标准。

一、学科教育课程建设标准

学科教育课程建设标准是由国家公认或权威机构制定并由国家标准权威管理部门批准或核定的关于学科教育课程建设的文件，为学科课程建设规定了基本要求、准则、特性值等，是课程开发建设、课程实施、课程评价与管理的准绳，以确保学校课程开发与建设、课程实施与评价活动与过程的最佳实效。

一是学科教育课程建设标准是由国家公认或权威机构制定并由国家标准权威管理部门批准或核定的关于学科教育课程建设的文件。课程建设是一个十分复杂且专业性较强的活动，需要专业人员、权威机构制定；学科教育课程建设，特别是基础教育学科课程建设往往会涉及国家的大政方针，通常还要由国家标准权威管理部门批准、核定或指导、监管。

二是学科教育课程建设标准为学科课程建设规定了基本要求、准则、特性值等，为学科课程建设提供了基本准则。

三是学科教育课程建设标准为具体的课程开发建设、课程实施、课程评价、课程管理等提出了明确的要求与规定，是课程开发建设、课程实施、课程评价、课程管理的依据。

四是学科教育课程建设标准为确保学科课程开发与建设、课程实施与评价活动与过程的最佳实效提供了保障，这也是制定学科教育课程建设标准的目的所在。

学科教育课程建设标准是学科教育质量标准体系的一部分，属于学校教育评估标准的重要组成部分，其建设是一项系统工程。因此，要统筹规划，根据系统理论和标准制定规范对整个课程体系予以顶层设计，在整体框架下分步实施。我国的基础教育课程改革取得了显著成效，并建立了基础教育学科课程标准体系。然而，我国的高等学校课程标准建设相对滞后，仅仅制定了教师教育的教育学科总的课程标准，即《教师教育课程标准（试行）》（2011），以及部分课程实施标准，其他层级和类型的课程标准尚未制定。整个高等学校仍旧采用教学论的话语体系，课程标准建设任重而道远。

学科教育课程建设标准体现了国家对学校教育课程建设的基本要求，是课程实施、教材建设、课程与课程资源开发、教学与评价等的重要依据。

学科教育课程建设标准是一个由不同学科、不同层级构成的学科教育课程建设标准体系(见图 9-3-1)。

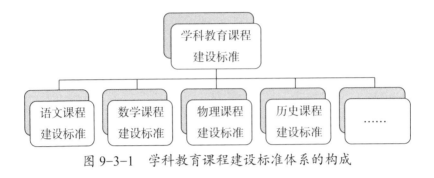

图 9-3-1　学科教育课程建设标准体系的构成

二、学科教育的教学质量标准

学科教育的教学质量标准也称学科教育实施质量标准,是指教育者通过课程教学(或课程的实施)对学生进行教育的活动过程和学生在教师的指导下学科素质生成与发展的程度,以及学生与社会对整个学科教育的效果与水平的感知程度,是整个学校教育质量标准的一部分。学科教育的教学质量(或称学科教育实施质量)标准,是用来衡量学校学科教育的教学质量文件,由公认机构、权威组织或学校制定,为学校学科教育的教学(或称学科教育的实施)规定了基本要求、准则、特性值等,供学校、教育者使用以促进学科教育活动的最佳秩序与效益。

首先,学科教育的教学质量标准为学校学科教育的实施(或称学科教育教学)规定了基本要求、准则、特性值等,是用来衡量学校学科教育实施质量的文件。在学科教育的教学质量标准中,对课程实施(或称为课程教学或教学)的基本要求、准则、特性值等有着明确的规定。学科教育的教学质量标准是衡量学校学科教育实施质量的文件,是整个学校学科教育质量标准中最为主要的标准。

其次,学科教育的教学质量标准是指教育者通过课程的实施(或课程教学)对学生进行教育的活动过程规定了基本要求、准则、特性值等。学科教育是教师通过学科课程的实施,对学生实施教育的活动和过程。学科教育既要控制好教学活动,又要加强对整个活动过程的设计与控制。

　　再次，学科教育的教学质量标准是对学生在教师的指导下学科素质生成与发展程度规定了基本要求、准则、特性值等。学科教育既是"教"的活动与过程，同时又是"学"的活动与过程。学生在教师的指导与帮助下，通过课程的学习与内化促进其学科素质的生成与发展。由此，学科教育的教学质量标准，规定了学生素质生成与发展的程度。

　　教育教学质量由"教学质量"和"感知质量"共同构成。因此，除了"教"与"学"的质量外，社会，特别是学生对学科教育实施的效果与水平的感知程度更是衡量学科教育效果与水平的标准。

　　最后，学科教育的教学质量标准、学科教育学生发展质量、学科教育的管理质量标准是学校学科教育质量标准中最主要的标准。其中，学科教育的教学质量标准的作用是促进课程实施（或称为课程教学或教学）活动最佳秩序与效益的达成，进而收到最佳效果。

　　学科教育的教学质量标准（或称学科教育实施质量标准）也是一个由不同学科、不同层级构成的教学质量标准体系（见图9-3-2）。

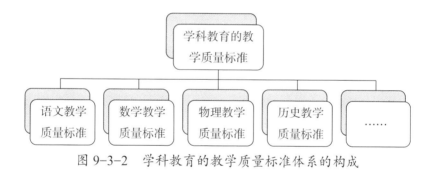

图 9-3-2　学科教育的教学质量标准体系的构成

三、学科教育学生发展质量标准

　　学科教育学生发展质量标准，即学生学科素质发展水平及程度，是指学生通过接受教师所运作的课程（即课程教学），在教师的指导与帮助下学科素质生成与发展的程度和整个社会（他人、用人单位等）对学生发展的效果与水平的满意程度，是整个学校学科教育质量标准的一部分。

　　首先，学科教育的学生发展质量标准为学生学科素质发展规定了基本要求、准则、特性值，是衡量学校学科教育实施质量的文件。学科教育旨在通过课程的实施对学生施加教育影响，期待其生成与发展一定的素质，这也是教育的目的。因此，对学生素质发展水平及程度进行评价是十分必要的。

其次，学科教育是学生在教师的指导与帮助下，学科素质生成与发展的质量标准。一方面，对学生素质发展水平及程度的评价只能通过现象看本质；另一方面，学生素质生成与发展的关键在于学生自身，教师只是重要的外部条件，因此，评价标准的制定要充分考虑到这两点。

再次，学科教育学生发展质量标准除了对学生素质的生成与发展的质量标准予以规定外，也包括整个社会（他人、用人单位等）对学生发展的效果与水平规定了基本要求、准则、特性值，一般而言，社会满意度越高，学生素质的生成与发展水平质量越高。

还有，学科教育学生发展质量标准，是整个学校学科教育质量标准的一部分，一般包括学生平时素质发展质量标准和学生最终素质发展质量标准，可以更客观、更准确地通过外部表征来全面把握学生的发展状况与水平。

四、学科教育的管理质量标准

学科教育的管理质量标准，也称学科教育质量管理标准，是指教育行政管理部门和教育者（包括教师和其他教育工作者）对学科教育实施（即课程教学）活动的条件提供、环境保障与服务能力与水平，以及对整个学科教育（即课程教学）的管理能力与水平感知（满意）程度所规定的基本要求、准则、特性值等。学科教育的管理质量标准是整个学校学科教育质量标准的一部分，是用来衡量学校学科教育管理质量的文件，由公认机构、权威组织或学校制定，供教育行政管理者、学校、教育者使用，以促进学科教育活动与管理的最佳秩序与效益的形成。

学科教育的管理质量标准是为确保学科教育的有效实施而制定的质量管理标准，同时也为师生，包括社会对学科教育的质量管理能力与水平的满意程度规定了基本要求、准则、特性值。

学科教育的管理质量标准是为学校整个学科教育管理与治理规定的标准，供教育行政管理者、学校、教育者使用，以促进学科教育活动与管理的最佳秩序与效益的达成，进而提高教育质量。

学科教育的管理质量标准是由国家公认机构、权威组织或学校制定的教育管理与治理标准，是评价学科教育管理质量的依据。

学科教育的管理质量标准，一般包括宏观学科教育管理质量标准和微观学科教育管理质量标准。其中，宏观学科教育管理质量标准包括国家、政府各级层面的学科教育管理质量标准，学校学科教育管理质量标准等。微观学科教育管理质量标准主要包括某一课程的学科教育管理质量标准和教育者（包括教师、其他教育工作者）学科教育管理质量标准。

第四节　学科教育中一堂好课的质量标准

学科教育中一堂好课的质量标准是学科教育教学质量的具体标准。本节对具备一堂好课基本特征的学科教育的教育质量标准予以系统研究与探讨，包括学科教育中一堂好课标准的内涵、一堂好课标准的基本要素和一堂好课标准的指标体系。

一、学科教育中一堂好课标准的内涵

一堂好课，即一堂好的课堂教学。从课程论的话语体系来讲，课堂教学就是课程的实施，是学科教育的主要渠道与形式。在学科教育活动中，一堂好课的课堂教学质量标准就是学科教育课堂实施质量标准的奠基石。

关于一堂好课的教学质量标准，可谓仁者见仁，智者见智。郑金洲将"好课"的标准概括为"十化"，即课堂教学生活化、学生学习主动化、师生互动有效化、学科教学整合化、教学过程动态化、教学资源优质化、教学内容结构化、教学策略综合化、教学对象个别化、教学评价多样化。[1]崔允漷将"好课"标准归纳为"教得有效、学得愉快、考得满意"十二字。叶澜认为，一堂好课没有绝对的标准，一堂好课要达到的基本要求是有意义、有效率、有生成性、常态性、有待完善的课（只要是真实的就是有缺憾的）。[2]

---

① 郑金洲.课堂教学变革的十个要点[J].教育理论与实践，2007，27（6）：28-33.

② 叶澜.什么样的课算一堂好课[J].福建论坛（教育科学版），2005（11）：4-6.

俞惠珍认为，一堂好课的标准包括五个方面：一是关注学生学习的发展性，尽量呵护学生创新的灵性；二是关注学习方式的探究性，尽量为学生营造一片自由探索的空间；三是关注学习主体的互动性，尽量提高学生学习活动的参与率；四是关注学习材料的储备性，尽量把学生的眼光引向课本外那无边无际的知识海洋；五是关注学习过程的反思性，尽量宽容对待学生在活动中出现的合理的挫折和失败。[①] 吕星宇认为，评价好课的基本原理要看是否满足学生学习需要。对好课的判断是一个评价问题，评价是对事物的属性进行价值判断的过程，价值是客体满足主体需要的属性，主体的需要取决于主体的目的。因此，主体的目的不同，需要就不同，价值标准就不同，这就是评价标准多样的原因。因此，在探讨好课标准的时候，首先要明确评价目的。为此提出了"为了理解而教"的标准：设定理解性教学目标，围绕问题组织教学，对学生是否实现了理解进行评价。[②] 一堂好课的标准，应该至少从教学理念体现、教学整体设计、教学内容把握、教学活动展开、教学策略应用、教学组织管理、教学效果评价、教学民主氛围、教学行为反思、教学持续改进十个方面来考量。据此提出并系统论述了构成一堂好课的 10 个一级指标，30 个二级指标。[③]

研究一堂好课的标准，就要从标准的本质入手。关于标准，国际标准化组织与国际电工委员会在标准化与相关活动的基本术语及其定义中给标准下的定义：标准是由一个公认的机构制定和批准的文件，它对活动或活动的结果规定了要求、准则或特性值，供共同和反复使用，以实现在预定结果领域内的最佳秩序与效益。并进一步阐述：标准应建立在科学技术和实践经验的综合成果基础上，并以促进最佳社会效益为目的。我国国家标准化委员会的定义是：标准是指在一定范围内获得的最佳秩序，对活动或其结果规定共同的和重复使用的规则、导则或特性的文件。[④]

据此，学科教育一堂好课的标准就是学科教育实施质量标准，即学科

① 俞惠珍.新课程中一堂好课的标准[J].教学与管理，2004（6）：31-33.

② 吕星宇.论一堂好课的标准[J].教学与管理，2010（2）：32、30.

③ 何玉海，蔡宝来.有效公开课：本质内涵与评价标准[J].课程·教材·教法，2013（12）：41.

④ 何玉海.浅谈《教师教育标准》的制定[J].现代教育科学，2008（2）：139.

教育教学质量标准。如前所述，学科教育一堂好课的标准是指教育者通过课程的实施（或课程教学）对学生施加教育的活动过程和学生在教师的指导下素质生成与发展的程度，以及学生与社会对整个学科教育的效果与水平的感知程度，是整个学校学科教育质量标准的一部分。学科教育实施质量标准（或称学科教育教学质量标准）是用以衡量学校学科教育实施质量的文件，由公认机构、权威组织或学校制定，为学校学科教育的实施（或称学科教育教学）规定了基本要求、准则、特性值等，供学校、教育者使用以促进学科教育活动最佳秩序与效益的达成。因此，学科教育一堂好课标准的具体要素与指标应该基于以上定义而建构。

二、学科教育中一堂好课标准的基本要素

本质而言，学校教育都是通过课程的实施来进行的，学科课程的实施是学生基本素养发展与培养的基本方式。那么，什么样的课程教学才有效？学科教育中一堂好课的标准要素有哪些？

（一）教学理念

学科教育的教学理念是教师对学科课程教学的理性认识、观念体系和理想追求，是学科教育的指导思想与灵魂。可见，教学理念是学科教育的行动指南，是构成学科教育实施质量标准的重要成分。因此，对学科教育一堂好课的评价，必须考量执教者所持有的教学理念。教学理念主要体现在三个方面：一是教学价值追求，即是为了每个学生的全面和谐发展，使每个学生学得精彩，追求教育整体功能，还是不顾学生发展，为了上课而上课，追求教的精彩；二是教学的出发点，即是以学定教，以学生的发展为本，还是以教定学，把学生当作接受知识的容器；三是师生角色定位，即是把自己看成服务者、指导者，还是把自己看作工程师，甚至是灵魂的工程师，把学生视为产品。教学理念的不同会产生对教学的不同认识，从而采用不同的教学方法、教学过程、教学内容、教育评价等。

教学理念的不同会导致对学科教育的不同认识，从而影响学科教育实效。因此，在学科教学中必须确立科学的教学理念，坚持社会主义办学方

向，落实立德树人根本任务，为社会主义现代化建设服务，努力培养担当民族复兴大任的时代新人，培养德智体美劳全面发展的人。要坚持教育有法，但无定法，学生是学会的，而不是教会的基本原则，把学习的机会、权力、时间还给学生，坚持科学的教育观，运用科学的方法教会学生学会学习。

（二）教学基本目标

在某一学科课程实施（课程教学）中，除了完成这一学科课程要实现的目标（学科核心素养目标）外，还需要完成这一学科课程的教育目标，即德育任务。某学科课程教学目标的实现与这门课程的教育目标的实现是一致的。在学科教育中，一堂好课需要设计与实现如下基本目标。

1. 培养与发展学生的学科核心素养

学科教学目标是在核心素养总目标项下，某一学科课程教学要达到的基本目标。在某学科课程实施（课程教学）中，完成某一学科课程要实现的目标是根本。在学科教育中，考量一堂好课的基本要素指标主要依据学科教学目标实现的程度，即学生学科核心素养生成与发展的程度。

2. 培养与发展学生的核心素养

《中国学生发展核心素养》由文化基础、自主发展、社会参与三个方面构成。其中，文化基础由人文底蕴（下设人文积淀、人文情怀、审美情趣三个三级指标）和科学精神（下设理性思维、批判质疑、勇于探究三个三级指标）两个二级指标构成；自主发展由学会学习（下设乐学善学、勤于反思、信息意识三个三级指标）和健康生活（下设珍爱生命、健全人格、自我管理三个三级指标）两个二级指标构成；社会参与由责任担当（下设社会责任、国家认同、国际理解三个三级指标）和实践创新（下设劳动意识、问题解决、技术运用三个三级指标）两个二级指标构成。在学科教育中，培养与发展学生的核心素养是教师施教的基本准则，所有学科核心素养目标的实现共同指向核心素养总目标的实现。

在课程实施活动过程中，从目标的实现逻辑来看，首先通过"教学目标"的完成来实现"课程目标"，再通过课程目标的达成来实现学科核心素养目标，然后通过学科核心素养目标的实现来落实本学科所承担的培养与发展学生核心素养总目标的任务。

（三）教学整体设计

教学设计是根据学生的需要和一定的教学任务，依据一定的教学原理，运用科学的方法（调查、研究、分析等）对教学活动过程中诸要素及其逻辑关系予以提前的和即时的谋划、组织与安排的活动与过程。学科教育教学设计是指根据学科教育目标和核心素养目标要求，根据学生的具体实际和一定的教学任务，在科学的教学基本原理指导下，运用科学的方法对学科课程教学活动过程中诸要素及其逻辑关系予以提前的和即时的谋划、组织与安排的活动与过程，有效培养与发展学生的基本素质。

考量学科教学一堂好课的教学设计，要根据核心素养总目标的基本要求和学生的需要以及一定的教学任务，依据教学基本原理，运用科学的方法，设计与规划整个教学基本过程，包括对教学目标设计（包括"教"的目标设计与"学"的目标设计）、教学内容、教学活动、次序、时间、教学组织与管理、突发事件的处理预案、教学方式、教学方法以及优化原则、教学手段与措施、教学评价内容与方式方法、教师反思与指导学生反思内容与方法、教学持续改进措施、练习与训练、作业布置与评价等所有可能涉及的要素，予以统筹、规划、组织与安排。[①] 学科教育的教学设计是一个十分复杂的过程，规划与设计课程教学的基本程序，是确保学科教育实效的关键，也是上好一堂好课的前提。

（四）教学内容

教学内容是体现在课程中的知识与信息。在课程实施（课程教学）中，如何科学有效地指导与帮助学生掌握显性课程内容？如何注意与利用隐性课程内容？如何科学而系统地组织与利用整个教学资源？如何使教学内容结构化并突出重点与难点？如何贯彻教育教学一体化原则？这些都会反映出执教者的基本功力。

在学科教育中，某一课堂教学内容通常是固定的，主要涉及三个方面：

---

① 何玉海，于志新. 指向学生核心素养培养与发展的教学设计［J］. 现代基础教育研究，2021（3）：193.

一是相关的基本知识（即课程标准或教学大纲通过教材规定下来的知识）；二是相关的拓展性知识（即教师根据学情和一定的需要附加的内容）；三是方法与策略性知识（即学会有效学习的方法、技巧与策略方面的知识）。在具体的一堂课的教学实践中，这三类知识的教学都建立在科学的教学设计基础上，以指导和帮助学生有效学习，进而实现学科核心素养的生成与发展。

（五）教学活动环节

学科教育的教学活动过程围绕目标的实现而展开，这些活动和过程使教育成为可能。一堂好课的教学过程要从三个方面衡量：一是学科教育的教与学的活动；二是学科教育的教与学的环节；三是学科教育的教学过程控制。

在学科教育中能否为学生素质的成长与发展创设一个良好健康的、动态适宜的环境和条件，的确需要一定的管理能力与水平。科学有效的教学过程控制与组织管理主要体现在四个方面：一是教学时间与课时计划与分配状况，教与学时间的掌握与处理等；二是教学组织程序，即程序严谨性与科学性，突发事件的处理等；三是教学质量控制，即教学质量评价与监控措施是否得力，是否能适时优化教学资源，持续改进学科教育教学质量管理水平，解决教与学的实际问题等；四是如何实现本学科教学与学科教育的无缝衔接、紧密结合，进而真正实现教育教学的一体化。

（六）教学方法策略

教学方法策略包括教学方法、教学策略或教学艺术。教学方法是教师采用的教学方式、手段与程序的总和；教学策略是在特定的教学活动中，为了确保教学实效性，在一定的教育观、教学理念与原则的指导下，根据教学任务与条件，对教学过程的诸要素进行的系统谋划和采用的具体措施；教学艺术则是指教师娴熟地运用综合的教学技能与技巧（包括言语、肢体语言等），遵照美学原理和教育规律而进行的具有独创性的教学实践活动。

在学科教育中，教学方法策略主要体现在三个方面：一是学科教育教学方法认识，即对教学有法但无定法，方法灵活多样的理解程度；二是教育教学方法优化，即方法能否因人、因事、因时、因境而不断调整、组合与完善；三是教育教学艺术运用，即在学科教育中的语言使用能否突出美感和个性，能否坚持教学的科学性与艺术相统一，能否富有教学机智，善于巧妙处理偶发事件等。方法策略是学科教育一堂好课标准的基本要素。

（七）教学组织管理

教学组织管理是指执教者根据教学规律和教育管理学理论，组织与调控教学实施、教学质量管控以及突发事件应急处理的活动过程。教学组织管理主要体现在三个方面：一是对教学时间的分配与掌控，即课时分配状况，教与学时间的掌握与处理等；二是教学程序的谋划与安排，即程序是否严谨，是否符合认知规律，突发事件处理是否得当等；三是教学质量的评价，即教学质量监控措施是否得力，是否能适时优化教学资源，解决教与学中的问题等。

（八）教学民主氛围

教学民主是指师生是在民主、平等、和谐、合作的基础上进行教与学的活动。学科教育的教学民主是指在整个教学活动过程中，师生本着民主、平等、相互尊重的原则，通过对话、交往、沟通等方式学习和研究学科教育的现象与问题。

在学科教育中，教师是学生学习的服务者（引导者、帮助者），学生是学习的主人。民主、平等、和谐、宽松、尊重的教学氛围才是教学民主的典型特征。陶行知认为，民主的教师必须要有虚心、宽容、与学生同甘苦、跟民众学习、跟小孩学习；消极方面：肃清形式、先生架子、师生的严格界限。[①] 学科教育教学民主氛围主要体现在三个方面：一是教师敬业精神，即能否做到严谨治学，一丝不苟，热情服务，充满激情；二是师生互动状况，即教师的教是以"导"为主，还是以"讲"为主，学生的主动性、积极性、参

---

① 华中师范学院教育科学研究所 . 陶行知全集（第三卷）［M］. 长沙：湖南教育出版社，

　　1985：543.

与程度如何等；三是课堂民主作风，即学科教育教学是否做到了民主、公平、尊重个性、因材施教等。

（九）教学总体效果

学科教育教学的效果是指通过课程的实施（课程教学）活动所达到的教育预期目标和整体水平，即教育者通过学科教育实施所达到的预期目标和整体水平，以及学生通过教师的学科教育教学所收到的实际效果。

学科教育的教学整体效果体现在三个方面：一是教育者教学的过程效果怎样，即教师是以"教"为主，还是以"导"为主，学生的参与度如何；二是学科教育有效程度如何，计划完成与目标达成度怎样；三是教师对教学的自我评价是否客观、全面，学生对教师教学工作（包括教育服务）的满意度如何等；四是学生"学"的效果，即学生是否理解并建构了知识体系，学生素质的生成与发展状况如何等。

另外，值得注意的是，学科教育的目的是通过课程教学帮助学生生成与发展素质，因此关注学生的发展，学生满意的课才是好课。片面追求"课讲得精彩"的认识与做法是对教育的曲解。

（十）教学反思改进

教学反思改进是课程教学的基本环节，是提高教学有效性与教学质量的一种有效手段。所谓教学反思，是指教师对整个教学实践的再认识、再思考，并在此基础上总结经验教训。教学反思形式多样，有纵向反思、横向反思，还有个体反思、集体反思等。在我国，教学反思尚未得到足够重视，教学反思的现状与理想的教学反思所应具备的自觉性、延续性、发展性、适切性等特征存在着一定的差别。[①]学科教育的教学反思是教师在学科教育活动后和在教学活动过程中对整个教学实践的再认识、再思考和经验教训的总结。

在学科教育中，教育者要对自己的教学活动与过程、教学行为、方法与

---

① 孙振东、陈荟．教师教学反思的影响因素分析［J］．中国教育学刊，2010（9）：71–73.

策略以及由此所产生的结果进行审视和分析；同时还要对学生、同行专家以及社会等留下的意见与建议进行消化、总结，吸取教训，进而提高学科教育质量。学科教育教学反思主要体现在三个方面：一是教学过程反思，既指教师对整个教学实践过程的反思，同时也指教师指导学生对整个学习过程的自我反思；二是教学方法反思，即教师对自己教学方法的反思和教师指导学生对学习方法的反思；三是教学策略反思，即教师对自己教学策略的反思和指导学生对学习策略及其运用的反思。

反思是手段，改进才是目的。根据过程理论，改进永无止境，改进是持续性的。持续改进原则（continual improvement）指"持续改进总体业绩应当是组织的一个永恒的目标"，[①] 是"增强满足要求的能力的循环活动"，其目标是使顾客更满意。

学科教育的持续改进是在教学反思的基础上通过对课程教学质量的不断改进，以持续满足学生生成与发展社会所期待的思想政治素质的需要，让学生满意，进而让社会满意。学科教育持续改进主要体现在三个方面：一是教师教的改进，即教师对教学设计、教学方法、教学策略、教学过程等的持续改进；二是学生学的改进，即教师指导学生对学习方法、学习策略以及学习行为习惯等的持续改进；三是预防纠正措施，即建立教学质量持续改进机制和预防纠正措施，建立完善的学科教育反思与改进管理文件与记录。

三、学科教育中一堂好课的指标体系

学科教育中一堂好课的要素有教学理念、教学基本目标、教学整体设计、教学内容、教学活动环节、教学方法策略、教学组织管理、教学民主氛围、教学总体效果、教学反思改进共十个维度，这也是一堂好课质量标准指标体系的一级指标。正如程方平所说："标准化解决的是共性的问题。国家的教育方针、政策、法规，各级各类教育都应当遵守，某一级、某一类的教育质量标准不能各行其是，应当有统一的标准，质量标准要符合规范。"[②] 具

---

① 国家质量技术监督局.质量管理体系标准（GB/T 19000–2000）［S］.北京：中国标准出版社，2001：10.

② 程方平.中国教育问题报告［M］.北京：中国社会科学出版社，2002：84.

体来说，学科教育中一堂好课指标体系，也即学科教育质量标准指标体系（见表9-4-1）。

表9-4-1　学科教育中一堂好课指标体系

一级指标		二级指标		标准与等级	
指标名称	权重	权重	指标名称	观测点与标准	等级/得分（0—10分）
1. 教学理念（A1）	0.5	0.3	1.1 教学价值追求（B1）	为了每个学生全面和谐发展，追求教育整体功能，培养德智体美劳全面发展的人。	
		0.4	1.2 教学的出发点（B2）	以"学"定"教"，"以人为本"，以学生的发展为本，既教书又育人。	
		0.3	1.3 教学关系认识（B3）	教师是服务者、指导者，学生是被服务者；"教"是条件，"学"才是根本和目的，"教"为"学"服务。	
2. 教学基本目标（A2）	1.0	0.3	2.1 教学目标实现（B4）	通过教的目标的实现达到学的目标，指导学生获取知识、生成能力、养成品格、学会方法。	
		0.4	2.2 学科核心素养发展（B5）	帮助学生获取学科知识、生成学科能力，发展与提升学科核心素养水平。	
		0.3	2.3 核心素养培养（B6）	指导与培养学生的政治认同、家国情怀、文化素养、科学精神、法治意识、公民品格、生态文明、全球视野核心素养，培养社会主义建设者和人类文明的推动者。	

（续表）

一级指标		二级指标		标准与等级	
指标名称	权重	权重	指标名称	观测点与标准	等级/得分（0—10分）
3. 教学整体设计（A3）	1.0	0.3	3.1 教学目标设计（B7）	教学目标、学科核心素养目标、核心素养总目标设计与表述科学、清晰、合理、明确。	
		0.3	3.2 教学内容设计（B8）	对教学重点和难点、教学模式、教学方式方法、教学技术与条件、教学的基本程序（内容、活动、次序、时间、突发事件处理预案、方法、手段与措施、评价、反思与改进、作业等）予以统筹谋划与安排。	
		0.4	3.3 教学环节设计（B9）	对教学指导思想、学生基本情况、学业基本要求、组织教学管理、教学评价与质量控制等制定具体方案与措施。	
4. 教学内容（A4）	1.0	0.4	4.1 基础知识教学（B10）	强调对陈述性知识、程序性知识、策略性知识结构性设计。"教"突出知识的重点和难点，"学"强调学生的知识建构。	
		0.3	4.2 知识拓展教学（B11）	强调实践与反馈，教学做合一，引导学生自主创新性学习，体现教育教学一体化。	
		0.3	4.3 教育资源利用（B12）	注重引导学生发掘与利用相关教育资源，发展学生的核心素养。	

（续表）

一级指标		二级指标		标准与等级	
指标名称	权重	权重	指标名称	观测点与标准	等级/得分（0—10分）
5. 教学活动环节（A5）	1.5	0.4	5.1 教与学的活动（B13）	教与学活动的比例适当，教师"教"的活动为辅，学生自主创新性学习活动为主。教是手段与途径，学是根本和目的。	
		0.3	5.2 教与学的环节（B14）	教的过程为辅，自主创新性学习过程为主，环节衔接自然，组织教学、活动、评价、实践、练习作业、教学反思、教学改进等紧凑合理。	
		0.3	5.3 教学过程控制（B15）	教师"教"为辅，学生"学"为主，是否准确系统地识别每个活动过程，并能自如而有效地控制，处理突发事件。	
6. 教学方法策略（A6）	1.5	0.3	6.1 教学方法认识（B16）	贯彻教学有法但无定法；教学方法无对错之分，只有妥当与否。	
		0.4	6.2 教学方法优化（B17）	教学方法应该适时优化，灵活多样；应因人、因事、因时、因环境选择、调整与使用。	
		0.3	6.3 教学艺术运用（B18）	教学既是科学又是艺术，教学语言使用应突出美感和个性，坚持教学的科学性与艺术性相统一。	

（续表）

一级指标		二级指标		标准与等级	
指标名称	权重	权重	指标名称	观测点与标准	等级／得分（0—10分）
7. 教学组织管理（A7）	1.5	0.3	7.1 教学时间分配（B19）	课时分配合理，教与学的时间计划科学合理，教学活动衔接得当。	
		0.4	7.2 组织教学程序（B20）	教学组织程序严谨，符合学生认知规律；突发事件处理与应激能力强，教学过程井然有序。	
		0.3	7.3 教学质量控制（B21）	教学质量评价与监控措施得力，能够适时、有效解决教与学中的问题。	
8. 教学民主氛围（A8）	0.5	0.3	8.1 教师敬业精神（B22）	严谨治学，一丝不苟；热情服务，充满激情；为人师表，以身作则；具有良好的师德师风表现。	
		0.4	8.2 师生互动状况（B23）	教师为服务者，学生为学习的主人；教师以"导"为主，学生广泛参与、频次高，活动紧凑。	
		0.3	8.3 课堂民主作风（B24）	课堂民主、公平，开放思维；尊重个性，因材施教，教师与学生共同掌控课堂。	
9. 教学总体效果（A9）	1.0	0.4	9.1 教师教的效果（B25）	教师指导、训练适时有效，重点突出，计划完成圆满；学生满意度高。	

（续表）

一级指标		二级指标		标准与等级		
指标名称	权重	权重	指标名称	观测点与标准	等级/得分（0—10分）	
9. 教学总体效果（A9）	1.0	0.3	9.3 学生学的效果（B27）	学生学习愉快，收获大；形成并建构了知识体系，能力与素质水平有明显提高。		
		0.3	9.2 教的质量评价（B26）	教师自我评价全面、系统，学生对教学质量满意度高；指导学生评价及时、全面而系统。		
10. 教学反思改进（A10）	0.5	0.3	10.1 过程反思与改进（B28）	教师自我对教学设计、方法、过程、组织教学等的反思与改进全面具体；指导学生反思系统，措施有效。		
		0.4	10.2 方法反思与改进（B29）	教师自我对教的方法的反思客观，改进及时有效；教师指导学生对学习方法的反思客观，改进及时有效，有切实可行的措施。		
		0.3	10.3 策略反思与改进（B30）	教师自我对教学策略的反思客观，改进及时有效；教师指导学生对学习策略的反思客观，改进及时有效，有切实可行的反思与预防纠正措施，文件与记录完善。		

第十章　学科教育的质量评价

教育测量与评价在我国大致经历了四个发展阶段，即古典教育测量与评价的萌芽期（606年前）、科举制度时期（606—1905年）、近代教育测量与评价时期（1905—1949年）和现代教育测量与评价时期（1949年后）。西方的教育测量与评价的发展历程一般分为教育测量运动的萌芽及开始时期（19世纪中叶至20世纪30年代）、教育评价兴起时期（约1930—1957年）和现代教育评价深入发展时期（1958年至今）三个阶段。学科教育评价是学校教育评价的组成部分，其品质特征、方法类型、基本原则以及评价实施等都有自己的特征。

第一节　学科教育质量评价的本质内涵

学科教育质量评价是学科教育质量管理的手段，旨在持续改进学科教育质量。实施学科教育，做好评价工作，必须正确认识学科教育质量评价的本质，真正把握学科教育质量评价的概念与内涵、学科教育质量评价的内容、学科教育质量评价的特征、学科教育质量评价的功能等。

一、学科教育质量评价的概念与内涵

《教育大辞典》认为，评价是对事物价值的判断；[1]《教育评价辞典》认为，评价是对人或事物的价值做出判断。[2]综合以上解释，评价是指按照明

---

[1] 顾明远.教育大辞典（增订合编本下册）[M].上海：上海教育出版社，1998：1187-1188.

[2] 陶西平.教育评价辞典[M].北京：北京师范大学出版社，1998：55.

确目标测定对象的属性,并把它变成主观效用(即满足主体要求的程度)的行为,是明确价值的活动过程。[1]

泰勒在其著名的《史密斯—泰勒报告》中首次提出并正式使用"教育评价"。他认为,"教育评价过程在本质上是确定课程和教学大纲实现教育目标的程度的过程"。[2]1986年,在《教育评价概念的变化》中,他对该陈述做了修订,认为教育评价是"检验教育思想和计划的过程"。1983年,克隆巴赫(Cronbach)在《通过评价改进课程》的论文中,认为教育评价的内涵是"一个搜集和报告对课程研制有指导意义的信息的过程"。1966年,斯塔弗尔比姆对泰勒评价理论提出异议,他认为"教育评价不应局限于评判决策者确定的教育目标所达到预期效果的程度,而应该是收集有关教育方案实施全过程及其成果的资料,为决策提供信息的过程"。李聪明认为,"教育评价是利用所有可行的评价技术评量教育所期待的一切效果"。[3]刘本固认为,"所谓教育评价,是指按照一定的价值标准,对受教育者的发展变化及构成其变化的诸种因素所进行的价值判断"。[4]还有学者把教育评价定义为,根据一定的目的和标准,采用科学的态度和方法,对教育工作中的活动、人员、管理和条件的状态与绩效,进行质和量的价值判断。尽管人们对教育评价概念的界定不一,但对教育评价的核心要素认识却基本一致。

综合以上定义,学科教育质量评价是指根据学科教育的基本要求和教育基本原理,依据学科教育质量标准,结合教学大纲或课程标准的规定,对学科教育实施(包括教与学)情况通过系统调查和广泛信息资料收集予以测量描述和非测量描述,并做出价值判断的活动过程,旨在改进学科教育实施效果,提升学科教育质量。学科教育质量评价是整个学校教育工作质量评价的组成部分,具有如下基本特征。

一是,学科教育质量评价需要有"两个依据"。学科教育有着自身的发展规律与特征,因此学科教育质量评价需要根据学科教育的基本特征和学

---

[1] 何玉海.高校教育评估标准——品质、属性、体系及其建设[M].上海:上海三联书店,2019:30.

[2] 瞿葆奎.教育学文集·教育评价[M].北京:人民教育出版社,1989:263.

[3] 李聪明.教育评价的理论与方法[M].台北:台湾幼狮书店,1961:3.

[4] 刘本固.教育评价的理论与实践[M].杭州:浙江教育出版社,2000:55.

科教育的基本原理来进行。"两个依据"是学科教育质量评价的先决条件。

二是，学科教育质量评价要依据"两个标准"。学科教育质量评价需要依据学科教育质量标准，结合教学大纲或课程标准的规定进行。学科教育质量标准是学科教育质量的基本要求和特性值的规定；教学大纲或课程标准是从教学或课程实施的角度，对教学目标或课程实施目标进行明确的规定。"两个标准"是评价学科教育质量优劣程度的根据。

三是，学科教育质量评价需要采用"两种方法"。学科教育质量评价通常需要采用测量和非测量相结合的方法，即对通过系统调查收集到的资料信息予以测量（定量评鉴）和非测量（定性评鉴）。定量和定性相结合的价值判断，能够最大限度地把握学科教育质量情况。

四是，学科教育质量评价需要通过"两大途径"，即对系统调查和收集到的资料信息予以测量描述和非测量描述。学科教育质量评价需要进行广泛细致的资料搜集和系统的调查研究，并对获取的第一手材料进行整理、分析，在此基础上进行定量和定性研究。

五是，学科教育质量评价是由调查研究、信息资料收集、统计与分析、定量与定性研究、做出价值判断等一系列活动构成的系统。

六是，在学科教育质量评价中，调查研究、信息资料收集、统计与分析、定量与定性研究、价值判断等活动构成了有机的活动过程。

七是，学科教育质量评价旨在改进学科教育实施效果，提升学科教育质量。学科教育质量评价是进行价值判断的活动过程，然而，正如斯塔弗尔比姆所认为的那样，评价最重要的意图不是为了证明，而是为了改进。

八是，学科教育质量评价是整个学校教育工作质量评价的组成部分。在学科教育与教学、学校行政管理、服务保障等工作中，学科教育是整个教育工作的核心，所以学科教育质量评价也是整个学校教育工作质量评价的组成部分。

二、学科教育质量评价的内容

评价内容与评价对象紧密联系，从教育评价的目的来看可包括四个方面：一是教育对象及其发展的微观层面的评价，包括学生学业成就、心智发展、道德表现等内容；二是影响教育对象发展直接因素的中观层面的评价，包括教师与教学、课程与实施、班级工作、学校管理、办学条件等内容；三是影响教育对象发展的间接因素的宏观层面的评价，包括教育制度、教育政策、教育思想、社会环境等内容；四是教育评价活动的元评价内容，包括教育评价的理念、技术、结果，以及对教育评价的评价等内容。

学科教育的质量评价即对学校学科教育质量的评价，就是对教育工作者运作整个课程（即课程教学，或"教"）的质量评价和学生在教育工作者的指导下，其学科素质的生成与发展水平的评价。学科教育质量评价的内容包括两方面：对教师教学质量评价的内容和对学生学习质量评价的内容。

（一）教师教学质量评价的内容

对教师教学质量的评价，即对教师在其所承担的学科课程教学中通过运作整个课程对学生予以教育的整体水平评价。对教师教学质量评价的内容，构成了学科教育质量标准的指标要素，应该由教学理念、教学基本目标、教学整体设计、教学内容、教学活动环节、教学方法策略、教学组织管理、教学民主氛围、教学总体效果、教学反思改进十个维度构成，这些要素也是评价学科教育质量的基本内容。

（二）学生学习质量评价的内容

对学生学习质量的评价，即对学生在教师的指导与帮助下通过课程的内化，其学科核心素养的生成与发展水平的评价。对学生学习质量评价的内容主要是指构成学生学科素质的内容，即通过学科教育学生获取的知识、生成的能力、养成的品格、学会的方法，具体包括学生的学科核心素养生成与发展水平、学业发展水平、道德素质水平、思想政治素质水平、管理能力与水平、公共关系处理能力与水平等。

三、学科教育质量评价的特征

学生的学科核心素养发展与核心素养的培养发生在同一课堂中，因此学科核心素养发展与核心素养的培养评价也应一并进行。据此，学科教育质量评价具有如下基本特征。

（一）思想性

思想性是指教学具有教育性，即受教育者在学习学科知识，生成与发展学科核心素养的同时接受一定的思想品德教育。学科教学的思想性反映了教学过程的客观规律。我国宋代周敦颐的"文以载道"的思想，德国教育家赫尔巴特的"我不承认有任何无教育的教学"的主张，第斯多惠的"任何真正的教学莫不具有道德的力量"，以及苏霍姆林斯基的"物理、化学、天文、数学等科目的讲授过程为培养科学世界观提供了广泛的可能性"的论述均为学科教育思想性的表现。在社会主义学校，思想性要求体现为社会主义办学方向、道德精神，培养学生的辩证唯物主义世界观，在传授科学知识、发展学科核心素养的同时，根据各门学科的性质和特点进行思想教育，将获取的知识、生成的能力、养成的品格、学会的方法有机结合起来。

（二）时代性

时代性是指事物所具有的时间或时期性特征。任何事物在其历史演化过程中都会体现出时间性或时期性的特征。与时俱进，就是要求我们既要兼顾事物发展的历史时代性，又要求我们必须牢牢把握时代的脉搏，跟上时代的发展步伐。学科教育质量评价必须紧密结合时代要求，弘扬时代精神，牢牢把握学科教育的基本方向，培养与发展学生的学科核心素养，引导学生坚定道路自信、理论自信、制度自信、文化自信，为实现中华民族伟大复兴而努力学习。

（三）整体性

事物是以整体的形式存在的，是由各个不同要素构成的有机系统。整体性的观点要求我们要整体地对待事物，从整体与要素的相互依赖、相互联系、相互制约的关系中揭示事物的特征，认识事物的运动规律。学科教育质量评价要求我们在评价学科教育质量时，把整个学科教育视为一个有机整体,从整体入手认识、理解与评价学科教育质量。具体来说,包括三个方面:一是要从学科教育整体要素来评价,考虑影响教学的各种因素;二是要兼顾学科教学评价与品德素养评价,既要评价整个学科教育质量,又要评价思想品德质量,在评价(学科)课程教学的同时考量思想品德教育元素的挖掘与利用情况;三是教育目标评价与学科目标评价一并进行,既要评价思想品德教育目标的达成度,又要评价学科课程目标的达成度。

(四)多元性

多元性是指事物本身或发展存在着多个方面、多个维度。学科教育质量评价的多元性表现在三个方面:一是评价主体是多元的,评价主体可以是教师,也可以是学生,还可以是社会;二是评价对象是多元的,学科教育质量评价的对象可以是教师,也可以是学生,还可以是学校;三是评价内容是多元的,无论是教师还是学生,都可以从多维度进行评价。

(五)客观性

客观性(也称真实性)与主观性相对,是指客观实在性。学科教育质量评价的客观性,要求我们在进行教学评价时,从评价方案的制定到评价标准的采用或制定,从评价方式方法的选择到评价过程的实施等,都应该实事求是,符合客观实际,不能主观臆断或带有个人情感。特别是学科教育质量评价的具体实施,更应该根据学科教育的要求和基本原理,在尊重教育基本规律的前提下,依据学科教育质量标准,结合教学大纲或课程标准的规定进行。

(六)科学性

科学性要求我们在进行学科教育质量评价时,要从教与学相统一的角度出发,根据学科教育的基本要求和评价依据,结合学科教育质量评价标准,运用科学的测量手段和统计方法,通过科学的评价程序对获得的各种数据与信息进行严格统计、处理与分析,而不是依靠经验和直觉进行主观判断。在评价中，一些传统观念与做法并非科学，要敢于怀疑和批判，敢于运用已经证明的科学原理、方法对这些问题提出疑问并进行完善，这也是尊重科学性的表现。

四、学科教育质量评价的功能

（一）导向功能

学科教育质量评价是根据学科教育的基本要求和基本原理，依据学科教育质量标准，结合教学大纲或课程标准的规定对学科教育质量进行价值判断的活动过程。一方面，评价是"指挥棒"，它规定了方向确保学科教育的要求与学科教育目标的实现；另一方面，在教学活动过程中，通过评价可以判定教学活动是否偏离教育方针和教学目标，是否完成教学大纲或课程标准规定的目标与任务，以确保学科教育始终沿着正确的方向发展。

（二）诊断功能

通过对教学效果进行评价，可以了解学科教育中教与学的情况，从而判断教学的质量与水平、成效和不足。全面客观的评价，不仅能评鉴教师和学生在多大程度上实现了教学目标，而且能解释说明成绩或问题的成因，以便制定切实可行的解决对策。通过教学评价，教师可获得评价的反馈信息，可了解教学过程和组织教学中的不足，了解教学目标的实现程度，判定教学活动中所采取的形式和方法是否有利于促进教学目标的实现。通过教学评价，学生能够加深自己对当前学习状况的了解，有效激发并调动学习兴趣和积极性，促进有效学习；通过教学评价，学生还可以诊断学习存在的问题与困难，以便确定适合自己的学习目标，调整学习方法，制定改进方略。

（三）强化功能

一方面，学科教育质量评价可以调动教师教学积极性，使教师明确教学中的优点与不足，不断改进，提高教学质量；另一方面，评价能够促进学生的发展，如教师的表扬、鼓励等可以提高学习的积极性和学习效果，促进学生素质的生成与发展，帮助学生学会独立评价自己的学习效果，学会自我评价。一言以蔽之，及时、客观、合理的学科教育质量评价，对学生素质的生成与发展可以起到强化作用。美国心理学家斯金纳认为，人或动物为了达到某种目的，会采取一定的行为作用于环境。当这种行为的后果对他有利时，这种行为就会重复出现；不利时，这种行为就会减弱或消失。根据强化的性质和目的可分为正强化和负强化。在学科教育质量评价中，正强化就是奖励良好的行为，进而加强这种行为包括表扬、奖励、给予学习和成长的机会等；负强化是指为了使某种行为减少或消除，施加于受教育者身上的某种不愉快的刺激，包括批评、处分、降级、减少机会等。所以，在学科教育质量评价中，应以正强化为主，必要时也要对坏的行为进行惩罚，做到奖惩结合。

（四）激励功能

工作效率和劳动效率与人的工作态度有直接关系，而工作态度则取决于需要的满足程度和激励因素。激励理论主要有行为主义激励理论、认知学派激励理论和综合型激励理论。激励的目的在于激发人的行为动机，调动人的积极性，发挥人的创造性，进而充分发挥人的智力效应，做出最大成绩。学科教育质量评价具有重要的激励功能：一方面，科学、客观、及时的评价可以最大限度地激发与调动学生的积极性，使之迸发出最大精力与能量，认真学习与领会教育内容；另一方面，科学、客观、及时的评价可将教师的"教"和学生的"学"的效果展现出来，使之备受鼓舞，最大限度地激发双方的潜能。

（五）鉴别功能

首先，评价可以了解教师学科教育的效果、优缺点和质量水平，以便查找差距、持续改进，提高教学质量。其次，评价可以了解学生的素质发展水平和等第尺度等。对学生来讲，了解自己的等第水平，可以改进学习方法，争取更大的进步；对学校和教师来讲，了解与甄别学生等第，以便因材施教, 同时也为向家长、社会、有关部门报告学生素质状况提供依据。再次, 学科教育质量评价是教师管理的基本手段。通过评价, 可了解整个施教队伍的整体状况和个体等第水平, 为学校和教育行政领导决策, 教师的选拔、聘用、晋升、进修, 以及人才使用提供参考。最后, 评价可了解学校"教育服务"的质量水平。通过对学校教育服务质量评价, 可了解整个学校教育服务的水平与档次, 进而为持续改善学校教育服务质量提供参考。

第二节　学科教育质量评价的类型

目前在我国, 学科教育质量评价方法的分类比较混乱, 已影响到了对学科教育质量评价的认识、理解与实施。本节从学科教育评价的实施时机、评价目的指向、评价结果参照点、评价的技术策略等角度, 对学科教育质量评价方法类型予以理解, 旨在全面系统认识与把握学科教育质量评价方法类型, 进而提高学科教育质量评价的科学性与针对性。

一、按评价的实施时机分类

学科教学质量评价是教学活动的重要一环, 从评价的实施时机来看, 教学质量评价主要有形成性评价和终结性评价。在教学过程中, 两种方法的作用与结果不尽相同, 两种方法的使用倾向也反映出不同的教育观与目的。

（一）形成性评价

形成性评价（formative evaluation）是指在教学过程中为了解学生的学习情况, 及时发现教学中的问题而进行的评价, 主要对学生学习过程中的基本情况做出评价, 是针对学生学习全过程的持续评鉴（观察、记录、反思与改进等）。形成性评价注重过程评价, 体现了发展性评价的理念, 有助于激励学生学习, 帮助学生有效调控自己的学习过程, 使学生获得成就感, 增强自信心, 培养合作精神。

形成性评价,起初主要是指在教学过程中针对学生学习情况的过程性评价。随着评价理论的发展,形成性评价也广泛运用于对教育教学质量的评价。运用形成性评价时应该注意以下几点:一是从评价主体来说,要坚持多元化(教师评价、学生评价、专家评价、小组评价等);二是从评价时机来说,可采用课堂评价、课外评价、真实性评价等形式;三是从评价对象来说,可以评价教师及教学的情况,也可以评价学生及学习的情况;四是从评价策略来说,可以采用测量描述性价值判断,也可以采用非测量描述性价值判断。

(二)终结性评价

终结性评价(summative evaluation)是在教学活动结束后为判断教学效果而进行的评价。终结性评价一般以预先设定的教学目标为基准,对评价对象达成目标的程度(即教学效果)做出评价。终结性评价多在学期或学年结束时进行,目的在于了解学生经过一学期或一学年的学习达到的教学目标程度。终结性评价除了评定学习成绩外,也具有一定的预测、评估作用。但要注意的是,在学校教学评价实践中,用终结性评价代替整个教学评价的做法是不对的。

需要注意的是,对学生素质的生成与发展水平进行评价十分复杂。一是因为学生素质的生成与发展受到多种因素的影响与制约;二是学生素质的生成与发展关键在于学生自己,教师的教育仅仅是外部条件,外因只有通过内因才能起作用;三是学科教育质量评价还要涉及学生品德素质的生成与发展,这是难以测量与评价的,况且道德品质素质的生成与发展还会有反复性、伪装性。这就要求我们在学科教育质量评价中,将终结性评价和形成性评价结合起来。

二、按评价目的指向分类

根据评价的目的,学科教育质量评价主要有诊断性评价、发展性评价和增值性评价之类。

（一）诊断性评价

诊断性评价（diagnostic evaluation）是指在某项教学活动开始之前对学生的知识、技能以及品格等状况进行预测与评鉴，为实现因材施教或有针对性的教学提供依据。诊断性评价的目的是根据诊断结果予以决策，或制定发挥学生长处或补救的措施，以帮助学生在原有基础上或可能的范围与条件下获得最大的进步、改进与提高。

在学科教育质量评价中，诊断性评价主要应用于两个方面：一是用于对学生素质水平的诊断，主要考查一段时间内学生对学科知识、理论等问题的认识、理解与运用水平，以制定行之有效的教育方案和实施策略；二是用于对教师的教学水平与状态的诊断，目的是提高认识、消除疑虑、统一思想、明确目标和任务，进而提高教师教育理论水平与教学水平，提高学科教育的有效性。诊断性评价在于诊断问题、发现问题，最后解决问题。在学科教育中，诊断性评价可视具体情况随时使用。

（二）发展性评价

发展性评价（developmental evaluation）是指在发展理念与理论的指引下，通过与被评价者协商合作，在系统搜集评价信息的基础上，运用科学的技术与方法，对被评价者的有关情况予以价值判断的活动过程，旨在促进被评价者的持续发展。发展性评价从评价目的和功能角度出发，强调对学习或事物持续发展变化过程的关注，并以评价促进评价对象的持续改进和发展。与其他评价方式相比，发展性评价具有非奖惩性、协作性、诊断性、过程性、个体差异性、评价主体多元性的特点。

在学科教育质量评价中，发展性评价可用于对教师的专业发展和学生素质发展的评价。新时代对教师发展，特别是教师素养的要求越来越高，对教师的全面评价，特别是基本素养的发展评价已成为学校教师评价工作的重点。运用发展性评价，在学生的参与下对其素质特别是学生核心素养的生成与发展的过程予以评价更具意义。学科教育质量的发展性评价，以评价对象（学生）为主体，关注学生发展的全面性，强调学生发展的连续性，注重学生发展的过程性；它不以检查和评比为目的，关注学生个体差异性和学生在评价中作用的发挥，倡导评价方法的多元化。在学科教育质量评价中，发展性评价是以促进评价对象（学生）发展为目的的理想的教育评价理论与方式方法。

（三）增值性评价

增值性评价（value-added assessment）是基于发展理念，借助现代统计技术，对教师的教学效果、学生的学习成就、学校管理质量水平等做出"进步幅度"判断的活动过程。增值性评价的基本公式是：增值 = 输出 − 输入（value added = output-input）。增值性评价既可以用作对学校组织进步程度的评价，也可以用作对不同人群的进步幅度的评价。

增值性评价的思想最早源于詹姆斯·科尔曼（James Coleman）1966年向美国国会提交的《关于教育机会平等性的报告》（简称科尔曼报告，Coleman Report），该报告虽然没有直接提出增值性评价，但其思想催生了学校效能增值性评价的出现。20世纪80年代末，评价技术的发展与完善，为增值性评价提供了精确可信的分析方法，增值性评价在美国得到了充分应用。随着美国联邦《不让一个孩子掉队法》的出台，增值性评价受到越来越多教育工作者的认可和政策制定者的青睐，逐渐成为美国教育评价的主流方式。增值性评价代表着未来教育评价的发展方向，具有五大优势。

一是，增值性评价实现了关注点的变化。增值性评价是基于每个学生的进步计算学校或教师对学生学业增长的影响，使学校和教师的关注点从个别学生身上转移到每个学生的身上。

二是，增值性评价保证了更加公平的比较。增值性评价将每个学生的当前成绩与过去成绩进行比较，关注学生的进步和成长。对学校或教师效能的评价都是基于学生的进步或增值，实现了教育评价过程的公平性，有利于激发生源质量差的学校和差生的发展动力。

三是，增值性评价与绩效责任紧密相连。评价是问责的重要依据，评价的科学性直接关系到问责制实施的效果。增值性评价为科学问责制提供了良好的评价框架，能够对学校和教师展开公平的考察。

四是，增值性评价具有潜在的诊断性功能，基于追踪设计的研究，能够根据详尽的数据描述识别学生的成功与失败，成为学校和教师发现问题做出决策的起点。

五是，增值性评价能够满足所有学生的需要。增值性评价的基本理念是学校和教师应该保证所有学生都能取得学习上的进步，要兼顾所有学生的发展，促进每个学生的进步。

在学科教育质量评价中，增值性评价具有重要意义。在学科教育质量评价中，不以绝对的得分去衡量学科教育质量和学生最终的素质水平，也不以校外因素、家庭背景因素等去评价教师学科教育水平和学生素质的发展，而是以教师学科教育能力的进步幅度和学生素质生成与发展的进步程度去评价教师的教学能力和学生的素质发展水平。

三、按评价结果参照点分类

从评价结果参照点来看，学科教学质量评价可以分为目标参照测量评价和常模参照测量评价。

（一）目标参照测量评价

目标参照测量评价（也称标准参照测量评价[①]），主要是测量评价掌握的知识与测量目标之间的关系，是根据原来确定希望达到的教学目标，通过定量或定性的方法解释其意义的活动过程。在实施过程中，主要是将受测者的表现与既定的教学目标或行为标准进行比较，以测量评价受测者达到教学目标或标准的程度。这种测验多以教育教学目标为参照标准，故被称作目标参照测量评价。目标参照测验评价的理论假设：学习

---

① 根据评价所运用的标准不同，可分为相对性评价和绝对性评价。相对性评价是从评价对象集合中选取一个或若干个对象作为基准，将余者与基准做比较，排出名次、比较优劣的评价法。相对性评价法便于学生在相互比较中判断自己的位置，激发竞争意识。绝对性评价是在被评价对象的集合以外确定一个客观标准，将评价对象与客观标准相比较，以判断其达到程度的评价方法。绝对评价设定评价对象以外的客观标准，考查教学目标是否达成，可以促使学生有的放矢，主动学习，并根据评价结果及时发现差距，调整自我，具有明显的教育意义。

成绩、素质水平应以学习的数量和程度来表示，而学习的数量和程度只有同预先规定的某种标准相比较才具有确定的意义。因此，测量评价的试题必须正确反映教学目标，才能作为评价的标准。目标参照测验评价所关心的是，试题是否从数量上、质量上与要测定的内容和范围一致，是否能正确反映教学目标的要求。目标参照测量评价是以体现教学目标的标准为尺子，看学生是否达到标准以及达到目标的程度，而不是比较个体之间的差异。

学科教育的目标参照测量评价是以学科教育质量目标为评价标准，依据目标和教材编制试题测量与评价学生的素质，判断学生是否达到要求。目标参照测量评价不以评定学生之间的差别为目的，主要考虑合格水平。在学科教育中，目标参照测量评价在学科教育质量评价中具有一定的诊断和个别指导功能。

（二）常模参照测量评价

常模参照测量评价是一种以建立的常模为标准，衡量受测者成绩在特定团体中的相对位置，并以此来解释分数意义的测量评价结果。所谓常模，即个人之间进行比较的标准。在学校教育中，某一科的常模是指确定的某团体在该科考试中的平均水平，如平均数和标准差。常模参照测量评价的主要目的是把测验分数作横向比较，即通过成绩比较，决定该生在团体中的位置，并根据其在团体中的相对位置（或名次）来报告测量评价结果。常模参照测量评价对学生成就或素质的解释采用了相对的观点，着重于学生之间的比较，主要用于选拔、编班。常模参照测量评价的理论假设是某个团体中，测验的分数呈正态分布，即大多数人的成就或素质处于中等水平，处于两个极端水平的人是少数。因此在选题上难易适中，测得的分数变异性要大，得分的范围要广，要拉大距离以显示个别差异。在评价标准上，常模参照测量评价以学生团体测验平均成绩作为参照标准，说明某一学生在学生团体中的相对位置并进行排序。

在学科教育中，由于常模参照测量评价忽视个人的努力状况及进步程度，对后进者的努力缺少适当、正确的评价，因此该评价主要用于教育选拔。

四、按评价的技术策略分类

从评价的技术策略来看，评价可分为定量评价和质性评价，两者各有长处与不足。在具体实践中，两种评价方式要结合起来使用。

（一）定量评价

定量评价是采用数学的方法，通过系统收集和处理数据资料，对评价对象予以测量并做出定量结果的价值判断活动过程。如运用教育测量与统计的方法、模糊数学的方法等，采用数值对评价对象的特性予以描述和判断。20世纪初，桑代克编制了第一个标准化的教育成就测验。他运用心理测量原理，编制出评定学生书写、作文、拼读、算术、计算和推理的量表。随后，韦克斯勒（D. Wechsler）主要编制了"韦氏儿童智力量表"（1949）、"韦氏成人智力量表"（1955）、"韦氏幼儿智力量表"（1967），瑞文（R. J. Raven）编制了"瑞文标准推理测验""瑞文彩色推理测验"和"瑞文高级推理测验"，卡特尔（Raymond Bernard Cattell）编制了卡特尔16种人格因素量表（16PF），量化评价一度得到空前重视，出现了三种不同性质的测验形式：学力测验、智力测验和人格测验。

教育定量评价是通过系统收集和处理数据资料，对教育评价对象予以测量并做出定量结果的价值判断活动过程。教育定量评价具有数量化、客观化、标准化、精确化等特征，在一定程度上满足了以选拔、甄别为主要目的的教育评价需求。但教育定量评价往往只关注可测性的品质与行为，强调共性、稳定性、统一性，以数量化呈现结果。在实践中，教育定量评价主要根据教育目标，通过试题、量表等对学生进行测试，并按照一定的标准对测试结果加以量化分析，依赖测量和纸笔测验形式。由于评价对象的有些内容不易或者仅可勉强量化，这就必然会放弃评价对象的一些难以量化的要素，同时忽视了多元标准和对个性发展的关注，把复杂的教育活动简单化、分数化。因此，该评价方法在很多方面并不能对评价对象予以恰如其分的反映。

在学科教育中，由于定量评价主要是用数量呈现评价标准、用数量描述事物现象、用数量分析事物状态、用数量表示评价结果，因此主要用于对学生有关知识掌握程度与基本能力的一般性考查。

（二）质性评价

随着社会批判思潮的兴起，人们开始对轰轰烈烈的教育测量运动进行反思，开始认识到不能完全用所谓的科学方法（定量评价）去评价教育问题与现象，否则会导致人们对教育问题与现象认识的僵化。教育中的许多问题与现象只能通过定性的语言描述、解释才能反映其本真面目。至此，量化评价逐渐降温，质性评价再度得到重视。

质性评价是指在充分调查与搜集信息资料的基础上，运用语言文字、图片符号等手段对评价对象的基本特征与属性予以定性描述以揭示其本质意义的活动过程。质性教育质量评价则是指在充分调查与搜集信息资料的基础上，通过运用语言文字、图片符号等方式对教师教学质量和学生学习质量予以定性描述的活动过程。如评价学生的学科核心素养，我们可以通过语言或其他符号描述来完成。评价教师教学的质量水平和学生学习的质量水平，如果一味追求科学化评价（即定量评价），仅仅举出若干组枯燥乏味的数据，其效果不一定好，况且还有许多要素不能或不易被量化。因此，质性评价也是不可或缺的。从另一个角度讲，评价的最终目的是改进，定性评价的解释更能被多数人理解与把握，以做出相应的对策。定性评价是用非数量化的方法进行价值评鉴，主要有等级评价、评语评价、评定评价等。

在学科教育中，质性评价可以用于对教师教学质量水平和学生学习质量水平的评价，也可以用于对学生道德品质素养基本情况的评价。学科教育的质性评价本质是一个自下而上的归纳过程，通过评价可增强对教学本质、师生关系等的理解。质性评价没有绝对严格的程序，带有很大的灵活性，不同的评价主题会采用不同的方法。

第三节　学科教育质量评价的基本原则

学科教育质量评价的基本原则，即评价主体在学科教育质量评价中需要遵循的基本准则，能确保学科教育质量评价沿着正确的、科学的道路运行，达到提升学科教育实效，改进教学的目的。

一、学科教育质量评价与核心素养评价相结合

我们知道，学校教育主要是学科教育，学科教育不仅仅传授学科知识，培养学科核心素养，还肩负着对学生的品德和思想政治素质的影响功能，这正是"教学的教育性"使然。在某一学科课程教学的实施活动过程中，学科教育目标的实现与核心素养发展与培养目标的实现发生在同一个教学活动过程中，当然学科教育质量的评价与核心素养质量的评价同样也是发生在相同的活动过程中。因此，学科教育质量评价与核心素养质量评价必须一并进行。分步设计、分步实施的做法会肢解学科教学；呆板地、刻意地挖掘教育元素，或主张所有学科都必须进行思想道德教育的做法，是对教育的曲解，是对"教学教育性"和"教育教学一体化"的误读。

二、"教"的质量评价与"学"的质量评价相结合

教学质量由两方面构成：一是教师"教"的质量；二是学生"学"的质量。学科教育质量评价应该坚持评价教师"教"的质量与评价学生"学"的质量的统一。就学校教育而言，"教学质量评价的重点应放在对'教'的质量的评价上。道理很简单，教育教学是教师的职业，学校的中心工作是育人。就教育而言，'教'和'育'的质量才应是评价的主要内容，而对'学'和'得'的评价，只是通过评价来了解'教'和'育'的不足，从而不断改进'教'和'育'的质量，以便最大限度地满足学生各方面素质发展的需求。据此，必须把评价的重点放在对'教'的质量评价上，才算真正把握住了教育本质"。[①]

在课程教学中，指导学生获取知识、生成能力，帮助学生养成品格、学会方法，是教师的天职，也是衡量教师是否称职的基本标准。具体而言，教师除了指导与帮助学生获取知识、生成能力、学会方法、养成品格外，还负有立德树人的重任。可见，对教师学科教育能力与质量的评价是

① 何玉海.试论教学质量评价转型：教育服务观的视角［J］.上海教育评估研究，2012（1）：24-29.

整个教师教学质量评价的重要内容。在学科教育评价中，评价的重点也应放在对教师"教"的质量的评价上，只了解"教"的不足，才能不断改进"教"的质量，提高"教"的有效性，进而最大限度地满足学生素质生成与发展的需求。

当然，在学科教育评价中除了教师"教"的质量外，评价学生"学"的质量也很重要。在学科教育评价中，对学生"学"的质量的评价是必要的，但不是评价的重点。对学生"学"的质量评价不是为了给学生排序，而是为了查找施教者教育工作中的不足，提高学科教育质量，最大限度地满足学生素质生成与发展的需要。

对学校而言，对学生"学"的质量评价，可验证学科教育质量管理体制、课程设置、教材体系以及教育方法的合理性和科学性，以便及时调整改进，从而持续不断地满足学生的素质生成与发展要求，提高学生的学习质量。对教师而言，通过对学生"学"的质量评价，可以帮助教师了解学生的素质发展情况，更好地因材施教；了解与验证学科教育效果，从而反思教学目标设置、教育元素挖掘、教育方式方法以及教育模式与策略等的合理性与科学性，真正达到以"评"促"教"和以"评"促"学"的目的。通过对学生"学"的质量评价，学生能了解和认识自己的问题、不足与综合素质水平，以便调整今后的努力方向，家长能及时了解孩子在学校的发展情况，以便调整家庭教育方向，社会能了解学生的素质发展情况，进一步认识与调整社会导向。

三、质性评价与定量评价相结合

学科教育质量的质性评价是在充分调查与搜集信息资料的基础上，通过运用语言文字、图片符号等手段对学科教育质量予以定性描述的活动过程，是通过非测量描述做出价值判断的活动过程。在学科教育中，定性评价是主要形式，一般没有提前的假设，多在评价过程中形成，是自下而上的归纳推断过程。与量化评价不同，它没有绝对严格的程序，带有很大的灵活性，不同的评价主题会采用不同的方法。评价不是一个单纯的技术问题，不能完全用所谓的科学方法（定量评价）去评价教育问题与现象，教育中的许多问题与现象只能通过定性的语言描述、解释才能反映其本来面目。然而,定性评价也有缺点与不足:定性评价是经验型的,带有较强的主观性,容易影响评价结果的客观性、准确性、公平性和可信性。因此,定性评价与定量评价相结合才能收到理想的评价效果。

定量评价是采用数学的方法,通过系统收集和处理数据资料,对评价对象予以测量并做出定量结果的价值判断活动过程。在学科教育中,定量评价具有数量化、客观化、标准化、精确化等特征,一定程度上满足了以甄别、选拔为主要目的的评价要求。定量评价也有其不足之处:一方面,定量评价往往只关注可测量的品质与行为,强调共性、稳定性、统一性,而有些评价内容要素不能被量化,就会使得评价结果存在片面性,进而影响学科教育质量;另一方面,由于定量评价忽视了对个性发展的关注,把复杂的教育活动简单化、分数化了,因此并不能对评价对象的实质予以恰如其分的反映。

可见,在学科教育的质量评价中,坚持定性评价与定量评价相结合的原则,才能客观、公正地评价学科教育的质量。

四、形成性评价与终结性评价相结合

学科教育质量评价,需要坚持形成性评价与终结性评价相结合的方式。形成性评价是对教学过程中的基本情况做出评价,主要是针对学生学习过程的持续性进行价值判断。形成性评价可以帮助教师随时了解教学基本情况,获得教学过程中持续的信息反馈,为教师调整教学计划、改进教学方案提供参考。它具有激励学生,帮助学生有效调控学习过程,增强学生自信,培养学生合作精神的作用。形成性评价是学科教育质量评价的主要形式,能全面把握与评价学生的素质生成发展情况和教师的课程教学质量情况。然而,形成性评价存在过度关注过程性评价、采用的非正式评价形式多、学生评价主体参与幅度难以掌握、评价耗时耗力等缺点。

终结性评价是在教学活动结束后对教学效果进行判断的评价。终结性评价往往在一个大的学习阶段、一个学期或一门课程结束后对学生学习结果予以评价,如期末考试、结业考试和毕业考试都属于此类评价。对学生素质的生成与发展水平评价十分复杂,既要重视对结果的评鉴,又要重视并控制好学科教育的实施过程,如此才能提高学科教育实效,完成立德树人的根本任务。这就要求我们在学科教育质量评价中，要将终结性评价和形成性评价结合起来。

五、整体性评价与发展性评价相结合

学科教育质量的整体性评价是指在对学科教育质量进行评价时要从多个方面进行衡量、考察，不能以点带面，一概而论。学科教育是一个十分复杂的活动过程，教育质量往往通过不同的侧面反映出来。因此，要想全面把握真实的教学效果，必须通过多种评价方式把握整个学科教育质量。整体性评价要求我们在把握整体的前提下，还要分清主次与轻重，抓住并解决主要矛盾，以达到改进与提升学科教学质量的目的。

所谓学科教育质量的发展性评价，是以促进评价对象发展为目的的教育评价理念与方式，它关注评价对象发展的全面性和发展性，注重发展的过程性；它不以检查和评比为目的，关注评价对象个体差异和评价对象在评价中作用的发挥，倡导评价方法的多元化。

总之，在学科教育质量评价中，坚持整体性评价是为了对评价对象全方位、多角度的考量；坚持发展性评价是为了改进学科教育质量，有效促进学生素质的生成与发展。

第四节　学科教育质量评价的实施

学科教育质量评价需要评价主体在评价原则的指导下，依据评价标准，采取科学的、合适的评价方式方法、技术手段，遵循科学的评价程序。

一、学科教育质量评价的主体

学科教育质量评价的主体是指那些参与评价活动并按照一定标准对评价客体进行价值判断的个人或团体。学科教育质量评价主体是多元的，除了教师和学生外，还可以是教育决策与管理机构、专门的评价机构、学校管理部门、学生家长、社会组织等。评价主体的多元性可以确保评价结果的客观性、准确性，保障学科教育质量的关键。

（一）师生个体评价主体

在学科教育质量评价中按照一定的标准对评价客体进行价值判断的个人评价主体主要是教师和学生。

教师的个人评价主要体现在两个方面：一是教师对学生的评价；二是教师对课程教学质量的评价。在学科教育中，教师对学生的评价主要有两种方式：量性评价和质性评价。量性评价主要是通过测验对学生的学科知识、运用能力，以及品德素质的生成与发展情况做出价值判断。教师对学生的质性评价，主要是通过调查研究、观察等大规模地收集资料与信息，对学生的素质及其生成与发展情况做出价值判断。教师对学生的评价是教师课程实施的环节，是教学组成部分。教师对学生进行及时、客观、公正、科学的评价对学生的发展具有重要意义，也是教师的基本素养要求。教师对课程教学质量的自我评价是教师根据学科教育基本要求，按照一定的评价目的与标准对整个课程教学过程与结果的反思，在充分反思的基础上提出改进措施，完善教学设计与教学方案，持续改进教学，提升学科教育实效。

学生的个人评价包括两个方面：一是学生对教师"教"的质量的评价；二是学生对自己"学"的情况的评价。学生对教师"教"的质量的评价，是学校教育评价中最为主要的形式，即"学生评教"。学科教育的质量是教育工作者通过运作课程，对学生实施全方位、全过程的教育活动和学生在教师指导下素质生成与发展的优劣程度（即"教学质量"），以及学生与社会对整个学科教育的效果与水平的感知程度（即"感知质量"）。学生对教师"教"的质量的水平，既要考量教师"教"的质量的水平（即"教学质量"），又要考量学生对整个学科教育的效果与水平的感知程度与满意程度（即"感知质量"）。本质而言，学校是供学生学习的场所，学生是学习的主人，教学是为了学生习得知识、形成能力、养成品德和学会方法。

在学科教育中，学生的自我评价主要采用质性评价的方式，是学生对自己习得知识、形成能力、养成品德和学会方法的情况，以及整个素质水平等做出自我判断与评价。学生对自己的评价是学生在学习活动过程中的自主性反思，是学生自主性学习与自我教育成熟的标志。

（二）官方组织评价主体

官方组织评价主体是指国家和政府组织。国家和政府通过对学校办学资质、教育教学、教育与质量管理等的评价，了解与把握学校的基本情况，调整发展战略或宏观管理的措施与手段，进而提高教育教学质量。如：2015 年 12 月，修订后的《中华人民共和国高等教育法》（以下简称《高教法》）第十三条规定："国务院统一领导和管理全国高等教育事业。省、自治区、直辖市人民政府统筹协调本行政区域内的高等教育事业，管理主要为地方培养人才和国务院授权管理的高等学校。"第十四条规定："国务院教育行政部门主管全国高等教育工作，管理由国务院确定的主要为全国培养人才的高等学校。国务院其他有关部门在国务院规定的职责范围内，负责有关的高等教育工作。"可见，国家和政府是兴办高等教育的行政管理机关，对各级各类的高等学校依法行使宏观管理与监督管理职能。

官方组织评价主体主要有两级组织机构：一是代表国家职能管理部门教育部的评价机构，即国家评价主体；二是代表各级地方政府管理部门的地方政府教育行政管理部门的评价机构，即地方政府评价主体。官方组织评价主体的评价，行使的是宏观管理与监督管理职能，其目的在于确保学校教育健康、有序发展，持续提高教育教学质量。

2020 年 10 月，中共中央、国务院颁布的《深化新时代教育评价改革总体方案》指出："教育评价事关教育发展方向，有什么样的评价指挥棒，就有什么样的办学导向。"教育评价要"坚持立德树人，牢记为党育人、为国育才使命，充分发挥教育评价的指挥棒作用，引导确立科学的育人目标，确保教育正确发展方向"。官方组织是我国学科教育质量的主要评价主体，官方组织评价是我国教育评价的主要形式。

（三）学校组织评价主体

1990 年 10 月，国家教委颁布《普通高等学校教育评估暂行规定》，其中第十五条明确规定："学校内部评估,即学校内部自行组织实施的自我评估,是加强学校管理的重要手段,也是各级人民政府及其教育行政部门组织的普通高等学校教育评估工作的基础,其目的是通过自我评估,不断提高办学水平和教育质量,主动适应社会主义建设需要。"在学科教育中,学校组织自身是重要的教育评价主体,可根据国家和地方教育行政管理部门制定的评价标准对学科教育质量予以评价,当然也可以自己制定评价标准。一方面,学校是办学者,对学科教育质量进行评价更能做到有的放矢;另一方面,不论哪方评价主体对学校进行评价都是为了促进学校学科教育水平的提升,进而实现对学校教育的全面质量管理。

学校组织对学科教育质量的评价主要由学校教育质量管理部门和各个学院教育质量管理部门组织实施,属于学校教育常规管理工作与教育质量管理活动。

(四)民间组织(第三方)评价主体

民间组织(第三方)评价主体,是指非隶属于政府的民间评估组织与评价机构,一般为专业评价机构,也称第三方评价机构。由第三方评价机构对教育进行评估,早已成为世界评价高等教育的惯例,欧美有多个民间评估机构,如《美国新闻与世界报道》(U.S. News & World Report, USNWR)、《泰晤士高等教育》(Times Higher Education, THE)、国际高等教育资讯机构(Quacquarelli Symonds, QS)、IDP教育集团等。随着我国学校教育管理体制改革的深入和人民群众对学校教育的多元诉求,催生了学校教育评价主体的多元化。学校教育评价需要吸纳社会力量,让社会力量参与评鉴与监督管理。近几年来,我国的第三方评估机构也不断兴起,出现了许多民间教育评估组织。由第三方评价机构进行评价是教育评价(评估)的必然趋势,能最大限度地保证评价的公正性。

在学科教育质量评价中,民间组织(第三方)的评价主要有两种情况:一是对整个国家或某一地区学科教育质量的评价;二是对某一学校的整个学科教育质量的评价。也就是说,民间组织(第三方)也可以应邀代表官方组织或学校组织对学科教育质量予以评价。在学科教育质量评价中,民间组织(第三方)的评价可以避免教育评价有失公道和不公平现象的发生,又能最大限度提高评价的可信度、效度和权威性。

二、学科教育质量评价的依据

学科教育质量评价是根据学科教育的基本要求和基本原理，依据学科教育质量标准，结合教学大纲或课程标准的规定，对学科教育实施情况通过系统调查和广泛信息资料收集予以测量描述和非测量描述，并做出价值判断的活动过程，旨在改进学科教育实施效果，提升学科教育质量。学科教育质量评价是整个学校教育工作质量评价的组成部分，有以下三个基本依据。

（一）依据国家和政府对学科教育的要求

学科教育是通过运作学科课程指导学生获取知识、生成能力、养成品德、学会方法，进而培养与发展其学科核心素养的活动与过程。学科教育是学校教育的主要形式，是一个社会和国家提高公民素质的基本手段与过程，体现了社会和国家对教育的发展意愿，体现了社会和国家对社会公民培养规格的基本要求。在社会主义国家，它又是进行理想、信念、人生观、价值观与世界观教育的重要形式，是进行马克思主义、共产主义思想和社会主义核心价值观教育的主渠道。学科教育的质量是教师通过运作学科课程指导与帮助学生生成与发展学科核心素养和学生在教师的指导下学科核心素养发展的优劣程度（即"教与学的质量"），以及学生与社会对整个学科教育的效果与水平的感知程度（即"感知质量"）。学科教育的质量评价必须依据国家和政府对学科教育的基本要求来进行。

社会和国家对学科教育质量及其评价的基本要求主要体现在三个方面：一是法律法规，特别是教育的法律法规对学科教育及其质量的规定；二是国家和政府的方针政策与文件对学科教育及其质量的相关规定；三是国家和政府有关教育发展规划对学科教育及其质量的规定。这些基本要求体现了社会和国家对学科教育质量及其评价的意志，既是学科教育实施活动过程中的基本要求与准则，也是进行学科教育质量评价的基本依据。

（二）依据学科教育的基本规律

教育规律，是教育与人、教育与社会及其相关因素之间、教育内部诸因素之间内在的、必然的本质性联系，是教育与社会现象或教育现象内部各要素之间的固有矛盾，或彼此间的内在联系和不以人的意志为转移的发展趋势。一般认为，教育有两大规律，即教育的外部规律和教育的内部规律。教育的外部规律，即教育受社会政治、经济、文化等因素的制约。如：教育发展的规模和速度要受社会生产力发展的影响与制约，一个国家的生产力发展水平往往与它的教育发展程度成正比；教育在不同的历史阶段或不同社会里有不同的特性，这主要是社会性质和政治经济制度所决定的，等等。教育的内部规律，如教育与人的发展规律，教育内部诸要素之间的规律，如教育观、教育理念、教育原则、教育方式方法、教育途径、教育手段等又有其自身发展特点和本质特征。这些规律是教育本身固有的，是不以人的意志为转移的。

学科教育的实施过程也有其自身规律，如学习直接知识与间接知识相统一的规律。一个人如果只学习间接知识而缺少亲身实践，就不可能真正理解与把握知识。同理，如果只注重直接经验，而缺少间接知识学习，也影响认识事物的速度与进程，因此，把直接知识与间接知识有机结合，才是真正的教育。教师在教学活动中要处理好传授知识与培养能力的关系，引导学生主动、富有个性地学习。再如，知识习得与品德教育相统一的规律，必须坚持既教书、又育人，坚持教育教学一体化。

学科教育质量评价旨在改进学科教育实施效果，提升学科教育质量。因此，学科教育质量评价必须依据学科教育基本规律。

（三）依据学科教育相关标准

学科教育质量评价除了依据国家和政府对学科教育的基本要求和学科教育的基本规律外，还必须依据学科教育相关标准。学科教育相关标准主要有学科教育质量标准、学科教育质量评价标准、学科教育课程标准（教学大纲）。

学科教育质量标准，是用于衡量学校学科教育质量的文件，通常由国家公认机构、权威组织或研究部门制定。这一文件对学校学科教育质量，即教师通过课程实施对学生进行教育的活动和学生在教师的指导下学科素质的生成与发展的优劣程度(即"教学质量")，以及学生与社会对整个学科教育的效果与水平的感知程度(即"感知质量")的基本要求、准则与特性值等予以明确规定，供学校、教师或评估机构反复使用，以促进学科教育活动最佳秩序与效益的达成。学科教育质量标准是整个学校教育标准体系的一部分，是学科教育质量评价最为重要的依据。

如前所述，学科教育质量评价是根据学科教育的基本要求和教育基本原理，依据学科教育质量标准，结合教学大纲或课程标准的规定，对学科教育实施(包括教与学)情况通过系统调查和广泛信息资料收集予以测量描述和非测量描述并做出价值判断的活动过程，旨在改进学科教育实施效果，提升学科教育质量。学科教育质量评价是整个学校教育工作质量评价的组成部分，是根据学科教育质量标准进行的。然而，在我国学科教育中，我们没有从学科教育质量的角度来研制学科教育标准，而是从评价的角度进行学科教育标准的制定，我国的学科教育质量评价标准与学科教育质量标准是基本一致的。学科教育质量评价标准通常是由国家公认机构、权威机构制定的用以评价学校学科教育质量的文件。这一文件对学校学科教育质量的基本要求准则与特性值等予以明确规定，以促进学科教育活动最佳秩序与效益的达成，促进学科教育质量的持续改进。学科教育质量评价标准是整个学校教育评价标准体系的一部分，是学科教育质量评价依据。

学科教育课程标准(教学大纲)，是国家权威机构制定用以衡量与规范学科课程的准绳，规定了学科课程的基本要素、内容、拟达到的指标以及整个课程运作活动与过程的规则，供学校和教育机构遵守与反复使用，以确保教学活动最佳效果和秩序的实现。学科教育课程标准根据不同的层级分别归属于不同的课程标准，诸如基础教育课程标准、高等教育课程标准、继续教育课程标准等。在我国，课程标准，特别是2022年3月25日新修订颁布的《义务教育课程方案和课程标准(2022年版)》，不但完善了培养目标、优化了课程设置、细化了实施要求、规范了标准结构，而且对质量的内容予以明确规定。学科教育课程标准是课程实施的规则，也是学科教育质量评价的依据。

在学校教育中，存在着两种话语体系：一是课程论话语体系；二是教学论话语体系。课程标准，是从课程理论的视域出发，是课程实施的指导性文件，规定了某一门课程的性质、目标、内容、实施建议等。教学大纲则是从教学理论的视域出发，是根据教学计划，以纲要形式规定了一门课程教学内容的纲领性文件，包括这门课程的教学目的、任务，教学内容的范围、深度和结构，教学进度，讲授、实习、实验、作业的时数分配，参考书目，教学仪器，教具与教育技术等。由于话语体系不同，教学大纲和课程标准的侧重点不尽相同，但性质与作用是一致的。目前，我国高等学校仍旧采用教学论的话语体系。因此，对高等学校的学科教育质量评价必须依据教学大纲来进行。

三、学科教育质量评价的实施过程

学科教育质量评价的主体是多元的，不同的评价主体出于不同的目的与需要，所采取的步骤不尽相同。但概括起来看，学科教育质量评价一般由评价实施准备、评价方案设计、评价活动实施、评价报告出具、评价总结与改进五步构成。

（一）评价实施准备

1. 思想认识准备

正式的学科教育质量评价需要进行组织动员工作，将参与评价的人员组织起来，就本次评价的安排等事宜予以全面介绍和详细通报，通报评价的注意事项、时间、地点和顺序等，必要时要组织一定形式的评价培训会。如果是常规的学科教育的课堂实施质量评价与测验（测量），则按照教学工作的基本需要，明确师生需要注意的相关事项。

2. 材料与工具准备

做好确保完成评价工作的有关材料和工具的准备工作，如评价工作所需的工具、办公用品、相关材料、统计用表、录音设备、录像设备、计算机、统计分析工具等。常规的学科教育的课堂实施质量评价与测验（测量）则按照教学工作的基本需要，明确师生需做好的准备工作。

（二）评价方案设计

学科教育质量评价方案是根据评价目的与需要，就实施评价中的诸项事宜做出的谋划与安排，是学科教育质量评价的指导性文件。在进行学科教育质量评价之前，要根据评价目的与需要，在广泛听取各方的意见与建议基础上，对整个评价工作予以提前计划、组织与安排，并以文字形式呈现出来。评价方案需要明确如下内容：评价事项名称、评价主体、评价对象、评价时限、评价地点、评价方式方法、评价引用标准、评价统计分析工具、评价报告内容要求、评价所需环境与条件，以及费用、免责条款等事宜。一般而言，评价方案制定得越是详尽、周全，越能保证评价实施过程的科学性与有效性。

（三）评价活动实施

评价活动就是根据评价方案，依据评价标准，在规定的时限内，在规定的地点，按照基本程序进行评价，一般包括评价信息收集、评价信息处理、结果汇总分析等步骤。

1. 评价信息收集

任何评价都要基于事实，学科教育质量评价也不例外。从某种意义来说，评价活动就是事实依据的搜集、整理、汇总、分析的过程。因此，通过充分的调查，多角度、多方面地收集信息与资料是评价最为重要的环节。在常规的学科教育课堂教学质量评价与测验（测量）中，评价信息的收集与获得是根据教学工作的基本需要，通过平时的教学实践和观察来进行的。

2. 评价信息处理

获得的信息与资料基本分为两大类：一类是基于事实的描述性资料信息；一类是基于数据、数值的非描述性信息。对描述性信息资料要进行梳理、整理、汇总、归类；对非描述性信息资料（主要是定量调查资料，如问卷、测量、测验等）要运用可靠的统计分析工具进行处理。最后，要统整归纳两类信息资料，为下一步结果汇总做好必要的准备。常规的学科教育课堂教学质量评价与测验（测量），主要汇总学生的测验（测量）信息资料和平时表现资料。

3. 结果汇总分析

对获得的描述性资料信息和非描述性信息处理后，就进入到结果汇总分析阶段：一是对获得的描述性资料信息进行汇总分析并得出结果；二是对非描述性信息的结果进行汇总分析并得出结果；三是通过技术手段，根据评价标准指标体系，对两类信息资料得到的结果予以汇总，进行深度技术研究，如检验、求证、相关分析、聚类分析等。

（四）评价报告出具

根据评价方案和评价标准要求，进行评价信息收集、评价信息处理、结果汇总分析后，得出基本结论。但这时的结论还是分散的，需要根据评价方案，对照评价标准要求，结合评价目的，依据一定技术对所有评价结果予以统筹、汇总，最后得出学科教育质量评价的总结论。总结论通常采用报告的形式呈现，是提供给评价对象的书面文书，由评价负责人组织专门的人员撰写。评价报告一般包括：评价缘起、基本情况分析、计划和设计、评价标准、实施程序、信息资料收集与分析、评价结论、未尽事宜、参考文献和附录材料等内容。评价报告的撰写要全面、系统、清晰、有条理。常规的学科教育课堂教学质量评价与测验（测量）的评价报告通常以"考试总结"或"测验总结"的形式呈现，主要是对学生的考试（测验）情况和平时表现情况进行总结。

（五）评价总结与改进

学科教育质量评价是通过对有关学科教育活动的状态、效能、成果等情况进行评价，从而为学科教育活动决策提供依据，以确保学科教育要求得到贯彻与执行，旨在改进学科教育效果以提升其质量水平。学科教育质量评价的总结与改进，是学科教育质量评价的尾声，也是评价的目的，主要有两层含义：一是对评价工作的总结；二是根据评价结论制定改进与提升学科教育的基本方案。前者主要是对学科教育质量评价的反思，总结本次学科教育质量评价的经验与教训，必要时可启动元评价，以提高今后的评价能力与水平。后者主要是针对学科教育质量评价中发现的问题进行反思，找出成因，制定切实可行的改进方案，这是学科教育质量评价的初衷，也是学科教育质量评价的终极目的。

第十一章　学科教育全面质量管理体系

依据全面质量管理理论，建立学科教育全面质量管理体系是确保学科教育有效实施的先决条件，是发展学生核心素养的管理体系保障。把握学科教育全面质量管理体系，需要正确把握学科教育全面质量管理的基本属性、学科教育全面质量管理体系与构成、学校学科教育全面质量管理体系与建设，以及学校学科教育全面质量管理体系文本与建设。

第一节　学科教育全面质量管理的基本属性

学科教育全面质量管理，是在全面质量管理理论的指导下建立全面质量管理体系，对学科教育规划设计过程的质量、学科教育实施过程的质量、学科教育辅助保障过程的质量、学科教育质量监控过程的质量予以指导与控制的管理活动过程。学科教育全面质量管理具有系统性、全面性、全员性、全过程性的特征。

一、学科教育全面质量管理的概念内涵

全面质量管理（Total Quality Management，TQM）是指组织以质量为中心，以全员参与为基础，通过建立质量管理体系以协调、优化组织功能，进而实现对产品质量的持续改进，使顾客满意和本组织所有成员及社会受益的管理活动与过程。

20世纪50年代末，美国通用电气公司的费根鲍姆（Armand Uallin Feigenbaum）和质量管理专家朱兰提出了"全面质量管理"的概念，认为全面质量管理是为了能够在最经济的水平上，考虑到充分满足客户要求的前

提下进行生产和提供服务，让企业各部门在研制质量、维持质量和提高质量的活动中构成一体的一种有效体系。20世纪60年代初，美国一些企业根据行为管理科学的理论，在企业的质量管理中开展了依靠职工"自我控制"的"无缺陷运动"（zero defects），日本在工业企业中开展质量管理小组（quality control circle）活动，使全面质量管理活动迅速发展起来。

全面质量管理可以概括为一个过程、四个阶段、八个步骤、一个统计方法。

一个过程指管理是一个过程。企业的每项生产经营活动，都有一个产生、形成、实施和验证的过程。

四个阶段。根据管理的过程理论，美国管理学家戴明（William Edwards Deming）提出了PDCA模式，即计划（plan）—执行（do）—检查（check）—处理（act）四阶段的循环模式，简称PDCA循环，又称"戴明循环"。

八个步骤。为了确保改进与提高质量，又将PDCA的四个阶段具体划分为八个步骤。计划阶段：分析现状，找出存在的质量问题；分析产生质量问题的各种原因或影响因素；找出影响质量的主要因素；针对影响质量的主要因素，提出计划，制定措施。执行阶段：执行计划，落实措施。检查阶段：检查计划的实施情况。处理阶段：总结经验，巩固成绩，工作结果标准化；提出尚未解决的问题，转入下一个循环。

一个统计方法。在应用PDCA解决质量问题时，需要通过调查研究，收集和整理大量的信息资料，并予以科学、系统的分析——数理统计。数理统计通常采用排列图、因果图、直方图、分层法、相关图、控制图及统计分析表。基于数理统计的分析，不仅直观易懂，而且科学可靠。

随着时间的推移，由于全面质量管理理论具有科学性与优越性，现在已被广泛运用于包括教育管理在内的各个领域。因此，实施学科教育全面质量管理方能有效提升学科教育质量，进而实现培养与发展学生学科核心素养的目标。

关于学科教育全面质量管理目前尚未检索到相关概念与定义。学科教育全面质量管理就是对学科教育质量全面管理与控制的活动与过程，以确保学科教育有效实施，进而有效指导帮助学生生成与发展学科核心素养。具体而言，学科教育全面质量管理，是指通过建立学科教育全面质量管理体系，在不断优化与改进组织管理功能的基础上，在全员参与下实现对整个学科教育质量的全面控制与持续改进，以满足学生学科核心素养生成与发展的需要，满足国家与社会期待的活动过程。概括起来有五大要义。

一是，学科教育全面质量管理是通过建立学科教育全面质量管理体系来实施对学科教育质量的管理，旨在不断优化与改进组织管理功能，是学科教育质量管理的先决条件。

二是，学科教育全面质量管理是通过持续改进整个学科教育管理组织的功能，提高其效益来实现对学科教育质量的管理。

三是，学科教育全面质量管理是通过全员参与对整个学科教育活动与过程的持续控制来实现对学科教育质量的管理。全员参与既是全面质量管理理论的基本原则，也是学科教育的基本要求。全员、全过程、全方位、全课程的"四全育人"是学科教育的基本特征。

四是，学科教育全面质量管理是确保与提升学科教育质量，满足学生素质生成与发展的需要，满足国家与社会期待的管理活动过程。学科教育全面质量管理由一系列复杂的教育活动组成，旨在满足学生学科素质生成与发展的环境与条件，进而完成学科教育的基本要求。

五是，学科教育全面质量管理，强调过程管理，采取 PDCA 模式进行。学科教育全面质量管理既是一系列管理活动，又是管理过程。一个活动的结束就是下一个活动的开始，循环往复。

二、学科教育全面质量管理的内容

全面质量管理的内在本质决定了学科教育全面质量管理的内容。研究学科教育全面质量管理的内容，应当从学科教育规划设计过程、学科教育实施过程、学科教育辅助保障过程、学科教育质量监控过程四个方面着手。

（一）学科教育规划设计过程的质量管理内容

学科教育规划设计过程的质量是学科教育质量管理的首要环节。学科教育规划设计管理包括两个方面：一是学校和学院层面学科教育规划设计管理；二是教师学科教育实施规划设计管理。学校和学院层面学科教育规划设计管理内容主要包括学科教育整体规划、学科教育质量方针与目标、相关管理机构职责与义务、学科教育质量控制计划与评价标准等的谋划与设计等。教师学科教育的实施规划设计管理内容主要包括对学生学科核心素养基本情况调查、教学目标的确定、教学模式的选择与运用、教学方式方法的优化、教育技术保证、学科教育评价与反思、学科教育的改进等。

（二）学科教育实施过程的质量管理内容

学科教育实施过程是指对学生直接进行学科教育的活动过程，即课程教学过程。学科教育实施过程是学科教育质量管理的重点，其质量管理内容主要包括学科教育的基本理念、学科教育的目标确定与实现、学科教育实施中课程教学与品德教育关系的协调处理、学科教育的组织实施、学科教育的方法与模式、学科教育的实施策略、学科教育的课堂民主体现、学科教育中教与学关系的处理、学科教育中的评价、学科教育的作业处理、学科教育的整体效果，以及教师隐性课程的践行等。

（三）学科教育辅助保障过程的质量管理内容

学科教育辅助保障过程是指为确保学科教育正常进行而提供各种保障条件的过程。学科教育辅助保障过程的质量管理内容主要有学校层面提供的学科教育实施所需的条件，包括教室、教学设施、实习实验基地、信息资料、教育技术、网络环境与平台，以及资金和后勤服务保障等，还包括学校整个物质文化环境、精神文化环境、制度文化环境，以及教师在学科教育实施活动过程中创设的环境与氛围等。

（四）学科教育质量监控过程的质量管理内容

学科教育质量监控过程是学科教育内部质量管理的重要环节，也是全面质量管理的出发点和落脚点。学科教育质量监控的根本目的是提高学科教育质量，进而促进学生学科核心素养的生成与发展，满足学生需要和国家与社会的期望。学科教育质量监控过程管理的内容主要有学校和学院宏观层面的质量评价、学生满意度与社会满意度调查等;学科教育质量督导、质量管理机构协调、质量保障措施、质量体系维护、质量持续改进等;教师层面的学科教育质量管理水平及持续改进方略与措施等。

三、学科教育全面质量管理的特征

学科教育全面质量管理,是通过建立学科教育全面质量管理体系,在不断优化与改进组织管理功能的基础上,在全员参与下实现对整个学科教育质量的全面控制与持续改进,以满足学生学科核心素养生成与发展的需要,满足国家与社会期待的活动过程。学科教育全面质量管理体系以质量为目标,以过程管理为基础,以全员参与为管理方式,以 PDCA 为运行模式,以组织体系和文件管理系统为表现形态,具有系统管理、全员参与、过程控制、预防为主、持续改进等特征。

(一)系统管理

学科教育全面质量管理的系统性,是指学科教育全面质量管理体系诸要素构成一个系统,是以一定结构形式联结构成的具有某种特定功能的有机整体。正如贝塔朗菲(Ludwig Von Bertalanffy)所强调的,任何系统都是一个有机的整体,它不是各个部分的机械组合或简单相加,系统的整体功能是各要素在孤立状态下所没有的性质。亚里士多德的"整体大于部分之和"也说明了整体的重要性。学科教育全面质量管理系统中的各要素之间相互关联,构成了一个不可分割的整体。具备系统性的学科教育全面质量管理才能确保各要素保持有机的秩序,向同一目的行动,才能使学科教育的各个要素和指标以一定结构形式联结构成具有某种功能的有机整体,从而确保学科教育全面质量管理作用的实现。

全面质量管理是指一个组织以质量为中心,以全员参与为基础,目的在于通过顾客满意和本组织所有成员及社会受益而达到长期成功的途径。在全面质量管理中,"质量"一词并非绝对意义上的"最好",而是指"最适合于一定顾客的要求",即学生的发展需要。学科教育质量管理的系统性,是指学校组织和教师以提升质量为中心,以全员参与为基础,全面系统调控学科教育质量的管理方式，其目的在于满足"学生学科核心素养生成与发展的需要"和"国家与社会的要求与期待"。学科教育质量管理的系统性，要求控制与质量相关的所有方面，既要对教师的课程教学质量，即"教"的质量进行控制，又要对学生"学"的质量进行控制；既要组织好显性课程的实施，又不能忽视隐性课程的教育功能与作用；既要重视学生学科核心素养的培养，又要注重学生核心素养的生成。系统性是学科教育质量管理的基本特征。

（二）全员参与

全员参与是指各级人员都是组织之本，只有他们的充分参与，才能使他们的才干为组织带来收益。学科教育全面质量管理的最终目的是实现学科核心素养目标。管理的基本原则是一定的人对所管的一定工作完全负责，只有明确责任，才能促使高度的责任心和积极性，才能保证更合理地利用人力、物力，才便于检查工作，改进工作，实行赏罚。只有充分发挥广大教职员工的主人翁意识，发挥他们的聪明才智，创造一个宽松的环境，加强内部沟通，让每个教职员工了解自身贡献的重要性及其在组织中的角色位置，才能实现学科教育全面质量管理目标。

学校教育主要是学科教育，旨在培养与发展学生的学科核心素养。学科教育全面质量管理要求把质量控制工作落实到每个教育工作者身上，使之各司其职。在教育活动过程中，无论是学科课程教师还是其他教师，无论是教学辅助人员还是教学管理人员都自觉不自觉地参与其中，都在直接或间接地影响着学生。在学科教育活动过程中，为学生创设、提供一个健康良好的、动态适宜的、持续改进的条件与环境，指导与帮助学生生成与发展社会所需要的核心素养，是教育的本质！学科教育全面质量管理的全员参与，也是学科教育性质与规律使然，是学科教育的内在要求。

（三）过程控制

过程控制，是学科教育全面质量管理的基本特征，即将活动和相关的资源作为过程进行管理，可以更高效地得到期望的结果。一切产品都

学科教育学通论

是过程的结果,过程控制得好,产品质量就高;反之,产品质量就低。具体来说,过程控制包括两个步骤:首先,系统地识别和管理组织所应用的过程,特别是这些过程之间的相互作用,也就是识别质量管理体系所需过程并且确定过程的顺序和相互关系;其次,对各个过程加以管理,控制各个过程的要素,包括输入、输出和资源配置等。采用过程方法,能对诸过程组成的系统中单个过程之间的联系以及过程的组合和相互作用进行连续控制。在采用过程控制的过程中,学科教育全面质量管理首先须识别学科质量管理体系需要控制的过程,包括学校的各项管理活动、资源提供、产品实现、测量与评价等有关的过程,并且确定过程的先后顺序和相互关系与作用。其次,按照过程方法对一切影响学科质量管理的环节、部门进行识别并策划控制。各相关部门的主要负责人都要根据本部门的职责来识别本部门的过程,并对各个环节实施过程控制,要通过 PDCA(计划、实施、检查、处置)的循环对过程进行监视、测量,不断改进过程质量。

学科教育质量管理,不限于对课程教学过程的控制管理,应该包括整个学校教育的全过程。然而,学校环境、学生日常管理、学生学校日常生活等都包含着教育的元素与成分,对学生思想政治素质的生成与发展都会产生重要的影响。这就是说,学科教育质量的提高有赖于整个教育过程中每个环节工作质量的提高,因此,学科教育质量的全面质量管理,要求把质量控制工作落实到课程实施的每个环节,既包括学科教育的规划、课程教学设计、课程组织实施、测量与评价、反思与改进以及具体的完善措施等,还包括学校环境、学生日常管理、学生学校日常生活等。学科教育质量的全面质量管理,要求质量控制以预防为主,即对质量进行事前控制,使整个学科教育环节都处于受控状态。全过程管理是学科教育质量管理的基本属性。

(四)预防为主

预防为主也是学科教育全面质量管理的重要特征,即学科教育全面质量管理,需要建立适当的预防体制与机制并制定措施,防止重大质量问题发生。"组织应该确定措施,消除潜在不合格的原因,预防措施应与潜在问题的影响程度相适应。"①

在企业生产中，如何保证产品质量主要有两种看法：一是认为实行所谓的"三包"制度就可以保证产品质量；二是认为只要检查从严就能保证产品质量。根据全面质量管理原理，这些都是基于"事后"所采取的措施，把质量保证的重点仅仅放在"事后"检查与管理上是不能从根本上保证产品质量的；不解决不合格产品产生的根本问题，不合格产品还会照样出现。由于产品质量不是一步形成的，也不是在最后一道工序上形成的，而是在整个生产过程中逐步形成的。因此，需要在工序过程中予以控制，把生产过程中可能的影响因素统统控制起来，即变"事后"检查与管理的消极"把关"为提前控制的"预防为主"。也就是说，好的产品是设计和生产出来的，不是检验出来的。

以"预防为主"，即"控制好生产产品过程中可能的影响因素"。学校"教育产品通常是指提供以教育教学为主的服务，也包括教育教学软件和一些帮助信息转化和继续留作参考的电脑软件或者书面资料"。②也就是说，学科教育的"产品"就是学校为学生提供的包括"教"在内的"教育服务"。学科教育的全面质量管理要求"把生产过程中可能的影响因素统统控制起来"，即对培养与发展学生学科核心素养的影响因素予以提前控制。因为学生学科核心素养的生成与发展不是在最后一道工序上形成的，而是一个十分复杂的活动过程，控制过程比控制结果更有意义。同时，学科教育的全面质量管理还要求学校"组织应确保不符合产品要求的产品得到识别和控制，以防止其非预期的使用或交付。不合格产品控制以及不合格产品处置的有关责任或权限应该在形成文件的程序中作出规定"。③学科教育全面质量管理，必须制定产品监控程序，并确保全体教师和相关人员知晓预防措施，如此才能提升教育服务的质量，达成学生学科核心素养的生成与发展目标。

---

① 中国国家标准管理委员会.质量管理体系 GB/T 19001 在教育组织中的应用指南
　　[S].北京：中国标准出版社，2009：25.

② 同上：2.

③ 同上：22

（五）持续改进

学科教育全面质量管理，是通过提升组织功能来保证学科教育实效的提高和教学目标的实现。持续改进既是其基本特征，又是其基本原则，是指持续改进总体业绩应当是组织的一个永恒的目标，是增强满足要求的能力的循环活动，是组织发展、增强竞争能力并取得优胜的重要条件。在学科教育全面质量管理中，持续改进的目标是使学生、国家和社会更满意。持续改进必须建立在事实与科学的数据基础之上，一切用事实和数据说话。为了科学而充分地说明问题，必须注重调查研究，广泛积累资料，建立科学的数据档案。数据资料收集后，必须进行梳理、加工、分类，在庞杂的原始数据中把规律性的东西归纳出来。在此基础上，对数据予以逻辑分析、比较，并通过统计图表形式（如排列图、因果图、直方图、管理图、分布图以及统计分析表格等）明示其逻辑关系。持续改进的方式可以是渐进式的，也可以是突破性的。因此，在学科教育全面质量管理中，一般要对学校学科教育活动与过程的反思与改进予以规定或提出原则性建议，对不合格"产品"（或不符合项）提出预防、控制要求以及预防与纠正措施，提出持续改进的具体方略。

第二节　学科教育全面质量管理体系与构成

实现全面质量管理，必须建立全面质量管理体系。学科教育全面质量管理体系是在学科教育质量方面指挥和控制质量的管理系统。因此，要在系统把握学科教育全面质量管理体系的内涵和质量管理体系要素的基础上，研究探讨国家层面的学科教育全面质量管理体系、地方政府层面的学科教育全面质量管理体系和学校层面的学科教育全面质量管理体系及其构成。

一、学科教育全面质量管理体系的内涵

质量管理体系，是指"在质量方面指挥和控制组织的管理系统"。组织若建立起一个适合本组织并能有效运行的质量管理体系，能对其过程能力和产品质量树立信心，为持续改进提供基础，从而增进顾客和其他相关方满意度，

并使组织获得成功。[1] 如前所述，学科教育全面质量管理是指通过建立学科教育全面质量管理体系，在不断优化与改进组织管理功能的基础上，在全员参与下实现对整个学科教育质量的全面控制与持续改进，以满足学生学科素质的生成与发展，国家与社会期待的活动过程。可见，实现学科教育质量管理，建立全面质量管理体系是前提。学科教育全面质量管理体系，是指根据全面质量管理理论建立起来的旨在控制与持续改进学科教育质量的管理系统。该管理系统以质量为目标，以过程管理为基础，以全员参与为管理方式，以 PDCA 为基本运行模式，以质量管理的实体系统和质量管理的文件系统为表现形态。

第一，学科教育全面质量管理体系是根据全面质量管理理论建立起来的，主张用系统或全面的方法管理质量，即在质量管理过程中要求所有职能部门全员参与，而不局限于生产部门。该理论主张在产品形成的早期就予以质量管理，而不是在既成事实后再做质量的检验和控制，质量控制应贯穿生产全过程并强调全体员工的参与。学科教育全面质量管理体系基于全面质量管理理论，主张全员参与过程管理。

第二，学科教育全面质量管理体系旨在控制与持续改进学科教育质量。建立学科教育全面质量管理体系是为了通过质量管理体系提高学科教育组织的功能，以持续控制与改进学科教育质量。

第三，学科教育全面质量管理体系以质量为目标。学科教育全面质量管理体系，以指导与帮助学生获取知识、生成能力、养成品格、学会方法为目标，即培养与发展学生的学科核心素养。

第四，学科教育全面质量管理体系以过程管理为基础。学科教育全面质量管理体系旨在通过对学科教育过程的管理与控制提升整个学科教育实效。

第五，学科教育全面质量管理体系以全员参与为管理方式。学科教育全面质量管理体系强调学校教育中每个教育工作者的责任与义务，倡导全体教育工作者共同参与学生的教育活动。

第六，学科教育全面质量管理体系以 PDCA 为运行模式。PDCA 模式又称"PDCA 循环"，即"计划、执行、检查、处理"四个活动环节循环的过

---

[1] 国家质量技术监督局 . 质量管理体系标准（GB/T 19000-2000）[S] 北京：中国标准出版社，2001：5.

程。在质量管理活动中,四个活动环节形成一个闭环,循环往复,螺旋上升,构成了整个全面质量管理过程。学科教育全面质量管理体系,就是通过 PDCA 循环确保学生素质目标的达成。

第七,学科教育全面质量管理体系以质量管理的实体组织系统和质量管理的文件系统为表现形态。与全面质量管理体系一样,学科教育全面质量管理体系是以两种形态呈现的:一是具体的"管理组织体系",二是"文件管理系统"。学科教育全面质量管理组织体系包括管理机构设置、管理组织层次、管理人员构成、管理职责权限等;质量管理体系的文件系统包括质量方针和质量目标、质量手册、质量计划、规范、指南、程序文件、作业指导书和图样、记录、表格、外来文件等。

二、学科教育全面质量管理体系的要素

国家标准《质量管理体系 GB/T 19001 在教育组织中的应用指南》规定,学校组织应当建立的质量管理体系,可以在以下过程中对教育教学进行控制:教育组织的目标定位、培养目标的确定、教育教学设计和开发、教学计划的制定、教育教学实施、教育教学评价、教职员工的发展,以及图书馆、实习实训场所和实验室的运行等。[①] 具体来说,学科教育质量管理体系包括如下要素。

(一)管理组织与机构

质量管理是在质量方面指挥和控制组织的协调活动与过程,学科教育质量管理必须建立质量管理体系,管理组织与机构是质量管理体系的基本成分。所谓学科教育质量管理组织与机构是指学科教育质量管理体系中的执行组织和管理机构,一般称为质量管理体系办公室,通常分级设立。中小学学科教育质量管理体系的管理机构设立一级,即"×××学校(学科)教育(或教学)质量管理体系办公室";高校一般设立为两级,即"×××

[①] 中国国家标准管理委员会.质量管理体系 GB/T 19001 在教育组织中的应用指南 [S].北京:中国标准出版社,2009:3.

大学 / 学院（学校）教育（或教学）质量管理体系办公室" 和 "× × × 学院 / 系教育（或教学）质量管理体系办公室"。

（二）教职员工与要求

在学科教育质量管理体系中，教职员工应该由三部分人员组成：一是教师（包括所有学科教师）；二是教学管理者（包括教学辅助人员和教学行政管理人员）；三是后勤服务保障人员（包括教学服务保障人员和后勤生活保障人员）。在学科教育实施和质量管理中，教职员工都在自觉和不自觉地运行质量管理体系，影响着学生素质的生成与发展。学科教育质量管理对教师的专业能力、业务水平、师德师风等都有一定的要求，对其专业发展和相关素质提升也有明确的规定和具体措施。

（三）质量方针与目标

质量方针是由组织的最高管理者正式发布的该组织的质量宗旨和方向，是质量管理体系的灵魂。学科教育的质量方针，是针对各个学科教育质量而确立并发布的质量宗旨和方向。学科教育质量方针的制定必须紧密结合国家和社会的基本要求，紧密围绕人的培养、社会建设与发展需要，围绕培养与发展学生的学科核心素养而制定。

质量目标需要与质量方针和学科教育持续改进的承诺相一致。学科教育质量管理体系需要明确三大目标：学科教育质量管理目标、课程目标或教学目标、学业发展目标或培养目标。质量管理目标，即通过建立学科教育质量管理体系对质量予以控制要达到的目标；课程目标或教学目标，即通过课程的实施或教学拟达到的学科教育目标；学业发展目标或培养目标，即学生通过整个学科课程的学习最终应该达到的目标。

（四）质量规划与依据

依据质量管理体系标准和相关文件要求对质量予以全面策划，在此基础上制定质量规划，质量规划也是学科教育质量管理体系的构成内容。因此，要根据国家和社会对学科教育的基本要求，依据质量管理体系标准、学科教育质量（评价）标准、教学大纲或课程标准等对学科教育实施质量予以全面策划，在此基础上制定学科教育质量规划。这既是学科教育质量管理体系的要求，又是学科教育质量管理体系的运行过程。需要注意的是，在制定学科教育质量规划的同时，也要考虑非学科课程（主要是隐性课程、实践活动类课程）的质量规划。

（五）教学设计与实施

学科教育的教学设计，是根据学生的需要和一定的学科教育教学任务与要求，依据教育教学原理，运用科学的方法（调查、研究、分析等）对学科教育实施过程中诸要素及其逻辑关系予以提前的和即时的谋划、组织与安排的活动与过程。在学科教育的教学设计中，设计是教学的前提，而通过学科教育培养和发展学生的学科核心素养是根本与目的。

（六）质量测量与评价

质量测量与评价，是学科教育质量管理体系的重要构成要素。质量测量是采用数学的方法，通过数量计算与测量的方式做出价值判断，具有数量化、客观化、标准化、精确化等特征。在实践中，质量测量主要根据教育目标，通过试题、量表等对学生进行测验，并按照一定的标准对测验结果进行量化分析。评价则是指在充分调查与信息资料搜集的基础上，对学科教育质量予以定性描述的活动过程。在实践中，评价学生的素质，有时很难单纯用数据或符号（即定量描述）来说明，往往需要通过语言或其他符号的描述（即定性描述）来完成。质量测量与评价是学科教育全面质量管理的重要保障方式。

（七）教育资源与控制

教育资源是指在教育过程所占有、使用和消耗的人力、物力、财力和信息资源。在学科教育活动过程中，教育资源既是教育质量的构成要素，又是质量管理活动的保障与支撑。对人力、物力、财力和信息资源予以合理科学的规划、调控与使用，特别是对图书馆、实验室、实习实训场所和信息资源的有效配置、合理使用，直接关系到学科教育的实效，影响学生学科核心素养生成与发展的质量水平。

（八）质量保障与改进

"组织应持续改进质量管理体系的适宜性、充分性和有效性。"[1]组织应确定和选择改进机会，并采取必要的措施，满足顾客的要求，增强顾客的满意度。这应包括：改进产品和服务，以满足要求并应对未来的需求和期望；纠正、预防或减少不利影响；改进质量管理体系的绩效和有效性。[2]可见，质量保障与改进既是质量管理的基本要素，又是质量提高的基本保证。同理，学科教育的质量管理主要是通过改进组织和学科教育质量管理体系功能来实现的，是全面质量管理体系的科学性与魅力所在。加强制度保障，不断完善学科教育质量管理体系的功能，确保其适宜性、充分性和有效性，就能持续提升学科教育质量，更好地完成培养学生学科核心素养与立德树人的根本任务。

三、学科教育全面质量管理体系的整体结构

如前所述，学科教育全面质量管理体系是根据全面质量管理理论建立起来的，旨在控制与持续改进学科教育质量的管理系统。具体来说，该体系由三个层级构成。

（一）国家层面的学科教育全面质量管理体系

学校教育主要是学科教育，它担负着学生学科核心素养培养的重任，

---

[1] 中国国家标准化管理委员会.质量管理体系 要求（GB/T 19001-2016/ISO 9001：2015）[S].北京：中国标准出版社，2017：6.

[2] 同上：14.

是提升公民素质，提高科学技术水平和国家竞争实力的基本手段与途径，也是社会得以延续和进步的重要形式。因此，世界各国都十分重视学科教育，特别是基础学科教育。办好学科教育，国家必须实施对学科教育的顶层设计与规划，建立国家层面的学科教育全面质量管理体系，以确保学科教育质量和发展方向。国家学科教育全面质量管理体系，是指国家政府根据学科教育质量管理的需要，依据一定的教育与管理理论建立起来的学科教育质量的管理系统，旨在实现对全国学科教育质量的宏观调控与管理。国家学科教育全面质量管理体系是领导体系，主要承担政策的制定、全国性的学科教育质量监督与评价等宏观管理职责，是最高层级的质量管理系统。因此，国家学科教育全面质量管理体系应该设立小学、中学、大学学科教育全面质量管理系统，承担对省（直辖市）、自治区地方政府层面的学科教育及其质量管理的业务指导与宏观调控工作。

（二）地方政府层面的学科教育全面质量管理体系

地方政府层面的学科教育全面质量管理体系，是指省（直辖市）、自治区地方政府根据学科教育质量管理的需要，依据一定的教育与管理理论建立起来的，旨在对地方学科教育质量予以宏观调控与管理的学科教育质量管理系统。地方政府学科教育全面质量管理体系直接接受国家学科教育全面质量管理体系业务指导。地方政府应该依据国家学科教育全面质量管理体系，设立小学、中学、大学学科教育全面质量管理系统，承担地方基础教育学校和高等院校的学科教育质量管理的业务指导与宏观调控工作，主要包括：对地方学科教育的统筹规划，对地方各级学校的学科教育的方向引领，对地方各级学校的学科教育质量的监督、评价与宏观管理，对地方学科教育质量管理系统建设的指导工作。地方政府层面的学科教育全面质量管理体系，还要具体承担对地方小学学科教育、初中学科教育、高中学科教育，以及地方高等院校学科教育质量管理与指导工作。

（三）学校层面的学科教育全面质量管理体系

学校层面的学科教育全面质量管理体系，是国家层面的学科教育全面质量管理体系和地方政府层面的学科教育全面质量管理体系的下位概念（国家直属高等学校的学科教育全面质量管理体系除外。根据我国的教育管理体制，国家直属高等学校的学科教育全面质量管理体系直接接受国家层面的学科教育全面质量管理体系领导，接受地方层面的学科教育全面质量管理体系间接指导与协调）。所谓学校层面的学科教育全面质量管理体系，是指学校层级（包括各级各类学校）为落实国家和政府对学科教育的基本要求，确保学科教育实施质量，依据一定的教育基本理论与管理学原理建立起来的学校学科教育全面质量管理系统。根据我国的具体实际，各级各类学校都应该建立自己的学科教育全面质量管理体系，即各级各类学科教育全面质量管理体系。

第三节　学校学科教育全面质量管理体系与建设

"组织应按照本标准的要求，建立、实施、保持和持续改进质量管理体系，包括所需过程及其相互作用。"[1] 学科教育全面质量管理体系由三个层级构成，其中学校学科教育全面质量管理体系，是学校建立的旨在确保学校学科教育质量的管理系统，对学校学科教育具有质量指导功能、质量保障功能、质量评价功能和质量监控与改进功能。学校学科教育全面质量管理体系的建设，要从基本功能入手，科学确定其内容并采取行之有效的基本方略。

一、学校学科教育全面质量管理体系及其构成

学校学科教育全面质量管理体系，是整个学科教育全面质量管理体系的一部分，是各级各类学校建立的旨在确保学校学科教育质量的管理系统。本质而言，学校学科教育质量全面管理体系包括学校学科教育全面质量管理的实体系统、学校学科教育全面质量管理的文件系统两部分。

---

① 中国国家标准化管理委员会.质量管理体系 要求（GB/T 19001-2016/ISO 9001：2015）[S].北京：中国标准出版社，2017：2.

（一）学校学科教育全面质量管理体系的内涵

学科教育全面质量管理体系包括国家层面的学科教育全面质量管理体系、地方政府层面的学科教育全面质量管理体系和学校层面的学科教育全面质量管理体系。学校学科教育全面质量管理体系，是指各级各类学校根据学科教育实施的需要和质量管理的基本要求，依据一定的教育原理和全面质量管理理论建立起来的学校一级的学科教育质量管理系统，旨在实现对学科教育质量的全面、有效管理，更好地指导和帮助学生发展学科核心素养。

第一，学校学科教育全面质量管理体系，是学校一级（包括各级各类学校）的全面质量管理体系，是国家层面和地方政府层面学科教育全面质量管理体系的下位概念，属于第三级学科教育全面质量管理体系，也是具体的学科教育质量管理系统。

第二，学校学科教育全面质量管理体系，是为落实国家与社会对学科教育的基本要求而建立的。学科教育是整个学校教育的重要组成部分，担负着国家和社会的嘱托与期望。建立学校学科教育全面质量管理体系，能确保国家和社会对学科教育的基本要求落到实处，确保学科教育科学有效地实施。

第三，学校学科教育全面质量管理体系，是依据教育原理和全面质量管理理论建立起来的学校一级的学科教育质量的管理系统。学科教育既是教育活动与过程，同时又是管理活动与过程。没有科学有效的管理和科学有效的质量保障体系，学科教育就难以落实。然而，科学有效的管理和质量保障体系必须有科学的教育理论与管理理论作指导。学校学科教育全面质量管理体系，是在科学的教育基本理论指导下，依据全面质量管理理论的基本要求建立起来的。

第四，学校学科教育全面质量管理体系的基本功能，是实现对学科教育质量的全面、有效管理。学校学科教育全面质量管理体系是通过保障与提高学科教育管理组织的功能实现对学科教育的质量管理。因此，这一管理体系具有明显的优越性，可以最大限度地实现对学科教育活动与过程管理的规范化、科学化，从而确保学科教育最佳效益的达成。

第五，学校学科教育全面质量管理体系的建立是为了提高学科教育质量，更有效地指导与帮助学生生成与发展学科核心素养。建立学校学科教育全面质量管理体系旨在确保学科教育科学有效地实施，持续提高学科教育实效，有效指导与帮助学生生成与发展学科核心素养，落实立德树人根本任务。

（二）学校学科教育全面质量管理体系的构成

学校学科教育全面质量管理体系由三部分组成：一是"×××小学学科教育全面质量管理体系"；二是"×××中学学科教育全面质量管理体系"；三是"×××大学学科教育全面质量管理体系"。这三大质量管理体系构成了整个学校教育的学科教育全面质量管理系统（见图 11-3-1）。

图 11-3-1 学校学科教育全面质量管理体系的构成

"×××小学学科教育全面质量管理体系"是指某个小学根据学科教育实施的需要和质量管理的基本要求，依据一定的教育原理和全面质量管理理论而建立起来的学科教育质量的管理系统，旨在实现对学科教育质量的全面、有效管理，有效提高学科教育质量，更好地指导与帮助学生生成与发展学科核心素养。"×××小学学科教育全面质量管理体系"是针对本校所有学科教育教学的全面质量管理而建立起来的系统。

"×××中学学科教育全面质量管理体系"是指某个中学根据学科教育实施的需要和质量管理的基本要求，依据一定的教育原理和全面质量管理理论而建立起来的学科教育质量的管理系统，旨在实现对学科教育质量的全面、有效管理，有效提高学科教育质量，更好地指导与帮助学生生成与发展学科核心素养。"×××中学学科教育全面质量管理体系"是针对本校所有学科教育教学而建立起来的全面质量管理系统。

"×××大学学科教育全面质量管理体系"是指某个大学（包括各级各类高等学校）根据学科教育实施的需要和质量管理的基本要求，依据一定的教育原理和全面质量管理理论而建立起来的学科教育质量的管理系统,旨在实现对学科教育质量的全面、有效管理,有效提高学科教育质量,更好地指导与帮助学生生成与发展学科核心素养。"×××大学学科教育全面质量管理体系"是针对本校所有学科教育教学而建立起来的全面质量管理系统。在我国,通常从办学资金来源角度把高等学校划分为普通高等学校和民办高等学校;从学历层次上把高等学校划分为本科高等学校和专科高等学校;从培养目标的侧重点上将高等学校划分为普通高等学校和职业技术高等学校。"×××大学学科教育全面质量管理体系"系指某个类别与级别的高等学校(包括各级各类高等学校)的学科教育全面质量管理体系,即某个类别与级别的高等学校建立起来的学科教育全面质量管理系统。

二、学校学科教育全面质量管理体系的基本功能

学校学科教育全面质量管理体系,是学校根据全面质量管理理论建立起来的旨在控制与持续改进学科教育质量的管理系统。这一管理系统以质量为目标,以过程管理为基础,以全员参与为管理方式,以 PDCA 为基本运行模式,以质量管理的实体系统和质量管理的文件系统为表现形态,具有质量指导、质量保障、质量评价、质量改进四大功能。

(一)质量指导功能

学校学科教育全面质量管理体系是为确保学科教育质量而建立起来的管理系统,整个质量管理体系以质量为目标,以过程管理为基础,以全员参与为管理方式,对整个学科教育质量管理目标、质量管理构成要素、质量控制以及实现质量目标的活动与过程都予以明确规定。学校学科教育质量管理体系,以质量管理文件形式为学科教育的实施提供基本要求与具体指导。

(二)质量保障功能

学校学科教育全面质量管理体系,一方面通过提升与改进组织运行与管理功能来确保学科教育实效,提升学科教育质量;另一方面通过科学而

有效的组织管理提升组织功能,进而为学科教育活动的有效进行和学科教育实施所需的软硬环境、基本条件等提供保障。

(三)质量评价功能

学校学科教育全面质量管理体系,是根据全面质量管理理论建立起来的,旨在控制与持续改进学科教育质量的管理系统。该体系虽然是通过提升学科教育实施组织和管理组织的功能来提升学科教育质量的,但该质量管理体系以质量为目标,紧密围绕提升与保障学科教育质量而进行。因此,质量管理体系中对学科教育质量管理的规定,既是评价质量体系的依据,也为学科教育质量的评价提供了参考和依据。

(四)质量改进功能

学校学科教育全面质量管理体系旨在控制与持续改进学科教育质量管理系统功能,以 PDCA 模式为基本运行方式。对质量管理体系而言,管理是为了持续改进组织功能,进而为学校学科教育质量的持续改进与提升提供保证;对学科教育实施活动与过程而言,它既从组织保障角度,又从质量管理与控制的角度为指导与推进学科教育的有效实施与质量管理提供可能。

三、学校学科教育全面质量管理体系建设的内容

学科教育全面质量管理体系,以质量管理的实体系统和质量管理的文件系统为表现形态。与学科教育全面质量管理体系一样,学校学科教育全面质量管理体系也呈现两种形态:一是"质量管理的实体系统";二是"质量管理的文件系统"。本质而言,学校学科教育全面质量管理体系建设,就是对质量管理的实体系统和质量管理的文件系统进行建设。

(一)质量管理的实体系统

质量管理的实体系统,就是学校学科教育全面质量管理体系的实体组

织系统，即学校学科教育全面质量管理体系的组织机构设置、隶属关系、人员配置与管理职责等。质量管理的实体系统内容主要包括：学科教育质量管理机构设置、管理组织层次、管理人员构成、管理职责权限、质量方针与目标等。

学科教育质量管理机构是指学科教育质量管理体系中的管理与执行组织，通常称为质量管理体系办公室，是学科质量管理体系的中枢。一般而言，高等学校要设置两级质量管理组织机构，即学校层面的质量管理组织机构和学院或系层面的质量管理组织机构；中小学由于机构规模简单，通常设置一级质量管理组织机构。在学科教育质量管理体系中，工作人员一般由三部分人员组成：一是教师（包括各学科专业课程教师、通识课程教师和德育/思政课教师）；二是教学管理者（包括教学辅助人员和教学行政管理人员）；三是后勤服务保障人员（包括教学服务保障人员和后勤生活保障人员）。管理职责权限，即整个质量体系管理机构成员，包括管理者代表、各学科教师、教学管理者和服务保障人员等的职责与权限的认定以及奖惩制度等。学科教育的质量方针，是针对各个学科教育质量而确立并发布的质量宗旨和方向，而质量目标则是在质量方面所追求的目的。制定什么样的学科教育质量方针与质量目标正是质量管理实体系统建设需要解决的。

（二）质量管理的文件系统

学科教育质量管理的文件系统是学校学科教育全面质量管理体系的呈现形态，由一系列的质量管理文件组成，主要有质量手册、程序文件、作业指导书三大类文件。具体而言，包括质量方针和质量目标、质量手册、质量计划、规范、指南、程序文件、作业指导书、图样、记录、表格、外来文件以及有关学科教育的法律法规等。质量管理的文件系统是学科教育全面质量管理体系的文字形态，也是学校学科教育全面质量管理体系的重要表征。

学校学科教育全面质量管理体系的文件系统建设，主要包括对质量手册、程序文件、作业指导书三大类文件的建设。其中，学科教育质量管理体系的质量手册是学校组织用以描述学科教育质量管理体系、质量方针和质量管理体系活动过程，阐述及指导质量管理体系实践的纲领性文件；学科教育质量管理体系的程序文件是对学科教育活动、方式、手段与过程的规定，是对质量管理体系中全部要素提出的要求和规定，是对质量手册中原则性要求的进一步展开、落实与安排，是质量手册的支持性文件；作业指导书是学科教育全面质量管理体系的第三级文件，是指导学科教育实施与管理的作业规范或工作准则。

四、学校学科教育全面质量管理体系建设的基本方略

本质而言，学校学科教育全面质量管理体系的建设也是学校教育质量管理的一部分，需要完成"质量管理的实体系统"和"质量管理的文件系统"的建设，应该采取如下基本方略。

（一）确立教育与教学一体化理念，实现学科教育质量管理与学校教育质量管理的系统化

学校学科教育全面质量管理体系的建设，首先要明确学科教育质量管理体系在整个学校教育质量管理体系中的逻辑位置，理顺学科教育全面质量管理体系与整个学校教育质量管理体系的关系。学校教育主要是学科教育，还包括非学科教育，非学科教育包括隐性课程的教学、实践活动课程的教学、综合课程和一些模块化课程的教学。从学校教育的目的与内容来看，学校教育还包括道德教育。从学校教育功能来看，学科教育是学校教育的重要组成部分，既教书又育人是学校教育的基本职责。因此，学校学科教育全面质量管理体系和学校道德教育质量管理体系都是学校教育质量管理体系的组成部分。学校学科教育全面质量管理体系的建设要与学校道德教育质量管理体系、学校非学科教育质量管理体系统筹考量，进而确保最大的兼容性。

另外，教学中有教育，教育中有教学，教育与教学是一体的。因此，学校学科教育全面质量管理体系的建设需要将帮助学生获取知识、指导学生生成能力、引导学生养成品格、教会学生学会方法紧密结合起来，实现学校学科教育质量管理与整个学校教育质量管理的系统化、一体化。

（二）建立统筹一体的学校学科教育质量管理的组织系统，实现学科教育管理的规范化

明确了学校学科教育质量管理体系在整个学校教育质量管理体系中的逻辑位置与关系，接下来需要在学校教育质量管理体系下建立学校学科教育全面质量管理组织机构。提高学科教育质量水平，回归教育教学的一体化，必须建立健全学校教育质量管理的组织系统，包括学校学科教育质量管理组织系统。因此，已建立学校教育质量管理体系的学校，可在原学校教育质量管理体系的基础上，通过增加功能与人员建立学校学科教育质量管理组织系统；尚未建立学校教育质量管理体系的学校，应该统筹两个体系建立两个质量管理组织系统。简言之，就是统筹建立与学校整体教育质量管理一体化的学校学科教育质量管理的组织系统，实现包括学科教育全面质量管理在内的整个学校教育质量管理的规范化、科学化、一体化。

通常，高等学校要设置两级质量管理组织机构，即学校层面的质量管理组织机构和学院或系层面的质量管理组织机构。质量管理组织机构可称为"×××学校学科教育全面质量管理体系办公室"（简称质量管理体系办公室）和"×××学校学院（或系）学科教育全面质量管理体系办公室"。中小学由于机构简单，设置一级质量管理组织机构即可，称为"×××小（中）学学科教育全面质量管理体系办公室"（简称质量管理体系办公室）。校一级的质量管理体系办公室由主管教育的副校长以管理者代表的身份担任行政领导；学校下一级的质量管理体系办公室由院长（或系主任等）以管理者代表的身份担任行政领导。质量管理体系办公室实行质量管理的垂直领导。已建立整个学校教育质量管理体系的学校，可将质量管理体系办公室纳入一并管理。校级层面的质量管理体系办公室，需要人员4—6人，下一层级的需要人员2—3人。管理人员必须由懂教育、懂教育管理、懂质量管理体系的人员组成，并明确每个人的职责权限。除此之外，每个相关学科的教育与质量管理人员（包括教师、管理人员等）都要明确岗位，落实责任。

（三）建立一体化的学校学科教育质量管理文件系统，实现学科教育实施与管理的科学化

学校学科教育质量管理的文件系统，是学校学科教育全面质量管理体系的呈现形态，由一系列的质量管理方面的文件组成。从学科教育全面质量管理体系文件的呈现形态来看，学校学科教育全面质量管理体系建设是在整个学校教育质量管理体系下建立与学校整个教育质量管理体系相互兼容一致的或一体化的学科教育质量管理文件系统。要重点建设好的文件体系主要有三种：一是一体化的学科教育质量管理手册；二是一体化的学科教育质量管理体系程序文件；三是一体化的学科教育作业指导书。

建立一体化的学科教育质量管理手册，即建立与整个学校教育质量管理体系要求一体化的学科教育质量管理手册，简称学科教育质量手册。学科教育质量手册，是某一学校用以描述学科教育质量管理体系、质量方针和整个质量管理体系的活动与过程，阐述及指导质量体系实践的纲领性文件，是质量体系运行需要遵循的文件，是质量方针和整个质量体系的书面文本表现形式。学科教育质量管理手册建设可与整个学校教育质量管理手册一并统筹规划与设计。这样便于统筹落实学校整体教育目标，避免发生各自为政的现象，也有利于学科教育目标的实现，提升学科教育实效，有效指导与帮助学生生成与发展核心素养。

学科教育质量管理体系程序文件，是对学科教育质量管理体系中采用的全部要素的要求和规定，是对质量手册中原则性要求的进一步展开与落实，是质量手册的支持性文件。另外，在程序文件系统中，由于每一个程序文件针对的是质量管理体系中独立的活动，因此可针对不同学科的学科教育教学的活动特点制定相应的程序文件，以实现对教育活动的指导、规范与控制。

建立与学校整体质量管理体系相一致的学科教育作业指导书，实现对学科教育教学普遍性与规范性的指导。学科教育作业指导书是用来指导和规范学科教育工作流程，确保学科教育过程质量的具体作业规范或工作准则，供教师和教育工作者反复使用，属于质量体系程序文件的支持性文件。

第四节 学校学科教育
全面质量管理体系的文本与建设

学校学科教育全面质量管理体系文本，即学校学科教育全面质量管理体系的文件系统。"组织的质量管理体系应包括：组织所确定的为确保质量管理体系有效性所需的成文信息。""对于不同组织，质量管理体系成文信息的多少与详略程度可以不同，取决于组织的规模，以及活动、过程、产品和服务的类型；取决于过程及其相互作用的复杂程度；取决于人员的能力。"[1] 学校学科教育全面质量管理体系文本是一个复杂的文件系统，其中质量手册、程序文件、作业指导书为其主要的文本形态。

一、学校学科教育全面质量管理体系的文件构成

学科教育全面质量管理体系是以质量管理的实体系统和质量管理的文件系统为表现形态。根据 ISO9000 质量管理体系标准，质量管理体系文件类型包括：向组织的内部和外部提供关于质量体系有关信息的文件，这类文件称为质量手册；表示质量管理体系如何应用于特定产品、项目或合同文件的这类文件称为质量计划；阐明要求的文件，这类文件称为规范；阐明推荐的方法或建议的文件，这类文件称为指南；提供如何一致性地完成活动和过程的信息性文件，这类文件包括形成文件的程序、作业指导书和图样；对所完成的活动或达到的结果提供客观证据的文件，这类文件称为记录。[2] 据此，学科教育全面质量管理体系的文件主要由六个层次的文件系统组成，分别是纲领性文件、法规政策性文件、规划标准性文件、程序性文件、执行性文件和鉴证性文件。

---

[1] 中国国家标准化管理委员会.质量管理体系 要求（GB/T 19001–2016/ISO 9001：2015）[S].北京：中国标准出版社，2017：17.

[2] 国家质量技术监督局.质量管理体系标准（GB/T 19000–2000）[S].北京：中国标准出版社，2001：6.

（一）纲领性文件

纲领性文件是学科教育全面质量管理体系的最高层文件，同时也是指导性文件，由质量方针、质量宗旨、质量目标、机构设置等组成。学科教育全面质量管理体系纲领性文件以质量手册的形式呈现，是阐明学科教育质量方针并描述其质量体系的文件，是整个学科教育全面质量管理体系文件化的结果，也是质量体系运行的依据。其内容主要包括：对学科教育质量方针的阐述，对学科教育质量管理组织、结构、人员的安排，对学科教育质量管理与评价工作的人员职责、权限及相互关系的认定，对质量体系要素的描述以及质量手册本身的管理办法等。

（二）法规政策性文件

学科教育全面质量管理体系的法规政策性文件包括四个方面：一是教育及相关法律法规、国家有关教育的方针和政策；二是地方政府教育及相关法律规章、地方政府有关教育的方针和政策；三是国家和政府有关学科教育的方针、政策；四是学校有关教育教学质量的文件与规章制度。法规政策性文件是学科教育的依据，是学科教育全面质量管理体系的指导性文件。

（三）规划标准性文件

学科教育全面质量管理体系的规划标准性文件由三部分组成：一是学科教育发展规划和学科教育实施规划；二是学科教育实施管理规划；三是课程标准或教学大纲。规划标准性文件是学科教育的基本依据，也是学科教育全面质量管理的管理学依据，是学科教育全面质量管理体系的指导性文件。

（四）程序性文件

学科教育全面质量管理体系的程序性文件也称规范。在学科教育中，程序文件规定了"谁来做""做什么""何时何地做"，以及应依据哪些文件，使用哪些教育资源，采用哪些方法，如何对活动进行控制和记录等具体执行事宜，属于指示性文件。程序性文件一般以过程的形式加以描述，明确了开展各项活动的目的、责任者、操作步骤、必要的输入和最后的输出；规范了每项管理工作的操作流程和工作接口，有关人员的工作职责和须做的质量记录等。程序性文件通常不涉及具体的或纯粹的技术性细节，这些细节一般呈现在作业指导书中。程序性文件发至各部门使用，部门间以此作为协调配合的依据。程序文件上承质量手册，使得质量手册中原则性和纲领性的要求得以展开和落实；下接相应的支持性文件，包括作业指导书和记录表格等。

（五）执行性文件

学科教育全面质量管理的执行性文件也称支持性文件，由岗位职责、各级各类规章制度等组成，它以作业指导的形式呈现，详细描述了学科教育及其质量管理过程和具体作业方法，以及每一作业步骤的具体工作内容或操作要领。执行性文件还被视为工作指导书，要发至每一个相关教师和教育工作者手中。执行性文件的详略程度是否恰当以及描述是否具有针对性，直接影响操作过程和工作结果的有效性。在学科教育及其质量管理过程中，执行性文件就是具体的操作规程，教师、教育工作者和管理者需要准确理解与把握，并认真执行。

（六）鉴证性文件

鉴证性文件，即提供整个学科教育及其质量管理活动与过程证据的文件。鉴证性文件包括图表、质量记录、鉴定记录、评价报告、测验与学业结果等。鉴证性文件是学科教育及其质量管理活动与过程的鉴证，是即时信息的传递载体，是作为客观事实的证据，也是质量管理体系文件的有效组成部分之一，为学科教育实施者和一线质量管理者记录或标识所用。鉴证性文件通常统称为支撑性或支持性文件，是一个学校的质量体系运行的基础。质量记录是质量体系的重要特征，也是质量审核和体系审核的重要证据。可以说，没有记录，就没有行动，没有记录，就没有改进，也无法检查。在学科教育全面质量管理过程中，每项工作、每个环节都必须留下鉴证性文件，即质量记录，并由责任人签字。事事有人负责，并可以追溯，做到各司其职，各负其责。说到的必须做到，做到的必须看到，看到的必须有效，如此学科教育及其质量管理才会科学、规范、完善，才能取得实效。

总之，学科教育全面质量管理体系的文件由六个层次文件构成，其中纲领性文件是学科教育全面质量管理体系文件的最高层，是指导性文件；法规政策性文件和规划标准性文件也属于指导性文件。在法规政策性文件和规划标准性文件中，除了学校学科教育发展规划与实施规划、教学大纲或课程标准外，其他多为国家或相关部门制定，因此一定要全面把握并注意文件的有效性。程序性文件、执行性文件和鉴证性文件属于指示性文件，是学科教育及其质量管理的具体操作指引，它要解决"如何做"的问题。从需要建立的文件数量来看，文件层次越低，其数量越大。反之，其数量则越少。在学科教育全面质量管理体系文件建设中，纲领性文件、程序性文件和执行性文件的建设是关键。

二、学校学科教育全面质量管理体系的质量手册

学科教育全面质量管理体系的质量手册，是学校学科教育质量体系的文本形态，是学科教育质量体系运行的基本准则。因此，要根据学校学科教育及其质量管理的实际，同时结合国家标准认识、理解与制定学科教育质量管理体系的质量手册。

（一）学科教育质量手册及其作用

学科教育全面质量管理体系是根据全面质量管理理论建立起来的，旨在控制与持续改进学科教育质量的管理系统。质量手册是学校组织用来描述学科教育质量管理体系、质量方针和整个质量管理体系的活动与过程，阐述及指导质量体系实践的纲领性文件，是整个学科教育全面质量管理体系的文本形式。学科教育质量管理体系的质量手册有以下作用。

一是，就组织内部而言，学科教育质量手册是由学校组织的主要领导批准发布的具有权威性的实施学科教育及其质量管理的纲领性文件和行动准则，同时也是学校与学生相互沟通并遵循的契约。

二是，就组织外部而言，学科教育质量手册是学校质量管理体系和质量保证措施的文字表征和文本呈现形态，也是学校建立质量管理体系的证明，是获得上级教育行政管理部门、家长、社会等信任的凭证。

三是，就对组织功效而言，学科教育质量手册是协调质量体系有效运行与质量体系评审的依据。学科教育质量手册在具体的学科教育中是质量体系有效运行的准则，为质量评价和质量体系审核提供了基本依据。

一般而言，质量手册应重点规定要求，描述质量管理体系；程序文件则重点规定职责，阐述接口关系；作业文件则重点规定实施过程或活动的步骤，阐述具体事宜。

（二）学科教育质量手册的文本构成

我国《质量管理体系 GB/T 19001 在教育组织中的应用指南》对质量手册内容进行了明确规定："质量手册应当说明教育组织质量管理体系的范围、教育过程和支持性过程及其相互作用。"[①] 质量手册既是组织质量管理的纲领性文件，又是组织进行质量管理的文本工具。因此，学科教育质量手册主要由概述、正文和附录（补充）三部分组成。

1. 概述部分

质量手册的概述是以高度概括的方式对质量手册正文前面的具有标识性的内容的明示。概述部分是质量手册的标志，主要包括封面（一般应包括文件编号、手册名称、组织名称、发布及实施日期等），批准页（质量手册的发布令页，由组织最高管理者签字发布），目录（列出手册所含各章节的题目和页码），主题内容与适用范围（标注手册的适用领域），前言（组织名称、地址、规模、通讯方式等，也包括组织质量管理概况），质量手册的管理，术语和缩写（应采用的教育学术语和标准术语）。

2. 正文部分

正文是学科教育质量手册的主体部分，是质量手册的核心，由组织机构、质量职能、质量管理体系要求构成。组织机构，明示本单位的机构设

---

① 中国国家标准管理委员会 . 质量管理体系 GB/T 19001 在教育组织中的应用指南
　　［S］. 北京：中国标准出版社，2009：4.

置、各管理和执行部门的职责、权限以及隶属和工作关系等；质量职能，明示与质量管理体系相关的各个部门的基本职能等；质量管理体系要求是正文中的主要部分，是对照要求如何进行管理和控制的具体阐述。

3. 附录部分

学科教育质量手册的附录部分，也称补充部分，是指在正文中不易呈现或阐释且又十分重要的内容部分。附录部分主要用于对正文的补充或拓展，包括组织结构图、相关的教育信息资料、质量职能展开表、质量手册涉及的其他图表等内容。

（三）编制学科教育质量手册的注意事项

ISO9000质量管理体系标准，对编制和保持质量手册进行了明确规定。"组织应编制和保持质量手册，质量手册包括：质量管理体系的范围，包括任何删减的细节与合理性；为质量管理体系编制的形成文件的程序或对其引用；质量管理体系过程之间的相互作用的表述。"[1]学科教育质量管理体系的质量手册，是学科教育质量管理体系的文本呈现形态，是学科教育质量体系运行的基本准则。因此，学科教育质量手册的编制在质量管理体系建设中尤为重要。

1. 编制学科教育质量手册的概述部分

概述部分，是以高度概括化的语言对质量手册的标识性要素及其意义进行概括性陈述，也是质量手册的标识。学科教育质量手册概述部分主要包括：封面、批准页、目录、主题内容与适用范围、前言、质量手册的管理、术语和缩写等。概述部分是学科教育质量手册的重要标志，必须按要求规范编写。

（1）手册封面的确定

学科教育质量手册封面需要按统一的封面格式编制，应写清楚文件编号、手册名称、学校或学院名称、发布及实施日期等。学科教育质量手册编号一般由学校组织代号、部门代号、手册性质代号、顺序号和年代号五个部

---

[1] 国家质量技术监督局．质量管理体系标准（GB/T 19001-2000）[S]．北京：中国标准出版社，2001：32.

分组成。

（2）批准页的设立

批准页为学科教育质量手册的发布页，由校长签字发布，以表示学校学科教育质量管理体系的成功建立和运行。

（3）总目录的建立

目录要列出各章节目的题目和页码，以便查阅。

（4）适用范围的明示

学科教育质量手册适用范围，即手册的适用领域，需要标识清楚。有时也要标示出质量手册不适或不涉及什么内容或范围。

（5）手册前言的撰写

学科教育质量手册的前言，主要明示学校的基本情况，如学校名称、地址、规模、通讯方式等。另外，还有学校发展概况，尤其是质量管理历史及在质量管理方面所获得的荣誉等。

（6）手册管理的明确

学科教育质量手册的管理，需要明确质量手册由哪个部门负责编制，谁负责审批、更改、发放、保管，谁使用，以及作废等事项。

（7）术语和缩写的列出

在学科教育质量管理活动中，学科教育质量手册需要说明、解释、统一基本术语与缩略语，包括质量体系标准、管理学、教育教学等术语，以及使用的缩略语等。

2. 设计学科教育质量手册正文部分

学科教育质量手册正文部分是整个手册的核心部分，需要具体明确整个学科教育实施活动与过程，需要明晰各级组织机构、质量管理职能、职责权限，根据质量管理体系要求一一明确每一步的具体做法或建议，等等。

（1）明确组织机构

学科教育质量手册需要明示学科教育质量管理体系组织机构，以保证学科教育健康发展和质量持续改进，为培养目标的圆满完成与实现奠定基础，提供保障。一般而言，高等学校要设置两级学科教育质量管理组织机构，即学校层面的一级质量管理组织机构和学院或系层面的质量管理组织机构；中小学由于机构规模简单，通常设置一级学科教育质量管理组织机构。

（2）质量职能的确定

学科教育质量手册需要将各质量管理体系要求分配落实到各个部门，要将学科教育质量管理体系要求进行分解，展开为一项项具体的质量活动，针对每一项质量活动，确定负责部门和配合部门，避免无人负责和相互推诿、扯皮，做到各司其职，各负其责。

（3）管理体系要求的落实

质量管理体系要求是学科教育质量手册正文部分的重要内容，要针对各项要求的管理和控制一一进行阐述，学科教育质量手册各项内容的先后顺序要与学科课程教学的具体实际相一致。

（4）附加说明的明示

由于学科教育质量管理体系较为复杂，正文部分又是学科教育质量手册的核心部分，学科教育质量手册需要对质量手册的起草单位、起草人、起草背景、免责条款等相关事宜予以说明或备注。

3. 撰写学科教育质量手册附录部分

附录部分，通常是对学科教育质量手册正文中不易呈现但又十分重要的内容的陈述，是质量手册的补充部分，用以补充说明学科教育质量手册正文的内容。主要包括学校组织结构图、学校质量管理体系结构图、质量管理体系要求分解、学科教育质量管理体系结构图、学科教育质量职能展开表、工作及质量职责、程序文件目录、术语与缩略语、学科教育实施质量标准、课程方案和课程标准等。

学科教育质量手册的编制除了上述要求外，还应该注意质量方针和质量目标确定的合理性与科学性，要坚持合理区分活动、任务与职责权限；同时还要做到文体得当，语言规范、言简意赅。

三、学校学科教育全面质量管理体系程序文件

程序文件是学科教育质量管理体系文件的重要组成部分。实施学科教育，科学管理是基本前提。建立全面质量管理体系实施科学管理的关键是编制程序文件并有效实施。

（一）学科教育质量管理体系程序文件的内涵与作用

学科教育质量管理体系程序文件，是质量手册的支持性文件，是对学科教育活动方式、手段与过程等的规定，是对质量管理体系中的关键活动作出要求，是对质量手册中原则性要求的进一步展开、落实与安排。每一个程序文件都是针对质量管理体系中一个逻辑上独立的活动与过程的安排与规定。

学科教育质量管理体系程序文件的内容一般应包括：学科教育活动的目的与范围，做什么和由谁来做，何时何地做，如何做，应该运用哪些教育资源与设施，如何对学科教育活动予以控制，以及教学工作记录的要求是什么等。程序文件一般不涉及具体的技术性细节，主要有四个方面的作用。

一是，确保学科教育质量活动受控。对影响质量的各项活动作出规定，规定各项活动的方法和评鉴准则，使整个学科教育活动处于受控状态。

二是，阐明与学科教育质量活动有关人员的职责、权限与相互关系。

三是，作为执行学科教育活动的依据。学科教育活动要按照规定程序、要求来执行，每一项具体的教育活动要留有记录与证据。

四是，作为验证和评审的依据。程序文件是学科教育质量手册的指示性文件，是对质量手册中原则性要求的进一步展开与落实的安排。因此，程序文件是审核学科教育实际运作是否合乎要求的规范性依据。

（二）学科教育质量管理体系程序文件的主要类型

程序性文件属于指示性文件，它要解决"如何做"的问题。ISO9000质量管理体系标准规定应建立的基本程序文件有六种：文件控制程序、质量记录控制程序、内部审核程序、不合格品控制程序、纠正措施程序、预防措施程序。上述六种程序文件是最基本的程序文件，体现了ISO9000质量管理体系标准的科学性、灵活性和实用性。

由于程序文件是指示性文件，是对质量手册中原则性要求的进一步展开与落实的安排，它通常不涉及具体的或纯粹的技术性细节。这些具体的或纯粹的技术细节一般在作业指导书中加以描述与规定。因此，学科教育质量管理体系应建立六大基本程序文件。

1. 文件控制程序文件

确切地讲，质量管理体系是以文件为基本的表现形态，执行文件就是运行质量管理体系，因此必须对文件予以控制，并确保这些文件具有可追溯性。文件控制的目的是要确保管理体系文件的适应性，必要时更新，并且使用时能够获得这些文件的有效版本。为了实现这一目标，教育组织应当制定文件控制程序对下述活动作出安排。[①]

对学校有关学科教育的内部文件的编制、审核、批准与修改进行控制（如教学大纲或课程标准、学科教育实施方案、学科教育实施制度等）。

对学校有关学科教育的外部文件的收集、选择、适时更新等予以控制（如法律法规、国家与政府有关学科教育管理的文件、学科教育实施规章制度等）。

对有关学科教育实施的过程文件的编制、审核、批准与修改予以控制（如学科教育的作业指导书、学科教育的教学设计、学科教育质量的评价、学生学业质量测量与评价、学科教育实践教学等）。

对有关课程资源载体的选择、审核、批准与开发文件予以控制。如对教材（包括教科书、教师用书、学生用书、习题册等教育资源）的版本、科学性与思想性等的控制；对教育资源信息的选择、利用、开发、设计以及可追溯性等予以控制。

2. 质量记录控制程序文件

质量记录是对整个学科教育实施活动过程相关事宜的记载，是整个学科教育工作的见证。说到的必须做到，做到的必须看到，看到的必须有效。如此，才能最大限度地保证学科教育实效，促进学生学科核心素养的生成与发展。因此，必须制定质量记录控制程序，通过质量记录控制程序文件，实现对下述记录的规范化控制：学科教育教研活动记录；学生身心发展情况调查记录；课程教学记录；学生成绩记录；学科教育实施评价记录；学生对学科教育的评价记录；学科教育突发事件处理记录；教学事故处理记录；教务管理工作记录；学科教育活动中的其他记录等。

---

① 中国国家标准管理委员会. 质量管理体系 GB/T 19001 在教育组织中的应用指南［S］. 北京：中国标准出版社，2009：5.

3. 内部审核程序文件

在学科教育质量管理过程中，学校要制定内部审核程序文件，规定审核的原则、范围、方法、程序、频次等，并对学科教育过程的成绩与问题、学科教育方法与途径、学科教育实施效果与评价、学科教育质量管理体系的绩效等方面进行内部审核，保留审核记录。主要审核下述内容：验证实现学科教育目标的程序是否得到执行；验证学科教育质量管理体系要求是否得到满足；验证是否提供了足够的资源实现学科教育目标；验证学科教育质量管理体系要求的记录是否完善；验证学科教育质量体系内部人员协同情况；验证学科教育中学科课程与非学科课程共同发挥育人作用的情况。

4. 产品质量监控程序文件

产品质量监控程序，是学校制定的控制学科教育质量的程序文件，旨在有效识别、控制和处置"不合格产品"，持续提供"合格产品"。"教育产品通常是指提供以教育教学为主的服务，也包括教育教学软件和一些帮助信息转化和继续留作参考的电脑软件或者书面资料。"① 学科教育的"产品"，是指在学科教育的活动过程中，学校提供的健康适宜、动态良好、持续改进的软硬条件，包括教师的"教育服务"；也有人认为，学校教育"产品"就是学生。对学校教育"产品"的不同认识，反映了不同的教育观。"学校的'产品'就是学校为学生提供的健康良好的、动态适宜的、持续改进的环境和条件（包括教师的'教'）以及学生等对其的感知，即学校为学生提供的整个教育服务。"② 这就是说，学科教育质量就是学校的"产品"——学校为学生提供的健康良好的、动态适宜的、持续改进的环境和条件（包括教师的"教"）的质量，以及学生等对"产品"的感知。质量管理体系要求，"组织应确保不符合产品要求的产品得到识别和控制，以防止其非预期地使用或交付。不合格产品控制以及不合格产品处置的有关责任或权限应该在形成文件的程序中作出规定。"③

---

① 中国国家标准管理委员会.质量管理体系 GB/T 19001 在教育组织中的应用指南 [S].北京：中国标准出版社，2009：2.

② 何玉海.高校教育评估标准——品质、属性、体系及其建设[M].上海：上海三联书店，2019：221-222.

③ 中国国家标准管理委员会.质量管理体系 GB/T 19001 在教育组织中的应用指南 [S].北京：中国标准出版社，2009：22.

因此，学科教育质量管理体系，必须制定"产品"监控程序，主要对下述几个方面予以控制：相关课程及课程内容；教材及相关教育信息资源；学科教育实施的教学活动（方式方法、途径手段、模式与策略等）；学科教育实施的相关条件、环境、措施保障等；学科教育实施质量的测量与评价等。

5. 预防措施程序文件

"组织应该确定措施，以消除潜在不合格的原因，预防措施应与潜在问题的影响程度相适应。"[①] 学科教育质量管理应编制预防程序文件，并确保全体教师和相关组织知晓预防措施，全员协同一致，严谨治学，提升学科教育的有效性。学科教育质量管理预防措施程序文件应就学科教育质量体系和教育中可能出现的问题予以预测与分析，并制定预案和预防措施。具体来说，应规定以下要求：确定学科教育活动中潜在的不合格因素及其原因；评鉴防止不合格或不规范情况发生的措施的需求；确定并实施所需解决问题的具体措施；记录所采取措施的结果；评审所采取的预防措施实效。

6. 纠正措施程序文件

在学科教育质量管理体系的运行中，组织应采取措施以防止不合格情况的产生。若发生了不合格情况，要采取纠正措施。纠正措施要与所遇到不合格的影响程度相适应，要编制纠正措施程序文件规定以下要求：评审不合格（包括学生、家长、用人单位等的意见与抱怨），确定不合格的原因，评价确保不合格不再发生的措施的需求，确定和实施所需的措施，记录所采取措施的结果，评审所采取的纠正措施。学科教育质量管理的纠正措施程序文件旨在用于消除教育产品的不合格现象，例如：学科教育中的错误或不妥的做法、不合格的课程教学行为、未实现的学科教育目标、教育教学计划或措施在实施中的偏差、学生感知质量的低下和其他相关方的投诉、在对教育过程和产品的监视和测量中发现的不合格现象等。

纠正措施程序文件应当制定具体的纠正措施，并且这些措施应当能够解决在分析中发现的不合格和高风险的问题，应当记录纠正措施以确保其付诸实施。对纠正措施应当有监视程序，包括对问题根源的剖析，找出问题的根源并杜绝不合格现象的再次发生。

---

① 中国国家标准管理委员会．质量管理体系 GB/T 19001 在教育组织中的应用指南［S］．北京：中国标准出版社，2009：25．

（三）学科教育质量管理程序文件的结构与编写

程序文件是质量手册的指示性文件，是对质量手册中原则性要求的进一步展开、落实与安排，因此，编制程序文件应以质量手册为依据，要符合质量手册的有关规定和要求，并从质量管理体系的整体出发，进行系统编制。借鉴 ISO9000 质量管理体系标准要求，学科教育程序文件结构至少包括主旨目的、适用范围、基本职责、工作程序、相关文件和支持性文件、相关记录六个要素。

主旨目的部分需要明示该程序文件的主旨和目的，即说明该程序的控制目的与控制要求。

适用范围部分需要明确该程序文件都适用哪些内容与领域，即明确该程序文件所规定的内容和所涉及的控制范围。

基本职责部分需要落实相关部门与人员（学科教育管理部门及人员、教师等）的基本职责，即规定实施该程序的主管部门和人员，明确其职责权限以及各相关部门和人员的关系。

工作程序部分需要规定整个工作的活动与过程要求，涉及基本工作步骤。通过对学科教育程序的原则性规定以实现质量活动的可控性，包括确定需开展的各项活动及实施步骤，明确所涉及的人员，规定具体的控制要求和控制方法，确定开展各项活动的时机，罗列所需的教学设备和设施及要求，规定例外情况的处理方法。同时，列出所涉及的相关和支持性文件，明确质量记录的填写和保持要求，以及使用的记录表格等。

相关文件和支持性文件部分需要准确列出相关文件和支持性文件依据。具体而言，包括具体的法规政策性文件、规划标准性文件等。

相关记录部分。质量记录是质量体系的重要特征，可以说，"没有记录，就没有行动"。在学科教育全面质量管理过程中，每一项工作环节都必须留下鉴证性文件，即质量记录，从而确保大家各司其职，各尽其责，以提高学科教育的基本实效，促进学生学科核心素养的生成与发展。

总之，在编写程序文件时，过程和活动要尽量采用流程图的方式进行描述。流程图简单明了，概括性强，便于教职员工掌握活动的要点和核心内容，有助于确保程序的完整性。一旦过程得到识别并作了描述，便可在审定过程活动要点的基础上，进一步描绘程序的目的、适用范围、职责等内容，进而根据学科教育程序文件结构和内容要求编制整个质量管理体系程序文件系统。

四、学校学科教育全面质量管理体系作业指导书

作业指导书，是学科教育全面质量管理体系的第三级文件，是指导学科教育实施与管理的作业规范或工作准则，具有重要作用。

（一）学科教育质量管理作业指导书的基本作用

作业指导书，是根据质量手册和程序文件制定的用以指导具体工作的作业规范或工作准则，也称工作指南。学科教育作业指导书，是根据学科教育质量手册和程序文件制定的，用以指导具体的学科教育实施的作业规范或工作准则。学科教育质量手册、程序文件、作业指导书是学科教育质量体系的三大文件系统。三大文件功能与作用不同：质量手册统领学科教育管理体系全局，主要阐明学科教育质量方针、质量目标、总体战略等；程序文件主要规定学科教育质量实现的基本程序和工作流程；作业指导书属于质量体系程序文件的支持性文件。

第一，学科教育作业指导书，是具体的作业规范或工作准则，为学科教育的实施与管理提供了依据。

第二，学科教育作业指导书，是学科教育质量的具体保证，既为学科教育的有效实施提供可能，也为学科教育的质量管理提供参考。

第三，学科教育作业指导书，是质量体系文件的重要组成部分，主要规定了学科教育具体由谁来做，何时做，何地做，如何做，是对程序文件的具体细化，是对质量手册的具体落实，是质量体系程序文件的支持性文件。

（二）学科教育质量管理作业指导书的文本结构

作业指导书的结构包括作业指导书标识部分、概述部分、正文部分和补充部分。

1. 作业指导书标识部分

标识部分是作业指导书的标志性特征，主要包括作业指导书名称、编号、批准、管理等内容。名称，即标明《×××学科教育作业指导书》。编号，即按照要求和规则编制的代号。批准，即作业指导书需要履行行政审批手续，一般由部门负责人按规定的程序批准后方能生效，未经批准的作业指导书不能执行。管理，则指作业指导书是受控文件，经批准后只能在规定的场合使用；按规定的程序进行更改和更新；严禁执行作废的作业指导书。

2. 作业指导书概述部分

概述部分主要对作业指导书的编制目的、编制依据、适用范围、基本原则等问题予以陈述。这部分主要明示作业指导书的正式性、规范性和严肃性。

3. 作业指导书正文部分

正文部分是学科教育作业指导书的核心，是学科教育实施的具体操作规范和程序。作业指导书的正文部分一般由岗位情况描述、岗位工作目标、岗位职责权限、岗位工作检查、岗位工作规范、事故预防措施、教育基本方略、教育技术规程、管理规章制度、反思改进预案等内容构成。当然，其内容项目也可视具体情况增加或减少。正文部分力争最大限度地为学科教育的有效实施提供更好、更有效的指导。

4. 作业指导书补充部分

补充部分是对作业指导书正文中不易呈现但又十分重要的内容的补充。学科教育作业指导书补充部分主要由两个部分组成：一是呈现重要的法律法规、标准等的目录和供查阅的地点或来源；二是以附录的形式呈现有关常用的学科教育的法律法规、国家和政府的有关文件、课程标准、参考教材和文献等。学科教育作业指导书详细列出补充部分，供教师或教育工作者了解与参考。

（三）学科教育质量管理作业指导书的编写

根据国家标准的基本要求，作业指导书的结构包括作业指导书标识部分、概述部分、正文部分和补充部分。学科教育作业指导书的编写要以过程为主线，规定每一个细节和具体操作步骤。

1. 作业指导书概述部分的编写

概述部分主要对作业指导书的编制目的、编制依据、适用范围、基本原则等问题予以陈述。这部分主要明示作业指导书的正式性、规范性和严肃性。

（1）编制目的

学科教育作业指导书是根据学科教育质量手册和程序文件编写的，旨在指导具体的学科教育实施，提高学科教育实效，更好地培养与发展学生的思想政治素质。

（2）编制依据

学科教育作业指导书的编写除了依据质量手册和程序文件外，还要根据教学大纲或课程标准、学生培养方案、学生思想政治素质发展水平、法律法规、党和国家文件及方针政策等。

（3）适用范围

适用范围，即作业指导书适用于哪个领域，哪些方面；适合哪些人士使用。学科教育作业指导书是供广大教师、教育工作者通过运作整个课程（包括显性课程和隐性课程）对学生施加教育影响时所使用的。

（4）基本原则

学科教育作业指导书的编写必须体现与贯彻"5W1H原则"：Where，即在哪里使用此作业指导书；Who，即什么样的人使用该作业指导书；What，即此项作业的名称及内容是什么；Why，即此项作业的目的是什么；When，即何时去做；How，即如何按步骤完成要做的事。

2. 作业指导书正文部分的编写

作业指导书正文部分，一般由岗位情况描述、岗位工作目标、岗位职责权限、岗位工作检查、岗位工作规范、事故预防措施、教育基本方略、教育技术规程、管理规章制度、反思改进预案等内容构成。在编写中，其内容项目可视具体情况增加或减少。

（1）岗位情况描述

学科教育作业指导书要对学科教育岗位的基本情况进行描述，使在该学科教育岗位工作的教师和教育工作者能够对本岗位有比较全面的了解。岗位描述需要写清楚岗位名称（如学科课程教学、通识课程教学、教学管理或辅助等），工作概述，岗位关系（岗位与学科教育的关系），特殊要求，工作权限,职业资格,工作考核与评价七项内容。

（2）岗位工作目标

本部分要描述两点内容。一是,岗位的具体工作目标:如果是学科课程和通识课程教师岗位的话,需要描写清楚学科核心素养目标、学科教育目标、学生学业发展目标;如果是德育教师岗位则需要描写清楚教学目标与学生学业发展目标;如果是教育工作管理或辅助人员岗位,则要写清楚与学科教育相关的基本目标。二是,岗位各工作标准与要求（主要是与学科教育有关的标准或要求）。岗位工作目标主要使相关教师与教育工作者对岗位工作要达到的目标和要求与标准有清楚的认识与把握。

（3）岗位职责权限

这一部分是描写本岗位在学科教育中的基本职责,使教师和教育工作者全面理解岗位的职责、权限与基本义务。岗位职责的确定应当从实际出发,不断完善其内容,要与时俱进,增强可操作性和实效性,要避免空洞、抽象,便于职责的界定和考核。

（4）岗位工作检查

学科教育质量管理有布置,有落实,有行动,有检查。质量检查是质量体系运行的基本保障措施。本部分要让广大教职工明白质量体系审核、教学行政检查、教学督导检查、教师和教育工作者自查等措施,同时还要明确规定检查的路线、时间、重点和检查的依据与标准,以实现以检查促改进,进而持续提升学科教育实效的目的。

（5）岗位工作规范

本部分告诉教师或教育工作者要遵守哪些规范,执行哪些程序。规定制定得越细,越易于教师或教育工作者把握与执行。

（6）事故预防措施

事故预防措施是指在学科教育及其质量管理中,对可能出现的教学事故（包括教学问题、隐患、不合格、突发事件等）提前做出预判和处理措施。作业指导书需要在对学科教育中的事故或潜在的隐患、危害等辨识分析的基础上,对照该人员岗位将事故或潜在的事故（如政治方向问题、政治观点问题、信息资源采纳与使用问题、教学设计问题、教学方法与策略问题,等等）辨识与处理预案或处理方式手段等列出,使教师或教育工作者在实施学科教育前,清楚事故出现的可能性和预防措施与工作步骤,以便能够及时采取有效的处理措施。

（7）教育基本方略

学科教育作业指导书需要就教育基本原则、教育方式方法、教育模式选择与采用、教育测量与评价、教育策略等提出基本建议。一方面，由于学科教育既是教学艺术，又是教育科学；另一方面，学科教育是关于人的教育活动，因此教育基本方略需要具有一定的灵活性，使岗位人员在学科教育的教学与管理工作中活学活用，灵活掌握。

（8）教育技术规程

随着科学技术的迅猛发展，人类社会已经进入网络信息社会，正在向人工智能时代发展，线上线下教育教学已成常态，发展成为现代教育的基本形式。因此，学科教育作业指导在教育技术规程中要与时俱进，紧密结合现代教育的基本形式，提出或设计科学的、切合实际的方案和实施计划，最大限度地促进学科教育教学质量与管理质量的提升，更为有效地指导与帮助学生生成与发展思想政治素质。

（9）管理规章制度

学科教育实施与管理的每个岗位都必须遵守法律法规、党和国家的方针政策和学校的管理制度，还必须遵守岗位规章制度。学科教育的政策性很强，学科教育作业指导书应告知教师和教育工作者应该遵守的管理制度，以避免违反管理制度的情况发生，进而影响学科教育质量。由于学科教育需要遵循的制度比较多，可在此只列出规章制度目录，具体内容可查阅相关的制度汇编手册。

（10）反思改进预案

所谓反思与改进，是指经过一段时间的课程教学或一堂课结束后，教师和学生要一起回顾教与学过程中的得失，总结经验并提出具体的改进措施。作为一名教师或教育工作者，必须学会反思与改进，能够及时正确处理存在的问题与不足。因此，学科教育作业指导书必须提出具体的反思与改进方略，包括教师反思与改进的预案和指导学生进行反思与改进的预案。

3. 作业指导书补充部分的编写

补充部分呈现的是作业指导书正文中不易呈现但又十分重要的内容。

（1）关于补充内容的顺序编排

学科教育作业指导书补充部分主要由两个内容组成：一是呈现重要的

法律法规、标准等的目录和供查阅的来源；二是以附录的形式呈现有关常用的学科教育的法律法规、国家与政府有关文件、课程标准、参考教材和文献等。补充资料的排列遵循先后顺序：一是与学科教育关系密切的法律法规、文件等；二是学科课程标准、学科教育评价标准、测量量表、相关管理标准等；三是学科教育实施的相关操作规程、指南等。

（2）关于补充内容的遴选

一定要呈现那些密切相关、能对学科教育教学起到具体指导或参考作用的内容。另外，要注意文献资料的政治性、时代性和时限性，确保作业指导书补充部分作用的有效发挥。

（3）关于补充部分语言符号的使用

学科教育作业指导书详细列出补充部分，供教师或教育工作者了解与参考。因此，语言符号的使用要遵循简明扼要、言简意赅、生动形象、一目了然的原则，尽量多选用图形、表格、思维导图等。

总之，学科教育作业指导书的编制，要详细描述活动过程和具体作业方法，详细描述每项工作内容、操作要领和步骤。学科教育作业指导书的编写要以过程为核心，围绕过程规定每一个细节和具体操作步骤，如此才能发挥作业指导书作为规范指南的作用。

通常，学校都建立有一定的教学与管理规章、制度、规范等，如课堂教学规范、教学设计或备课指南、学生学业评价规范、立德树人基本要求，以及职业道德规范等。已有的规范与要求等只需按照目的、适用范围、职责、工作程序等结构加以修订与重新组织，便可成为符合要求的作业指导书。

参考文献

［1］陶本一.学科教育学［M］.北京：人民教育出版社，2002.

［2］王长纯，曹运耕，王晓华.学科教育学概论［M］.北京：首都师范大学出版社，2000.

［3］王长纯.改革开放40年中国教育学科新发展·比较教育学卷［M］.北京：高等教育出版社，2019.

［4］张楚廷，等.学科教育学论稿［M］.长沙：湖南教育出版社，2000.

［5］王策三.教学论稿［M］.北京：人民教育出版社，1985.

［6］徐继存.教育学的学科立场——教育学知识的社会学考察［M］.北京：北京师范大学出版社，2014.

［7］孙喜亭.教育原理［M］.北京：北京师范大学出版社，2003.

［8］陈桂生.教育原理［M］.上海：华东师范大学出版社，1998.

［9］李秉德.教学论［M］.北京：人民教育出版社，1991.

［10］施良方.课程理论——课程的基础、原理与问题［M］.北京：教育科学出版社，1996.

［11］钟启泉.现代课程论（新版）［M］.上海：上海教育出版社，2015.

［12］杨小微.现代教学论［M］.太原：山西教育出版社，2010.

［13］张华.课程与教学论［M］.上海：上海教育出版社，2000.

［14］丁念金.课程论［M］.福州：福建教育出版社，2007.

［15］靳玉乐.现代课程论［M］.重庆：西南师范大学出版社，1995.

［16］何玉海.服务德育论［M］.上海：上海三联书店，2011.

［17］庞青山.大学学科论［M］.广州：广东教育出版社，2006.

［18］乌美娜.教学设计［M］.北京：高等教育出版社，2002.

［19］刘本固.教育评价的理论与实践［M］.杭州：浙江教育出版社，2000.

［20］张祖忻，章伟民，刘美凤．教学设计——原理与运用［M］．北京：高等教育出版社，2011．

［21］杨寅平．现代大学理念构建［M］．北京：中国编译出版社，2005．

［22］何玉海．高校教育评估标准——品质、属性、体系及其建设［M］．上海：上海三联书店，2019．

［23］陈建翔，王松涛．新教育：为学习服务［M］．北京：教育科学出版社，2002．

［24］黄济．教育哲学通论［M］．太原：山西教育出版社，2005．

［25］莫雷．教育心理学［M］．北京：教育科学出版社，2007．

［26］周洪宇．陶行知教育名篇精选［M］．福州：福建教育出版社，2013．

［27］朱德全．教育测量与评价［M］．北京：高等教育出版社，2016．

［28］联合国教科文组织．教育——财富蕴藏其中［M］．联合国教科文组织中文科，译．北京：教育科学出版社，1996．

［29］拉尔夫·泰勒．课程与教学的基本原理［M］．罗康，张阅，译．北京：中国轻工业出版社，2008．

［30］David G. Armstrong．当代课程论［M］．陈晓端，译．北京：中国轻工业出版社，2007．

［31］格兰特·维金斯，杰伊·麦克泰格．追求理解的教学设计（第二版）［M］．闫寒冰，宋雪莲，赖平，译．上海：华东师范大学出版社，2017．

［32］L.W.安德森，等．学习、教学和评估的分类学——布卢姆教育目标分类学修订版［M］．皮连生，译．上海：华东师范大学出版社，2008．

［33］L.C.霍尔特，M.凯斯尔卡．教学样式：优化学生学习的策略［M］．沈书生，刘强，等，译．上海：华东师范大学出版社，2008．

［34］亚瑟·K.埃利斯．课程理论及其实践范例［M］．张文军，译．北京：教育科学出版社，2005．

［35］茱丽·A.罗宾．现代大学的形成［M］．尚九玉，译．贵阳：贵州教育出版社，2004．

［36］华勒斯坦，等．学科·知识·权力［M］．刘健芝，等，译．北京：生活·读书·新知三联书店，1999．

［37］伯顿·R.克拉克．高等教育系统——学术组织的跨国研究［M］．王承绪，徐辉，等，译．杭州：杭州大学出版社，1994．

［38］托尼·比彻,保罗·特罗勒尔.学术部落及其领地:知识探索与学科文化［M］.北京:北京大学出版社,2015.

［39］厄内斯特·波伊尔.基础学校——一个学习化的社区大家庭［M］.王晓平,等,译.北京:人民教育出版社,1998.

［40］乔伊斯,韦尔.教学模式［M］.荆建华,宋富钢,花清亮,译.北京:中国轻工业出版社,2002.

［41］卡尔·R.罗杰斯.罗杰斯著作精粹［M］.刘毅,钟华,译.北京:中国人民大学出版社,2006.

［42］玛利亚·蒙台梭利.蒙台梭利幼儿教育科学方法［M］.任代文,译.北京:人民教育出版社,2001.

［43］KELLY A V.课程理论与实践［M］.吕敏霞,译.北京:中国轻工业出版社,2007.

［44］艾伦·C.奥恩斯坦,费朗西斯·P.汉金斯.课程:基础、原理和问题［M］.柯森,译.南京:江苏教育出版社,2002.

［45］R.M.加涅,等.教学设计原理［M］.王小明,庞维国,等,译.上海:华东师范大学出版社,2007.

［46］P.L.史密斯,T.J.雷根.教学设计(第三版)［M］.庞维国,等,译.上海:华东师范大学出版社,2008.

［47］TYLER R, Basic principles of curriculum and instruction［M］. Chicago:The University of Chicago Press, 1949.

［48］RYCHEN D S, TIANA A. Developing key competencies in education: Some lessons from international and national experience［M］. Paris, France: UNESCO International Bureau of Education, 2004.

［49］STENHOUSE L. An introduction to curriculum research and development［M］. London: Heinemann, 1975.

［50］MARSH C J. Key concepts for understanding curriculum［M］. London: Routledge, 2009.

［51］SAYLOR J, ALEXANDER W M. Planning curriculum for schools［M］. New York: Holt, Rinehart and Winston, 1974.

［52］POPHAM W J. Classroom assessment: What teachers need to know (3rd Edition)［M］. New York: Pearson Education Inc, 2002.

后　记

　　学科教育是学校教育的重要组成部分。从学科教育的整体视域出发建立统整的学科教育学，系统研究整个学科教育共性的理论问题，揭示其基本规律以指导各分学科教育的理论与实践，提高学科教育质量，这是 20 世纪 80 年代学界前辈们提出的基本设想。1986 年 10 月，全国高师理科教学法建设讨论会在济南召开，会上明确提出"要在我国发展学科教育学"的主张。1988 年，第一届学科教育学理论研讨会于北京召开，会议认为建立学科教育学是教育科学发展的必然趋势。1989 年《首都师范大学学报（社科版）》（原《北京师范学院学报》）专门开辟了"学科教育学研究"专栏。至此，学科教育学理论研究广泛开展起来。

　　建立统整的学科教育学，在此基础上引领与规范各分科教育，是学科教育学理论体系建设的初衷。遗憾的是，由于种种原因，统整的学科教育学迄今尚未建立，而在师范院校的讲授课程、教材、教法或教学法教师等的努力下，各分科教育学已建立起来。譬如：语文学科教育学、数学学科教育学、物理学科教育学、历史学科教育学、化学学科教育学、英语学科教育学、体育学科教育学等。客观地说，分科教育学的建立一定程度上对教育教学起到了指导与推动作用。然而，由于缺乏介于教育学和各分科教育学之间统整的学科教育学的指导，分科教育学的建设结果不尽如人意。它们有的是普通教育学的变形，有的是教学论或教学法的变种，一定程度上存在三大问题：一是理论性、系统性、逻辑性不强；二是内容、结构不完整；三是话语体系混乱。一句话，既缺乏明确的归属，又无较系统的理论体系，且呈现出各自为政、一盘散沙的局面，致使对学科教育教学的指导作用有限。

　　进入 21 世纪，发展核心素养成为国际社会的共识，中国教育现代化

470

建设也在不断深入。多年来的教育理论研究与思考，加之十几年的研究生"学科教育原理"课程的教学实践告诉我：建立统整的学科教育学，即建立在教育学指导下的统整的学科教育学，用以指导和完善已有的各分科教育学已迫在眉睫，意义重大而深远。一是它可以架起教育学与各分科教育学之间的桥梁，弥补普通教育学对分科教育学指导的不足，提高学科教育教学质量；二是有利于更好地揭示整个学科教育的基本规律，健全我国教育学理论体系。

建立学科教育学理论体系，必须弄清楚五大问题：一是学科教育学在整个教育学理论体系中的位置与重要性；二是学科教育学的整个逻辑体系与构成；三是教学论和课程论对学科教育学的不同理解与认识；四是学科教育学与教育学、学校教育、教学论（法）、课程论、学习论等的区别与联系；五是如何把握学科教育质量与质量标准、质量评价与质量管理体系等。凭借对教育的执着与热爱，带着疑惑与解决问题的迫切渴望，本人自2009年起便开始了对上述问题的系统研究与实践探索。光阴荏苒，岁月如梭，十五年的辛勤耕耘终于结出了硕果！

《学科教育学通论》的完成离不开专家学者们的指导、帮助与支持，在此深表真诚感谢。首先，衷心感谢我国著名教育学者，华东师范大学教育学原理、教育政策学专业博士生导师，华东师范大学教育治理研究院院长，上海师范大学教育学部部长范国睿教授在百忙中审阅全书并为本书作序。衷心感谢华东师范大学韩映雄教授、东北师范大学秦卫波教授、天津师范大学陈浮教授和纪德奎教授、海南师范大学李振玉教授、常州工学院王传金教授、山西师范大学张荣华教授、邯郸幼儿师范高等专科学校曹建召教授等的帮助，衷心感谢上海师范大学刘次林教授、丁念金教授、石书臣教授以及胡俊杰、于龙、贾续品、耿步健教授的支持！衷心感谢张志丹院长和黄海涛院长的鼎力相助！

衷心感谢各位给予的无私指导与帮助！这里特别感谢上海师范大学研究生院将本书作为研究生高端教材建设项目并给予了支持与资助。感谢陈昌来教授、董丽敏教授、刘兰英教授等对本书研究工作的指导！

本书引用了一些前辈和学者的观点或成果，这里就不一一罗列了，您的观点或成果为本书提供了论据和根基，衷心感谢您！感谢所有为本研究提供支持与帮助的人，您的支持与帮助为本书的最终出版奠定了坚实的基础。

愿《学科教育学通论》能够为我国教育学理论体系建设，特别是学科教育学理论体系的建设与完善抛砖引玉。

上海师范大学　何玉海

2024 年 4 月 22 日

图书在版编目（CIP）数据

学科教育学通论 / 何玉海著. — 上海：上海教育
出版社，2024.6. — ISBN 978-7-5720-2755-0

Ⅰ．G40-05

中国国家版本馆CIP数据核字第2024QB3834号

责任编辑　钱　吉
装帧设计　王　慧

Xueke Jiaoyuxue Tonglun

学科教育学通论

何玉海　著

出版发行　上海教育出版社有限公司
官　　网　www.seph.com.cn
地　　址　上海市闵行区号景路159弄C座
邮　　编　201101
印　　刷　上海龙腾印务有限公司
开　　本　700×1000　1/16　印张 30　插页 1
字　　数　480 千字
版　　次　2024年6月第1版
印　　次　2024年6月第1次印刷
书　　号　ISBN 978-7-5720-2755-0/G·2434
定　　价　118.00 元

如发现质量问题，读者可向本社调换　电话：021-64373213